JN135397

法廷と医療現場で
今何が起こって
いるのか?

SBS:乳幼児揺さぶられ症候群

Robert M. Reece
ロバート・リース
溝口史剛 訳

To Tell The Truth

Based on the Author's Forty Years of Clinical
and Trial Experiences in Abusive Head
Trauma-Shaken Baby Syndrome Cases

金剛出版

禁無断転載

本書は著作権で保護されており，1976年米国著作権法第107条または第108条で許可されている場合を除き，著者の事前の書面による許可なく，作品中のいかなる部分であっても，複写，スキャニング，デジタル化，Web配信，録画などの手段を用いて，Web配布，情報ネットワークや検索システムへのアップロードを行い，複製・譲渡・保存することは禁止されています。

本書はフィクション作品であり，本書に登場する人物，人名・場所・出来事は著者の想像の産物であり，架空のものです。生者・死者を問わず，実際の人物・事業所・出来事・地域と類似していたとしても，それは偶然のものです。

To Tell The Truth:Based on the Author's Forty Years of Clinical and
Trial Experiences in Abusive Head Trauma-Shaken Baby Syndrome Cases
©2014 by Robert M. Reece
Japanese translation rights arranged with the author through Tuttle-Mori Agency, Inc., Tokyo

出版社情報
EBookBakery Books

著者連絡先：michael@ebookbakery.com
ISBN 978-1-938517-42-6©2014 by Robert M. Reece

書評

本書は経験豊富なロバート・リース医師の手による、乳幼児揺さぶられ症候群を題材とした、架空の事件をベースに進められる魅力的な物語である。この問題は子どもの診療にあたる医師にとっては馴染み深い問題であるが、地域社会のすべての大人にとっても極めて重要な問題である。乳幼児が死亡するという悲劇的な出来事が発生した際に、内因性の病態による死亡であったのか、加害行為を行った人物がいた殺人であったのか、真実は何であるのかの激しい論争となることは、有罪か無罪かの二項対立的な裁判システムが内包する本質的な問題である。本書に出てくる登場人物は個性を持ち、感情的な部分も描かれており、実際の法廷で展開される生々しいやり取りがリアルに再現されたこの物語の中で、その人間らしさを垣間見ることができる。法廷シーンでの証人の証言と、被告人弁護人の戦術的対応の応酬場面は、読者に驚きをもって、リアリティを感じさせるものである。刑事事件というものは必ずしも宣誓されるように「良心に従って真実を述べ、何事も隠さず、偽りを述べない」わけではないことを、本書はわれわれに見せつけてくれる。

子ども虐待専門小児科医／元米国小児科学会理事長（2011-2012）／オクラホマ大学医学部名誉教授　Robert W. Block 医師

ロバート・リース医師のこの心打つ小説は、フィクションではあるが実際の現状を色濃く反映させたものである。裁判官は陪審員とともに、彼が描いたジレンマを日々抱きながら判決を下している。本書は娯楽の観点や啓発的観点を超え、すべての人が知るべき内容となっている。本書は、医学分野では乳幼児揺さぶられ症候群は「地球が丸い」という科学的見解と同程度に確立したものであり、もっともらしく否定することはできないものであるということを読者が理解する助けとなるであろう。乳幼児揺さぶられ症候群の存在は何千人もの医師が認めているものであり、認めていないのは刑事弁護人側に与する十数名の医師のみである。後者の医師たちは一回の法廷で一万二千ドルの報酬を得た上で、乳児の頭部外傷に類する病態は他にもさまざまな理由があると証言する。あたかも地球は平らであるとでも言うように。本書を読むことで、乳幼児揺さぶられ症候群のリアリティを感じていただけることであろう。子どもたちを含め、あらゆる人々に正義があらんことを願うばかりである。

コネチカット州判事　Charles D. Gill

昨晩、本書を読み終えたところである。本書を読み、乳幼児揺さぶられ症候群の研究は広範囲にわたり、高い質をもって五五年間もの歳月にわたり積み上げられてきたものであることを確信することができた。本書は純粋に物語として非常に興味深く読み進めることができたが、二つの視点に気付かされた。

ロバート・リース医師の高い専門性を知っていた私は、この物語で描かれていた司法プロセスの持つ奇妙さと、それがもたらす人間の持つ弱さについて、特段驚きはしなかった。一方で自分が、彼が創作した主要な登場人物たちに対し、判決が下された後にも彼／彼女らの傷つきが少しでも癒えるように願っていることに、驚かされた。

前者の点については、解決することはできると私は確信している。ただ現在の対審システムは、通常負けることを好まない種類の人間である刑事弁護人に、敵対的な動機を生み出す構造となっている。科学的な質問の多くは、専門家によって見解がさまざまであることが稀ではないが、多くの専門家が合意した見解については、時には何十年にもわたって洗練されていくこととなる。しかし私たちは今、おそらくはインターネットの影響もあろうが、どんなに根拠のない意見であっても誰もが等しく表明することが可能で、声の大きい意見というものが専門家の見解を凌駕してしまう事態がしばしば生じうる世界に生きているのである。

ニュージャージー州上級裁判所／上訴対応部門／元判事 Richard S. Cohen

なお本書の Kindle 版発行時の Amazon における書評は4.9であった。

謝辞

本書の出版にあたり、執筆を励ましてくれた多くの友人や愛する人々に感謝申し上げます。特に草案を丁寧に読み、貴重な助言を与えてくれたDavid Deakinには感謝しています。Marcella Pixley、Mary Margaret White、Katrina Niez、Randall Alexander、Mary Case、Larry Ricci、Hugh Gibbons、Jim Anderstも草案に目を通してくれました。また書評を寄せていただいたCharles Gill判事と、Robert Block先生にも深謝申し上げます。David Kernsの貴重なアドバイスにも感謝申し上げたい。また長年にわたり私を鼓舞し続けてくれた、脆弱な子どものために専門家として献身的な仕事をし続けている私の同僚たちにもあらためて感謝申し上げます。また本書の出版にあたり、支援と指導を惜しみなく与えてくれたMichael Grossman、そして私のつたない文章を編集して、より良く伝えるためにはどうしたらよいかを教えてくれたプロの物書きであるTracy Hartにも感謝申し上げます。そして最後に私の患者たちと、本書を読み大なり小なり物語に影響を与えてくれた賢明な妻Betsyに謝辞を伝えたいと思います。

ロバート・リース

本書を、地域社会で暮らすすべての子ども、およびその子どもの権利擁護に献身する人々に捧げる

緒　言

何人かの人間が大声で繰り返し繰り返し何かを叫んだ場合、内容の正確性はおきざりにされ、まったく愚かな主張が「長く抑圧された真実」のように聞こえるようになり得てしまう。

Beckwith, S. 〝Authorship is not the question.〟 Philadelphia Inquirer, October 29, 2011

訳者まえがき

本書の翻訳出版が必要となる状況が、よもやこれほどまでに早急に訪れることは想像だにしていなかった。今や乳幼児揺さぶられ症候群は、「誤った正義感に駆り立てられたごく一部の小児科医が、諸外国の概念を単に直輸入して喧伝し、その他の大多数の小児科医は彼らの言い分を何も考えることなしに受け入れてしまい、不幸な親子分離や誤った訴追が機械的に作り出されてしまっている」という由々しき事態を生む温床かのように喧伝されている。

ちょうど本書の翻訳作業を行っている間、「乳幼児の虐待による頭部外傷（AHT：Abusive Head Trauma）に関する国際共同合意声明」が複数の医療系学会（米国小児放射線学会［SPR］、欧州小児放射線学会［ESPR］、米国小児神経放射線学会［ASPNR］、米国小児科学会［AAP］、欧州神経放射線学会［ESNR］、米国子ども虐待専門家協会［APSAC］）、スウェーデン小児科学会（Swedish Paediatric Society）、ノルウェー小児科学会（Norwegian Pediatric Association）と日本小児科学会との連合で出されることとなった（Pediatr Radiol. 2018 Aug;48(8):1048-1065.）。日本小児科学会のHPに要旨が掲載されているが、ここにも掲示しておく（http://www.jpeds.or.jp/modules/guidelines/index.php?content_id=102）。

虐待による頭部外傷（AHT）は、二歳以下の小児の致死的頭部外傷の主要な原因である。AHTの診断は、病歴・身体所見・画像所見・検査所見に基づき、多機関連携チームの総合判断で行われる。AHTの受傷原因は、多要因性（揺さぶり、揺さぶり後の直達外力、直達外力など）であり、最も包含的で最適な用語としてAHTという用語が近年用いられている。硬膜下血腫、脳実質及び脊髄の変化、多発多層性網膜出血、肋骨骨折やその他の骨折を併発し、養育者から語られた病歴がこれら所見と矛盾している場合には、包括的な検査を行い、AHTに類似する症状をきたしうる病態の鑑別を尽くす必要があるものの、AHTの診断の医学的妥当性に関する論争はない。しかしながら、法廷では、一般に受容されている医学文献とは全く相容れない、医学的根拠の全くない仮説が飛び交う状況となっている。法廷で弁護側医学証人は、脳静脈洞血栓症・一次性の低酸素性虚血性脳損傷・腰椎穿刺、嘔吐物の誤嚥などによる窒息が原因で、AHTと同様の所見を呈するとの主張を行うが、それらの主張には信頼できる医学的根拠は何もない。出生に伴う無症候性の硬膜下血腫が、出生後相当程度時間が経った段階で再出血を起こしショックに陥る可能性があるとの主張もなされるが、このような病態は、医学的文献では何ら実証されていない。AHTの診断は、加害者の意図の証明や「殺人の診断」といった法的診断ではなく、あくまで医学的診断である。本共同合意声明が、関連する医学界で受け入れられている実際の医学的エビデンスに基づく医師の意見と、臨床所見や画像・検査所見や医学文献による何らの裏付けもない法廷の場での主張や仮説的な言説とを区別する上で、裁判官や陪審員／裁判員の判断の一助となり、混乱が最小化されることを期待する。

このような声明が国際声明として出された背景には、「〝冤罪〟問題に取り組むことを目的とした法学者と法的実務家の集団」による対応の組織化がある。彼らはあたかも50対50の大激論が医学界に存在するかのようにふるまい、利害の一致する一部のマスコミ等をカウンターパートに、「小児科医にかかると虐待にされるぞ」とでも言いたげな形で喧伝し、社会不安を煽っている。

さて、本書の著者であるRobert Reece医師は、既に引退した立場ではあるが、長年にわたって虐待医学をリードしてきた医師である。マスコミによる情報戦？という医師にとって未知なる方法による攻撃に対し、彼が取った方法は法廷サスペンス風の小説として、彼らの実態を描くというものであった。判決の確定していない実際の事例をあたかも冤罪が確定した事例のように取り扱う、一般的な感覚から言えば「ルール無視」の連中に比べて、実にクレバーな方法ではないか！

本書はフィクションの形式をとっているが、ここで展開されている刑事弁護人側の専門家証人の主張は、いずれもが実際に法廷の場で交わされているものである（これらの主張の問題点については、巻末の［訳者によるあとがき］を参照していただきたい)。

法廷の現場で医療専門家証人は、自然科学である医学が完全なものであると主張しているわけではない。「現在の医学的知見ではここまで判明していて、医学界では一般的にこのように理解されている。一方でここの点については、いまだ不明瞭である」というラインを事実認定者(裁判官/裁判員)に正確に理解してもらうことが、法廷の場における我々の仕事である。そのラインを、意図的にどちらかの立場が有利になるように偏向させてしまうことは、虐待医学の自滅を引き起こすものであり、我々にそのようなことを行うメリットは何もない。

これ以上、まえがきで多くは語るまい。「見解の違い」を超え、意図的にそのラインを偏向させているのが一体誰であるのか、その判断は読者に委ねたいと思う。

平成三〇年一二月

溝口　史剛

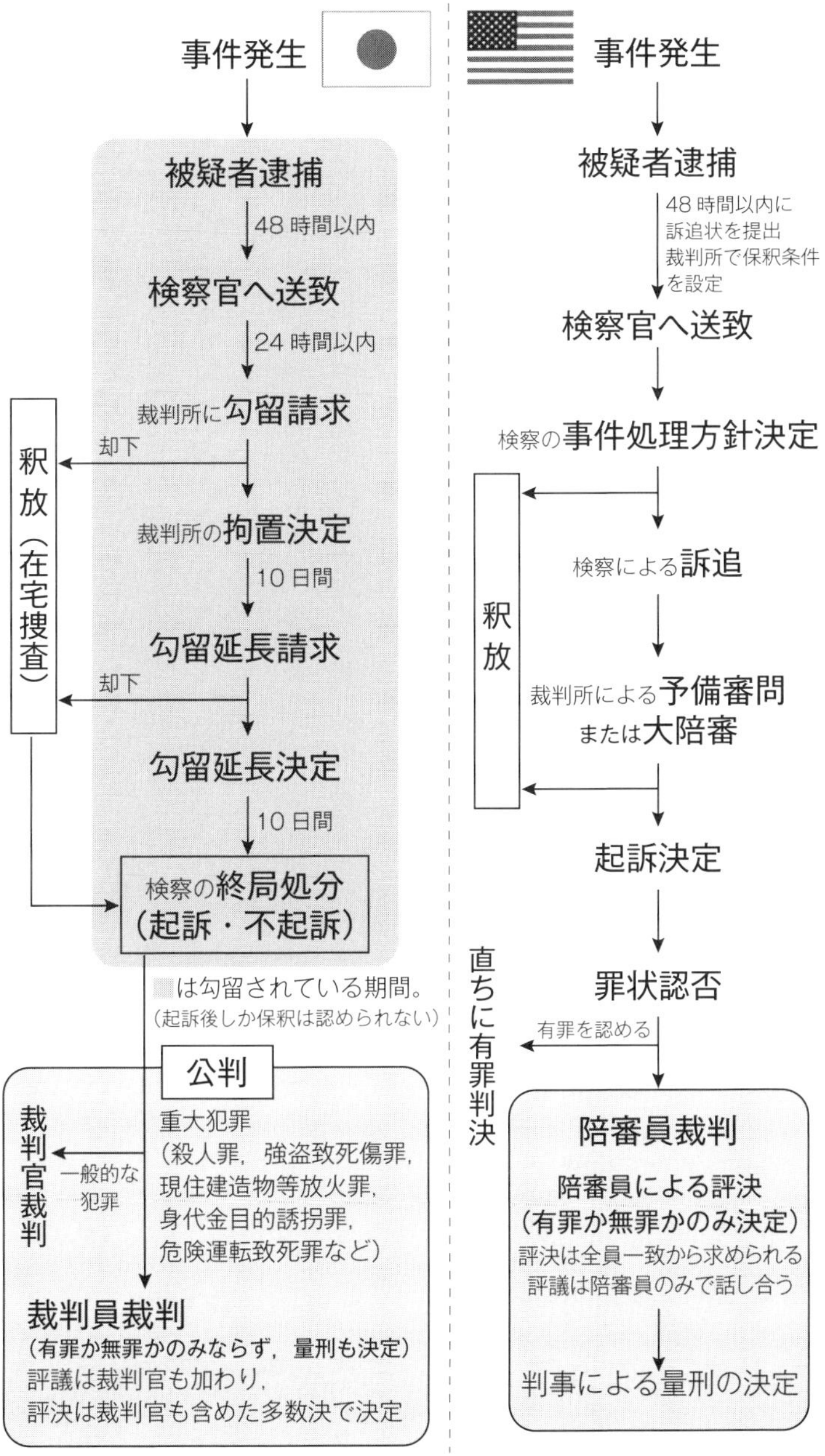

日米の刑事司法制度の違い

本書の翻訳に当たり、可能な限り設定を日本に合わせ、登場人物も読者が感情移入しやすくするために日本名に変更したが、物語の根幹部分は変更するわけにいかず、司法制度については米国の制度そのままで展開されている。日米の刑事司法制度の違いを理解しておくことで、本書の内容をより良くできるようになるため、簡便な説明をここで加えておく。

＊逮捕後の事件送致

日米ともに、警察は四八時間以内に検察官に、事件を送致する必要がある。

その後、日本の場合、検察官は裁判所に勾留請求を行い、勾留決定されれば、原則一〇日間、延長されれば最大二〇日間の勾留期間中、警察と協力して捜査を行い、起訴・不起訴の処分を決める。

米国の検察官は，自ら捜査を行うことはほとんどない。

＊米国の訴追請求手続

米国の場合、検察官は警察から事件送致を受けると、速やかに訴追請求状（Complaint）を裁判所に提出して訴追請求手続（Charging）をとる（これは日本にはない手続であり、正式な起訴ではない。）

＊保釈

米国では、検察官に事件送致して以後、起訴前の段階から保釈が可能であり、原則として全事件について保釈条件が決められるが、⑴犯罪の重大性，⑵公共の安全，⑶前科の有無・内容・危険性、⑷公判への出頭可能性などにより当然条件は異なる。

日本では、保釈が認められ得るのはあくまで起訴後である。

＊米国の正式起訴手続

州によっても異なるが、検察官の訴追に伴い、予備審問（裁判官）や大陪審（陪審員）において、起訴するに足りる相当な理由があるか否か、その公正さを非公開で審理する。

大陪審は、公判における陪審員一二名（小陪審）より陪審員数が一六～二三名と多いため、このように呼称される。

＊米国の罪状認否手続

検察官は、公判前に被疑者に対して司法取引を持ち掛ける。より軽い罪について被疑者が有罪の答弁（有罪を認めるとの表明）を行った場合、公開法廷における事実認定なしに有罪と認定され、量刑手続に入る（九割以上がこの手続で進む）。

例えば、殺人事件の場合、被疑者が重い謀殺ではなく「故殺なら有罪を認める」という場合には、検察官は故殺で起訴し、被告人は罪状認否手続で有罪の答弁をし、直ちに有罪判決が下り、速やかに量刑審理に進むこととなる。

＊殺人に関する罪の種類（法定刑）

米国では、陪審制の下では事実認定（有罪か、無罪か、の判断）は陪審員の役割であるが、量刑の判断を行うのは裁判官である。裁判官の裁量範囲を明確化するため、犯罪が細分化されていて、次ページのような量刑ガイドラインが明確化され、公表されている。

日本	米国
強盗殺人（死刑又は無期懲役） **強制性交等致死**（無期又は五年以上の懲役（上限二〇年））	**第一級謀殺（murder）**：周到な準備に基づいた殺人、強盗・強姦などの重罪の手段として行われた殺人など。州によって量刑ガイドラインは異なるが、通常、終身刑で、裁判官には裁量余地はない（ただし、監視付き仮釈放があり得るので、終身服役するとは限らない。州によっては子ども・警官・看守・刑務所の同房者など、特定の人間を殺害した場合にも第一級殺人と見なされることがある）。
殺人：確定的故意によるもの（死刑、無期又は五年以上の懲役（上限二〇年）） **殺人**：未必の故意によるもの（法定刑は同じだが、通常量刑は低い）	**第二級謀殺**：一般的な「事前の故意による殺人」である。量刑ガイドラインでは、概ね懲役一〇～五〇年程度である
傷害致死（三年以上の有期懲役）	**意図的故殺（voluntary manslaughter）**：殺人の故意はあるが、計画性のないもの。例えば、喧嘩・挑発行為に対する逆上時における殺人、犯行時に心神耗弱状態であったなど被告人側に情状酌量すべき事情がある場合。日本の「傷害致死」と「未必の殺意による衝動的殺人」を含む概念。 量刑ガイドラインは、懲役約九年以下である。
重過失致死罪（五年以下の懲役又は百万円以下の罰金）	**非意図的故殺（involuntary manslaughter）**。日本の「重過失致死」とほぼ同じ。量刑ガイドラインは、懲役六年以下である。

目次

登場人物

被害児家族

樽見竜輝：本書の裁判中で、被害児とされている、急変し死亡した生後5カ月の乳児
樽見　崇：竜輝の父親。教育関係の職についている
樽見寿子：竜輝の母親。教育関係の職についている
樽見大智：竜輝の兄

加害容疑者家族

大久保麗奈：本書の裁判中で、加害被疑者とされている18歳のベビーシッター
大久保朱莉：麗奈の母親
大久保淳司：麗奈の義父。粗暴な人物

刑事弁護人

金子明美：麗奈の弁護を行うことになった、公選弁護人事務所の若き女性弁護士。本作では彼女を中心に話が回っていく
金子　巌：明美の父親。老獪なベテラン刑事弁護人。明美とともに麗奈の弁護を行うことになった。SBS否定派の急先鋒

検察官

中山恵里：樽見竜輝事件の主担当検事
笹野紘一：樽見竜輝事件の副担当検事

裁判官

長田正隆：樽見竜輝事件の裁判長

陪審員

竹越弘和：陪審長
辺見光男：元遊覧船の船長
常岡敏生：歯科医
前澤慈英：中小企業オーナー
住谷恵梨香：定年退職した小学校教諭
武井素子：看護師
品川雄介：造園業
西田　優：専業主婦。子どもは成人している母親
木村千晶：若い二児の母親
根岸香花：銀行員
曾根田友美：秘書
小塚まおみ：カフェ店員

裁判における証言者

検察側

宇都宮圭子：麗奈の友人。当日電話で麗奈と会話していた
新山俊道：竜輝の急変時に、現場に臨場した警察官
谷岡正司：小児科クリニックの開業医
町村光男：横河消防署の救急救命士。救急救命隊のリーダー。竜輝の急変時に臨場していた
大林陽介：横河小児病院の小児救急科医師
神田澄男：横河小児病院の小児集中治療科医
小笠原利彦：横河小児病院の小児眼科医
原口諒太：横河小児病院の小児脳外科医
宮川　寛：横河小児病院の小児放射線科医
高山真理：横河小児病院の子ども虐待専門小児科医
藤岡　玄：横河市の監察医。竜輝の解剖を行った
池本康太：九州在住の子ども虐待専門小児科医
長嶋洋子：児童相談所の福祉司

弁護側

勝山宏夢：田葉市の脳神経外科医
鹿島　祐：オート・セーフ社の生体力学研究者
安達研一：山香市の神経病理医
田沼真也：荒浜医科大学眼科の元教授
石川　徹：鹿見市の小児科医
玄葉龍臣：感染症科医
浅野直紀：三津市出身の引退した病理学者。現在は、パソロジー・サービス社に所属

物語に厚みを与えた周辺者

大山洋二郎：明美の元ボーイフレンド。ゲイであることを打ち明け、明美と別れたが、今も交流は続いている
小森　晃：洋二郎の音楽仲間。本業は教師。明美の新しいボーイフレンド
上田哲史：巌の法律事務所の新人弁護士
桐谷芳江：巌の秘書
熊野夏生：イノセンスプロジェクトのリーダー的弁護士
富田　玲：中京小児病院の小児集中治療科医。明美の大学時代からの友人
草野敬三：富田医師の知り合い。中京小児病院の子ども虐待専門小児科医
服部裕子：臨床心理学者。明美の友人
教授風の男：その正体は……

樽見竜輝は泣かなくなり、ピクリとも動かなくなった。意識もないようだ。大久保麗奈はパニックになりながらも、何とかポケットをまさぐり携帯電話を取り出し、一一九番に連絡を入れた。

「誰か助けて！　赤ちゃんが大変なの。どうしたらいいのかわからないわ！」

「落ち着いてください。お母さんですか？　今どこにいますか？」

「住所がわからない！　ちょっと待って！」と麗奈は叫び、竜輝をバスマットの上に置き、階段を駆け下りて家の玄関にある表札を確認し、すぐに電話口に戻り「横河市南町四三番地です。急いで！　赤ちゃんの具合がすごく悪そうなの」

「救急医療チームを派遣しました。すぐにそちらの住所に伺います。心臓マッサージの方法は知っていますか？」

「知らないわ。どうやるか教えて！」

一一九番の対応をした女性は、基本的な心肺蘇生法（ＣＰＲ）のやり方を、取り急ぎ麗奈に伝えた。麗奈は泣きそうになりながらもなんとかこらえ、教わった方法をやっとのこと竜輝に行った。

「お願い竜輝、目を開けて」と麗奈は祈りながら、ＣＰＲを教わった通りに繰り返した。「四回押して、一回息させる。一・二・三・四、フー。一・二・三・四、フー」「動いて竜輝。いったい、どうしちゃったの？」「どのくらい続ければいいの？」「動いて！」　麗奈は竜輝の上にまたがり、竜輝が動くことを期待して彼の手足を動かしながら祈った。「泣いてよ！　お願い！　お願い！」

しかし、彼が反応することはなかった。救急隊や救急医が到着した後にも、彼の意識は戻ることはなかった。横河消防署の町村光男が指揮する救急医療チームは、救命バッグを手に竜輝のいる二階に駆け上った。警察官の新山俊道もそれに続いた。竜輝は浴室のマットの上で裸で横たわっていた。医療チームは速やかに蘇生行為を開始した。

「一体全体、何が起こった？」新山は速やかに現場の検証を開始した。二人の男の子を持つ父親としてやるせない気持ちになりながらも、医療チームが蘇生行為をしている間、彼はカメラを取り出して現場の写真を撮り始めた。

警察官になって八年になる彼は、背こそ平均的であるががっちりとした体格で、誠実で思いやりにあふれており、誰からも好かれていた。彼の父親も警察官をしており、父親が退官してからは、「ジュニア」というニックネームで呼ばれている。

「竜輝をお風呂に入れていたら突然こんな風になってしまったの。私、何にもわからないの」

救急救命士の一人が挿管チューブを竜輝の喉に通し、アンビューバッグ（揉むことで空気を送る医療用のバッグ）を繋げて酸素を彼の肺に送り込んだ。その後、医療チームは階段を降り、救急車に向かった。サイレンを鳴り響かせながら、彼らは直近の病院に急ぎ向かった。周辺の住民たちは、その騒ぎを聞いて、玄関先から救急車を見送っていた。

竜輝は最寄りの月丘病院に搬送となったが、重篤な乳幼児を診ていく上で設備面が不十分だったので、救急隊はそのまま待機を続け、バイタルサインが安定していることを確認したのち、三〇分ほどで横河市で最も大きい横河小児病院に再搬送となった。

小児救急科医の大林陽介が、竜輝を乗せたストレッチャーに張り付き、救急外来の初療室に運び込んだ。

「今の状況は？」大林が町村に尋ねた。

「心肺停止の生後五カ月の男児です。現着時、心肺停止状態で、意識はＪＳＣ三〇〇（まったく意識のない状態）で、サチュレーション（血中の酸素状態をみる数値）も拾えず。すぐに挿管しバギング開始。心拍は当初四〇程度でしたが、O_2投与後に戻り、病着時は九〇台。この子の養育をしていたベビーシッターは、かなり取り乱していました。心配してはいましたが、それよりも茫然自失というような状況でした。蘇生開始時、質問には何も答えることができず、というより何も言葉を発することができませんでした。彼女がバイスタンダーＣＰＲ（非医療者が行う心臓マッサージ）ができたかは不明ですが、急変時からずっとこの子と一緒だったようです」

これだけ伝えられた後、ため息に合わせて、大林は「くそっ」と漏らした。

その後、「警察もわれわれとほぼ同時に現場に到着し、現場撮影を行い、ベビーシッターにいくつか質問していましたが、まったく要領を得なかったようです。彼女は『何が起こったかわからない。何もしていない』と話すのが精いっぱいで、へなへなと倒れこむような状況でした。自己心拍確認後、この子を一旦、月丘病院に搬送しました」との情報も大林に伝えられた。

町村はその後に続いて、「月丘病院でバイタルは安定した状態で、安全に再搬送できる状況であることを確認し、当院に搬送するようにお願いし、今に至ります」との説明を付け加えた。

町村が耳にしていた通り、横河小児病院の救急スタッフは、最重度の状態にある乳幼児の対応に慣れており、手際よく必要な処置や治療を行っていた。

「この背中にあるのってアザですか?」と研修医が大林に尋ねてきた。

大林は指導医モードに入り「そうだね。医学的には挫傷っていうんだけれどね。その他に気付いた所見はあるかい?」と研修医に質問を行った。

「えっと、ストレッチャーから患児の頭を持ち上げた時に、視診上は血液などの付着はなかったんですけれども、後頭部がブニョブニョした感じがしました」

「その他には? 気付いたことをすべて言ってみて」

「そのぐらいです。実際、処置で多くのスタッフが患児を取り囲んでいたので、詳細な全身診察はできなかったので。腹部の触診はしましたけど異常はありませんでした。外性器や四肢にも視診上問題はなかったと思います」

そう話すと研修医は、再び竜輝の処置に戻り、採血や静脈路確保をその他のチームメンバーとともに行った。気管内チューブが適切な位置にあることが確認されたのち、竜輝は人工呼吸器に繋がれ、酸素飽和度モニターによる監視が継続された。

しばらくののち、竜輝の呼吸・循環が安定していることを確認した上で、頭部CT検査と単純X線による全身骨撮影が施行された。

放射線科のベテラン医師である宮川寛が緊急で読影を行い、頭蓋内出血と七・五cmほどの長さの頭蓋骨骨折が存在し、その直上に頭皮下血腫があることが指摘された。また全身骨撮影では、右脛骨に治癒過程にある微細な骨損傷を疑わせる所見の存在も指摘された。

「君の指摘した後頭部のブヨブヨはやっぱり頭皮下血腫だったんだね」と大林は研修医に語りかけ、「PICU（小児集中治療室）に移床しよう。眼科医と脳外科医にはこの子のことはすでに伝えてある。集中治療科の神田先生には伝わっているかい？」とチームに声をかけた。救急部の看護師長は「一〇分前に伝えています。ほどなく診察に来ると思います」と説明した。

竜輝がPICUに移床したのちに、小児眼科医である小笠原利彦が、彼の眼の中の診察を行い、所見の写真撮影を実施した上で、神田澄男医師と研修医のほうを向き、所見の説明を行った。

「両眼ともに多層性の出血が少なくとも二一〜三〇か所に確認されたよ」

神田医師は、子ども虐待専門小児科医である高山真理医師を呼び出して、竜輝の診察を依頼した。診察を行い、全身骨の単純X線と頭部CTを確認した後、高山は「AHT（虐待による頭部外傷：乳幼児揺さぶられ症候群もこの範疇に入る）の可能性が高いわね。すぐにケースカンファレンスを行いましょう。この子の対応を行った救急科の先生とPICUの先生も参加できるかしら？」と発言した。

神田医師により、救急科医、放射線科医、脳外科医、眼科医、神経科医、PICUスタッフが招集され、緊急カンファレンスが開かれた。

会合に参加したスタッフからはそれぞれの意見が述べられ、一名を除きすべてのスタッフの見解は、「本児は医学的に乳幼児揺さぶられ症候群である可能性が最も高い」との合意に至った。小児神経科の小沢医師のみが、その判断に強固な反対意見を述べた。

彼は「判断を拙速に行うべきではない。頭蓋骨骨折も硬膜下血腫も網膜出血も、その他の医学的病態でも生じる可能性がある」と述べ、「現時点では認識されていない事故による可能性だって否定できない。あなたたちは乳幼児に網膜出血が確認された時にはいつだって『揺さぶりによるものだ』とおっしゃいますが、三〇年以上に及ぶ臨床経験から僕自身は頭蓋内圧が亢進することで網膜出血が起こりうると考えています。硬膜下血腫や頭皮下出血にしたって脛骨の骨折にしたって、転落でも起こる可能性は否定できないでしょう。まだまだこの事件を虐待だなんていう段階にはない」との発言をした。

「貴重な意見をありがとうございます、小沢先生。ただし虐待の合理的な疑いがある以上、われわれは法律に基づいてこの事件を児童相談所に通告する義務があるのです」と神田医師がきっぱりと説明を行った。小沢は自身の考えを疑うことに慣れていない人間であった。彼は背が高く、いつも堂々としているハンサムな男で、おしゃれな服を着こなし、自身がコントロール可能な場面ではとても魅力的であるものの、一方では頑固で、プライドが高く、反対意見は容赦なく切り捨てる人物でもあった。

「あなた方の決定には付き合えない」と彼は言い放ち、部屋を出て行ってしまった。カンファレンス後に残った神田医師と高山医師は、小沢医師の反応について少し話し合った。

「小沢先生の対応は特段、驚くものでもないわ」と高山医師は発言した。「彼はAHTの話になるといつも否定的対応をするの。彼自身は一度も児童虐待の通告をしたことはないし、通告することを今までも拒否してきたわ。それに彼は検察側はもちろん、弁護側の証人としても、虐待の事件で決して法廷で証言しようとはしないでしょうけどね」

「わかっているよ」と神田医師も答えた。「ただ今回のケースに関しては、いつも以上に頑固だったね。彼は小児神経科医としては優秀だけれども、虐待の通告に関する法律について知らないし知ろうともしていない。子どもと家族に対して極端に楽観的で、この世に子どもを傷つける人なんていないと単純に思い込んでいて想像すらしないんだろうね」

「小児神経科医として、頭蓋内圧の亢進でこのケースのような多発多層性の網膜出血は起こりえないことを、彼は知っていなければいけないのに。脳外科医もあきれていたけど、彼は決まってこのような主張をするのよね。まあ幸いなことに、彼は自身のその見解をカルテに書き込むことを一切しないし、召喚状でも届かない限り、彼は裁判所で証言をすることもないでしょう。そもそもカルテに何も書かないんだから召喚状なんてきっこないわね。少なくとも病院のカルテ上は、院内虐待委員会の緊急カンファレンスでコンセンサスは得られた形になっているわ」

この頃、竜輝の両親である樽見崇と寿子夫妻は、大学主催の教育セミナーで他の教育関係者と教育カリキュラムの設計に関する議論を交わしていた。ふいに会議室のドアが開き、事務方が入ってきてセミナーの議長にひそひそと話をした。議長はすぐに立ち上がり、樽見夫妻を会議室の外に連れ出した。

「たった今、小児病院から連絡があったみたいです。竜輝ちゃんが重症の状態で運び込まれたようです。すぐに向かってください」

「え？　竜輝が？　小児病院？」と寿子は尋ねるも、状況の詳細は何もわからず、夫妻はすぐに車を走らせた。

「一体、何が起こったの？」寿子は当惑してそう漏らした。

崇もその言葉に反応することもできず、黙って運転するしかなかった。病院の駐車場に入った際に、救急車が停車位置にバックしているのが彼らの眼に入った。

「ああ、お願い。無事でいて」と寿子は祈るようにつぶやいた。

崇も当惑しながら「何が起こったというんだ。朝、僕たちが麗奈ちゃんに竜輝を預けて出かける際には、何の問題もなかったじゃないか」と口にした。急ぎ病院の受付係のもとに向かい「入院した樽見竜輝の父です。いま竜輝はどこにいますか？」と尋ねると、受付係の女性はパソコンに目を向け、カタカタとキーボードに文字を打ち込み「五階の小児集中治療室、ＰＩＣＵにいるようです。そちらのエレベーターに乗って五階に向かってください。ＰＩＣＵにはご両親が到着したことを伝えておきます」との説明をしてくれた。

エレベーターの中で、寿子は竜輝を出産した時のことや、その後の育児についての思いが同時に押し寄せていた。崇はエレベーターの手すりを握りしめ、目を閉じて五階に到着するまで、階の数字をただただ数えていた。神田医師がＰＩＣＵのドアの前で彼らを待っており、到着後竜輝のベッドサイドに案内しながら、両親に語りかけた。

「このような形でお会いすることになり、残念です。しばらくの間竜輝ちゃんのそばにいてあげてください。現時点ではいろいろな検査や治療をしている最中ですので、すべてがわかっているわけではありませんが、わかっている範囲の事実を、お父さん、お母さんに説明したいと思っています」

崇も寿子も何も言葉を発することはできず、ただただ竜輝のそばに行き彼の姿を見たかった。

「ああ、なんてこと。一体どうしたっていうの！」

寿子が見た竜輝の姿は、痛々しく頭部に包帯が巻かれていた。崇も近くにあったベッドレールを強く握りしめ、みるみる顔が青白くなっていった。

樽見夫妻が病院に向かう直前に、脳圧測定のために、脳外科医により竜輝の頭には小さな穴があけられ、圧測定センサーが頭蓋内に留置されていた。センサー固定のために竜輝の頭には包帯が何重にも巻かれており、口からは気管内チューブが挿入され、口の周りでテープ固定されていた。点滴と治療薬の投与のために両方の腕には静脈針が留置され、胸や指には呼吸数や脈拍数や酸素飽和度をモニタリングするための装置が付けられていた。また不穏状態となりそれらが外れてしまうことを防ぐために、竜輝の両手両足はベッドレールに拘束されていた。

「信じられない！　チューブだらけじゃないか。可哀そうに。何でこんなことになってしまったんだ」と崇は叫んだ。

まるでロボットのよう、と寿子は現実感を感じることができなかった。私たちの竜輝はどこ？　あの丸々と太った、健康なあの子はどこにいるの？　あの真ん丸のお顔ときれいなクリクリのお目々はほとんど見えないじゃないの！　彼女の眼は涙で何も見えなくなった。

ＰＩＣＵに響くさまざまなモニター音が、無言の彼らの周囲で鳴り響いていた。神田医師は、膝から崩れ落ちそうな寿子を支えながら、夫妻を静かな個室へと案内した。ＰＩＣＵの部長として、神田医師はしばしば悪い知らせを家族に説明する立場にあったが、この熟練した医師でさえも竜輝の予後には暗い見通ししか見いだせなかった。

「率直に申し上げて、竜輝ちゃんは生命の危機の状態にあります。現在竜輝ちゃんには最大限の治療を行っていますが、それについてこれから説明します。何か理解できないことがあれば、いつでも説明を止めて何度でも説明させていただきますので、おっしゃってください。説明の前に何かご質問がございますか？」

「一体何が起こったのですか！」と崇が尋ねた。「どうしてこのような状態になったのでしょう？　今朝僕たちが家を出る時には、いつもとまったく変わりなく元気でした。熱もなく食欲もあり、悪いところは何もありませんでした。こんな状態になるなんてまったく理解できません」と竜輝を見つめながら話し、「何かとんでもないトラブルでもない限りは！」と怒気を強めて続けた。

「まだすべてが判明したわけではありませんが、わかっていることをすべてお話しさせていただくと、竜輝ちゃんの頭の中には硬膜下血腫、簡単に言うならば脳を取り囲むような出血が確認されました。同時に彼の脳には甚大なダメージがあると判断され、そのために昏睡状態に陥っています。また眼の中の網膜という部分にも出血が確認されています。さらには後頭部に骨折も認められました。竜輝ちゃんを診察し、検査所見や画像所見を確認したさまざまな分野の専門医たちと話し合いましたが、竜輝ちゃんの医学的診断のうち最も可能性が高いのは、乳幼児揺さぶられ衝撃症候群、シェイクンインパクト症候群とも言いますが、頭を強く揺さぶられた後に何らかの衝撃が頭部に加わった形態の、虐待による頭部外傷であるとの判断に至りました。その他に可能性のある病態が潜在していないかくわしく調べておりますが、現時点では竜輝ちゃんに生じた病態を唯一説明しうるのは、シェイクンインパクト症候群であると言わざるをえません」

神田医師が樽見夫妻に虐待の告知を行った後、数分の間沈黙が生じたが、寿子が口を開いた。

「竜輝を出産した時、助産師さんが揺さぶられっ子症候群の説明をしてくれて、パンフレットを渡されたことを思い出しました。でもその時にはその他にもいろいろな説明を受けて、いろいろなパンフレットを受け取ったので、忘れていました。それに私には関係ないわ、と思っていましたので気にも留めていませんでした」

崇も口を開き「家を出てから、まだたったの数時間しかたっていません。健康でまったく問題のなかった竜輝をベビーシッターに預けました。もし竜輝の状態が虐待により生じたのであれば、いったい誰がそれを行ったというのですか？彼女がそれをやったなんて想像できません」と絞り出すように話した。

「現在すでに調査・捜査が進行中です」と神田医師は答えた。

「現時点ではまだ児童相談所や警察としっかりと話し合いはできていません。ＰＩＣＵの医師であるわれわれの仕事は、あくまで竜輝ちゃんに生じた医学的問題に対応することにあります。警察も児相もどのようにしてこのような事態が生じてしまったのかについて、懸命に調べています。数時間後には、竜輝の医学的状態はどうなっていくのかはより詳しくわかってくるはずです。ただ、正直に申し上げますと、まったく楽観できません。彼は今、命の危機にあり、当然ベストは尽くしますが、非常に重篤な状態です」

この恐ろしい事態が現実であることを突き付けられ、寿子は嗚咽を漏らした。崇も目に涙をためながら、壁を殴りつけ、何とか正気を保とうとしていた。

「誰がこんなひどいことをしたんだ？　麗奈はどこに行ったんだ？　彼女の話を聞きたい」と崇は叫び、絞り出すように次の質問を行った。

「竜輝はこのまま死んでしまうのですか？」

神田医師が答えるよりも先に、寿子が「竜輝は強くて元気な子よ。絶対大丈夫に決まっているわ。私たちはお医者さんにすべてを任せて、祈りながら待つしかないの。きっとあの子は目を覚ますわ。そうに決まってる！」

しかし結局竜輝の意識が戻ることはなかった。その後血腫が増大傾向となったため、脳浮腫を認めてはいたが竜輝には救急の脳外科的手術が行われることとなった。脳神経外科部長の原口諒太医師は、「ひどいケースだったな。硬膜に切開を加えた瞬間、血が六〇cmぐらい噴き出して、その切開部位に脳がパンのように膨らんで出てきたんだ。ここまでひどいと脳浮腫のコントロールはできないな。予後はかなり厳しいと言わざるをえないね」と手術室で周囲につぶやいた。

手術室から戻ってきてほどなくして、竜輝の病状はさらに悪化していき、神経学的な徴候もコントロールできなくなっていった。神田医師は研修医に向かって「絶望的な状況だ。彼の脳はもはや機能しなくなっている可能性が高い。脳死判定も必要になってくるだろう。神経科の先生を呼ぼう」

翌日の終わりまでに、神経科医たちは竜輝はすでに脳死状態であるとの確定判定を行った。この結果と臨床判断を合わせて、もはや加療を行う適応にないと判断され、竜輝の体からは、点滴やその他のチューブ類は外されることとなった。樽見夫妻は彼にお別れを告げ、その体を最後に強く抱きしめた。

「さようなら、私の貴重な宝物。天国でいっぱいかわいがってもらってね」

そう話すのがやっとで寿子はむせび泣き、涙が頬を伝っていた。

崇は涙を必死でこらえ、竜輝の頭を撫でつつ、「竜輝をこんな目に遭わせた奴がいるのならば、絶対に責任を取らせる」と絞り出した。


樽見夫妻がPICUから退室した後に、竜輝の遺体は検視を行うために横河市の監察医である藤岡玄医師に引き渡されることとなった。竜輝の遺体が安置所に運ばれていく際に、神田医師は研修医を集め、見送りを行った。この見送りはPICUで子どもが死亡した時にスタッフが感情的な混乱を整理する上で行っている、悲しい儀式である。

「さて司法解剖を行って、何か新しい真実が判明すると思うかい？」と神田医師は研修医たちに尋ねた。彼らは互いに顔を見合わせたが、三年目の研修医である飯島聡が口を開いた。

「司法解剖で確認されるであろう所見は、すでに臨床の現場でおおむね確認されたと思います。放射線科の宮川先生が『陳旧性の脛骨骨折と判断した所見は、正常変異所見の可能性も否定はできない』とおっしゃっていましたが、その点については解剖ではっきりするのではないかと思います。法医の先生は竜輝ちゃんの死因を明確に判断してくれると思います。でも誰がどのようなことを行ったのかに関しては、解剖だけでは明確にはできないものだと思います」

2

よれよれの革製のブリーフケースを携えて、金子明美弁護士は第六法廷から外に出た。この鞄は彼女が中京大学法科大学院を卒業した際に、父親から贈られたものである。彼女の父親も弁護士をしており、長年にわたりその鞄は何十件もの複雑な刑事弁護の事件ファイルを収め続けてきた。

彼女はたった今終わった刑事事件の法廷で、有利に事を進めていた。彼女が弁護している被告人が、逮捕中に警察官からどのような扱いを受けてきたのかを、彼女は承知していた。被告人の取り調べを行った警察官の一人である大橋尚斗がにこやかに、ただし目は敵意をむき出しにしてゆっくりと彼女に近づいてきたが、彼女は意に介さず軽く会釈をして彼の前を通り過ぎた。すると、すぐにまた別の警察官である後藤歩が、

「また無視を決め込んで嫌われようとしているのかい？」と彼女に声をかけ、続けて、

「また来週、法廷でお会いしましょう、弁護士先生。それまでに、あんたの弁護しているあの男が殺人事件でも起こさないように願っているよ」と、嫌味を投げかけた。

後藤は近隣のパトロールを行って薬物取引を取り締まるベテラン刑事であり、しばしば法廷証言を行っている。今回の法廷でも、被告人とそのパートナーの逮捕を行った立場にあった。多くのベテラン刑事と同様に、彼は人を疑ってかかることが身についており、ほんのわずかなスキに行われる犯罪を日々取り締まっている。彼はほとんどのドアをかがまないと通れないほど背が高く、また長年のビールとジャンクフードの影響を受けた大柄な人物であり、いつ糖尿病になり、心臓発作を起こしても不思議ではない体形をしていた。彼は今年定年であり、引退後は自身の健康に向き合うつもりではあるものの、現時点ではジャンクフードを中心とした生活を続けている。

「あなたたちが適正な仕事をしてくれていれば、私が依頼者の『無罪』判決を勝ち取ることはずっと難しくなりますが、現時点では、あなた方は私を助け続けてくれているわ」と、明美は髪をかき上げながら嫌味を返し、「あなたたちは、子ども達が薬物汚染に巻き込まれていることを十分に知っているでしょう。売人をしているティーンズたちを逮捕することよりも、なぜ大元の組織を壊滅して、町から薬物を一掃するために本当に必要なことをしないのかしら？」と続けた。

後藤刑事は出口に向かって腰の手錠をカチャカチャ言わせながら歩き、「そんなことは重々わかっているし、われわれは身を粉にしてやれることをやっている。あんたも少しは世の中をよくするために、その優秀な頭脳を使ったほうがいいんじゃないか？」と振り向きざまに応酬した。

彼を見かけるたびに、何でいちいち相手をしてしまうのかしら？、と明美は自身でも不思議に思っていた。彼女は裁判所以外の場所でも舌鋒鋭く、警察官の中に彼女を軽蔑している者がいようと、まったく意に介することはなかった。彼女は彼女の考える正義の実現に情熱を燃やしており、それはほとんどが貧困にあえぎ社会的にも無視されている存在で

ある自身のクライアントを全力で擁護する、ということを意味していた。

明美は、公選弁護人事務所で仕事をともにしている同僚の弁護士である太田昇を廊下で見かけたので、声をかけた。

「あら、太田先生。もう昼ご飯は食べた?」

「これから第四法廷でちょっとした聴聞があるんだよ。それが終わってからでよければハンラハンズ（注：レストランの名称）に集合でいいかい?」

太田が店につくと、明美と向き合う席に腰かけ、「今日はなんだか機嫌がよさそうだね」と話しかけた。

明美が笑みを浮かべると、華やかな雰囲気が場を包んだ。彼女は小柄であるものの、裁判所で検察官と向き合う際に、屈強な男性検察官が小さく見えるような雰囲気を持っていた。鼻は低く頬骨も高く、典型的な美人とは言えないが、彼女は不思議な魅力を持った人物である。

「週末は何をしていたんだい」と太田は尋ねた。

「とても楽しかったわ。黒岩大和さんを知ってる?　彼と初めて食事をしたわ。実務経験はほとんどないけど、彼は法曹資格を持っているの」

「リグズビー法律事務所の人だよね?　どうやって知り合ったの?　あの手の個人事務所の人間とわれわれが知り合う機会なんてほとんどないじゃない」

「共通の友人の紹介ってやつよ。楽しい時間を過ごしたわ。でも二度目のデートはないわね。彼は法律事務所でどうやってパートナーを作るか、という話しかしなかったわ」

「そういえば最近大山君はどうしているのか、知っているかい?」

「洋二郎とはいまだに親友同士よ。彼は今、ボーイフレンドと一緒に暮らしている。とっても幸せそうよ。彼と別れたことはとってもつらかったわ。彼とは何時間でも話が続いたし、いろいろな所にも出かけていたから。彼とは普通にセックスもしてたのに、まさかバイセクシャルだったなんてね。自分を偽って無理してたんだと思うわ。それを知っちゃったからには別れるしかないじゃない。でも彼と今でも親友同士でいられることはハッピーなことよ」

「ところで奥さんは元気？　もう赤ちゃんも歩けるようになったそうじゃない」と明美は話題を変えた。

「とっても元気だよ。ベビーシッターがようやく見つかって、来週から仕事に復帰するんだ。ベビーシッターを見つけるのは本当に大変だし、お金もすごくかかるんだ。でも保育所も同じぐらいかかるし、保育所に預けたら預けたで子どもはしょっちゅう風邪をもらってきちゃうからね。頭が痛いよ。でも僕たちは共働きをしていかなければいけないからね」と太田は返答した。

「私もいつかそんな風に悩む日が来ることを期待しているわ。もう私も三三だし、高齢出産のリスクを考えたり、はしゃぎまわる子どもに体力的に付き合えるのかを考えなくてはいけないし。母親のこともあるしね。知ってたわよね？　彼女はいまアルツハイマー病と診断されているの。将来がどうなるのか不安でたまらないわ。だから恋人がいないなんて今は小さい悩みなの。恋人探しする時間だってないし、またゲイだったりしたら困っちゃうじゃない」

太田は苦笑いを浮かべながら頷いた。明美のおしゃべりは止まらなかった。

「でも今のところ仕事はすごく順調で、とてもやりがいを感じているわ。刑事弁護人としての仕事にとりつかれていることは、あなたも知っているでしょ？」

ここで太田は「これまで聞いたことはなかったけど、君が公選弁護人事務所に入る際の履歴書を見たんだけど、何でこの事務所に入ったんだい？　給料は安いし、顧客の筋も悪いし、勝訴することは少ないし、全然尊敬もされないじゃない。中京大学卒の頭脳を持つ人が普通やる仕事じゃないよ」と長年の疑問について彼女に尋ねた。

「やっぱり父の影響が大きいわね」と明美は話すと、急にアナウンサーのような声で、

「金子巌弁護士。横河市中央部の金子弁護士事務所を拠点に活動する彼は、極めて非凡な刑事弁護人です」とおどけ、

「父は私のあこがれの人物よ。彼は夕食の時間に家にいることはめったになかったけど、私が寝るまでには帰ってきて『今日はどんないいことがあったかな？』と尋ねてくれたわ」と話した。彼女は思い出に浸りながら「私が小さいころ、父はよく絵本の読み聞かせをしてくれた。ありきたりかもしれないけど、私にとって宝石のような時間だったの」

「全然ありきたりなんかじゃないよ。すべての父親はそうありたいよね」と太田は合いの手を入れた。

「父と話をするのは大好きだわ。私が大人になってからは、哲学の話や宗教や道徳の話もすれば、気軽な話題でも何でも話しているわ」と明美は笑いながら続けた。

「父は私に『権威を疑いなさい。相手が誰であっても、議論をすることはとてもいいことだ』といっつも言ってるわ」と、明美は父との関係性について改めて振り返っていた。

「中京大学に入って、法律の研究を精力的に続けている君を、お父さんも誇りに思っているだろうね」と太田が話すと、明美は目に涙をためながら、

「私たちは互いに尊敬し合っているの。父は思いやりにあふれていて、法律にとても真摯だわ。半分でも父に近づくことができたなら、法律家としてとても幸せなことだと思うの」と続けた。

「ごめんなさい。父の話をするとつい感情があふれちゃうの」

「お母さんの調子はどうなの？」

「グループホームに入所させざるをえない状態。とても悲しく思っているわ。面会の時に母は私のこともわからない状態なの」

「本当に認知症は怖いね。うちの両親に認知症の徴候が何もないことを感謝したいね」と太田が言うと明美は口を真一文字にしていた。配慮がなかったな、と彼は慌てて話題を変えた。

「お父さんは今、日本えん罪救済人権協会でも活躍しているんだっけ？　そのことについてお父さんがインタビューに答えていたのをＴＶで観たよ」

「ええ、それに父は冤罪に関しての論文を何本も投稿しているわ。実際にいくつかは出版もされてるの」

「先生は、刑事弁護人としてのＤＮＡを譲り受けているんだね。お父さんと仕事をするつもりはないのかい？」

「司法修習を終えてすぐ父の事務所に入っていたら、私はずーっと『金子巌先生の娘』で終わってしまうでしょ。だから私は実務の経験を他所で積みたいと思ったの。父は主要な事件ではいつも自分が主任弁護人をしていたし、すでに何人もの若手が補助についてる。私選弁護人であれば、私はまだまだ若手にすぎないから、主任弁護人にはなれないわ。

公選弁護人であれば、私自身が主任弁護人として対応することが可能でしょ。浮くか沈むかも自分次第。もっともっと経験を積んで、父が欲しがるような弁護士になれば、一緒に働きたいなとは思っているわ」

客観的な分析ができているな、と感心しながら太田は頷いた。

「それに独善的な検察官たちと知恵比べすることは、本当にやりがいがあるわ。法的な研究を深めていくことも、とても楽しいと感じているの」と明美は続けた。

「まあ、理屈抜きに刑事弁護が好きなのよ。ばかげた理想を押し付けているだけかもしれないけど、私のクライアントを全力で弁護することで満足感も得られているわ。私は、社会的弱者でお金や権力もなく、声を出すこともできない立場の人たちの権利擁護者を自負しているの。私のクライアントのほとんどは、貧困家庭で育ち、教育の機会も与えられずに、暴力や脅しにまみれた人生を余儀なくされてるわ。彼や彼女らは悪循環に巻き込まれ、悪い友達がしてきたことをいつの間にか自分もやってしまっている状況に気付くのよ。私が本当に憤りを感じるのは、金と権力を持っている人間がもっともっと悪いことをしていて、その行為を金と権力に物を言わせて握りつぶしていることよ」

明美はここで自身が熱くなっていることに気付き、「ごめんなさい。なんだか演説みたいになっちゃったわね」と、話をやめにした。太田はうまく返答できなかったが、明美が純粋な気持ちで活動していることをよく認識しており、彼女に笑顔を見せた。明美はその笑顔を見て、ゆっくりと深呼吸を行った。

「でも正直言って、時々心が乱される時はあるわ。太田先生はたまに自分が弁護したクライアントが無罪を勝ち取って、すぐにまた犯罪をしてしまって、落ち込んで眠れない夜を過ごしたことはある？　自分のクライアントは地域社会から排除されるべきなんじゃないかって迷う時はない？」

「ああ、もちろんあるよ。でも法というのは、倫理や道徳とは異なるものだからね」と太田は答えた。

「それよりも君が週六〇時間以上勤務していて、プライベートが希薄になってやしないかが心配だよ」

「退屈よりも忙しいほうが全然ましでしょ。これまで付き合ってきた男は、結局すぐに自分の趣味を優先して、会話もつまらなくなっていったわ。結局、セックスしたいだけなのよ。そうじゃない？」

「皆が皆そうじゃないだろうけど、テストステロン（男性ホルモン）に突き動かされている部分は、生物としては当然あるんじゃないの？　ごめん。あまりにもプライベートな話になっちゃったね。いずれにしても、君には幸せになってほしいと思っているよ。誠実な男性を引き寄せる魅力を君は持っていると思うよ」

「ありがとうね。あなたが私に同情していることは知っているわ。でも心配しなくても、私は大丈夫よ。理想の男性が現れたら、私にもわかるわ。まあでも今は仕事が充実していることに幸せを感じているの」

まあ、洋二郎がいい人を紹介してくれるって言っていたし、すぐにそのような男性は現れるはずだわ、とハンラハンズを後にしながら明美はそう考えていた。

3

救急車が竜輝を乗せ、赤色灯を光らせてサイレンを鳴り響かせながら通りを急ぎ病院に向かったちょうどその時、新山刑事は麗奈のほうを向きこう言った。

「署に一緒に来てもらいますよ。パトカーの後部座席に乗ってください」

麗奈は何も言わずに素直にパトカーに乗り、樽見家を遠ざかる際に静かに車の窓を見つめていた。新山はバックミラー越しに、ショートヘアーの、この一七、八歳になろうかという少女を見ていた。

数分で、彼らは警察署に到着した。新山はすぐにパトカーを出て後部座席のドアをあけた。

「着きました。降りてください。あそこのドアから署の中に入ります」と言いながら、その方向を指さした。

新山刑事は典型的な速足の人物で、いわゆる女子高生の間でおしゃれとされている、工場で穴をあけた年代物風のぴったりとしたジーンズとジャケットを着た麗奈を置いて、どんどん先に進んでいった。

署内には、あらかじめ新山刑事がパトカーから連絡を入れておいた松岡匠巡査部長が麗奈を待ち構えており、すぐに使い古した机と椅子二脚が置かれた小さな部屋に、彼女を誘導した。

「コーラかコーヒーでも飲みますか?」と松岡に尋ねられ、麗奈は「いらないわ」と答えながら、プラスチック製の椅子に腰をおろした。

「飴やクッキーもいらない？」「いいえ、何もいらない」

松岡は一枚の紙を取り出し、「これからミランダ警告（被告人の権利告知）を読み上げます。了解したら、それぞれの項目にあなたの氏名を記載してください。よろしいですか？」と説明しながら、彼女にペンを手渡した。麗奈は小さく頷いた。

「あなたには黙秘権がある」

「あなたが供述した内容は、法廷であなたに不利な証拠として用いられる事がある」

「あなたには警察官による尋問の際に、弁護士の立会いを求める権利がある」

「もしあなたが自分で弁護士に依頼を行う経済力がなければ、公選弁護人を付けてもらう権利がある」

「もしあなたがここで弁護士のいない状況で何らかの回答を行おうとする場合にも、あなたが望んだ場合にはいつでも回答することをやめ、弁護士の立ち会いを求めることができます」

「ここで述べたあなたの権利を理解した上で、弁護士は今おりませんが、あなたへの質問を開始してもよろしいですか？」

麗奈は半分しか聞いていなかったが、「わかったわ」と最後の質問に回答を行った。

「この書面のこの箇所に、あなたが理解したことを示すために、署名してください」と松岡はサインを促しながら、「両親や友人など、誰か連絡することを望む人がいますか？」と質問を続けた。

麗奈は母親の名前を告げ、携帯電話の番号を伝えた。

「自分で電話しますか？　それともわれわれが連絡を取りましょうか？」

「あなたが電話して結構よ。今は誰とも話したくない」と麗奈は答えた。

「であれば、あなた自身の言葉で、あなたが竜輝ちゃんの面倒を見ている時に何が起こったのかを説明してください」

「もう知ってることは全部話したわ」

「あなたが話したことは把握しています。ただもう一度話してくれれば、それを調書に記載します。そうすればもう同じ話を何度もしなくて良くなります」と松岡は説明した。

「あの時、竜輝にシリアルを与えていたの。でもあの子はそれを食べないで周りに投げ散らかしてしまって、私と竜輝はひどく汚れてしまったの。キッチンではとてもきれいにはできないと思って、二階に上って服を脱がせて、バスタブに水をためて竜輝をその中に入れたの。彼をきれいにした後、バスタブから出したら急にだらんとしていたの。それが私が知っているすべてよ。それから急いで一一九番に電話したら救急隊が来て、あの子を連れて行ったの」

麗奈は椅子に座ったまま前かがみになり、それ以降は押し黙ってしまった。

それからしばらくして、「家に帰りたい。家には帰れるの?」と尋ねた。

「それはおそらく無理でしょう。しばらくの間はここにいてもらうことになります。さっき話したこと以外で、話しておくことは本当にありませんか?」との松岡の問いには、麗奈は何も答えることはなかった。彼女は生気のない感じで、心ここにあらずという感じであった。

殻に閉じこもってしまったみたいだ、と松岡は考え一旦その部屋を出ようとしたところ、入れ違いで児童相談所の福祉司が部屋に入ってきた。

「こんにちは、児童相談所から来た長嶋洋子と申します。これからあなたと、竜輝ちゃんに何があったのかについて話をする必要があります。これから私と話ができますか?」

しかし麗奈は部屋の角を見つめたまま、長嶋のことを無視した。そのような状況が数分続いたのち、長嶋はもうこれ以上は無駄と判断し、ため息をついた。

「どうやら今日は私と話す気はないみたいね。明日また来てみますね」と松岡に告げた。彼は長嶋を見て肩をすくめ、彼女を部屋の外へ見送った。


その後松岡は、麗奈の母に電話を行った。

「大久保朱莉さんですか？」

「そうですけれども、どなたでしょうか？」

「娘さんの麗奈さんを、現在警察でお預かりしています。麗奈さんがベビーシッティングをしていた赤ちゃんが、急変し病院に搬送されたのです。警察にすぐに来ていただくことはできますか？」

「え？　なんですって？　警察に娘がいる？　どういうこと？」と朱莉は激しく動揺した。

「われわれは彼女に、赤ちゃんに何が起こったのかを尋ねています。赤ちゃんが急変した際に、彼女は一緒にいたわけですし、一体何が起きたのかを明確にしようとしています。麗奈さんがお母様に連絡してほしいと希望したので、今電話を差し上げています」

「いつそちらにいけるか、夫とすぐに相談します。ちょっと待っていてもらえますか」と朱莉は話すと、受話器から松岡に明瞭に聞こえない形でいくつかの会話を行った後、次のように返答を行った。

「自営の店をすぐに閉めて、可能な限り早く伺います。どこに伺えばよろしいでしょうか？」

朱莉の夫である淳司は彼女の再婚相手で、麗奈の義理の父であった。その後朱莉と淳司は麗奈と面会をしたが、その際、麗奈は彼らに背を向け顔を覆って突っ伏していた。淳司は何をしていいのかわからなかったが、彼女を非難するような目で睨みつけ、こう言った。

「一体何があって、こんなことになったんだ？」

麗奈からは何の返答も得られなかったため、淳司は朱莉のほうを向いた。

「麗奈ちゃん、大丈夫よ。すぐにおうちに帰れるようになるわ。明日には、悪夢のような出来事だったねって話し合えるようになるわ。おうちに帰ってきたらまずあったかいココアを作ってあげるわね。そしたら気の済むまでベッドで寝ればいいわ」と朱莉は麗奈に話しかけた。

松岡はここで話を遮り、朱莉に伝えた。

「すいません、お母さん。彼女は家に帰ることはできません。われわれは彼女を逮捕しており、ここからすぐに出ることはできません」

「逮捕ですって！　彼女は何もしていないわ！　今すぐ彼女を連れて帰ります」と朱莉は主張し、「彼女は私たちといることを望んでいます。私たちが彼女を注意して見ますから。彼女はとてもいい子で、これまでだってトラブルを起こしたことは一度だってなかったんですから」

「彼女は来週の月曜日に、罪状認否の手続きに入ります（訳注：米国の法制度では、被告人に「有罪か無罪か」を問い、被告が「無罪」と答えれば、事実審に入り、「有罪」と答えれば事実審を省略し、量刑等のみを定める法律審に入る。一方で、日本の刑事訴訟法においては、被告人が公訴事実を認めても、それにより否認事件とは異なる手続に移行するわけではなく、自白事件においても罪自体に関する立証が必要となる）。弁護人の選任や、保釈要件の整理、その他さまざまな手続きを行っていく必要があります」と松岡は説明を行った。

「麗奈は何の罪状で逮捕されたのですか？」と淳司は松岡に質問した。

「彼女は、樽見竜輝ちゃんが急変して救急車で小児病院に運ばれる際に、最後に一緒にいた人物です。竜輝ちゃんは非常に重篤な状態でＩＣＵで集中治療を受けています。病院から『児童虐待の疑いがある』との通告が児童相談所にあり警察に連絡が入りました。そのために彼女は逮捕され、当署で取り調べを受けています。弁護士を雇う必要があるでしょう。弁護士を雇う経済的余裕がない場合には、裁判所が公選弁護人を罪状認否の際に用意してくれます」

「腕の悪い弁護士がつくのはご容赦願いたい。ぜひ良い弁護士をつけてください。その費用は誰が払うことになるんだい？」と淳司は尋ねた。

「その費用は政府が負担します。正確に言うと税金です。あなたも税金を払っていますよね」

「もちろん払っていますよ。自営でやっている店の利益のほとんどを税金で持っていかれるね。何にでも税金はかかります。政府のおかげで、生活をするのもやっとの状態だ。なんて素晴らしい国に住んでいるのかと、心底思いますよ」と淳司は答えた。

「まあ、われわれ警官の給料も税金から支払われています。警察をこの世からなくすわけにはいかないですよね？」

と松岡はたしなめるように発言し、次のように続けた。

「消防も、道路管理も、水道管理も、すべて税金で賄われています。どれかが止まってしまったら困りませんか？」

朱莉は淳司が一度口を開くと、自ら止めることができないことをよく知っていた。彼が不平を漏らし続けたら、麗奈にとっての状況をより悪くすると感じ、彼をドアのほうに押しやった。それでも彼らが部屋から出る際に、淳司は振り向きざまに「警察の汚職やリベートについて、市民が知らないと思うなよ。警察は税金で別荘やクルーザーを所有しているし、年金も充実していることも、知っているぞ。偉そうにするんじゃねえよ」と、いつものように心証を悪くするような発言を行った。

「麗奈にいい弁護士をつけてくれよ。そうでなければ、俺が麗奈の弁護をするからな」

二人の警察官は彼のほうを振り返るもすぐに元に戻り、やれやれと首を振った。


月曜日の早朝、金子明美弁護士は公選弁護人事務所の自分のデスクの上で、さまざまな書類やファイルを棚に押し込んでいた。多摩川のほとりの、建物の入り組んだ地域に立つこの事務所は、古い倉庫街の一角にあり、格安でリノベーション工事を行い運用されている。

一方、明美の父である巌の法律事務所は、ビジネス街の高層ビルの三〇階に位置していて、高価なオリエンタル・カーペットが敷かれ、大きなマボガニー製の机が置かれており、窓から多摩川が見えるという共通点を除き、実に対照的であった。

明美の机は大量の書類や法律関係の書籍であふれ、パソコン・プリンター・電話から出ているさまざまなコードでごちゃごちゃの状態であった。事務所の窓はあまりにもくすんでいて、朝の太陽の光の多くは遮られているような状態であった。彼女がちょうど泥色の川から霧が立ち上っているのをちらっと見ていた時、事務所に電話が鳴り響いた。電話の主は彼女もよく知っている、福田仁という警察官からであった。

「朝早くからすまないね。今日は君のために、また厄介なケースを紹介するよ」

「あなたから紹介される事件は、いっつも本当に厄介な事件ばかりなのよね」

「今回は本当にひどい事件なんだ。子ども虐待の事件だよ。若くて分別のないベビーシッターが関わっている事件なんだ。警察で彼女は『話す事は何もない』と言って黙秘を続けている。被害児は生後七カ月の男の子で、ベビーシッターが座ってこの子を入浴させている際に、突然意識を失ったようだ。病院で、頭の中や目の中に出血していることが確認され、乳幼児揺さぶられ症候群の可能性が最も高いとのことで、児童相談所に通告され、警察に通報があった。今のところ情報はそれだけだ。児童相談所もそのベビーシッターから話を聞こうとしたけれども、何も話をしなかったようだ。彼女はひどく混乱しているみたいだ」

「裁判所からは私にすでに依頼が出ているの？」と明美は尋ねた。

「ああ、すでに依頼状が出たようだ。じきに届くと思うよ」と福田は返答した。

「彼女は今、いくつなの？」

「一八歳らしいけど、もっと年上のように見えるよ」

「いつから彼女と話をすることができるの？」

「もういつでもいいみたいだ。金子先生が良ければ、今すぐ来れるかい？　彼女にとっては、早ければ早いほど良いと思うよ」

「わかったわ。準備ができ次第、向かうわね」


明美は麻薬売買・暴行・窃盗など、大量の訴訟を抱えていたが、大久保麗奈の事件のために、急ぎ駅に向かった。道すがら彼女はｉＰｈｏｎｅを取り出し、父親に電話をかけた。

「ねえパパ、いま重度の頭部外傷を負って病院で治療を受けている赤ちゃんのベビーシッターをしていた被疑者との接見のために、警察署に向かっているとこなの。私と話をした警察官は、病院の医師はいわゆる乳幼児揺さぶられ症候群の可能性が高いと診断していると言っているわ。私、これまで児童虐待事件を扱ったことがないの。何かアドバイスもらえないかしら？」

「乳幼児揺さぶられ症候群（ＳＢＳ）だって？　偶然かもしれないが、最近ＳＢＳの事件に関する刑事弁護をしている弁護士が主催する会合に出たんだ。その会合で講義をした医者が、『ＳＢＳはでっち上げだ』と話していたぞ」

「本当に？」と明美は驚愕した。

「ああ、その医者が言うには『検察側の専門家証人として証言をする医師たちは、科学的に全然信用のおけない根拠を元に冤罪を作り出している』そうだ。その医者は全国を飛び回って、弁護側の専門家証人として証言を行っていると言っていた。そのベビーシッターと接見した後に、またその感触を連絡してきてくれないか」

「ありがとう！　詳しい情報がわかったら、またアドバイスをちょうだい！　今夜、夕食でも一緒に食べない？」と明美は提案した。

「いいね。それじゃあ、ルイージズ（注：レストランの名称）に七時ぐらいでどうだい？」

「ばっちりね。予約が取れるか確認してまた連絡するわ」と言って明美は電話を切った。

明美は愛車の古いＲａｖ４を運転し、警察署の裏口にたどり着いた。そこから弁護士専用の入口を通り、署内に入った。警察署の裏口の壁は苔に覆われ、窓からは隙間風が漏れ、湿気っぽく、煙草やモップや洗浄液の匂いにまみれたすえた匂いがしていた。彼女は福田と合流し、狭い接見室に入った。古い蛍光灯が部屋を照らしていた。接見室には麗奈がすでに入室していた。

「これが事件のファイルだ」と福田はテーブルの上に薄いファイルを置き、すぐに明美の紹介を始めた。

「大久保さん、彼女が金子明美弁護士だ。ここいら辺で最も優秀な弁護士の一人だ。彼女に何でも話すといい」

麗奈は何も話さず、明美のほうを見ようともせず、着座を促されるまで動こうともしなかった。

「こんにちは、大久保さん」と明美は言い、握手をしようとして手を差し伸べた。

しかし麗奈はその手を無視し着座して、目の前のテーブルの染みをじっと見つめていた。彼女の髪の毛はボサボサで、目は腫れぼったく、目の下にはクマができていた。

「私は公選弁護人事務所からきた金子明美です。今回あなたを弁護する弁護人に任命されました。おわかりかしら？」

麗奈はほとんど身動きもしなかった。

「私はあなたの味方よ。裁判になった時にあなたの代理人として、法廷で論争するのよ」

やはり麗奈からは何も反応がなかった。

「あなたは重大な罪で逮捕されているのを理解していますか？」と明美は再び話しかけた。麗奈は何度かまばたきして、話をいくらかは聞いていることを伝えてきた。

「竜輝ちゃんは亡くなったそうよ。そのことはもう聞いているかしら？」と明美は続けた。

麗奈の眼は大きく見開き、恐怖が彼女の心を支配したことは明白であった。

「これからやらなければいけないことを説明するわ。まず私は検察が使いそうなさまざまな証拠の検証作業を始めるわ。あなたは、私と弁護戦略について話し合いを行うことにしましょう。私が言っていることは理解できてる？」

「何を言っているのか全然わからないわ。今、竜輝がどうなったって言ったの？」と麗奈は尋ねた。明美はこの深刻な事態をいかにやわらかく麗奈に伝えるべきか、頭の中でいろいろと案を練ったが、結局事実をそのまま伝えることが最適であると考え、そうすることとした。

「竜輝ちゃんには頭蓋骨の骨折と、頭の中の出血があり、脳が強くむくんでいたそうよ。それが原因であの子は死んでしまったの。検察はあなたを、彼の死を引き起こした人物として起訴することになると思うわ」と明美は説明した。

「でも竜輝は急にぐったりして、何が起こったのかは私にもさっぱりわからないわ。すぐにでも、家に帰りたい！」と麗奈は叫んだ。

明美は、麗奈が事の深刻さをまったく理解できていないことを認識し、「家に帰ることはできないわ。あなたはあの子の死を引き起こした容疑で、留置所に勾留されているのよ。そのことをわかってる？」と麗奈に語りかけた。

「私、竜輝に何もしてないわ。何でみんな私のせいだって言うの？　もう本当に疲れたわ。家に帰って自分のベッドでゆっくりと休みたい！」

「麗奈さん、あなたが疲れていてひどく混乱していることはわかったわ。詳しい話は明日以降にすることにしましょう。ただこれだけは聞いて」と明美は自分が本当に麗奈の力になりたいのだということを伝えるために、しっかりと彼女の眼を見つめて次のように説明した。

「私がそばにいる時以外には、誰とも事件のことについて話してはだめよ。わかった？　誰であってもよ。留置場の中の人だけではなく、すべての人に対してよ。大丈夫？」

明美は毅然と話をしたが、麗奈は上の空のようで、何も返答をすることはなかった。

「ミランダ警告については、理解している？　警察から話があったはずよ」

「知らないわ」

「ミランダ警告では、弁護士の立会いがない場合にはどんな質問にも答えなくて良いと明記されているの。もし仮にあなたが何らかの回答を行った場合、その回答はあなたの意思に反して法廷で使われるかもしれない。だから私がいない時には何も答えちゃだめよ。ＯＫ？」と明美は説明した。ここで福田警察官が割って入り「警察はすでにミランダ警告の告知を行っています。彼女はそれをあまり理解しているようには見えませんが、警察は良心に従って明確にそれを伝え、彼女も理解した旨の署名をすでにしています」との状況を伝えてきた。

「私、何も隠していないわ。警察に話をした以上のことは、何も覚えていないの」と麗奈は話した。

「隠し事をしている、していない、という話ではないのよ。もしあなたが質問を十分に理解しないまま答えた場合でも、違うニュアンスでその回答が裁判で用いられてしまうということが起こりうるの。だから何か回答しようとする時には、どの質問であれば答えて良いかどうかの判断を、私が来るまで待ってほしいの」と明美が説明したところ、ようやく麗奈から「わかったわ」との回答が得られた。

「また明日来るわね。私が言ったこと忘れないでね。誰とも事件のことを話しちゃだめよ」と明美は改めて強調し、その場を後にした。

「何度も同じ話になってしまって申し訳なかったわ。でも彼女は何も話を聞いていないし、何も理解していないように見えたから」と明美は福田に話した。

「まあ、重大な罪状で逮捕された若者は、特に今回のケースのように予想だにしなかった最悪な事態に発展してしまったような場合にはなおさら、ひどく混乱するものだからね。彼らはそのような恐ろしい事態を自分が引き起こしたとは信じることができず、自分がやったわけではないと信じこんでいること多いからね。で、君は彼女を無罪だとは思っていないってことでいいのかな?」と福田は返答した。

「私がどう考えるのかは全然問題ではないことはわかっているでしょ。問題なのは法廷でどのような事実認定がなされるのかよ。私の仕事は、入手しうるすべての証拠を駆使して、『クライアントが犯行を行ったとするには合理的な疑いが残る』と裁判の場で判断されるように、自分のクライアントを全力で弁護することよ。すべての人々のために、正しく司法制度が運用されるようにしていかなければいけないわ」と明美は答えた。

「はいはい、説教はそのぐらいで終わりにしてくれよ」

「ところで福田さん。事件のことについて、何か教えてもらえることはあるかしら?」

「あまり教えられることはないな。実際彼女は何度聞いても同じことしか言わない。あなたたち弁護士はいつも『警察は自白を強要する』と言ってくるから、今回のケースは最初から君に関わってほしいと思ったんだよ」

「あら、今まで私がそんな風に言ってあなたたちを責め立てたことなんてあったかしら」と明美は笑いながら返した。

「『貧困で抑圧されてきた人間』の弁護士様から、われわれ警察官はいつもボロカスに言われていますからね」と福田は、明美と同じようなからかうようなトーンで、さらに返答を行った。

「児童相談所の報告書には何が書かれていたのかしら」

「女性の福祉司がケース担当になったようだけど、報告書は受け取っていないな。これは推測にすぎないけど、被疑者の反応は、警察での反応と何も変わらなかったんじゃないかな?」

「うーん。現状では弁護戦略の方向性をつけていくことは難しそうね。病院からの照会回答書を入手してから、何か言えることがないか検討させてもらうわ」と話しながら明美は自分の車に乗り込んだ。

明美は駐車場を出る前に、自身のパラリーガルに「樽見竜輝のケースを調べてほしいの、病院の記録すべて、救急隊の搬送記録、最初に現場にきた二人の警察官の捜査記録、出生時からの小児科受診記録、それともすでにあるなら解剖記録も急いで入手してちょうだい。それから、中京小児病院の小児集中治療科の富田玲先生に、事件についていろいろ教えていただきたいと電話をかけて、約束を取り付けてもらえる？　私の携帯電話番号は教えてしまっていいわ。それと竜輝ちゃんの両親には、話が聞けるかどうか感触を得るために、数日以内に私から電話をかけるわ。申し訳ないけどよろしくね」との電話をかけた。

まあ、樽見夫妻が協力してくれることはまずないわね。第一に大久保麗奈の弁護を行う私に協力することを望まないでしょう。第二に、これはとてもデリケートな問題だけれども、もし麗奈がベビーシッティングを行う前に、夫婦のどちらかが竜輝ちゃんに何らかの加害行為を行っていた場合、当然私と話す事を拒否してくるわ。でももし樽見夫妻が私との面会を拒否してきた場合、それは彼らが何らかの隠し事をしていると解釈される余地も出てくるわね。そうなれば裁判でそれが有利に働くかもしれないわ

4

明美は頭の中でさまざまな考えを巡らせながら、ルイージズに歩いて向かった。店に入るとすぐに、父親のお気に入りの場所である店のバックブースに父親が座っているのを見つけた。明美の父である巌は六〇代後半の小太りの男性で、左右両サイドにわずかな白髪を残して、毛髪は禿げた状態である。また最近やめてはいたものの、長年の葉巻の喫煙習慣による歯の黄ばみは、笑うと圧倒されるほどであった。ただ彼の丸顔や半分閉じた明るい瞳が、それを凌駕するほどの魅力を形成していた。

巌はこれまでさんざん悲惨な事件、腐敗した事件、不公正な事件、偽善的な事件に接し、高潔な怒りを抱き続けてき

たためか、年齢が長じるにつれてますます不寛容性が増した状態にあった。にもかかわらず、彼は刑事被告人の弁護を提供することについて、強い信念を持って行動し続けてきた。

明美は、巌が自身のクライアントに責任や過失があったのではないかと内心評価していたであろうケースが何件もあったことは理解していたが、クライアントが適切な法的手続きを踏まずに刑務所に送られることがないようにするため、父親が全力を尽くしてきたことに対し、強い敬意を抱いていた。

重大な倫理的または社会的な問題を孕む刑事事件が発生した際には、メディアは論説コラムという形で、彼が意見を公表する十分な機会を与えていた。彼は、古い価値観を墨守している自由主義者であった。日本えん罪救済人権協会における活動、新聞への執筆やテレビでのインタビューの内容からもそれは明らかであった。彼は決して自分の理想を見失うことなく、自分自身を冤罪の救済者と自負していた。明美もまさに自分の父親をそのように見なしていた。

「パパを見つけるのは簡単ね。いつもここだもんね」と明美は話した。

「この場所は店全体を見渡せるから、パパはここに座るのが好きなんだよ。ここに座ってしまえば、誰もパパの後ろにはいられないだろ。ヤクザの依頼人から学んだ古い習慣なんだ。彼らはヒットマンに、時には身内からでさえもバキュンと一発やられないために、必ず壁を背中にして座るんだよ」と彼は説明し、立ち上がりながら、

その後、「久しぶりだな」と声をかけた。

「前に会ったのもここだったわね。ホントはパパともう少し一緒の時間を過ごせるといいんだけどね……」

「公選弁護人事務所はどうだ？　給料が安くて大変だろ？」と彼は話を振った。

「もちろん、経済的には大変よ。政府のお偉いさんは私たちの給料を嬉々としてカットする一方で、検察官の給料は上げているのよ。彼らは、弁護士を雇う余裕がない恵まれない人々を本当に軽蔑しているのでしょうね」

「政治家というのはいつもそうだ」と巌も同調し、「殺人・強姦・強盗を犯したり麻薬の売人をしているような犯罪者の弁護になぜ貴重な税金を使うんだ、などと市民を焚きつけている。本当に安易な民衆扇動だ。パパが一番好きな刑事事件がわかるかい？　選挙の後の公職選挙法違反の時だけ、検察官は重い腰を上げ、それほど苦労することなく彼らを

起訴している。胸のすく思いだよ」と続けた。

「お金の問題に戻ると、カツカツだけれども少なくとも今のところは、何とかやれているわ」と明美は言った。

「お前が望めば、いつでもパパの事務所に来てもいいんだぞ。今よりも楽な勤務条件で、今の給料の五倍は出せるぞ」

「まあもうちょっと待ってよ、パパ。今は経験のほうが大事だと思っているの。何年後かには、必ずそうするつもりよ」

「まあ聞いてみただけだ。いつかはそうなる日を待っているよ。もちろん、今のお前の年齢や経験でなすべきことを考えると、いい選択をしていると思っているよ」とため息交じりで巌は答え、

「お前が小さい時に、まだオンボロの事務所に遊びに来たことをよく思い出すよ。あの頃の事務所を覚えているかい？あの頃おまえは落ち着きがなくて、男の子とよく間違われていたな。あの頃は多数の重大な案件を抱えていて、法廷でも大きな注目を浴びていたけれど、パパは負け知らずのように思われていた。パパが弁護人であるとわかると、機知に富むはずの検察官は震えあがっていたらしいぞ」と続け、さらに
「お前はパパの書斎によく来て、法律の本を読み漁るのが好きだったな。何で一二歳の子どもがこんな古ぼけた法律の本を読みたがるのか理解に苦しんだよ。でも本当に好きだったよな」と巌が話すと、

「古い本の匂いが好きだったの。法科大学院にいた時も、図書館に籠るのが一番幸せな時間だったわ。パパや事務所を思い出す場所だったから」と明美は答えた。

「お前が大学にいた時、パパはお前が法科大学院に行くべきかどうか確信が持てていなかったんだ。もちろんお前が十分に頭が良いのはわかっていたけれど、世間にはどうしようもない法律家も多いからな。でもお前自身が法律家になることを強く望んだわけだからな」と巌は続けた後、今日の中心の話題に切り替えた。

「さて、お前が行っていた事件について教えてくれよ」

「うん、実は……」と明美は事件の概要について説明を行った。

「実に興味深い。いわゆる揺さぶられっ子症候群、ＳＢＳに関しては、新しい話題があるんだよ。米国小児科学会が、『この名称をもはや使用しないようにしよう』と提唱しているんだ。その代わりに最近では『虐待による頭部外傷、Ａ

HT』という用語を用いることを推奨しているようだ。その理由を知っているか？　誰も子どもが揺さぶられたなんてことを証明することはできないからだよ。揺さぶって子どもに損傷が起こるなんて仮説を誰が確かめることができるんだい。健康な赤ちゃんを揺さぶって検証することなんてできやしないからな」

「SBSの会合で講演をした医者たちは、『小児科医は、罪のない人々を刑務所に送り込んでいる』と強く主張していたよ。彼らは虐待小児科医を『カルト』と呼ぶほど、そのことを心底確信的に捉えているようだ。この会合に参加して、パパはこのような無実の人を釈放させることこそが、自分の使命だと燃えてきたんだ。刑事弁護人を続けてきたモチベーションは、こういうところにあるわけだからな」と巌は話に力を込めた。

明美は「そう、ならこの事件で私を助けてくれないかしら。ぶっちゃけていうと、この事件の主任弁護人になってもらうわけにはいかない？」と半ば冗談めかして巌に話を振ってみた。

「社会のためになるなら、喜んで引き受けるよ。ただいろいろな調整を必要とするから、正式な返事はちょっと待ってもらえるか。もちろん前向きに考えるよ」と巌は答えた。明美は巌の反応に内心強く驚きつつも、彼の言葉の続きを待った。

「多分、そのSBSの会合に出席していた弁護士の誰かしらから、お前のクライアントを弁護する上で何がベストなのか助言をもらうことができると思うぞ。被告人が犯罪行為をしたと判断できない事件であれば、他の誰かが何らかの行為をした、一時的に心神喪失状態であった、警察官が正当な司法手続きを踏んでいなかった、警察官が嘘をついている、などほぼすべての事件で、完全に理論的に正当な反駁すべき論拠が存在しているはずだ。検察官は、いつも都合のいい証拠しか出してこない。このような医学的な問題が焦点となる事件の場合、お前が望んでいる意見を述べてくれる医師というのは、ほぼ常に見つけることができるはずだ。それにたいていの場合、陪審員は医学的証言を完全には理解することはできない。医学的な専門用語がバンバン出てくるからな。そして何より、実際に医者の間で見解の相違がかなりあるようだ。古い医学研究の成果が新しい研究成果によって否定されるようなことは、医学の世界でよく起こっていることは、ちょっと調べるだけでもすぐわかる。SBSとして起訴された事件は、被告人を弁護する方法が常にあると考えていい」と巌は続け、さらには「反対尋問の際に、医者は扱いやすい！　彼らは法廷の場で感情を制御できなくなることを気にかけているが、実際証言の際に高慢になってしまうことが多いんだ。そんな態度を陪審員はひどく嫌うからな」とも付け加えた。

父親を純粋で穢れのない人間であると思い込みたい明美にとって、父親の年々増加する皮肉さは悩みの種であった。あきれるほどの理想主義である彼女は、今でも司法システムを、目隠しをして天秤を掲げる正義の女神テミスの姿と重ねて捉えており、裁判所は客観的で公平に審議をしてくれるものと信じていた。彼女にとって黒い法服を着た裁判官は、忍耐力に優れ、ソロモン王のような知性にあふれ、法廷のドアを開けた瞬間に予断や偏見を捨て去る存在と信じていたかった。彼女は耐え切れずに話題を変えた。

「今週ママに会った？」

「ああ、特に変わりはないよ。でも少しずつできることは少なくなっている。昨日はパパのこともわからないようだったよ。若干体重も減っていたけど、看護師からは重度の鬱によるのではないかと聞いたよ。アルツハイマー病はどんどん悪くなっているんだろうな。本当のところはパパにはわからんけどな」

「誰もいない家での暮らしはどう？」

「寂しくはあるがもう慣れたよ。それにパパは仕事ばかりで夜遅くまで事務所で過ごしているから、家にいるのはほんの少しの時間だ」

二人の会話はウェイトレスの到着によって、一時中断となった。明美は野菜のラザニアを注文し、巌はお気に入りのチキンブロッコリーパスタを注文した。それぞれ一杯の白ワインを注文し、ホウレンソウ・サラダを追加し、デザートとしてクレームブリュレを注文した。

「こんな感じで、週一回はこれから会って話をしたほうがいいわね。パパとしばらく会えないと寂しいわ」と明美が話すと、巌も「それはいい。お互いに約束しよう」と答えた。挨拶をして別れ、互いの家路についた。

翌朝明美は、大学時代の友人である中京小児病院の小児集中治療科医富田玲に、電話をかけた。明美と富田は卒業後も連絡を取り合う中であった。

「富田君､端的に言うわね｡今､生後七カ月のいわゆる揺さぶられっ子症候群で亡くなったとされている赤ちゃんのケースの弁護依頼を受けているの」

明美は、富田に彼女の知る詳細について説明し、

「この事件を詳しく検証してくれない？」とお願いしてみた。

「タイミングが悪いな……。今、締め切りを二週間後に控えた研究助成の申請書を一生懸命書いているところなんだ。それに集中治療に関するいくつかのカリキュラムにも対応しなくちゃいけない。それだけじゃなく、次のターンの研修医の教育担当にもなっちゃって……」

「助成金の申請が終わるまでは、それほど時間を取らせないわ。カルテや画像を見て、富田君がどう考えるのかを教えてほしいの。別に証言をしてほしいわけじゃないわ。とにかく今は、何でも情報が欲しいの。その上で弁護活動を行うためのポイントは何かを考えたいの。お願い！」

富田医師は、明美を友人として好きだった。時に彼女の弁護する犯罪者に対して、どうやってこんなやつを弁護するんだろうと疑問を抱くことはあったが、彼は彼女が素晴らしい人間で、理想主義的なところが長所であると考えていた。彼は助成金の申請の件やカリキュラムの件、そしてもう八カ月も先延ばしにしている休暇の件も考えて、もうこれ以上余分な仕事は受けたくないと思ったものの、明美のたっての願いということで引き受けることとした。

「ＯＫ。君は本当に人を巻き込むのがうまいね。そのことだけでも優秀な弁護士であることがよくわかったよ。資料の準備ができたら送ってくれよ。二～三週間は待ってもらうことになるとは思うけど」

「ありがとう、本当に感謝するわ。画像も必要よね？　必要ならＣＤ-Ｒに焼いてもらって、それも送るわ。その他にも何か必要？」

「ああ。その子のかかりつけだった小児科医から、出生時の記録や出生後の小児科受診歴を詳しくもらってきてくれ

ないか。あともし可能なら、家族歴についても詳しく知りたい。遺伝的な要因や家族要因についてわかれば、病態について何か説明できるかもしれない。それに警察の調書や児童相談所の児童記録があればありがたい。医療の記録ではないけど、カルテからわからない何らかのヒントが得られるかもしれないしね。もしその他に必要なものを思いついたら、またすぐに連絡するよ」

富田医師からの電話を切ってすぐ、彼女担当のパラリーガルが父親の巌から電話があったことを伝えてきた。

「はい、パパ。何か用？」

「お前が言っていた乳児の頭部外傷の事件についてずっと考えていたんだが、ぜひ協力したい。社交辞令的な意味ではなく、共同弁護士のような形で、本当にその件で仕事をしたい。事務所的には大丈夫か？　お前はどう考える？」

「願ってもないわ！　パパと仕事ができるなんて最高よ。パパは私のヒーローなんだからね。さて落ち着かなきゃ。実際にどんな風に進めていく？」

「そうだな、まずは弁護側証人に立ってくれる医者を何人か探さなくてはだな。そのための費用はパパが出すぞ。裁判者も一部は出してくれるだろう。ＳＢＳのケースで弁護側証人をしてくれる医者やその履歴の調べは、パパのほうでやれると思う。それから、その証人たちが証言台に立つ時、主尋問はパパにやらせてくれないか？　これから医学書や医学雑誌にどのような記載があるか、調べ始めるつもりだ。いいか？」

「そんなにやってくれるの！　すごいわパパ。じゃあ被告人とのやり取りは私のほうで全部やるわ。陪審員候補者への予備尋問も私ね。医者以外の証人候補への対応も私でいいかしら」

「まさにパートナーシップだな。この事件には全力を尽くしたいと考えているよ。ところで、パパの事務所に上田哲史という新人弁護士が入ったんだが、彼にこの事件のオブザーバーをさせていいかい？　彼はロースクールを出たてで、パパの仕事を見て学んでもらう必要がある。何か問題はあるかい」と金子巌は提案した。

「単なるオブザーバーとしてなら、全然問題ないわ」

「ああ、彼は音を上げるタイプではないし、とてもいい経験になると考えている」と巌は話し、さらに以下のように続けた。

「よく聞いてくれ。このケースでは、メディアを活用する必要がある。陪審員は一般市民から選ばれるし、新聞やテレビでSBSの理論に疑義を投げかければ、われわれのチャンスは広がる。すぐにでも始めたほうがいい」

「メディアですって？ 私はこれまで、メディアとは距離を取ろうとしてきたわ」と明美は反応した。

「おいおい、メディアは世論を形成する上で強大な力を発揮するんだぞ。結局、一般大衆からこのケースの陪審員候補者団は選ばれるんだから、メディアは最大限に活用しなくてはならない。パパにはいろいろな新聞記者やテレビ番組スタッフとコネクションがある。世論を味方につけるということに気後れしてはいけないよ。特に赤ちゃんが死んでしまったような事件の場合にはなおさらだ」

「うーん。これまでしてこなかった仕事になるわね。でも正直気乗りはしないわ」と明美はちょっとの間逡巡した後、「わかったわ、パパ」と返答し、「情報をしっかり共有していきましょう。すでに中京小児病院で医者をしている富田先生に、事件の詳細をみてもらうように頼んでいるわ。第三者の意見を聞くことは、常にいいことでしょ」と続けた。

5

逮捕から四八時間がたち、麗奈は送検され、身柄は拘置所に移された。

その拘置所は、一八〇〇年代後半に建てられた立派な連邦スタイルの建物で、永続的に使われるであろうとの見通しで建てられたものであった。実際、建物は今でも使用しうる状態であるとはいえ、老朽化しさまざまな部位でボロボロの状態となっていた。レンガはほこりをかぶり、隙間には漆喰が溶けだしてざらざらとした状態となっていた。室内は状態がひどく修復が必要であるはずだが、予算的にそれは不可能であった。そのため床はたわみ、壁は剥がれかけており、自治体の衰退の象徴ともいえる状態であった。風通しも悪く空気は淀んでいて、食べ物やタバコ、汗、排泄物の臭いが立ち籠っていた。天井を支えるオーク製の梁には、長年に及ぶ湿気、しみ、古いニスが固まり、こびりついていた。

建物が作られた時代の人々は今よりも小柄であり、現在では狭苦しい場所となっていた。また、長年汚いモップでいい加減な掃除をされていたため床はとても汚く、入所者の靴が張り付いてしまうほどであった。

明美は金属探知器を通り抜け、無駄なボディチェックを済ませると、「知り合いにボディチェックをしなければいけないなんて、本当に形だけのばかげたセキュリティ対策ね」と若い女性警察官に言いながら、受付へと向かった。少し困惑した警官は「お偉い弁護士先生にはわからないでしょうけど、これが私の仕事ですから」と返答した。明美が部屋に入ると、麗奈と目が合った。

「調子はどう?」と明美は声をかけた。

「ここにいるのは本当に嫌だわ。みんな私を憎んでいて、『赤ちゃん殺し』って言葉を浴びせて、嫌がらせをしてくるの。どうして私が拘置所に入ることになった理由が、みんなに知れ渡っているの!」と麗奈はすすり泣いた。

「拘置所はゴシップまみれのところよ。噂は一度流れ出したら、どんどん広がっていってしまうわ。ほかの被収容者とは距離を置いて、何があってもあなたがどうして勾留されているのか、誰にも話しちゃだめよ。誰かが近づいてきて共感したふりをして、友達になりたいって言ってくるかもしれない。『私の肩で泣いていいのよ』なんて優しい言葉をかけてくれるかもしれない。そんな甘言に騙されたら、その人は法廷に出廷してきて、陪審員たちにあなたが言ってもいないことを証言すると考えてていいわ。だから、私のいない時に、私以外の誰にも何もしゃべったらだめよ」と明美は再度、念を押した。

麗奈は、俯いて膝を見つめながら、

「ここではとても孤独を感じるの。外に出たい。保釈っていうのがあるんでしょ?　家には帰れないの?」と訴えた。

「保釈金の相談はしてもいいけど、期待しないでちょうだい。殺人事件の被疑者には、とても高い保釈金が設定されてしまうものなの」と明美が説明したところ、麗奈は泣き出してしまった。明美は、すぐに彼女を抱きしめてあげたくも思ったが、なぜだかためらいも覚えた。明美は麗奈が落ち着きを取り戻すまで待ち、以下のように説明を行った。

「あなたに話す必要があることがいくつかあるわ。検察官は『司法取引』と呼ばれるものを提案してくると思う。具体的には、あなたが罪を認めれば、殺人は殺人でも『謀殺（murder）』ではなく、より罪の軽い『故殺（manslauter）』として起訴する、という提案をすると思う。もし司法取引に応じれば、それ以上は裁判で戦わなくてもよくなるの。刑期がどのくらいになるかは私にはわからないけど、何年かは服役することになるわ。でも裁判を受けるストレスを回避できるし、謀殺で刑を科されるよりは刑期を短くすることができるわ」

麗奈の泣きはらした顔からは、明美は表情を読み取ることができなかった。

「やってもいないことを、認めろって言ってるのね？　それで裁判を受けなくて済むですって？　そんなことは望んでいないわ。何年も刑務所で過ごさなければならなくなるのよ！　出所するころにはもうババアだわ。私の人生は無いも一緒よ。そんなのありえない、司法取引なんて絶対しないわ」と麗奈は言った。

「司法取引がどういうものなのかは理解できたみたいね」と言いながら、明美は麗奈に司法取引に応じるように勧めるべきか、彼女自身に応じるかどうかを決心させるべきか、考えあぐねていた。

「司法取引を使えば、あなたの刑期は大いに短くなるの。もし裁判になって敗訴してしまったら、かなり長い間刑務所にいなければならなくなることも理解してほしいの」

「私は何もしてないわ。何もしていないことに対して認めて罪を軽くしてください、なんてできないわ。話は終わりよ」と麗奈は答えた。

「あなたの意思はわかったわ。そうであるなら、あなたにもう一つ伝えたいことがあるの。私の父も弁護士で、この業界ではとっても有名なの。彼があなたの助けになりたいって言っていて、専門医が法廷で証言できるようにするとまで話しているわ。素晴らしい提案よ。もちろん、主担当の弁護士は私だけれど。この提案についてはどう？」と明美は聞いた。

「あなたの話しぶりは、まるで私が本当にやったと言わんばかりね。そういうことなんでしょ。もう帰ってちょうだい。このことをママに話さなくっちゃ。あいつ（淳司）にも伝えなければいけないのかな……でも、あいつはいつもみたいにチクチク嫌味を言うんだろうな」

麗奈のこの発言を聞いて、明美は俄然興味がわいた。義父である淳司についてもっと知ることができれば……と考えた。

「二人が来た時に話せばいいわ。司法取引と、私の父親に関しての申し出については、全員の意思の確認が必要だわ。私も二人にこの話ができることはありがたいわ。あなたのお母さんとお話しをさせてもらってもいいかしら？」

麗奈は少しの間考え、二人に話をして明美に電話をかけるように伝えておく、という旨の返答をした。

「良かった。二人からの連絡を心待ちにしているわ」と言いながら、明美は麗奈と目を合わせようとしながら微笑みかけた。

それから明美は資料をまとめ、ブリーフケースに入れると立ち上がり、「ほかに何かある？」と麗奈に尋ねた。しかし、麗奈はもはや自分の世界に入り込んでしまい、質問を聞いてはいなかった。その変化に気が付いて、明美はそっとその場を立ち去った。

朱莉が明美との面会に来た時、淳司も一緒であった。「お越しいただきありがとうございます」と明美は話を始めた（もしかすると、この男について何か見抜けるかもしれないわ）。

「お呼びだてしてすみません。あなた方にお聞きしたいことがあり、いらしていただきました。先日、麗奈さんと話をしまして、彼女の決心を私から二人に話してほしいということでした」

朱莉は背が低く太っていて、野暮ったい恰好をしていたが、麗奈とはどこか似ている感じであった。淳司を見て、明美は以前見た一九三〇年代の炭鉱夫に似ているな、と考えていた。彼は細身で引き締まった体つきをしており、古いニキビ跡が無数にあるあばた顔であった。無精ひげを生やし、髪は乱れ、鼻はわずかに曲がった鉤鼻をしており、への字口をしていた。濁った眼の下にはひどいクマがあり、片方の頬には醜い傷痕が存在していた。

明美は司法取引とは何かを二人に説明し、「麗奈さんは司法取引には応じないと言っています」と伝えた。朱莉は淳司のほうを見た。彼は見返すことはせず、明美のほうを向き「あんたは司法取引に応じるように、あいつに言ったのかい？」と尋ねた。

「いいえ。私の仕事は彼女にメリットとデメリットを伝えた上で、彼女の意思決定を助けることです。彼女の意思は、『自分は何もしていないのだから、やりましたとは言わない』というものでした。彼女には、もし裁判で有罪となった場合、司法取引に応じた場合よりもかなり長い期間の実刑判決となることも伝えています。しかし彼女は、何もしていないのに罪を認めるわけにはいかない、との主張を変えませんでした。つまり、彼女は司法取引を断ったのです」と話し、以下のように続けた。

「もう一つお伝えすることがあります。私の父、金子巌は、横河市で事務所を構える刑事弁護経験が豊富な弁護士です。彼が無料で、私と共同で彼女の弁護をするとの申し出をしてくれています。さらに彼は、自分のポケットマネーで証言をしてくれる医療専門家証人を呼ぶつもりであると、言ってくれています。この提案に関し、いかがお考えでしょうか？」

再び朱莉は淳司のほうを見た。

「なぜ麗奈のためにそのようなことをすると言ってきているんだ？　あんたの父親にとってどんなメリットがあるっていうんだ？」と淳司は疑うような様子で尋ねた。

「父は、竜輝ちゃんを殺したのは彼女ではないと考えています。彼は、いわゆる揺さぶられっ子症候群は医療者たちによるでっち上げだと考えており、科学的根拠はないものであると主張しています。今回の事件を通して、彼は自身の考えを証明したいと思っているのです」と明美は答えた。

「でも、どうして医者たちはそのようなでっち上げを行おうとするのでしょうか？」と朱莉は、明美から語られた不可解な回答に困惑していた。

「医者連中はいつだってばかげたことを考えつくじゃないか。新聞でもそんな話題を目にしたことがお前にもあるだろう。医者たちは法廷で好き勝手な発言をして、そしてそれを馬鹿な陪審員たちが鵜呑みにしてしまうんだ。法廷には正義なんてものは一つもありゃしない。医者は検察から金を受け取って、やってもいない犯罪のために無実の連中を刑務所に放り込んでいるのさ。警察も嘘ばかりじゃないか」と淳司は朱莉に向かって言った。

この手の人間と言い合っても無駄であると明美は思い、黙ったまま、こんなことを考えていた。〝経験を積んだ、仕事熱心で真面目な集中治療専門医の富田君も、SBSを複数経験していると言っていたわ。SBS自体をでっち上げとするには無理があるのではないかしら。でも富田君自身も、伝統的な医学教育を受けた存在だとも言えるわ。もしパパが主張している通り、SBSが科学的に問題のある仮説だとするならば、富田君も主流派が真実としている間違った医学情報を真に受けて仕事をしているということになるわ〟

「『でっち上げ』の症候群と言わないまでも、医者たちの間でどうしてそのような損傷が起きるのかについて、反対意見もあるはずです。私の父も、SBSについて多くのことを調べた末に、『ほとんどの医者は誤った考えを有している』との考えに至ったはずです。おそらく父の言っていることは正しいのだと思います」と明美は言った。

「私も子どもを育ててきた一人の母親として、頭蓋骨骨折が知らぬ間に起こったとは信じられません。ましてや死んでしまうなんて、なおさらあり得ないと思います。何か原因があったに違いありません。でも私たちの娘である麗奈が赤ちゃんを傷つけたなんて、とても信じられません。そんな子じゃありません。あの子には怒りっぽいところはあるけれど、とてもいい子で、ノミだって傷つけたりしませんわ」と、驚くぐらいのすごい剣幕で朱莉はまくし立てた。

「もしあんたの親父や、彼の依頼する専門医が麗奈を救い出せるのなら、ぜひ頑張ってみてくれ」

「それだけが私たちの望みです。今はただ祈るのみです」と朱莉も続けて発言した。

「では、父に専門医と連絡を取るようにお願いしておきます。まずはそこから始めましょう。ほかに質問はありますか?」

淳司は間髪入れずに「いくら払えばいい?」と尋ねた。

「私は公選弁護人ですから、費用は税金で賄われます。ですので、ご両親にも麗奈さんにも費用は請求されません。父も無償で取り組むと言っています。先ほど申し上げたように、専門医に証言してもらうための費用も父が支払うはずです。ですので、費用は一切かかりません」と明美は説明した。

「うーん、これは驚いた。他人が、ことに政府が、俺のために親切にしてくれるなんて、人生で初めてのことだよ。

何か裏があるんじゃないか？　あんたの父親に何の得があるんだ？」

明美は、淳司のネガティブな発言や質問には回答せず、「同意していただき、ありがとうございます。これは私の名刺です。質問がある場合は、電話をください。あなた方のお嬢さんを守るために最善を尽くします」と朱莉のほうを向きつつそう告げ、淳司のほうは見ないようにした。

「義理の娘だけどな。俺はあいつの本当の父親ではない。でもあいつには何でも欲しいものを与えてきた。でもあいつが俺に感謝をしているか？　全然だ。だから俺はこの件が、あいつの人生のいい教訓になるんじゃないかと思ってる。あいつにとって良いことだろう。いうならば人生勉強だな」

明美は「われわれすべてが、この件で貴重な学びを得られることを期待しています。それではまた、ご連絡します」と返した。

二人が帰っていった後に、明美は書類のファイルをどさっと机に置いた。

「なんて世間知らずな男なの！」


駐車場に向かう途中、朱莉は淳司のほうを向き、「直接麗奈と話がしたいわ」と話した。実質的に朱莉が淳司に面と向かってお願い事をしたのは、これが初めてであったが、彼は首を回しながら、難色を示した。

「あいつが嘘つきなのは知ってるだろう？　やつが言うことは何も信じるなよ。話したいなら話に行けばいい。でも、もう何もしてやろうと思うなよ。もちろん俺は何もしないぞ。やつは俺を腹の底から嫌っている。あいつが何を話したのかは、俺には一切聞かせるなよ」と、目を泳がせながら淳司は返した。

おそらくこの夫を、いい人物であると思っている人間は朱莉だけであろう。朱莉は、過去の経験のせいで淳司が弱い一面を持っていると考えており、彼の態度はＰＴＳＤによるものであるとみなしていた。

「麗奈が嘘をつく？　一体全体何が言いたいの？　あなたが麗奈のことをそんな風に言うなんて、今まで一度もなかったじゃない。いったいどういう了見なの？」と、朱莉は信じられないと頭を振りながら返した。

翌日、朱莉は麗奈に面会に行った。

「麗奈、元気だった？　あなたが家にいなくてとても寂しいわ。気分はどう？」と、面会室で朱莉は麗奈に声をかけた。

「何とかやっているわ」と、分厚いプラスチックパネルを隔てて、スピーカーフォン越しに彼女は返答した。

「昨日、パパと私で金子弁護士さんと話したわ。彼女とてもよさそうじゃない。彼女ならあなたを救えると思うわ。彼女のお父さんも助けになってくれるみたいで、最初に思っていたより、事態は悪くなさそうね。そういえばパパったら……」と朱莉は続けて話し始めたが、麗奈はそれを遮り、「あいつが考えてることなんて、どうでもいいわ。あいつは意地悪で卑劣で、あいつの言葉は私にとって何の意味もないわ」と言った。

「あなたも、知ってるでしょ。彼は若い時にひどいリンチを受けてから、ＰＴＳＤを抱えているの。詳しいことは分からないけど、それが彼が時々怒り狂ってしまう原因と言われているわ。夜になると、汗をかいて起き上がって、声の限り叫ぶのを知っているでしょ。彼を落ち着かせるのにはしばらくかかるわ。彼は昔、暴走族をやっていたから、毎日のようにひどい暴力を見てきたのよ。対立するチームと大きな揉め事になった時に、彼は勇敢にも仲間の身代わりになって、一身にリンチを受けたそうよ。なかなかできることではないわ。彼は私たちに何度もこの話をしてきたわよね。彼が禁酒する前は、特に症状がひどかったのを覚えてる？」と朱莉は話をし「彼は今、精神科の病院で治療を受けているわ。いくつかの薬も飲んでいて、治そうと一生懸命なのよ。時々、私は彼をゆすって眠らせなければならないけれど、落ち着いている時には、彼はとてもいい人なのよ」と続けた。

「お店のほうはどう？」と麗奈は話題を変えた。

「相変わらずよ、ぼちぼちね。あなたの友達がこの間来て、あなたのことを聞いてきたのよ。『何もしていないのに拘置所で嫌われてるみたいなの』って伝えておいたわ。手紙を書いてくれるようにお願いしたんだけど、届いたかしら？」と朱莉は返答した。

「ママ、私ぐらいの年齢の子はツイートしたりFacebookに書き込みをしたりはするけど、手紙なんか書かないわ。それに、ここでは何を見ることも許されていないの。どうしてこんなに長く勾留されないといけないの？　全部が終わって家に帰れたとしても、もう誰も私のことなんか覚えていないと思うと絶望的になるわ」と麗奈は言った。

「あなたと離れ離れになって、本当に寂しいわ」と朱莉が返したところで、「時間です」と突然拘置所職員から終了が告げられた。

「またね、来てくれてありがとう」と麗奈は力を振り絞り、そう言った。

「それじゃあね。頑張るのよ。そのうちすべてうまくいくはずよ」と言って朱莉はスピーカーフォンを切り、麗奈に手を振った。

朱莉は重い足取りで拘置所から出た。顔を上げていることさえ、難しい状態であった。

私の娘は、この先どうなってしまうのだろうか？

6

「私は無実です」

ジャンプスーツ（拘置所のつなぎ服）を着て手首と足首に拘束錠をはめられた麗奈は、裁判官席の前に立ち、静かな声でそう言った（注・米国の法制度では、被告人に「有罪か無罪か」を問い、被告が「無罪」と答えれば、事実審に入り、「有罪」と答えれば、事実審を省略し、量刑等のみを定める法律審に入る）

「あなたの権利、特に憲法上の自己負罪に対する権利について、あなたに助言いたします」と柊山裁判官は説明を始めた。彼はその他の権利も列挙して説明したが、麗奈はまったく聞いていなかった。一通りの説明を終えると、裁判官は「嫌疑がかけられている犯罪の重大性に鑑み、あなたの保釈金を五〇〇万円とします」と告げた。

麗奈は瞬きもしなかった。

しばらくして明美は、淳司に電話をかけ、保釈金について説明を行い、支払いの意思を確認した。

「冗談を言ってるのか？」と彼は喚きたてた。「俺にそんな金があるわけないだろう。そんな金を持っている奴すら見たことはない。麗奈は拘置所で耐え抜かなければならないな。三食食事付きの無料アパートと思えばいい。で、結論が出るまでに、どのくらいかかるんだ？」

明美は、淳司のひどい発言に反論したくなるのを抑えた。

（三食食事付きの無料アパート？　なんて歪んだ思考なの？）

「今後行わなければならないことの多さにもよりますが、何カ月もかかるでしょう。遅くとも今日中には、検察官と私とで話をすることができると思います。話の内容については、終わってから改めてお知らせいたします」

明美は淳司との通話を一旦終わらせ、父である巌に電話をかけた。

「お前の会話を上田先生も聞くことができるように、携帯をスピーカーにしていいかい？」と巌は明美に告げた。

「もちろん、まったく問題はないわ」と明美は答え、次のように続けた。

「今後の弁護戦略について、整理しましょう。麗奈さんとご両親は、パパを共同弁護士とすることに同意し、医療専門家の協力を得ることにも同意したわ。彼女たちから断られないように、そのことについて具体的に提案をしなくちゃならないわ。パパ、熱意は変わってない？　医療専門家を雇うのにまだ自腹を切るつもりでいてくれるの？」

「もちろんだ。今すぐにでも進めていくよ。お前の持っている記録をすべて送ってくれれば、すぐに医療専門家の協力を得るように動くよ。検察官とはもう話をしたのか？」

「まだよ。すぐにでも彼らと話し合うつもりだけど、たぶん明日になっちゃうわ」

「誰が担当の検察官になったのかは、知っているか？」

「主担当は、中山恵里検事のようよ。彼女は、地検の児童虐待プロジェクトチームのリーダーよ。会ったことはあるけれど、彼女のことはあまり知らないわ。賢くて物事を客観視できる検察官で、きびしい人だと聞いてるわ」と明美は説明した。

巌は上田のほうを向きながら、

「パパは、いつも敵対する法律家について細かく調べ上げることにしているんだ。中山検事が関わった過去の事件や、彼女の法廷でのスタイルを確認して、弱点を含め、いろいろと詳しく調べてみようかと思う。彼女の法科大学院での成績、社会的地位や価値観も洗い出すことにしよう。彼女が堅物で情けが通じ難い人物なのか、それとも柔軟性がある人物なのか、知りたいね。法廷で彼女に挑む最善の方法を探っていこう」と明美に言った。

「ＯＫ、パパ。中山検事と副担当の検察官と私との話し合いが終わったら、また改めて連絡するわ。副担当の検察官が誰なのかは、現時点ではわからないけど」と明美は話し、電話を切った。

裁判所の警備ゲートを通り抜け、検察官が待っている会議室に向かう途中、明美の胸の鼓動は若干速まっていた。彼女が中山恵里検事と握手した時、手のひらには汗をかいていた。

「おはようございます、金子先生。最近の調子はいかがですか？」と中山の方から明美に話しかけてきた。彼女は明美よりも背が高く、ストレートの黒髪をショートにしており、顔も体も細身であった。鼻筋の通った鼻はわずかに上を向いていて、くぼみのあるあごの上にある小さな口を引き立たせていた。

「まずまずといったところです。最近、寒くなってきましたね。私、車で来たんですけど、裁判所の周辺に駐車するのって難しいですね」と平静を装いながら、明美は返答した。

「そうですね、だから私はバスで来るようにしています」と中山が返答したところで、副担当検察官の笹野検事が部屋に入ってきた。

「こんにちは。『初めまして』でよろしかったですよね？　検事の笹野紘一と申します」

「はじめまして、弁護士の金子明美です」

笹野は濃い真っ黒な髪の毛と一体化するように、あごに沿って髭を生やしている人物であった。彼は、青色のスーツ、白いシャツ、レジメンタルストライプのネクタイ、ウィングチップの靴といった、地方のデパートで展示されているかのような標準スタイルの着こなしをしていた。彼は運動選手のような筋肉質な体格で、握手をする際に握りつぶされるかもしれないと明美は警戒したが、もちろん彼は彼女と優しく握手をした。

「では始めましょうか」と中山検事が口火を切った。

「ええ、そうしましょう。まず起訴状の公訴事実と罪名はどのようになさいましたか?」と明美は尋ねた。

「第二級謀殺（訳注：米国の州法やカナダの刑法に規定されている殺人罪の類型の一つ。事前の計画に基づき殺意をもって人を殺害したが、周到な計画に基づくものではない殺人を指す）が最も妥当だと決定しております。公訴事実にはあなたの依頼人である大久保麗奈は『当日の朝起床後に、竜輝を殺害することを決めた』と記載しています」と検察官たちは説明を行った。

「故殺とすることは検討しなかったのですか?」と明美は尋ねた。

「司法取引を行えば、故殺に罪を小さくして起訴することもできました。あなたの依頼人は、そのことを十分に検討しましたか?」と中山検事は返した。

「依頼人とそのご両親には、司法取引についてお話ししたんですが、取りつく島もありませんでした」と、明美は会議室に入った時よりも落ち着きを取り戻し、しっかりとした口調で答えた。

「私が見てきた証拠をすべて勘案すると、あなたの依頼人は精神的にとても脆弱な方のようですね。これだけの証拠がそろっているのに、彼女はまだ自分は無実と言っているのですか?」と中山は尋ねた。

「はい、竜輝に対し自分は何もしていないと断言しています。彼女は、私たちと話し合いを重ねても、今までのところ司法取引をしないという決心を変えそうにはありません」と明美は返した。

駆け足で必要な手続き事項を済ませた後、明美は「私たちが話し合わなければいけないことは、後は日程だけだと思います」と発言し、最後に次の話を付け加えた。

「あともう一つ、お伝えすることがあります。私の父である金子巌が、私の共同弁護人となり、弁護側証人をしてくれる医療専門家を複数召喚する予定にしています。かかる費用については、彼が負担をする予定です」

これを聞き、中山検事は眉間にしわを寄せた。彼女は、巌が策略に富むやり手だという評判を知っていた。この話は驚くべきものであり、かつ歓迎されないものであった。しかし、中山検事はこの気持ちを明美に悟られないようにしながら、

「わかりました。証人として出廷することが決まったら、その人たちの名前と経歴を送ってください。よろしいでしょうか？　われわれ検察側は、主に小児病院の医師たちに専門家証人になってもらう予定にしておりますが、おそらくその他の第三者としての医療専門家証人にも証言をお願いすることになるかと思います。裁判が近づいたら、またお知らせします」と返答した。

しばらく間が空いたのちに、中山検事は、

「どうしてあなたのお父様はこの事件に興味を持ったのですか？」と尋ねた。

「彼自身に聞いていただけますか？　もちろん私も、彼の助けを得られることを歓迎しています。このような場合に、専門家証人への報酬の支払いを行う際に、法廷がどのような決め事をしているのか、私は把握しておりませんが、おそらく現金で幾ばくかは支払う必要が生じるものと考えています」と明美が話をしたところ、ここで初めて笹野検事が、「裁判所にも予算の限度はありますが、私が思うに、よほど法外な報酬を請求されない限り、専門家証人を召喚する費用は割り当てられるのではないかと思います。実際、今回のケースは赤ちゃんが死亡しているケースですから、メディアも注目するでしょうしね。このような事件において、裁判所が専門家証言を制限しようとしたという解釈をマスコミにされてしまったら、面白おかしく見出しニュースとして扱われかねませんから」と口を開いた。

「いずれにしましても、弁護側で専門家証人になっていただける方が確保できましたら、その時点で逐次、その専門家のお名前を検事さんたちにはお知らせしますね」と明美は返答し、その後少しの間を空け無愛想に見えないようにして、「他に何かしなければいけないことはありますか？」と尋ねた。

「いいえ、大丈夫かと思います。わざわざお越しいただき、誠にありがとうございました」と中山検事は返答した。

「お会いできて光栄でした。金子先生。今後ともよろしくお願いします」と、明美が部屋から出る際に、笹野検事が声をかけた。

「こちらこそ」と明美は返答した。彼女は、もうじき強烈な敵となる二人に対して、社交辞令を尽くしたが、気持ちを落ち着かせるのに、長くかかってしまった。『敵を友人以上に近づけたままでいろ』という父の信条に忠実であった彼女は、敵対する人と良い関係を保つのが最善であることは、よく理解していた。

明美は事務所に戻り、事務所のパラリーガルの杉山美月に、巌にこれまでに集めた記録を送ったかを尋ねた。

「はい、送りました」と彼女は返答し、「巌先生から連絡があり、バイク便ですぐに送りました。巌先生が急かしてくるので、結局コピーは取らずに送っています。正直とっても不安です」と続けた。

「父は無愛想なところがあるけれど、悪く思わないでちょうだいね。そういうところも、法廷で彼が活躍する要因になっているのよ。彼にはカリスマ性があり、賢く積極的で、討論に長けているの。私たち親子は、家でよく活発に討論をしたけど、彼はいつも私がぶつかってくるようにけしかけていたわ」と明美は饒舌に語り始めた。

杉山は、自分の上司である明美がこれまであまりしてこなかった個人的な話をしていることに感銘を受けていた。

「もちろん、討論はいつもパパが勝っていたわ。パパは相手が子どもである私であっても、勝つと喜ぶような人なの。パパは知識も豊富で話術もあり、討論に勝つ術を多く持っていたから、子どもの時からパパと議論を重ねてきたことで、私はどうやって議論に勝つのかについて多くを学んだわ。もちろん、根本にはパパが寛容で優しく、父親として素晴らしい存在であったことがあるわけだけれども。さて、ごめんなさい。今からパパに電話をかけなきゃいけないの」と言って明美は会話を終わりにした。

「もしもし、パパ？　私、ＳＢＳについてもっともっと学ぶ必要があるわ。法律系の商業雑誌の中には、公判前に『ＳＢＳの診断というのは論争の的になっており、法廷に持ち込むべきものではない』という申し立てを行うことを提案しているものもあったけど、どう思う？」

「可能性としてはありかもしれないが、裁判所がそのような申し立てを認めるとは到底思えないぞ」と、深い法律経験をもとに巌は返答し、次のように続けた。

「お前と仲良く論争することになるであろう中山検事と笹野検事について、興味深い資料を発見したぞ。後でこの件についても、ゆっくり話をしよう」

7

「やあ金子さん、樽見竜輝ちゃんの資料に全部目を通したよ。意見書を書いたほうがいい？　それとも結果を口頭で話せばいいかな？」と富田医師から明美に連絡が入った。

「それはあなたの意見次第ね。今電話で、あなたの考えを教えてくれる？　どのような形であれ、文章として記載されたものは、後で検察官の目に触れる可能性があるわ」と明美は返答した。

「わかった。君の依頼人にとっては残念ながら、このケースは典型的なＳＩＳ（乳幼児揺さぶられ衝突症候群）だと思う。典型的な発症年齢だし、在胎周生歴にも異常なく、交通外傷や高所転落のヒストリーもなければ、これまでに外傷を負った既往もない。所見的にも、硬膜下血腫があり、頭蓋骨骨折も認めていて、骨折部位直上に頭皮下出血も存在している。つかまり立ちもできない生後七カ月の子どもが、偶発的に後頭部に骨折をきたすことは、およそ考えられない。さらにこの子には、多発多層性の網膜出血と網膜ひだも確認されている。これはＡＨＴと診断する上での決定打になる所見だよ。それに加えて、家族歴に何らかの遺伝的要因を示唆する医学的状況は何もない。君にとっては悪い知らせになるかもしれないが、君の依頼人を無罪と弁護することには、相当無理があると思うよ」と富田医師は丁寧に説明した。

「参ったわね。私の依頼人はすでに司法取引に応じることを拒絶しているわ」と明美は当惑した。

「それに関して僕はノーコメントと言わざるをえないよ。司法取引の詳しい仕組みは僕にはまったくわからない。君たち法律家は、有罪か無罪か二者択一をしなくてはいけないかもしれないけれど、幸いにして僕は医者だからね」

「何にしても本当にありがとう。でも意見書をお願いするわけにはいかないわね」と明美は話し、以下のように続けた。

「私の父が有名な刑事弁護人であることは知ってるわよね？　その父が、今回のケースについて私のサポートをしてくれることになったの。彼はこのケースの弁護にやる気満々の状態になっているわ」

「本当に？　それは君にとってはラッキーなことだね。でもなぜ君のお父さんはそんなにこのケースに肩入れしているんだい？」

「それは私にもわからないわ。でも人々が平等に質問される機会が奪われていて、そのことがより悪い状況を引き起こしていると考えた時、父は昔から性格上放っておけない人なのよ。父は『医師がSBSに関して誤認していて、ほとんど鑑別診断も行わずに安易に診断している』って考えているみたい。それで、父はこの話題について、検察と一騎打ちがしたいんだと思うわ」と明美は答えたが、富田はこれを聞いて、しばらくの間黙り込んでしまった。

その後、おもむろに口を開き、

「僕は児童虐待の専門医ではなく、ただの小児集中治療科医だから、うちの病院の子ども虐待専門小児科医にも、竜輝ちゃんのケース記録をみてもらったんだ。彼女は、これがSISであることに同意したよ。彼女は、『SBS事件を臨床現場で診た経験もないようなごく少数の医者連中が、SBSの診断に関して、論争のないところに論争を持ち込もうとしているのよ』と言っていたよ。実際、僕が読んだ医学的に価値の高い査読付きの学術雑誌では、この子のような損傷は揺さぶりと衝撃が加わったことによるものだと、すべて結論付けているよ」と説明した。

「OK、わかったわ。私はまだ監察医の解剖結果報告書を受けとっていないんだけど、その報告書の内容によって、あなたの意見が変わる余地はあるかしら？」と明美は尋ねた。

「ちょっとその可能性は低いと思うな。臨床的な状況というもののほうが、よっぽど重要だからね。たぶん監察医の報告書は、病院で確認された臨床所見を裏付けるだけの意味しかないと思うよ」と富田は返答した。

「報告書に予期していなかったことが記載されていた場合、また連絡してもいいかしら？」

「もちろんだよ。でも君の希望に沿うことはできそうにないな」

「いいえ、本当にありがとう。あなたの意見は『ありがたい！』ってものではなかったけど、解剖結果報告書が出るまではあきらめないわよ。報告書が、けがを負った日時の推定や、見逃されていた内科的な病気について、何か新しい洞察を与えてくれることを期待しているわ。怪我が私のクライアントが子守をする前に生じていた可能性は本当に否定できるのかしら？　富田君が言う通り、『乳幼児揺さぶられ衝突症候群以外の可能性はありえない』っていうことをもはや認めざるをえない状況だとは私まだ思えていないわよ」と明美は話した。

「前にも言ったけども、あまり期待はできないと思うよ」と富田は話し、電話を切った。

8

「洋二郎、喫茶店で会える？　愚痴を聞いてくれない？　何よりあなたに会いたいの」と明美は大山洋二郎に電話をかけた。

数カ月前まで、洋二郎と明美は交際をしていた。彼女は彼を運命の人とも感じていた。彼は、明美を涙が出るぐらい笑わせ、落ち込んだ際には共感し、人生・アート・音楽への情熱を共有していた。洋二郎は高学歴で勤勉であったが、小さなバーでわずかなお金をもらいながら演奏する、しがないジャズアーティストの一人であった。三〇代半ばの優しく面白い人物である彼は、神々しい美しさの濃茶色の髪、切れ長の目をした、やせ型体形をしていて、体形維持のために毎日の運動と週末のハイキング旅行を欠かさず行っていた。彼と明美はお似合いのカップルであった。

しかしある夜、彼は低い声で「なんて伝えていいんだかわからないんだけれども……。単刀直入に言うほうがいいと思ったんだ」と話し、しばらく間を空け、「僕はゲイなんだ。もう自分自身、君や友人たちに嘘をつき続けることをやめなければいけないと思ったんだ」と告白した。この衝撃的な告白は明美の感覚を麻痺させ、彼女は信じられないといった気持ちでただ洋二郎を見つめることしかできなかった。頭はぼーっとし、目はチカチカしていた。

「冗談でしょ？」と彼女は口走ってしまった。

「明美、僕はそんな駆け引きはしないよ」と洋二郎は語った。

「なんてことなの、私バカみたいじゃない。この数カ月の一緒に過ごした日々は何だったの」と彼女は口にしていた。その声は震えていた。

「うまく言えないけど、これはルール違反でしょう。素直に今の気持ちを言わせてもらえば、憤りを感じているわ」と彼女は続けた。

洋二郎はテーブルの上の明美の手を握ろうとしたが、混乱と傷つきの中、彼女はそれを拒否した。

「本当にすまない。言葉もない」と洋二郎は話し、次のように続けた。

「単純に理解してもらえないかもしれないし、僕自身もどう言っていいのかわからないんだけど、僕は君のことが本当に好きなんだ。僕が傷つくのは構わないけれど、君を傷つけたくはないんだ。時間がたって、君が僕を赦せる日が来ることを待つしかないと思っているよ」

その夜の後、彼女はこの驚くべき事態を理解するのに数週間を要した。将来結婚を視野に入れて付き合いをしていた彼女にとって洋二郎を失うことは深い悲しみをもたらした。ただ、二人は時間をかけて信頼する友人としての関係を見出していった。数カ月たった現在では、二人は頻繁にお茶をしたりランチをしたりする関係性となっていた。今回は、地元のカフェバーであるモチャ・ジムズで会うことにした。どちらもカフェラテを注文していた。

「で、最近はどんな凶悪犯を相手にしているんだい？」と洋二郎は会話を始めた。

「そんな言い方ってないでしょ」と笑いながら明美は「仕事についてはここで話したくないわ」と答え、「音楽の仕事のほうはどう？」と話題を変えた。

「福岡の有名なジャズ喫茶から声がかかっているけど、断ろうかと思っているんだ。あまりに遠すぎるからね。今はパッソリズという、はやりのナイトスポットで定期的にジャズライブを行っているよ。でも家賃を払うギリギリぐらいしか稼げていないよ」と洋二郎は答えた。

「音楽を仕事にする上で何か支援を受けられる体制ってあるの？　芸術的な意味では充実してそうだけれども、財政的には火の車じゃないの」

「いつか有名になることを願って頑張っているよ。頼ってばかりではいけないと思いながらも、戸丸大地という人から支援を受けているよ。彼はものすごい金持ちなんだ。仕事がもし休める時があるなら、彼に会ってみるかい？　実は僕たちは今、付き合っているんだ」と洋二郎は言った。

「素晴らしいことじゃない、あなたには本当に幸せになってほしいと願っているわ」と、若干の動揺を感じながら明美は言い、「うーん、すぐに休みを取る時間はないんだけど、実際彼には会ってみたいわね」と続けた。

「代理出産プログラムや、養子縁組に登録することについてはどう思う？」と洋二郎は明美に意見を求めた。

動揺してはいたものの彼女は努めて冷静に、「あなたが自分の遺伝子を残したいのなら、代理出産プログラムが唯一の選択肢じゃないかしら？　私のママは国際的な養子縁組のあっせん機関で仕事をしていたって、前に話したっけ？　もしママがまだ元気であれば、あなたに適切な助言をすることができたのにな」と返答した。

「今のところ、二人の考えがすべて合致しているわけじゃないんだ。それに今でもゲイとレズビアンのカップルが養子縁組することは珍しいことなんで、僕たちはそういう普通の夫婦ではないカップルに対して、偏見を持たずに養子縁組のあっせんをしている組織と一緒にやっていきたいと思っている。大きな決断にはなるけどね」と洋二郎は答えた。

洋二郎は、明美が無表情になっていることに気付き、はたと会話を止めた。彼が上機嫌になるほど彼女は不機嫌になっているようだった。洋二郎は無頓着であった自分を恥じながら「で、君のほうは何か変わりはあった？」と明美に話を向けた。

明美は気を取り直し、「何にも変わりないわ。今は忙しすぎて、新しい恋人を作る気にはなれていなくて。孤独感がないって言ったら嘘になるけれど、一人身は快適。誰かの存在を気にしなくてもいいっていうのは、実際快適よ。週末は寝て過ごしたり、読書をして過ごすことが好きなの。ケーブルテレビの契約は取りやめたのよ。テレビは正直、広告のための媒体だと思うわ。公共放送網は政府からの継続的な支援はなく、政府が潰そうと思えばいつでも潰せる状態にあるわ。残念だけど、それが現実よ」と返した。

二人が破局してからの生活状況の違いを考え、洋二郎は「君がどう思うかをまったく気にしないで、僕の話を夢中になって話してしまって悪かった。いつもは人の気持ちをもっと考えているつもりなんだけれど……」と謝罪した。

「謝る必要なんてないわよ。あなたは幸せになっていいんだから。私、時々ネガティブになっちゃうけど、抑うつ状態にあるわけじゃないし。あなたの話に失望したわけじゃなく、世の中の仕組みにがっかりしているだけよ。悲観的じゃなくて現実主義っていうだけだと捉えてくれればありがたいわ」

「でもそんな風に物事を捉えるのは、ますます気が滅入っちゃうから、やめたほうがいいと思うよ。僕も最近テレビを見なくなったけど、僕の場合は見ると他のことがそっちのけになっちゃうからだよ。リハーサルしたり、時には作曲したり、時間は有限だからもっと音楽に費やさなければいけないからね。でも音楽漬けの日々に幸せを感じているよ。もっと自分自身の健康に気を遣うように努力もし始めているんだ。先日ＨＩＶの検査を受けに行ってね。幸い陰性だったよ。それにコレステロールの値も正常値に戻ったんだ！」と洋二郎は話した。

「あなたのそういうところが私は好きよ。あなたは本当に陽気な人よね。あなたみたいな陽気で魅力的な人を見つけたいと思ってるわ」と明美が言うと、

「君ならすぐに見つかるよ。僕も君に合う人がいないかどうか、さがしてみるよ。そういうの、僕、得意だから」と洋二郎が答えると、明美は笑顔を見せた。二人はドリンクを飲み終えると互いに挨拶をして別れた。

9

明美は監察医の解剖結果報告書を入手し、すぐに要約部分の確認を行った。

死因：鈍的頭部外傷

死亡態様：殺人

病歴は、小児病院の診療録から得た。死亡児は生後七カ月齢の乳児で、意識消失した状態で、救急搬送となった。病院到着後に撮影された頭部ＣＴでは、右前頭部の硬膜下血腫と、後頭骨の骨折が確認された。症状は急速に増悪し、脳死状態である旨の宣告の後、各種治療の手控えがなされ、本児は入院二日後に死亡した。本児の死体は、剖検のため監察医務院に運ばれた。

剖検は、監察医務院の解剖室で一〇月一八日の朝九時より開始された。執刀医は藤岡玄で、法医学教室フェローの関悠大が執刀助手を務めた。また剖検には検視官である古賀和久・持田英章・津久井至が立会った。

これらの文章に続き、医療行為により加えられた身体損傷につき記載がなされており、その後、剖検時の身体所見全般についての記載があった。明美はこの報告書を一言一句読み込み、それをさらに自分で要約した。

富田医師が言った通り、典型的な乳幼児揺さぶられ衝突症候群（ＳＩＳ）の症例であると記載されていた。

明美は父親に電話をかけ、報告書に書かれた所見について伝えた。

「これはカンファランスで医者が言っていたような、典型的なケースだな。検察に協力する医師連中は、『このような損傷が認められた場合には、虐待以外にはありえない』と陪審員たちを説得するだろう。ただしわれわれは、ロバート・フロスト（訳注：ピューリッツァー賞を四度受賞した、米国の詩人）が言うように『陪審員とは、弁護士と検察官のどちらの法律家が優れているかを決めるために選ばれた一二人で構成されている』ことを忘れてはならない。有罪か無罪かなんて紙一重で、一二人の陪審員のうち、一人でも『有罪の確証が得られない』と説得できれば、お前の依頼人は無罪だ」と巌は話した。

明美は父親の言葉にひどく動揺した。

パパは無罪さえ勝ち取れればそれでいいの？　正義の実現なんてどうでもいいっていうわけ？　パパの仕事のモットーは「可能な限りの弁護を尽くす」ということだと思っていたけれど、倫理やモラルや法的規範の範囲から逸脱していいわけじゃないわ。私、間違ってる？　パパにはヤクザの依頼人も多いけれど、彼らの多くは腐りきった凶悪な犯罪者って言われているわ。パパが彼らにどんな弁護をしてきたかは知らないけど、この事態を私はどう判断すればいいの？

「パパが依頼した、医療専門家証人になってくれる医者の意見書を待たないといけないわね」と明美は話し、「もうすでに私は富田先生から意見を聞いたけど、この解剖結果報告書を見て、彼が意見を変えるとは思えないわ」と続けた。

巌は刑事弁護人と彼らに協力する医療専門家とが主催する会合に出席し、弁護士の熊野夏生の話を聞いていた。彼女はＳＢＳ事件の法廷における医療専門家から協力を得る方法について述べていた。

「理想的には、脳神経外科医、放射線科医、病理医、眼科医、神経病理学者、生体工学者の協力を得る必要があります。

血液凝固系の専門医や代謝専門医の協力も得ると良いでしょう。事件の内容によっては、あなたの弁護活動を支えるその他のサブスペシャリストもいるはずです。後ほど皆様にそのような専門家のリストをメールでお知らせします。彼らはこれまでに乳幼児の頭部外傷事件での法廷証言を数多く行っています。彼らを雇うのは決して安くはありません。また彼らは多忙であり、法廷の日程が決まったらすぐに約束を取り付けなくてはなりません。また証言してもらうのに、原則としていくらもらっているのかを確認し、折り合いがつくのかを考える必要もあります」

この発言を受け巌はすぐに、

「とても素晴らしい取り組みかと思います。早速そのリストをメールで送っていただけますでしょうか？　そのような対応をしていただけることに深謝いたします」と発言し、上田弁護士のほうを向き、「これはとても興奮する内容だ。このような状況を私はこれまでも楽しんできた」とつぶやいた。

「ええ、見ればわかりますよ」と上田は返答しつつ、「これまで先生は何百件もケースを扱ってきたと思いますが、どうしてこのSBSにそれほど心惹かれているんですか？」と質問した。

「そうだな……もう私の弁護士人生も終わりに近づいている。私のキャリアの締めくくりに、間違った医学診断で刑務所に行かされる多くの冤罪被害者をなくすために尽くすことは、大いに意義があるように感じるんだ。私は乳幼児揺さぶられ症候群の真実を暴いた人物として名を残したいんだ。歴史に名を刻むことになるだろう」と巌は答えた。

早速、熊野弁護士から専門家リストが届き、それを確認した際に、さまざまな専門性を持つ医師たちがリストアップされていることに、巌は胸が高鳴った。熊野の仕事は実に巧みなもので、各専門家の名前の隣に、その専門家がSBSの診断に法廷で疑問を投げかける上で鍵となるメッセージを、簡潔に要約して記載していた。巌は、法廷で行うべき戦略が具体化し、戦闘モードに入って鼓動が早まった。

「明美か、俺だ。専門家のリストを入手したぞ。これから連絡していこうかと思うが、その前に何か新しい情報とかはあるか？」と巌は明美に電話をかけた。

「パパ、本当にこのケースに関わってくれるの？　準備も始めるってこと？」

「ああ、やる気満々だ。頼っていいぞ」

「素晴らしいことね！　パパが関わってくれることに何か問題がないか、事務所の上司に確認をすぐに取るわね」と明美は話し、巌は「確認が取れたら連絡してくれ。リストにある専門家たちの予定を確認しなければならない」と言って電話を切った。


明美は上司である川越要に電話をかけ、「もしもし、金子です。例の虐待事件の件でお話しさせていただいてよろしいでしょうか？」と尋ねた。

「どうした？　これから県議会で予算について話し合わなくてはいけないけど、二、三分なら構わないよ」と川越は返答した。

明美は急ぎ事務所に向かい、川越の部屋にノックして入室し、「このケースは大変勝つことが難しいケースです。死亡した被害者は乳児ですし、弁護側に座っている被告人は陰気な、私にさえも何があったのかを話をしようとしないティーンエイジャーで、陪審員の心証は最悪でしょう」と話した。

「ああ、このケースは勝つための材料があまりに乏しいと、私も考えているよ。だから君が受任すると聞いてうれしく感じていたところさ。君はとても優秀だからこんな難しい事件が回ってきてしまうんだろうね。だから君が持っているその他のすべてのケースをほかの弁護士に回し、君がこのケースに専念できるようにしようかと思っているよ」と川越は話した。

「だから私はあんなに高い給料をもらっているのですね」と明美は皮肉を言ったが、川越は構わずに「このケースはわれわれ公選弁護人事務所が、極めて悪質であるとして起訴された事件であっても、適切な弁護活動を行いうる高い能力を有していることを示すための、とても重要な意味を持つケースだ。君をこのケースに専念させることで、仕事が増えた同僚がブーブーと文句を言ってくるかもしれないが、このケースが何度もマスコミに取り上げられることで、その重要性についていずれ理解してくれると思っているよ」と続け、「それで、本題は何だい？」と尋ねた。

明美は、巌との会話内容の概要を、川越に説明した。

「素晴らしいことじゃないか！　願ってもない申し出だよ。何も問題はない」と川越は答え、「そうかとは思いましたが、事務所の規約上、問題がないことを明確化したかったもので」と明美は返した。

「受けられない理由は何もないよ。裁判所は、全額とはならないだろうけど、多少はそのような専門家証人にかかる費用を拠出してくれると思うよ。申請してみよう。お父さんが今の収入を投げ打つことを良しとしてくれるならば、我が事務所はいつでも彼を受け入れるつもりだ」

「わかりました、父には問題はないと伝えておきます」と明美は言い、退出するために立ち上がった後に、「一点だけ悩ましく思っていることがあります。父は乳幼児揺さぶられ症候群の医学的根拠はすべてでたらめなジャンク・サイエンス（えせ科学）である、と息巻いています。彼は刑事弁護人と医療専門家とが主催する会議に先日参加してきました。彼らは乳幼児揺さぶられ症候群はでっち上げの医学診断病名であると主張していて、父もその主張に完全に乗っかったようです」とためらいながら話し、さらに次のように続けた。

「私の友人の、中京小児病院の集中治療科の富田先生は、乳幼児揺さぶられ衝突症候群の診断に疑いの余地はないと考えていると言っています。父がこの問題に熱心になりすぎていることを、私は懸念しています。彼の熱意がどこから来るものなのか、私にはわかりません」

また明美は、何だかはよくわからないけれど、父親が自身の考えを証明するために、いかがわしい弁護戦略を積極的に使おうとしているのではないか、という心配もしていた。

川越は「最終的にはすべてうまくいくはずさ、金子先生。お父さんの熱意はプラスに働くと思うよ。法廷は退屈だし、陪審員は情熱的な弁論を好むはずだ。法廷でのアピール力において、金子巌弁護士以上の人物はいないってことを、もっと信じていいと思うよ」との助言を行った。

「ありがとうございます。父が事務所の役に立つことができることを願っています。もちろん私自身も、父からサポートを得られることをうれしく思っています。私は今、関連する小児科学や神経科学や病理学の猛勉強をしています。このことについて、目を悪くするほど日々パソコンに向かっています」と明美は話した。

その後、明美は麗奈と接見するため拘置所に向かい、彼女を呼び出してもらった。インターフォン越しに、麗奈はすぐに不平を口にした。

「ほんとに頭にきてるわ。ここの連中は何かと私に嫌がらせをしてくるの。私、あいつらに何回か声を荒げてしまったわ。淫売や飲んだくれや薬中のきちがいどもや、気持ちの悪いブタばばあに何であんなこと言われなきゃいけないの。あいつらのほとんどは文字すら読めないし、臭い煙草を吸いながら床に唾を吐いて、カラスみたいにガーガーとわめきたて、悪口ばかり言ってるし、みんな本当に臭いのよ。なにより最悪なのは、私の神経を逆なでするの」と麗奈はまくしたて、明美に「あいつらが私のことを『赤ちゃん殺し』っていうのをすぐにやめさせてよ」とかすれた声で懇願した。

明美は「麗奈さん、拘置所は悲惨な場所よ。中には本当にひどい人たちもいるわ。そもそも楽しく過ごすようには作られていないの。彼女たちのいじめをすぐに止めることはできないわ。でも努めて冷静になるようにして。感情に任せて余計なトラブルをさらに抱えないようにするのよ。拘置所に友達を作りに来たわけじゃないでしょうけど、敵を作らないように心がけて。彼女らの挑発に乗ってしまうと、いじめはさらに激しくなるわよ」と説得した。

その後明美はあえて話をせず、麗奈の反応を待った。しばらくの間沈黙が訪れた。

結局、明美は次のように切り出した。

「あの日、何があったのかを、もう一度なんでもいいから思い出してみて」

「あなたも？　みんなが私に同じことを聞く！」と麗奈は叫び、「知っていることは全部話したんだから、そんなこと聞かれてももう何も話すことはないわ。私、おんなじことを何度も何度も聞かれて、気分が悪いし、疲れちゃうわ。これまで話したこと以上のことは何も話せないわ。もう一人にして！」とわめいた。

ティーンエイジャーってこんなに感情的かしら？　彼女かこんなに防衛的に行動し、他人を遠ざける背景には何かあるのかしら？　彼女の対人コミュニケーションスキルや、もっと言えばこの対人認知は、どうやって形作られたのかしら？　明美は、淳司と朱莉と面談した時のことを思い返していた。淳司は安全な距離にいながらも、明美に恐怖や怒りという感情を惹起させる人間であった。彼はいかにも、誰に対しても気持ちの通わせることのできない惨めな、暗い下流階級の男に見えた。

淳司は自己愛の性質を兼ねた境界型人格障害であろうか？　彼はほんの些細なことでもすぐに怒りを暴発させる易怒性を抱えた人物に見受けられる。いや、もうやめよう。私は精神医学的診断を下す立場にはないわ。でも私は、彼と麗奈との関係性について、もっと正確に知りたいわ。淳司と朱莉の結婚生活はどのようなものなのかしら？　これを知るだけでも、心理的な考察には十分有用なはずよ。麗奈は司法取引を反故にしたから、すぐに公判の準備に取りかかる必要があるわ。

「こんにちわ芳江さん。明美です。父はそちらにおりますか？」と明美は巌の事務所に電話をかけた。電話に応対した桐谷芳江は巌の秘書を三七年にわたって務めている人物であった。彼女は、巌の性格・哲学・才能や弱点までも知り尽くしていた。彼女は巌の完璧な秘書であることに、人生の満足感を見出していた。巌はほとんど事務所にいることがなかったが、彼の留守中の務めを芳江は完璧にこなしていた。

「はい、いらっしゃいますよ。ちょっと待ってくださいね」と言って芳江は巌に電話を取り次いだ。

「やあ明美、どうした？」と巌は返答した。

「パパ、専門家証人になってくれる人を、すぐにでも雇いましょう。早ければ早いほどいいわ」と明美は話した。

「よし、すぐにでも連絡を取ってみよう」と巌は返事をして電話を切り、芳江のほうを向いて、「ここに法廷で証言をしてくれる医師のリストがある。彼らの勤務先の住所を調べて、この内容で手紙を郵送してくれないか？」と言って、メモ書きを彼女に手渡した。

拝啓
○○先生

私は「乳児を揺さぶり、脳に損傷を与えた」として訴追されたケースの、共同弁護人をしております。私はこのような診断を下す医師の診断方法について、懐疑的な立場です。このような事件に対し、先生が弁護側証人として質の高い証言をなさっているとの推薦をいただき、筆を執りました次第です。もし私共のケースでご証言をいただくことをご検討いただけるのであれば、先生のご予定と、おおよそかかる費用につきお知らせいただけないでしょうか？

必要であれば、われわれのケースの医療診療録や、その他に必要なあらゆる資料につきご送付いたします。

裁判の日程は現時点で決まっておりませんので、先生のご都合に合わせることは可能かと存じます。

敬具

※事務所の住所や時候の挨拶など、適宜加えてください。

「手紙は通常の郵送でよろしいですか？　それとも書留にいたしますか？　もしメールアドレスがわかれば、メールでお送りしたほうがよろしいですか？」と芳江に尋ねられ、巌は「書留で郵送して、もしメールアドレスがわかれば、メールも送っておいてくれ。いずれにしても早急に対応してくれないか？　可能であれば今日にでも」と返答した。

巌はその後、誰もいない自宅へと帰り、何か食べるものはないかと、ほとんど空の冷蔵庫を開けたが特に食べたいものがなく、睡眠を取るために階段を登って寝室へと向かい、そのまま眠りについた。

翌日すっかり疲れの取れた巌は、いつも通り七時に事務所についた。彼は朝のこの誰もいない時間が一日で一番好きであった。彼はパソコンに向かい、乳幼児揺さぶられ症候群についてのＷＥＢ検索を始めたところ、数十の情報源がヒットした。そのうちの一つのホームページのタイトルには「乳幼児揺さぶられ症候群の三徴候診断について」と記載されていた。そのサイトには何百という医学文献（や編集者への手紙）が掲載されており、この症候群が激しい論争にさらされている証拠であると記載されていた。

巌がこのHPを見ていたタイミングで、上田哲史弁護士が出勤してきた。

「上田先生、このHPを見てくれ。SBSのことが詳細に書かれている。このHPは役に立つぞ」と巌は話し、「ドーランド医学事典によれば、『症候群』とは『いくつかの病的状態が同時に起こる病態』と定義されているようだ。この辞典には二二ページにわたり、千を超える症候群が列記されている。なんてこった。法律を勉強するよりよっぽど大変だぞ」と続けた。

巌はまた別のHPを閲覧した。そのHPでは「乳幼児揺さぶられ症候群は、硬膜下血腫・網膜出血・脳浮腫の三徴候よりなる医学症候群である。多くの事件では、頭部外表面に何らの外傷所見も認められない」と記載されていた。ある教科書では「予後は不良であり、およそ四分の一の事件は受傷直後に死に至る。死亡に至らなくとも、重度の脳損傷を負い、知的障害、学習障害、行動障害やその他のさまざまな後遺障害を引きおこす」と記載されていた。

巌はパソコンの画面を注視したまま、「重篤な状態に陥った竜輝の医学的状態を説明しうる鑑別疾患は、これらの情報源からいくらでも挙げることができる。弁護戦略がいくつも浮かんできたぞ。竜輝に生じた結果を説明しうる医学的な鑑別疾患について医療専門家に説明してもらい、陪審員の少なくとも一人に『虐待以外でも説明できるのではないか』と思わせればわれわれはそれでいい。それで有罪判決が下されることはなくなる」と上田に話をした。

九時になり芳江が出勤してきたところで、巌は彼女に熊野弁護士に電話をかけるように要請した。

熊野が電話に出ると、巌は「ＳＢＳの医学知識の習得に、短期集中講座のようなものが必要と痛感しています。いくつかの文献は自分で見つけてみたのですが、核となるような情報を効率よく収集したいと思っています。どのようにしていけばよろしいでしょうか？　ご助言いただけますか？」と尋ねた。

熊野は「いくつかの文献は、ＳＢＳの法的問題と医学的問題の両面について、端的にまとめられています。これらを読むことで、これから先何をしていけばよいのかが見えてくるでしょう。ＳＢＳに関しては、千編に達するほどの文献が発表されてはいますが、そのほとんどはわれわれがジャンク・サイエンスと揶揄しているように、医学的根拠がいい加減なものです」と助言を与えた。

「なぜそのような質の低い論文がいくつも公表されてしまっているのでしょうか？　医学論文には査読があるはずですよね？　そのようなプロセスによって、いい加減な論文はしっかりと弾かれるものだと思っていました」と巌は素直に質問を重ねた。

「先に話したＳＢＳの法的問題と医学的問題の両面について記載した総説文献を読めば、われわれが言わんとすることを理解していただけると思います。最近、ＳＢＳに関して、これまでの医学的な定説に疑義を投げかけるような、新たな知見がいくつも示されてきています。ＳＢＳの診断をこれまでし続けてきた医師たちは、これらの新しい研究によってＳＢＳの根拠が揺らいでいるというわれわれの主張に対し、口角から唾を飛ばしながら、むきになって反証しようとします。それこそがまさにわれわれの望むところなのです。彼らが反証しようとすればするほど、われわれにとっては追い風になります。彼らがいら立ちを見せれば見せるほど、メディアは彼らを不合理で説得力に欠ける専門家であるとみなすようになります。彼らが診断にこだわればこだわるほど、メディアの前でうっかり口を滑らせば滑らす程、彼らの信頼性というものは低下していきます。われわれに協力する専門家は、メディア戦略に対して長けています。彼らは冷静で、落ち着いており、自信にあふれた態度を貫くことができます。彼らは、ＳＢＳについてほとんど何も知らない状態の報道記者を、魅了することが可能です。ただ、われわれに協力してくれる医師の数は、依然として少人数しかおりません。虐待を専門とする小児科医は、ＳＢＳの診断を断定的に行います。その結果、多くの子どもが家族から引き離されて、親が虐待の加害者として起訴されてしまっています。二〇年前に比べれば、そのようなケースはずいぶんと減りましたが、まだまだそのような例は数多く発生してしまっています。われわれは時代遅れの信念を払拭し、現在の状況を打破しようとしているのです」と熊野は説明を行った。

「そのようなやぶ医者連中を一掃するためにはどのようにしていけばいいのでしょうか？　誤った医学診断で無辜の人々を刑務所に送り込んだ医師のライセンスの剥奪などはできないのですか？」

熊野は「医師免許につき審議する体制側の医師たちは、伝統的な考え方に凝り固まっていて、現状を変えようとはしないのです。伝統的な医学教育では、ＳＢＳを実在する疾病概念として、医師に教え込んでいます。六〇年にわたって続いてきたそのような考え方を逆転させるのは極めて困難な仕事なのです。しかし、われわれはそれを成し遂げなくてはなりません」と力説した。

「熊野先生、ありがとうございます。それでは、ご紹介いただいた法的な総説論文を私にお送りしていただいてよろしいでしょうか？　早ければ早いほど助かります」と告げ、巌は電話を切った。

熊野の送ってくれた総説論文が届き、早速巌と上田は何時間もかけて、その内容の把握を試みた。上田は論文の内容を十分に理解した上で、重要なポイントを箇条書きに書き出していった。

「新しい科学的知見により、古い既成概念が覆されようとしている。ＳＢＳに特徴とされる三徴候は事故によっても、内因性の疾患によっても生じることが明確になりつつあるようですね」と上田は話した。

巌は再び熊野に電話をかけ、

「論文をお送りいただき誠にありがとうございました。ＳＢＳの事件において行うべき弁護活動の方向性が明確に示されていますね。こういう論文を見ると、刑事弁護人をしていて本当に良かったと実感します。検察側の計画は台無しになるでしょう。検察にとって私は本当に厄介な弁護士となるでしょうね！」と伝えた。

熊野は「お役に立てたようで何よりです。これらの文献は刑事弁護人にとっての、天の恵みといえるものです。主流派の医師たちは、『これらの文献は弁護側に与している医師の意見に過度に寄りすぎている』と批判し、また『意見を求められ対応をした子ども虐待専門小児科医の意見は、明らかに曲解され、意図的に誤った引用のされ方をしている』と批判しています。しかしわれわれにとっては、このような文献が公表されたこと自体が喜ぶべきことなのです」と返答し、

「では、法廷で首尾よくいくことを祈っています。われわれも先生のケースを注視していきたいと思います。可能であれば、先生のケースで法廷で展開された議論を、これからの若い弁護士の教育に活用し、SBS事件の対応についての理解を深めることに生かすことができれば、とも考えております。また、もし先生がよろしければ、マスコミ対応を定期的に行っていただければ、今後に有用となると思います。こういうことの積み重ねが、潮流を変化させていくために重要であると考えています」と続けた。

10

麗奈は鉄格子を介して、独房の外を見つめていた。彼女はこめかみを何度も壁に打ちつけていた。まるでベッドの下にいるように、口の中がホコリまみれであるかのように感じていた。窮屈な独房の中をぐるぐると歩きながら、いろいろなことを考えていた。

これから私、どうなっちゃうのかしら？　残りの人生の大部分を刑務所で腐らせたくはないわ。警官たちは、動かぬ証拠があり、どのみち有罪になるんだから、自白をしたほうが楽になるぞ、って言ってくるし。でも何が楽になるっていうの？　金村弁護士、あれ金田だったっけ？　彼女は、『私は味方よ』って言ってきて、最大限の弁護をするために何が起こったのかを話さなきゃだめよって説教してきたけど……。確かに彼女は私の味方をしてくれるみたいだけど、私、何にもわかんないし。私が最後に覚えているのは、鼓膜が破れそうなほど竜輝が泣き叫んでいて、それからあの子が私の胸を思いっきり蹴ったことだけ。すごく痛くて、赤ちゃん相手にかっと頭に血がのぼったのは覚えているわ。私はここから出たいの！　でもそれからどうしたらいいの？　あの男（淳司）がいるところに帰るの？　馬鹿なママは、あいつがいかにケダモノなのか、まったく気付いてない。でもママだって何にもできやしない。全然お金も持っていないし、他人と全然うまく話もできず、黙っているだけだし。私がここから出たら、何ができるっていうの？　私、高校すら出ていないじゃない。何のとりえもない平凡な男から養ってもらえることを期待しながら、どうせ将来はママみたいになるんだわ。結婚しても子どもなんてまったくいらないわ。誰があんなモンスターと一緒にいられるもんですか！　竜輝の叫び声を聞いてから、もう子どもとは関わり合いになる気は失せたわ。でも竜輝に胸を蹴られてからの記憶が全然ないの。まったくの空白。金村だったか金田だったかの弁護士先生にいろいろ聞かれるけど、まったく記憶がないのにどうやって話せばいいっていうのよ。こんな風に記憶が抜けているなんて。あの男（淳司）が私を犯す時みたい。やられている時、私は魂が抜けて、別の誰かの出来事のようにそれを天井から見下ろしている感じになるじゃない。でも……私は本当に竜輝を殺してしまったのかしら？　でもあの醜いクソデブ女が、私に敵意を向けてくるのは本当にやめてほしい。あのビッチは私が心底嫌いなんだろうな。私の名前は「赤ちゃん殺し」じゃないわ！　でもあいつは私がやったに違いないって確信しているのでしょうね。私かもしれないわ……。わかんないけど、私がやったから神様はこんな試練を私に与えてるんでしょ。これは罰なんだわ。でも何に対しての罰？　マリファナを吸ったこと？　一回だけほんのちょっと覚醒剤を使ったこと？　でももっと悪い奴らなんて、いっぱいいるじゃない。でもここにいる何で入ったか知ったこっちゃない醜いクソ連中と違って、そいつらは捕まってなんかいない。司祭との面会を求めたほうがいいのかしら？　でも何のために？　司祭と話をしたところで、私がここから出ることに役に立つわけじゃないわ。誰と話したところで私の気は晴れやしないわ。

それに司祭も他の男連中同様、私にセックスを迫ってくるかもしれない。でも聖職者には女の人もいるかもしれない。でも女性司祭なんてたぶんいないわ。それに私、司祭の中には小児性愛者がいるって聞いたことある。でもそういう人は、女の子より男の子が好きだと思う。何にしても、私は司祭との面会は断ろうと思う。

拘置所職員がやってきて、鉄格子越しにこちらを見つめ、「食事の時間です」と声を出し、「独房からでて、一緒に来なさい」と指示を出した。

11

数日後、最初の返信が巌のもとに届いた。

相手は田葉市の脳神経外科医、勝山宏夢であった。端的であるも内容は明快であった。

拝啓
金子弁護士

先生の事件において、正義を追求する手助けをわたくしは喜んでさせていただく準備がございます。ご依頼いただいた場合、この事件の資料をすべて詳細に検証し、法廷で自分の意見を証言することが可能です。

もし私が対応する場合には、着手金は五〇万円、資料の検証作業は一時間あたり一〇万円です。法廷で証言する場合には一日当たり一二〇万円の加算となります。

よろしくご検討ください。

敬具
勝山宏夢
医学博士、脳外科学会認定専門医

巌は熊野に連絡し、「こんにちは、熊野先生。勝山宏夢という医者から、最初の返信をいただきました」と告げ、手紙の内容を読み上げ、「提示された内容や、金額は標準的な水準なのですか?」と尋ねた。

「きわめて標準的です。安くはないとお話しさせていただきましたが、彼らは経験豊かな集団ですから、このぐらいになってしまうのです。彼らは専門家同士、互いをよく知っていて、証言でどのような話をするのかもよく理解しています。そのために専門家同士の証言は、矛盾のないものとなるのです」と熊野は返答した。

「先生に警告されてはいましたが、当初の想定よりずいぶん費用が掛かってしまいそうです。でもやはり、彼らへ依頼をする方向で考えたいと思います。正義の実現という意味で、それだけの価値がありますから。いろいろとご助言ありがとうございます」と巌は告げて、電話を切った。電話を切ったのち、彼はしばらくボーっと天を仰いでいた。

数日を過ぎて、ほかの専門家たちからも続々と返信が来たが、似たような内容、費用の提示であった。喜館市のオート・セーフ社の生体力学研究者である鹿島祐は、喜んで医療記録を検証し、意見を述べさせていただく、と返信してくれた。福山県三津市の引退した病理学者、浅野直紀は、喜んで記録を調べ、証言をさせていただきます、と記載していた。山香市の神経病理学研究室長の安達研一と、荒浜市にある荒浜医科大学の引退した眼科学元教授の田沼真也も協力可能であるとの意思を示してきた。小児科医の石川徹、感染症科専門医の玄葉龍臣からも、協力可能とのメールが届いた。

巌は明美に電話をかけた。「やあ。調子はどうだ？」「元気よ、パパのほうは？」

「パパはいつでも元気だ。最高とまでは言えないけど、まあまあってとこだな。で本題に入るが、パパが麗奈さんと直接話をする時間を作ってくれないか？　すでにこの件に着手し始めてはいるものの、いまだ依頼人本人と会ってないから、なんだか漠然とした感じだ。パパは依頼人と直接話をして、依頼人のことを知ることは大原則と考えている。もし会うとしたら、お前も一緒のほうがいいか、それともいないほうがいいか、どう考える？」と巌は明美に尋ねた。

明美は少しの間黙り、「私も一緒のほうがいいと思うわ。彼女はパパに会ったことがないし、パパのキャラクターは濃いからいきなり二人きりだと、彼女は怖がってしまうと思うわ。まあ明日、彼女に直接尋ねてみるわ」と考えを伝えた。

「彼女は、お前に何があったのかについて、少しは話をするようになったのか？」と巌に尋ねられ、明美は「いいえ、何を聞いても彼女の発言は曖昧のままよ。まるで他人事みたいな状態が続いているわ。彼女は小さなアルマジロのように丸くなっているわ。無言のままでいられたら、弁護戦略を作っていくことも難しいのに……」と答えた。

「これまでに彼女がトラブルを起こしたことはあるのか？　警察沙汰になったことは？　非行で補導されたり、交通違反で切符を切られたり、学校で喧嘩をしたり、薬物やアルコールで問題を起こしたことはないのか？」と巌は質問を重ねた。

「すべて調べたけど、体育館でバレーボールの試合中に喧嘩をしたことが一度あるだけで、それ以外は問題を起こしたことはないみたい。その喧嘩だけど、チームメイトがボールが返ってきた際に彼女を押しのけたら、彼女がそのチームメイトを殴って、自分の手の骨を折ってしまったの。それ以外には、何も起こしていないみたいよ。体育教師によると、特に、誰かが彼女を押してきたりぶつかってきたりしたような時に、彼女は良くかんしゃくを起こすみたい。でも彼女はトラブルメーカーと思われているわけじゃなく、基本的には喧嘩とかそういったことをするような子じゃない、って言っていたわ」と明美は答えた。

巌はさらに「彼女の家族はどうだ？　何か特別な状況はあるのか？」と尋ねた。

「母親と義理の父親の三人で一緒に住んでいるみたいよ。中心街でコンビニを経営しているわ。彼女はまあ、いたって普通の高校に通っているわ。彼女のプライベートや学校生活について、私が何か聞き出そうとすると、彼女は途端に黙り込んでしまうの。私とそんな状況だから、パパもうまくいかないと思うわ。彼女は他人をだれも信用していないのよ」と明美は答えた。

「年寄りのような感じで接するとうまくいくかもしれないな。一〇代の女の子はおじいちゃんが大抵好きだろう？」と巌が話すと、明美は「お言葉ですけど、一〇代の女の子が誰しも年寄りの男性のことが好きなんてことは全然ないわよ！」と返した。

「パパが愛嬌を振りまく様子を、お前は一度も見たことないだろ？　上手なもんだぜ。まあでも、あまり有効ではなさそうだとお前が言うんだったら、助言に従ってやめておこうか」と巌は話し、明美も「それが無難だわ。面会の予定が決まったらまた電話するわね」と返し、首を振りながら電話を切った。

パパが純朴なおじいさんのように振る舞えるなんて、ありえないわ。それにパパは、見た目がそもそもふさわしくないのよ。誰も、パパを優しいおじいちゃんなんて目で見ないわよ。パパと麗奈ちゃんの接見の日は、十分に注意しなくっちゃ。

拘置所で集合した際に巌の格好を見て、明美は仰天した。いつもの黒いスーツとネクタイではなく、巌は黒いタートルネックに、肘にスエードのパッチが施されたカーキとグレーのツイードジャケットを着ていた。「一流の刑事弁護人というよりも、しわくちゃの大学教授のように見えるわね」と明美は感想を漏らした。

麗奈ちゃんにとって親しみやすい、カジュアルな変装というわけね。これでどうなるかお手並み拝見ね。

明美は、巌とともに麗奈が来るのを待っている間、人差し指に髪の毛を巻き付けながら過ごしていた。心配している時にでる、昔からの癖であった。今まで麗奈ちゃんから何も話が聞けていないんだから、失うものなんて何もないじゃない、と明美は自らに言い聞かせ、何とか落ち着こうとしていた。

「麗奈さん、こちらが私の父の金子巌弁護士よ。彼について話したのを覚えてる？　竜輝ちゃんが病院に運ばれた日に起きたことについて、彼もあなたと話をしたがっているのよ」

「ああ、またか！」と麗奈は吐きすて、壁のほうを向いてしまった。

明美と巌はしばらく様子を見ていたが、巌がおもむろに口を開いた。

「なあ麗奈さん、私たちだけが唯一、長く不愉快な刑罰と君との間に立てる人間なんだぞ。お遊びはもうやめだ。打ち明けてごらんよ。手助けをさせてくれ」

麗奈から少しでもいいので返事が来ないか、明美は待った。

ついに麗奈が返事をした。

「何であんたたちは私にかまうの。私のことなんて何も知らないでしょ。私に何かしてくれるっていうの？　これまで誰だって私のことを助けてくれる人なんていなかったわよ！」

「君のご両親は助けてくれなかったのかい？」と巌は尋ねた。

「は？　冗談でしょ。ママは馬鹿な弱虫で、決して私の助けになったことはないわ。義理の父親は、意地悪で嫌な奴よ」

と麗奈は返した。

「どこが嫌な奴なんだい？」と金子巌は聞き返した。

「なぜなのかなんて、聞かないで！　本当に嫌な奴なのよ。奴のことを話題にしないでよ」

巌は動揺することもなく、「彼は君をどういう風に虐待するんだい?」と尋ねた。

明美は危うくへたり込むところであった。巌はこのように時々驚くような発言を唐突にすることがあった。

麗奈は不意に顔を上げ、「どうしてそれを知ってるの?」と驚き声を上げた。

「まあそうだろうなと思っただけさ。君よりも長く人生を生きてきて、嫌なものもたくさん見てきたからね。で、彼は君に対して何をしてきたんだい?」と巌は繰り返した。

「ああ!　話したくないわ。あなたには何も関係ないでしょ?」

「君がどういうところで育ってきたのかを理解したいと思っているんだよ」と彼は返答した。

「一つはっきりさせておきたいの。私は竜輝がどうしてケガをしたのか、わからないの。あの子のケガについて尋ねられても、昨日も、今日も、そして明日もこれ以上のことは話せないわ。もしあなたが私を弁護するというなら、私が話したことを信じるべきでしょ」と麗奈は話した。

「君が信じることは、私たちも信じるよ」と、冷静かつきっぱりと金子巌は返事をし、少しの間を空けた後に、「でも、君が本当に何も知らないんだと考える理由をもっと聞かせてくれたら、弁護がしやすくなるんだ。当日の朝に、もしくはその時の竜輝ちゃんに、何かいつもとは違うなと思うようなことはなかったかい?」と尋ねた。

麗奈は低い声で、「竜輝の子守をする前日の夜、私コンサートに行って帰りがとても遅くなったの。義理の父親は、門限を守らなかったといって、私のことをベルトで叩いてきたわ。胸全体にアザができて、傷もついたわ。朝起きて樽見さんちに行く時には、二時間しか寝れなかったし、本当に疲れていたの。だからあんまり記憶が残っていなくって、気付いた時には竜輝がぐったりしていたの。すぐに一一九番に通報したわ。やらなければいけないことはやったのよ。みんな、私が竜輝に何かしたと思っているわ。何でそんな風に思うのかしら?」と返答してきた。

「竜輝ちゃんと一緒にいた最後の人間だったからね。だからみんな君を責めてしまっているんだよ」と巌は返し、麗奈の反応を待った。しばらく沈黙が訪れた。

「さて今われわれがやっていることを、お伝えしよう」と巌は口を開き、次のように続けた。

「竜輝ちゃんに生じた頭部外傷について、君が虐待した以外に同じようなことが起こる可能性について、話をしてくれる医者をたくさん集めているんだ。彼らがどのようなことを言ってくるのかはまだわからない。ただ報告書が送られてきたら、その内容を精査して、君が覚えているって言ったことと整合性があるところを見つけ出していきたい、って思っているんだ。竜輝ちゃんが急変した現場にいたのは君だけだから、何が起こったのかは誰よりも君がよくわかっているはずだ。彼ら専門家は、竜輝ちゃんには診断できていない何らかの病気が潜在していた可能性があるとか、どこからか転落したり何か他にあったせいで、君が子守をする前に竜輝ちゃんの頭に何事かが起こっていて、たまたま君が子守をしている際に急変した可能性がある、といった他の可能性を指摘してくるかもしれない。でも君は、竜輝ちゃんのケガを引き起こしたであろう出来事を思い出すことが難しいと考えるようになってしまった。例えばおむつ替え用テーブルから落下したとか、バスタブから竜輝ちゃんを出す時に君の手から滑り落ちたとか、バスタブに頭をぶつけてしまったとか、何かなかったかな？　頑張って思い出すようにしてみてくれよ。君が刑務所に入ることがないように、ベストなストーリーを紡ぎだせるように、われわれは動いているんだからね」

明美は、麗奈と会って以来初めて、彼女が関心を持ってくれたように思えた。巌はとりわけ同情の念を示したわけでもないのだが、麗奈の置かれてきた状況をズバリと指摘したことに、明美は驚きを覚えていた。彼女は、この優秀な弁護士から継続して学びを得られていることに、改めてありがたいことだと、感謝の念を覚えた。富田医師に意見を聞いてから、彼女は落胆する気持ちでいたものの、この面会で少しは気が晴れる思いになり、また麗奈に対して、より同情的な見方ができるようになっていた。

12

明美は医学部内にある保健科学図書館の読書室に入った。「乳幼児揺さぶられ症候群、もしくは虐待による頭部外傷と呼ばれる病態に関する医学文献や医学書を見つけたいのですが」と明美は、司書に声をかけた。

「うーん。少し情報は古くなってしまいますが、標準的教科書の参考文献から、優れた査読付き文献を見つけ出すのが、最も効率の良い方法です。それらの文献の中から、キーワードを頼りにより新しい文献のリストを作成することもできるようになるかと思います」との助言を、司書は明美に行った。

司書から勧められた作業を数時間続けたところで頭痛がしてきたため、明美は椅子にへたり込み、髪の毛の上から指で頭皮をマッサージした。すぐに理解しなくてはいけない事項だけでも山のような情報があった。

ほぼ同時刻、小児病院では二人の検事が、臨床医の注目を集めていた。

「検事の中山恵里と申します。こちらは同じく検事の笹野です。診療に忙しい中、お時間をいただき誠にありがとうございます。もちろん私たちは、先生方が司法関係者の対応に使うような時間があまりないことを、十分把握しています」と中山検事は笑顔で話し、「でも竜輝ちゃんの裁判では、先生方からの医学的意見が不可欠です。われわれ検察は、あの子の死に関わったとして、大久保麗奈を第二級謀殺の罪で起訴しました」と続け、周囲を見渡したのち「どこからどのようにお話したらよいのか考えあぐねておりますが、もし何かおっしゃりたい方がいらっしゃったら、どうぞ遠慮なく話し始めてください」

「では早速私から話を始めてよろしいでしょうか？」と集中治療科の神田医師が口火を切り、「竜輝ちゃんがＰＩＣＵに到着した際には、ぎりぎり命が繋ぎ止められている状態でした。ＰＩＣＵ入室後、多くの関連科の医師が来て、さまざまな検査を行い、必要な治療を開始いたしました。何をどのような意図で行ったのかについては、それぞれの医師から説明があるかと思います。まずは原口先生、お話していただけますか？」と続け、小児脳神経外科医の原口諒太医師が話を行い、次に子ども虐待専門小児科医の高山真理医師、小児放射線科医の宮川寛医師が、それぞれ説明を行った。竜輝の目の中を診察した小児眼科医の小笠原利彦医師は、スケッチを用いて、竜輝の眼内に広範に生じていた出血の様子を描写してくれた。意識を失い、だらんとした状態で運ばれてきた生後七カ月の竜輝の診療にあたって、救急部の看護師とＰＩＣＵの看護師には多くの負担がかかったことも語られた。

「あそこで集まって何をしているんですか？」とＰＩＣＵの研修医の一人、前川医師が病棟クラークの高橋に質問をした。

「今検察官が二人来ていて、乳幼児揺さぶられ症候群で亡くなった樽見竜輝ちゃんの診療に当たった医者が集められて話をしているみたい。先生がこの病院に来る前のケースだけどね。一時間以上もそこにいて、何かきっかけがないと抜け出せないんでしょうね。『新しく運ばれてくる子がいます！』みたいな」と高橋が言うと、「じゃあ僕が首を突っ込んでくるよ。それでそれをきっかけとして抜けてくる人は抜けてくるだろう」と前川医師は話した。


彼はドアをゆっくりと明け、神田医師のほうを見て、「お忙しいところ失礼します。ちょっとこれから来る薬物過剰内服で運ばれてくる子どもの検査オーダーの件でご相談がありまして……」と話した。

「すぐに行くよ。もうここでの用件はほとんど終わったから」と神田医師は返答した。

それを見て、「えーお聞かせさせていただきたい内容は、おおむねお聞きすることができました。ご協力に改めて感謝いたします」と中山検事は書類をまとめて、自分の風呂敷に包みながらお礼を言って、話を終わらせた。

「笹野検事からは何かありますか？」と中山は尋ねたが、笹野は「今は特にありません。消化しなくてはならない内容がいっぱいありますし……」と中山に告げ、医師たちのほうに振り返り、「一度持ち帰って整理させていただきます。何せ医学的内容をわれわれが理解するのは大変ですから、ノートを見返してまた疑義が生じましたら、先生方の何人かを捕まえて、またお話をお聞きさせていただくかもしれません。ご迷惑をおかけしますが、なにとぞご協力をお願いいたします。今日はお時間をいただき誠にありがとうございました」と話した。


エレベーターを下る途中、笹野は中山に話しかけた。

「もう解剖結果報告書はご覧になりましたか？　執刀した監察医の名前はわかりますか？」

「藤岡先生よ。彼はちょっと変わっているわよね。それに彼の仕事ぶりは及第点とは言えないことが多くて、監察医事務所でも要注意とされているわ」と中山は返答した。
「うーん、そんな人をなぜこのような難しい事件の執刀医にさせてしまうんでしょう?」と笹野は尋ねた。
「監察医事務所は年中人員不足で、過労状態なの。誰でもその時点で手が空いている人が対応せざるをえない状況なのよ。それに彼らは先週、遺体の臓器取り違え事件を起こしちゃったのを聞いてるでしょ? 数週間前に死亡した男性から摘出した眼球を、別の事件の容疑者の眼球と取り違えたみたいなの。彼らはその対応にてんやわんやになってしまっているの」と中山が話をしている途中で、小児病院の巨大な駐車場に停めた車にたどり着いた。

検察庁に戻ってから、中山と笹野はチームメンバーを引き連れ、会議室で会合を行った。このケースをどのように準備するのか学びたい若手検事も数多く参加していたため、中山は今後の計画について詳細にプレゼンテーションを行った。

「われわれは、ちょうど先ほど小児病院の複数の医師と面談を行ってきたところです。これが今後の公判戦術です。われわれは今後一人一人の医師と面会を行い、公判に備えたリハーサルを繰り返していきます。彼らが平易な言葉で話し、憶測に基づく発言をするのを避けるとともに、学問的に曖昧にならないように証言し、沈黙してしまわないようにすることの重要性を理解してもらおうと思っています。たとえそのような対応は日常診療の中であまり行わない対応であったとしても、腰低く謙虚に対応することの重要性も理解してもらうつもりです。医師たちは、自身をよりスマートに見せたいためいろいろな話を盛り込む傾向にあり、概してわれわれが求める証言よりも詳細に語る傾向があります。そしてそのような冗長な話に、陪審員はついていけません。特にそれが専門的な話であった場合、なおさらです。われわれは、そのように事細かに医師が話した結果、予期せぬ矛盾が証人間で発生することを避けなくてはなりません。彼らが証言当日に、予定にない突拍子もない証言をすることも、避けるようにしないといけません。要するにわれわれは、陪審員が理解しやすく、疑いの余地がない説明であると感じることができるような証言を構築していかなくてはならないのです。われわれは、大久保麗奈のみが竜輝ちゃんの損傷を引き起こすことが可能であった唯一の人物であるということを、陪審員にしっかりと納得してもらわなければなりません。またこの致死的な頭部外傷は、非常にまれな病気や事故として生じたものでもなければ、被告人が被害者の養育をする以前にすでに発生していた可能性はないことを明確化する必要があります。医療診療録だけ見て、病院の医師の話を聞くだけでは、このケースはそれほど難解な事件である、とは思えないかもしれません」と中山は話し、若い検事たちが十分に話を咀嚼するためにしばらくの間を空け、さらに続けた。

「今回のケースの弁護人は、横河で最もやっかいな刑事弁護人の一人、金子巌弁護士がついており、彼の私費で複数の弁護側専門家証人がついています。彼が長年の経験で身につけた、あらゆる刑事弁護手法を法廷に持ち出してくることに疑いの余地はなく、また彼が雇った専門家証人は、これまで数えきれないぐらいの法廷に出廷し、証言を磨いてきています。弁護側は、そのような専門家証人を用いてＳＢＳの診断に疑念を持ち込み、澄んだ水に泥水を混ぜ込もうとしてきます。彼らはこのような事件に対しての法廷経験が豊富であるゆえに、どのような証言が受け入れられやすいかをよく知っており、明瞭に自信満々に話をするため、信頼を勝ち得てしまうこともあり得るのです。現在、笹野検事が、金子巌弁護士が申請してきた専門家証人がどのような人物であるかや、過去の法廷でどのような発言をしてきたかなど、知りうる限りの情報を集めています。われわれは果敢に彼らに挑み、もっともらしく聞こえる彼らの証言の信頼性の低さを白日の下にさらし、陪審員を納得させ、彼らが大久保麗奈を無罪にするために、法外な金で雇われただけの存在であることを理解してもらおうと思います」

彼女はここでまた間を空け、若い検察官の反応を確認した後、次のように話した。

「もう一点、治療を行った小児病院の医師たちに加えて、子ども虐待分野で著名な医療者に、第三者的な立場で証言をしてもらおうかと思っています。そのような、知識にあふれた、思慮深い医療者に証言してもらうところを、陪審員に見てほしいと思っていますし、われわれの顧問のような立場で関わっていただきたいと思っています」

ここで同地区の副検事の一人が、なぜ乳幼児揺さぶられ症候群に関し、医師の間で意見が割れてしまっているのかと質問した。

「答えは単純です。健康な赤ちゃんを揺さぶって何が起こるかを観察するという研究ができないからです。それができたならば、誰もSBSの存在にケチをつけることはできなくなるでしょう。ただしそのような研究は、当然絶対にできません」と中山は答え、「今のところの考えは、すべてお話しさせていただきました。あとは仕事をするだけです。さあ取りかかりましょう」と言って会合を終わりにした。

その後、笹野検事は自分のパソコンの前に座って、SBSに関する米国小児科学会（AAP：the American Academy of Pediatrics）の声明文を検索し、SBSの啓発と研究を通じてその発生を予防することを目的として設立された、ナショナルSBSセンター（NCSBS：the National Center on Shaken Baby Syndrome）のHPにもたどり着いた。NCSBSでは、SBSに関する豊富な文献リストや、SBSの医学的側面について言及したDVDが提供されていた。そのHPを熟読することで、彼の『虐待により頭部に損傷を受けた子ども』の知識は急速に拡充した。

このように検察が事件の捜査を尽くしている間、明美は病院に電話して、竜輝の治療に当たった医師から話を聞く予定の調整をしてもらうように依頼していた。とりあえずその電話を受けた神田医師は「お会いして話をするのは構いませんが、病院の法務部門と、顧問弁護士の了承を得る必要があります。総務課長の井上を通して、調整をしていただいてください」と明美に返答した。

竜輝が虐待されていないと証明しようとし、小児病院の医師の言うことを信じようとしないであろう被告人弁護人である明美と話をすることに、神田医師は完全に客観的になり切れず、若干の不快感を感じているようだった。特に彼は、竜輝が死にゆく最期の時に母親の寿子に寄り添っていたので、なおさら客観的になれないようであった。

明美はその後、井上に連絡を取り、その際に自分が樽見竜輝殺人事件で大久保麗奈被告人を弁護する刑事弁護人の代表者であることを明示した。

「ぜひ私と、竜輝ちゃんの治療に関わった医師たちとが話をすることを、許可していただきたい。日程調整を含め、そのようなことをお願いすることはできますか？」

「もちろん、大丈夫ですよ。私が立ち会いをする必要はありますが、あなたの都合に合わせ、医師とあなたが面会できるように手配いたします。われわれもこの事件について、非常に重要な案件と認識しております」と井上は発言した。

「先生方の都合の良い時間帯に、私のほうが合わせることができると思います」と明美は返答し、

「了解しました。日程調整のために数日いただけますか？　追って私から連絡いたします」と井上は約束した。


約束の日、明美と巌は二人そろって面会のために病院に来た。約束事として、面談は明美主導で行う予定としていた。

「お前のスタイルにケチをつけたり、医者に対して挑発するようなことはしないと約束するよ」と巌は言っていた。

彼はその約束を守ってくれたが、面談が進むと、彼女に耳打ちをするようになっていった。

すべての医師との面接が終わり、彼らがいなくなると、明美は「思ったより悪くなかったわね」と漏らし「彼らは一様に竜輝に生じた病態は『乳幼児揺さぶられ衝突症候群』だと言っていたけど、誰一人、犯人捜しは医師の仕事ではないといって、誰々が犯人であるとは言いたがらなかったわね。ただ皆一様に『成人もしくは成人に近い加害者がおり、医学的な時間枠で考えた場合、急変した際に一緒にいた人物以外に加害者は考えられない』とまでは言っていたわね」

明美と金子巌は事務所に戻り、監察医からの剖検結果報告書をもう一度見直した。しかし、何度読んでも弁護人側に有利な記載は何一つ書かれていなかった。


明美は富田玲医師に電話をかけた。

「やあ金子さん、元気だったかい」と富田はすぐに電話に出て言った。

「まあまあよ。二〜三週間前に電話で相談させてもらった、虐待死が疑われている赤ちゃんのケースを覚えてる？今はこの事件に首ったけなの」

「ああ、覚えてるよ。だいぶ君にとってドライで希望のない回答をした子の件だろ」

「ええ、本当にそうだったわね。ただその後、いくつかのことが動いているの。実は刑事弁護人として有名な私の父が無料で協力することになり、弁護側で証言を行ってくれる専門家証人を自費で雇うことになったの。それについて富田君はどう思う?」

「君にとっては良かったんだろうけど、医学的にそれが通用するようなケースじゃあないってことを、君のお父さんは理解しているのかい? このケースは非常に典型的だから、陪審員たちが本当に愚かで、奇跡でも起きない限り、無罪になんてとてもできるわけないと思うよ」

「うーん、あなたと話せば弁護戦略上の、何らかのインスピレーションが得られると思ったんだけどな」

「残念だけど、僕は君を誤解させたままでいさせるのが忍びないぐらい、君のことを気に入っているからね。このケースは誰がどう弁護しようが難しい。で、その弁護側で証言を行う専門家っていうのはどういう連中なんだい?」

「いま調べているところ。履歴書を送ってもらっていて、それと同時並行で、彼らの過去の法廷での証言内容を取り寄せて確認しているところよ。彼らの名前を聞けば、富田君は何かわかるかしら?」

「うーん僕は専門家じゃないし、虐待事件で証言した経験もないからわからないと思うよ」

「じゃあ横河小児病院の医者以外で、このケースに関わっていない立場の、地域の虐待の専門家を知ってたら教えてくれない?」

「そうだ、子ども虐待についての文献を豊富に集めている子ども虐待専門小児科医が、うちの医局にいるよ。彼ならレビュー文献も含めて、SBSを理解するための最新の文献を教えてくれると思うよ」

「ありがとう! その人の名前を教えて。どこに連絡をすればいいかしら?」

「名前は草野敬三先生で、医局の関連病院で勤務しているよ」と言い、富田は明美に彼の電話番号とメールアドレスを教え、「電話する時に、僕から紹介を受けたって伝えるといいよ。医者によっては、虐待の加害者弁護を行う弁護士と話をしたがらない医者もいるけど、彼は嫌がらずに適切な医学文献を喜んで教えてくれると思うよ。医学用語や解剖学用語でわからないことがあれば、たぶんそれも含めて彼は教えてくれると思うけど、もしそこまでの時間がなかったら、僕のほうで対応することはできるから。でも草野先生は本当に虐待の知識が豊富で素晴らしい先生なんだ」

「ありがとう、富田君。今後も折に触れて電話するわね」と明美は言い、電話を切った。

明美は何度か草野医師に電話をかけ、数度目でようやく繋がった。明美は竜輝の事件の詳細を彼に伝え、いくつかの関連する参考文献を教えてくれないか、尋ねた。

「富田先生は元気にやっているかね。彼はいい人物だ」と草野医師はまず話した。

「ええ、とっても元気そうでした。彼は自分はSBSの専門家ではないから、と先生を紹介してくれました。お力を貸していただけないでしょうか?」

「まず現在では、非偶発性の頭部外傷を呼称する際に、SBSではなくAHT（Abusive Head Trauma）と呼称することが、より適切と考えられています。ただこのことは『揺さぶりでは言われているような病態は起こらない』ということを意味するわけではなく、AHTという用語が『揺さぶり』という、受傷メカニズムに関連する用語を含まず、非偶発的な頭部外傷を最も包括した言葉であることを意味するにすぎません。この病態に関する医学文献は膨大な数に上っており、私はこのうち五千編以上の医学文献を所有しています。それら文献のすべてが質の高い素晴らしい文献というわけではありませんが、いくつかの優れたレビュー文献も何本か存在しており、そこから読んで知識を広げていくとよいでしょう。私は優れたレビュー文献と、質の高い研究報告論文、併せて五〇〜六〇編程度に星印をつけています。この星のついた文献を、あなたに送りましょう。どこに送ればよろしいですか?」

「AHTに関して書かれた文献の数がそれほど膨大だったなんて、衝撃でしたわ」と明美は感嘆した後、「それらの資料を送っていただけるお礼として、いかほどお支払いすればよろしいでしょうか?」と尋ねた。

「うーん七百万円ほどもらいましょうか? もし捻出することが難しければ、タダで結構です。パソコンの中にリストはあり、簡単に送信できますから。それにしてもあなたが、『事件の記録をすべて見直して、鑑定書を書き、法廷で証言してください』みたいに迫ってこず、本当に良かったです。私は法廷の仕事が嫌いでね。自分の病院の事件以外では極力断ろうと思っているんです。自分の病院のケースなら仕方がないけどね」。

「本当にありがとうございます。私のメールアドレスや事務所の住所もお教えしておいたほうがよろしいでしょうか？　また、いただいた文献を読み込んでいくうちに、疑問を感じた際にまた連絡を差し上げてもよろしいでしょうか？」

と明美が言うと、

「もちろん、気兼ねなく電話をしてきてください。喜んでお手伝いしましょう。ではあなたのメールアドレスを送っていただけますか？」と草野医師は答え、

「私はあなたが担当するケースを知っているかもしれない。メディアでよく流れていたでしょう。弁護士にとっては難しいケースだよ。刑事弁護人は本当に大変ですね」と続けた。

「ありがとうございます。皆さんそうおっしゃいます。それほど快適な仕事とはもちろん言えませんが、容疑のかかっている年若い女性にも最高の弁護が提供される必要があります。そのようなポリシーで私は戦おうかと思っています」

言っていて気が滅入るわ。あの子のことをもう少し好きになれていれば、そして彼女がもう少し素直になってくれていれば、もしくは単純にビジネスライクに彼女が私をお金で雇っているのであれば、こんな気持ちにならなくて済んだかもしれないのに。

文献のセットは、すぐに明美のもとに届いた。法廷が始まる前に、これらの文献を読み込むことができるか、彼女は不安になった。それに米国小児科学会（ＡＡＰ）の声明では「乳幼児の虐待による頭部外傷（ＡＨＴ）の存在は、四〇年を超える研究から確立された医学的事実である」と記載されており、また二〇一一年四月には、権威ある政府機関である疾病対策予防センター（ＣＤＣ）も、「乳幼児期の重症の外傷性頭部損傷は、ほとんどの場合、虐待が原因である」との報告を行っていた。

そうであるのなら、なぜパパはSBSをジャンク・サイエンスと考えているのかしら。ＡＡＰのような組織がこのような声明を発表しているなんて、ほぼ決定的じゃないの。でも医学界の大多数の意見がSBSが真実であると結論付けていたとしても、依然として竜輝ちゃんに損傷を引き起こしたのが麗奈ちゃんであることを、検察は立証する責任を有していること

に変わりはないわ。それが今私が集中しなければならないポイントだわ。とても難しいことではあるかもしれないけど、こういう状況で弁護活動を行うことこそが、まさに私が刑事弁護人を選んだ理由であるはずよ。彼女が有罪であるということの立証責任は検察側にあり、みんなが考えているほどそれは簡単ではないはずよ。川越先生がこのケースの担当を私にしたことを、喜んで受け入れようじゃないの

13

「私の存在が、検事さん方が樽見夫妻と面接する上で邪魔にならないといいのですが」と樽見家に向かう車内で、佐久間刑事は話した。

「樽見夫妻を完全に竜輝ちゃんの死亡に寄与していない、と判断することは現時点では不可能です。父親も母親もどちらも疑っているわけではないですが、コンタミネーション（注：情報が汚染されること）を避けるためにも、警部補には居てもらわないと。樽見夫妻が無罪を立証しうる何らかの発言をしたとしたら、われわれ自身が目撃者証人になってしまい、手続き上、面倒ですから」と笹野検事は述べた。

竜輝の受けた虐待被害やその後の死亡した経緯などについて両親に聞き取りを行うことは、このケースにおける最も気が進まない仕事の一つであった。中山検事と笹野検事の両検事は、どうしても非難めいた聞き取りと感じられるような質問をしなければならないことに気を重く感じていた。親にとって子どもを失うことよりもつらいことはなく、特に第三者によって殺害された可能性がある場合にはなおさらである。悲嘆にくれる両親に対し、子どもの死に至る経緯に関与した可能性について聞き取りを行うことは、二人とも感情的にあまりしたくない仕事であった。

「中山検事は、この事件をどう捉えていますか？　自分の二人の子どものことを考えると、突然こんな形で失うなんて想像すらできません。怒り狂って犯人を殺してやりたいって思うでしょう。普段誰かを殺そうなんて思って生きていないのに、そんな風に感じなくてはならないことは、とても恐ろしいことだと思います」と笹野検事は話した。

「誰かを殺してやりたいって考えることと、実際の行動に移すことには雲泥の差があるわ」と中山は話し、「虐待もそ

うよ。ほとんどの親は、例えば幼児が仕事に使うパソコンを床に落としてしまったり、言うことをまったく聞かない時に、強い怒りを感じるけれども、幸いなことに、多くの親は自分の感情を制御して、子どもを叩いたりはしないわ。私はその内的規制のメカニズムについてすごく興味があるの。脳の中のどのような配線が、親が子どもに暴力を振るわないで済むように働いているのかしら？　私自身は親になったことがないから皆目わからないわ。笹野検事は親として、これについてどう思う？」と続けた。

「うーん、私自身は子どもを傷つけてやろうという発想が出ませんので……。人生の中でそのような思考は、自分の中に持ち合わせてはいません。確かに、やってほしくないことを子どもたちがした場合には、怒りを感じることはあります。でも、子どもが狂ったように泣いたり、まったくいうことを聞かなかったりした場合にも、身体的に懲戒してやろうという発想は私には起きません。私たち夫婦は、子どもたちに手をあげたことは一度もありません。私の母はよく『しつけと称して子どもを叩いても、それは子どもたちに【理由があれば暴力は正当化される】ということを教えるだけよ。問題行動を減らすどころか、体罰を繰り返すことはかえって問題行動を増やしてしまうだけよ』と言っていました」と笹野検事は発言した後、しばらく考え込んだのち、「私の家の近所に、時々子どもを叩いてしまう親がいます。そういった時には罪悪感を感じるようで、出かけた際に新しい洋服を子どもに買ってあげるそうです。ばかげてませんか？　そういった行為は子どもに複雑なメッセージを送ることになり、全体的に捉えると全然子どものためになっていません」と発言した。

角を曲がったところで、樽見家が見えてきた。中流階級に典型的な、堅牢な一軒家であった。しかしこの家の中で、赤ん坊が殺されて、若いベビーシッターがみじめに拘置所で裁判を待っているのだ。

「なぜ麗奈があんなことをしてしまったのか、それを僕は理解しようと思っています。どこかのタイミングで彼女は自分の犯した行為を認めると思いますか？　彼女自身がやってないと思い込んでいる可能性はあると思いますか？　彼女はやってしまったことに向き合えるようになるのでしょうか？　それともこのままないことにして目を背け続けるのでしょうか？」と笹野検事は話した。

「これまでのところ、彼女と面会した児童相談所も警察も検察官も、何も彼女から話を聞くことはできなかったみたいね。動機ははっきりせず、何の自供もなく、竜輝ちゃんがこんな事態になってしまったことに対して彼女がどう思っているか、知る手掛かりは何もないわ。彼女は、すべての人に対して壁を作っている」

「それ自体が、彼女が犯人であることを強く物語るものであると私は考えています」

彼らは真ちゅう製のドアハンドルを開けて敷地内に入り、優しく三回、ドアをノックした。すぐに足音が近づいてきて、ドアが開いた。樽見崇氏であった。

「どうぞお入りください」

彼は何も話さず、中山検事らを応接室へと案内した。

すでに彼と会っていた笹野は「こちらは検事の中山で、こちらは警察官の佐久間です。この度はお時間をいただき誠にありがとうございます」と謝辞を述べた。

大きな出窓からは庭のピンオーク（北米原産のドングリの樹）がよく見えた。冬にもかかわらず、その特徴的な葉っぱが枝に絡みついていた。ダイニングルームは、キッチンと応接室とは独立して存在していた。エクステリアが控えめであった一方で、二階に続く階段は桜の彫刻があしらわれた手すりのついた、豪華なものであった。警察の現場見取り図で、二階に三つの寝室と二つの浴室があることは、あらかじめ把握していた。彼らは、ビクトリア朝様式の二人掛けのソファーの対面にある、二つのウイングチェアーに腰かけた。ソファと椅子の間には、小さなタブリーズ絨毯が敷かれていて、窓にはインド更紗のカーテンがかかっており、部屋全体がビクトリア朝様式に統一されていた。

「とても温かい雰囲気の、居心地が良いおうちですね」と中山検事は、これからしなければいけないシビアな面会に先立って、気をそらそうとした。

そこに寿子が歩いて入ってきた。

「樽見寿子、竜輝の母親です」と彼女は挨拶をし、笹野と握手をした後、中山とも握手をした。笹野はその後佐久間刑事を彼女に紹介した。寿子は細身で、茶色の髪をポニーテールにして束ねていた。その眼は腫れぼったく、顔面は蒼白で非常に疲れているようであったが、中山や笹野が危惧していたほどには、取り乱しているような状態ではなかった。

「で、何からお話すればよろしいでしょうか?」と崇から切り出した。

「まずはじめに、このような言葉ではとても伝えきれないのですが、心からお悔やみ申し上げます。悲しみの傷もまったく癒えていないこのような段階で、正義の実現のためには、あなた方から話を聞くことが必要であるということを、なにとぞご理解していただきたいと思います」と中山は話した。

「竜輝に対しての正義なんてどこにあるっていうんでしょうか?」と崇は椅子の腕を握りしめながら話し、「私はあいつが竜輝にしたことに強い怒りを覚えています。あいつの名前を出すことすら、困難に感じます。竜輝の兄の大智は、竜輝の死を理解できず、しばらくすれば竜輝が帰ってくると思っているようです。彼に竜輝は天国に行ってしまって、もう帰ってくることはないんだよと説明するたびに、苦しくてたまらなくなります。葬儀の場でも、大智はなぜみんなが泣いているのか理解できないようでした。幸いなことに、あの日大智は祖母の家に預けていました。私の母の気持ちが想像できますか? 大智だけでなく竜輝も預かっていたならば、竜輝は死ぬことはなかったと、強い後悔に家族全員がさいなまれています。ただ大智と二人きりで過ごすことは、母の楽しみにしている習慣だったんです。死という概念は四歳という子どもには理解することが困難な概念です。大智は、竜輝が麗奈によって殺されたことを知りません。彼はいまだに、『次に麗奈ちゃんが来るのはいつ?』と聞いてくるのです」と続けた。寿子は硬直した状態で椅子に座っていた。彼女は崇が話している最中に何も発言することはなく、考えや気持ちをまったく伝えてこなかった。

中山検事はしばらく寿子が発言するのを待っていたが、あきらめて「笹野検事も私も、なぜこのようなことが起きてしまったのかを理解することができていません。われわれにはお二人の悲しみの深さをとてもうかがい知ることはできません。私たちがこうして訪問し、再びお二人に質問を行うことは私たちにとっても苦しい時間ではあります。しかし、大久保麗奈を起訴するためには、可能な限り多くのことを明確化しなければなりません。私たちは、この種の犯罪が罰せられないということがあってはならないというメッセージを、地域社会に伝えていく責務も負っているんです」と話した。

「ではわれわれはどうしたらいいでしょうか?」と、少し冷静になることができた崇が言い、「大久保麗奈が起訴されることを私は望んでいる。小さな正義かもしれないが、何かに繋がっていくものだと信じています」と続けた。

中山検事は「あの事件が起こった前夜から、あなた方が家を出るまでの、知っているすべてをお話してください」と伝えた。

寿子が初めて口を開いた。

「あの日の前夜、竜輝は軽い風邪をひいていて、何度か途中で起きてしまいました。熱はなかったんですが、少し鼻水が出ていたんです。大智も軽い風邪をひいていました。子どもは、ちょっとしたことですぐ鼻を垂らすので、気にも留めていませんでした。先ほどお話ししたように、大智は前日の夜から義理の母の家に出かけていました。土曜日の朝、竜輝は少しぐずっていましたが、会議に出席することを取りやめることを考えるような状態ではなかったです。大久保麗奈が家に来る前におむつを変え、哺乳瓶で哺乳を済ませておき、彼女が来た際に少しシリアルを食べさせてほしい旨を伝えました。私たちは彼女の手間にならないよう、さまざまなことを行ってから、出発したつもりです。当日の彼女は少しげっそりしているように見え、口数も少なかったのですが、一〇代の子どもはそんなものかと気には留めていませんでした。それ以外に、特に覚えていることはありません」

「彼女は、以前にもお子さんたちの子守をしたことがあったのでしょうか」と中山は尋ねた。

「はい、夜に数時間だけという形で、頼んだことはこれまでにもありました。私たちが映画や夕食に出かけた直後、竜輝は大抵の場合眠ってしまいます。おそらく彼女は、大智を寝かしつけるのが主たる仕事になっていたと思います。

「ベビーシッターとしての大久保麗奈を、最初にどうやって見つけたのですか?」と笹野は尋ねた。

「子どものいる友人たちに聞いてみたところ、二人から彼女の名前が出たんです。彼らの話では、彼女に特に問題はないとのことでしたので、彼女が子どもの面倒を小遣い稼ぎとしか考えていない、信用の置けない高校生であると考える理由は、その時点で私たちにはありませんでした」と寿子は答えた。

「当日、彼女はげっそりし、口数も少なかったとおっしゃいましたが、別の日に託児をお願いした時と、全然様子が異なっていたということでしょうか？」と笹野はさらに尋ねたところ、崇が「彼女はどうやら私のことが好きではないのかな、と私は感じていました。というのも私と接触するのを避けるようなところがあったんです。夜中の託児が終わった時に、私が彼女を家まで送り届けることもありましたが、そのような時には助手席で一言も発することなく、石のように固まっていましたので。そのため最近では家に送る役割は、もっぱら寿子が担っていました。私は彼女に嫌われるいわれは何もありませんでしたから、単に一〇代の女の子の行動っていうのはこんなものか、としか捉えていませんでした。ベビーシッターに虐待を加える男性を映画やテレビを見て、警戒しているのかなぐらいに思っていました」と述べ、ためらいながら「振り返って考えてみたら、その日の朝、彼女はいつもよりもぼんやりとしていたように思います。僕も寿子も急いでいたので、それを取り立てて気にはしなかったんです。もしそういった様子にもう少し気を配っていれば、もしかすると竜輝は死なずに済んだのかもしれません」と続けました。

「ああ、パパ。どうか自分を責めないで。彼女が何か恐ろしいことをしでかすのではないか、と思わせるようなサインは何もなかったわ。あの日までは、特に何の問題もないベビーシッターと思っていたじゃない」と寿子は言った。

「ただ数週間前に彼女に竜輝を預けて映画を見に行った時、帰ったら竜輝がダイニングテーブルの下で眠っていて、彼女はベッドで寝ていたって時があったよな」と崇は言った。

「あの時は、たまたまの出来事って考えるしかなかったわよ」と寿子は言ったが、崇は中山のほうを向き「竜輝は、テーブルの下を這うようにして寝ていました。彼女にそのことを質したら、『ベビーベッドに寝かせる際に起こしたら可哀そうだから』と答えたが、私はその時無責任だなと思ったことを覚えています」と話した。

「大智君が大久保麗奈に関して、何か気になるような発言をしたようなことはありましたか？」と中山は質問した。

「いえ、特にそのような発言はありませんでした。大智は彼女に関する発言をしたことは、一度もありませんでした。ただ大智は少し内向的なところがありますから」と寿子は答え、中山と笹野のほうを向き、「実は夫は新しいベビーシッターを探そうって提案していたんです。何か気になるところがあったんでしょう。私は彼の話に耳を傾けてはいましたが、彼女が何か決定的なことをしたわけではなかったので、結局そのような結論にはなりませんでした。彼女の仕事ぶりがずさんだと感じることが何回かあり、夫はそこが気になっていたようです。彼女は時々気もそぞろになって、ボーっとすることがありました。何か薬でもやっているんじゃないかと心配することもありました。でもティーンエイジャーなんてそんなもんだとわれわれは判断してしまっていました」と続けた。その目はしっかりとし、話しぶりは明瞭で、その内容も一貫していた。

「ただもう手遅れです。あの時夫の言うことを聞いていればって思いますよね」と寿子は震えるような声で、そうつぶやいた。

「誰しもがお母さんのように判断してしまうのは、ごく自然なことかと思います。私はベビーシッターが乳幼児を殺害したという事件を何件か経験してきました」と中山はメモ用紙に視線を落としながら、そう発言をした。その上で、「あなた方が家を出る前の竜輝ちゃんの様子について、いくつか質問してもよろしいでしょうか?」と新たな質問を行った。

「もちろんです」と寿子は答えた。

「あなたが哺乳瓶でミルクを竜輝ちゃんにあげていた時、それを嫌がったり、ミルクを途中で吐いてしまったりしましたか?」と笹野は尋ねたが、寿子は「いいえ、そんなことはありません。竜輝はそれをすぐに飲み切ってしまいました。いつもと何も変わりはありませんでした」と答えた。

「大久保麗奈に預けた後に、大智君や竜輝ちゃんにアザが認められたようなことはありましたか?」と中山はさらに尋ねた。

「いいえ、特にありませんでした」

「竜輝ちゃんが彼女を恐れるような様子はありましたか」と今度は笹野が尋ねた。

「そんな様子には気付きませんでした」

「彼女の両親について何か知っていることはありますか?」と次は中山が尋ねた。

「彼女が自分の親について話したことは、一度もありませんでした。だから、家族関係はどうなっているのかしら、と疑問に感じたことはありました。夫に対する彼女の態度も、父親との関係性に何か問題を抱えているんだろうなという思いを抱かせるものでした。多分、一緒に住んでいる父親とは血縁関係がないのだと思っています。彼女と実の父親との関係性についても、私は何も知りません。家はコンビニエンスストアを経営しているという話を聞きましたが、行ったこともないですし何もわかりません。彼女の両親を見たことも、わたしはありません」と寿子は述べた。

さらに寿子は涙を流しながら、「ご存知かと思いますが、土曜日にベビーシッターをしてくれる人を見つけるのは、とても難しいのが現状です。結果として彼女に養育を任せてしまいました。行為を行ったのは彼女であり、彼女を責めたい気持ちもあるのですが、私たちは自分たちを責め続けています」と話した。

「彼女が子どもを傷つけるであろうことを予測することなんて、誰にもできなかったはずです。僕も、僕の妻も、本当に信頼して子どもを預けることができる人物を見つけ出すしかないのか、それとも外出や仕事を控えるしかないのか、という同じジレンマを常に感じてきました」と笹野は発言した。

しばらく間が空いてから、中山が口を開いた。

「お二人にとって竜輝ちゃんを思い出すことは、今はとてもつらい時期なのは十分にわかっているつもりではありますが、もう少しだけ質問をさせてください。竜輝ちゃんは、風邪のようなありふれた病気以外の何らかの疾病に罹患したり、入院したようなことはありましたか」

「いいえ、病気らしい病気はしたことがありません」

「ご家族に何か病気に罹患している方はいらっしゃいますか?」

「いいえ、それも聞いたことはありません」

「妊娠期や分娩時、ならびに新生児期に何か異常はありましたか?」

「すべての過程で何も問題はありませんでした。妊娠して最初の数週間は、少しだけつわりがありましたが、すぐに落ち着きましたし、早産や過期産でもなく正期産で、三〇六二gで生まれました。出産して初めて自宅に帰った時、誰もが竜輝に何の問題もなく元気であることを喜びました。育児休暇中の数カ月間は母乳で育てていました。竜輝には哺乳不良や摂食不良などの問題はまったくありませんでした。体重はぐんぐん増え、体重は標準よりも大きい状態でした。予防接種も定期に行っており、予防接種による副作用も何もありませんでした」

「大智君と竜輝ちゃんの関係性はどうでしたか？」

「大智は竜輝を溺愛し、いつも抱っこしたがりました。妊娠中は、大智が私たちと同じぐらい竜輝を愛しているなんて思ってもいませんでした」といって寿子は涙をぬぐい「竜輝を失う苦しみは想像を絶するもので、喪失感に押しつぶされそうになっています。大智にとって良くないことだと思っています。残されたこの子のために、私たちはもっと強くならなければいけないとは思っているのですが……」と続け、深いため息をついた。その上で「私たちのかかりつけの小児科の先生が言うには、新しい赤ちゃんが誕生した家の、ちょっと上のお兄ちゃんお姉ちゃんは、赤ちゃんなんていなくなってしまえっていう感情を抱くことが多いそうです。ですから、もし赤ちゃんが亡くなってしまった場合、『僕がそんなこと考えたからだ』と自分を責めてしまうようになるそうです。大智はいま心理療法を行ってもらっています。少しずつ良くはなっていると思いますが、いまだに多くの質問を私たちに投げかけてきます」とも話した。

笹野は自分の子どもに置き換えて考えてしまい、嗚咽が出そうになった。冷静さを取り戻す意味で、彼は二人に、竜輝が急変した浴室を見せてもらうようにお願いをした。

寿子に案内され現場を確認したものの、そこにはほとんど何もなく、警察が行った人形を用いた再現写真がないと何もわからないな、と笹野は認識した。笹野は寿子とともに一階に戻り椅子に座ったが、しばらく四人の間に沈黙が訪れた。

最後に、中山検事が口を開いた。

「私たちが行うべき質問はすべてさせていただきました。これが私たちの名刺です。電話番号が記載されていますので、何か新たに思い出したことなどがあれば、ぜひご連絡をしていただければと思います。事務官が電話を受けることになるかと思いますが、私たちが出られる状況であれば、すぐに電話を繋いでくれると思います。もし電話にすぐに出られる状況でなければ、メッセージを残していただければ、電話をかけられる状況になり次第、すぐに折り返します。ここに携帯電話の番号も残しておきます。ただ裁判の最中には、どうしても携帯電話の電源は切らなくてはなりません。電話に出ないからとあきらめてしまわずに、ぜひ何度か電話をしていただければと思います。われわれはご夫妻と緊密に連絡を取り合いたいと考えております」

その後、別れの挨拶を取り交わし、中山と笹野は樽見家を後にした。

二人が検察庁に戻る車の中は、重く悲しい空気に包まれていた。

「僕は大久保麗奈が犯行を行ったであろうことを、今日、確信することができました。金子巌弁護士が金で雇った専門家連中の証言で陪審員が混乱し、樽見夫妻にとって『正義はこの世に存在しないのか！』と感じさせるような事態に陥ることを、われわれは絶対に避けなければなりません。今回の裁判は、子どもを守るために行動しなくては、という自分の中にある本能をより強く自覚させるものになりました。一般市民に子ども虐待とは何なのか、そしてそれを予防していくにはどうしたらよいのかを、いかに啓発していくのかも、併せて考えていかなければならないと強く思いました。子ども虐待は小児がんと同じくらい死亡数が多いという事実を中山検事は知っていましたか？」

「知らなかったわ。このケースに勝訴することは私にとっても、とても重要だと考えているわ。ここまで感情的にも肩入れしたくなった事件は、正直初めてよ」

14

「で、お前と対峙することになる検察官の情報を今から伝えるぞ」と巌は、電話口で明美に話し、次の情報を伝えた。

「笹野検事は、『下町』や『ダウンタウン』とも呼ばれている、職人街で生まれ育ったようだ。新開小中学校、桐成高校を卒業している。彼の生まれ育った町は、犯罪と暴力に満ちていたようだが、彼を知っている人物によれば、彼は幼少期から『こんな暴力に僕は絶対に染まらない』と正義感あふれる発言を続けていたようだ。実際、彼の育った家は厳格なカトリックの一家で、彼は非常に責任感の強い人間のようだ。彼の父親は実直に小さな機械修理工場を経営していて、地元のヤクザにみかじめ料を払っていたみたいだ。母親は、自宅近くのサクレッド・ハート教会で教会秘書として働いていた。一家はつつましく生活し、多くの友人を持ち、彼の少年時代はどんな悲しいことも乗り越える強さに囲まれていたようだ。彼には二人の弟がいるが一人は医者になり、もう一人は小学校の先生になっている。高校では彼は、サッカーと野球の両方で代表選手を務め、学級委員長をやった後、生徒会長までやっていたようだ。大学で一般教養課程を終えた後、その大学の法科大学院に入学している。そこを優秀な成績で卒業して、精悍な外見、優れた人格や態度から、検察に一発で採用されている。彼が検察官になったのは、自然の流れだったんだな」と巌は話し、次に中山検事の話題に移った。

「中山恵里検事も興味深い経歴だ。彼女も大学を出た後、法科大学院を卒業している。これまで一度も結婚はしておらず、子どももいない。仕事に人生を捧げていると言っていいだろう。笹野検事よりも何年か先輩みたいだ。俺の情報源によれば、彼らは良いパートナーのようだ。二人の間にトラブルや、嫉妬心はない。彼女は、〝家族がすべて〟という価値感の街で育ち、強い忠誠心が求められる環境で育ったようだ。彼女の父親は、地域の二〇三名の機械工を束ねる労働組合の世話人を務めていて、その地域の人々のニーズを意見する代表者のような、政治的な役割も担っていたそうだ。地域の人と行政とを繋ぐパイプ役として、さまざまなトラブルの解決に当たっていたようだ。その後彼女が高校生の時、父親が選挙か何かの関係で地方検察庁に出入りするようになって、彼女は検察官になることを決意したらしい。彼女は検察官になりたての頃、酔っ払い運転や、少額の窃盗事件など、ちっぽけな事件を取り扱う係だったが、地方検察庁が、子ども虐待に対して専従して対応にあたる部署が必要であると決定した時、彼女に白羽の矢が立ったそうだ。彼女はその時点で、子ども虐待については何も知らなかったが、強い熱意をもって、この仕事に傾倒していったようだ。このプロジェクトチームの立ち上げ時、他のメンバーにも虐待に詳しいものは誰もおらず、彼女は地域の子ども虐待専門小児科医に来てもらい、虐待の医学的側面に関する勉強会を、定期的に開催する流れを作ったそうだ。今では、彼女の率いる虐待対応プロジェクトチームは、他の地方検察庁のモデルになっているそうだ」

「パパ、どうやってこれらの情報を調べたの？」と明美は尋ねたが、巌は「独自のルートがあるんだよ。いたるところに情報のネットワークを張っていて、俺に情報をよこしてくれるんだ。刑事弁護人を続けるならこのようなネットワークを持つことが不可欠なんだぞ」と答えた。

中山検事と笹野検事は、仕事の合間、遅い夕食休憩を取っていた。冷え切ったピザをほおばりながら、話はなぜ検事になったのかという話題に及んでいた。

「中山検事は、なぜ検事を目指したのですか?」

「私は法科大学院に入った当初から検事を目指していたわ。純粋に社会正義を実現し、間違ったことを許せないという気持ちが強かったのね。人々が法を犯し、そこから逃れようとする時、許せないって気持ちが強いのよ」

「僕も同じです。だから僕たちのチームはうまくやっていけるんでしょうね。僕たちには共通点が多いですから」

「かたくななのかもしれないけど、それが私たちのいいところだと思うわ」

彼らは会話を、再び樽見竜輝のケースに戻した。

「で、これらの記録すべてが、このケースは典型的なSBSであることを示しているわ」と中山は話し、彼女の理解している事件の経過について笹野に確認した。

「特に間違いはないかしら?　何か見逃していることはない?」

笹野は「医学的には何もないですよ。でも警察の報告書や児童相談所の報告は残念ながら、なんの役にも立ちそうにもない。大久保麗奈はすべての質問に何も答えなかったですから」と返答し、中山も頷いた。

笹野は、「竜輝ちゃんの直接の診療にあたっていない、小児病院以外の子ども虐待専門小児科医の先生から、医学的所見の意味するところを教えてもらったほうがいいように思います。どのようにしたらいいか、アイデアはありますか?この前、チームのために講義に来てくれた槙野真衣先生に頼むことはできるでしょうか?」と中山に質問した。

「連絡を取ってみることを、ためらっていてはダメよ。私が彼女に電話してみるわ。すぐに協力してくれるはずよ」

と中山が言ったところ、「その先生の講義の時、僕はいなかったんです。どんな先生だか教えてもらえますか?」と笹野紘一が尋ねてきた。

「彼女は多分六〇代前半ぐらいかしら。もう二五年以上にわたって子ども虐待の医学診断を行ってきた先生よ。子ども虐待についての教科書も何冊か出していて、数えきれないくらいの医学雑誌にも文献を書いているわ。それに医者だけじゃなく、法律家や警察や児童相談所の職員など、あらゆる人たちを対象に、全国で講演を行っているそうよ。それに彼女は白髪で母性的な人だから、証言台に立った時にとても印象がいいの」と話しながら、中山はさっそく槙野医師に電話をかけていた。


驚いたことに槙野医師は最初のコールで電話口に出た。

「あら中山検事さん、お久しぶりね。新聞で見たわよ。例の事件の件かしら」

「そうです。厄介な弁護人がついてしまって大変なの。被害者の両親に申し訳ないと思っているわ。ぜひ先生にカルテや画像を見ていただいて、可能なら専門家証人として法廷にも立ってほしいと思って電話したんです」

「新聞で読む限り、典型的な事件で難しくはないと思ってたんだけど。でも新聞からじゃ何がどうなっているかは、実際にはわからないものですからね。客観的な立場から記録を見ることは可能よ。資料を送ってくだされば、すぐにあなたに意見を返すわよ。ちょうどいろいろな講演活動が落ち着いて、今は時間があるから大丈夫よ」

「よかったです。診療録と画像一式は、ＣＤ‐Ｒに落としたものがありますので、それをお送りすればよろしいでしょうか」

「準備がいいわね。大丈夫よ。新聞で読んだ限り、赤ちゃんは入院してすぐに亡くなったみたいだから、そんなに資料も膨大じゃないんでしょ」

「確かに量は多くないですが、難解な医学用語が多くて……。そうだ、監察医から解剖結果も受け取っているので、それも併せてお送りしますね」

「ただ時期的には、マクロ（肉眼的な剖検結果）だけで、まだミクロ（顕微鏡で組織を見た細かい剖検結果）は出ていないんでしょ？　もしそれが出たら、また改めて送っていただけますか？」

「その通りです。出次第、先生にすぐお送りしますね。ただ聞いた話では、ミクロでもしっかり所見は出ていそうです」

「わかったわ。いずれにしても資料が届くのを待っているわね。電話してくれてありがとうね」

「本当にありがとうございます。先生には何度も助けていただいていて、恐れ入ります」

中山は電話を切ると、笹野紘一のほうに向き「ね、簡単だったでしょ。でもいいアイデアだったわよ」と話し、「じゃあ今日はこの辺にしましょうか」と続けて、その日は解散となった。

15

手紙でいっぱいのフォルダーを持って、桐谷芳江が事務所に戻ってきた。

「返信が一気にあったようです。これが第一陣の手紙です。五通ほどあります」

「すごいじゃないか！　テーブルの上に置いてくれ。しっかり読み込みたいから、昼過ぎまでは、急ぎの電話じゃなければ取り次がないでくれ」と巌は、芳江にお願いした。

一通目は田葉市の脳神経外科医、勝山宏夢医師からであった。巌は手紙にさっと目を通し、結論部分に目が釘付けになった：『これらの損傷は、分娩時損傷由来のものとして、説明することが可能です。分娩時に生じた頭蓋骨骨折や硬膜下血腫は長い間残り、数カ月後に突然に再出血して、症状が顕在化することがあります。網膜出血は、その際に頭蓋内圧が亢進する結果、生じるのです』
二通目は、三津市出身の引退した病理学者である浅野直紀医師からであった：『乳幼児は低所から転落した場合にも、硬膜下血腫や頭蓋骨骨折をきたします。現時点では細かい医学的資料を見てはおりませんが、今回の事件の子どもに生じたすべての症状は、低所転落に由来するもので一元的にすべて説明可能と思われます』
三通目の、眼科医の田沼真也の手紙には次のような結論が書かれていた：『網膜出血は偶発的な事故、多くの場合は転落に続発して生じた脳浮腫や硬膜下血腫によって引き起こされた頭蓋内圧亢進の結果、生じたものと思われます』

四通目の石川徹医師は、返信をくれた専門的医療者の中で唯一の小児科医であり、ビタミンCの欠乏が凝固異常を引き起こし、硬膜下血腫を誘発し、脳浮腫を続発した可能性があると指摘していた。頭蓋骨骨折に関しては、彼によれば『ビタミンDの欠乏によって、低カルシウム血症が引き起こされ、頭蓋骨の菲薄化をもたらし、易骨折性を引き起こす』とのことであった。

五通目の玄葉龍臣医師は感染症専門医で、頭部の大静脈に血栓が生じる『脳静脈洞血栓症』が竜輝の死を引き起こしたと結論付けていた。

巌は明美に電話をかけた。

「五人の医者から返信があったぞ。五人が五人、竜輝の死因はSBS以外で説明可能と言ってきている。この中のどれであっても、麗奈が犯行を行ったという検察の主張に合理的な疑いを差し挟む上で十分だろう。陪審員は、竜輝が死んだ理由として、これら五人の医者の主張する原因について考慮せざるをえないだろう。すぐにお前にコピーを届ける。これらの先生が言っていることは、麗奈の正当な弁護戦略を構築するものとなるだろう。内容を確認したら、お前はどう思ったかまた連絡してきてくれ。

明美はこれらの手紙をじっくり読んだのち、父親に電話をかけた。

「うーん、パパが言う通り、五人の先生は五人とも竜輝ちゃんが死亡したのは、SBS以外が原因であると言っているわね。でも私には彼らの主張はあまりに単純なように思うの。私が話を聞いてきた先生はみんな、典型的なSBSだと口をそろえて言っているわ。なんでこんなにも意見が違うのかしら？」

「すでにお前に話したと思うが、弁護側の証人になってくれる先生たちは、いわゆるSBSに関する『主流の医学』はすべて間違いであると考えていて、そのような証言を法廷でも喜んで行ってくれる。何かそれに問題でもあるのか？」

と巌は不思議がった。

「私は、その戦略に少し不安を感じるわ。私も一緒に弁護戦略を立てられれば、少しは不安も軽くなるかとは思うけど。彼らがいい加減な医者ではなく、信用できる専門家であるとの確信が持ちたいわ。彼らの履歴書はあるの？」

「明美、彼らは尊敬すべき立場にある人々だ。彼らはＳＢＳを含む、さまざまなテーマに関しての論文を多数発表しており、多くの裁判所で専門家証人の資格があるとして証言を行ってきた実績もある。彼らは決していい加減な医者ではない。彼らは地位を持っており、自分たちの意見を信じている。彼らは俺たちの助けになるはずだ」

「私はただ慎重にいきたいだけよ。その他の専門家からの手紙が届いたら、また一緒に戦略を立てましょう。それでいい？」と明美は返した。

「ああそうしよう。ほかにも手紙が届いたら、また連絡する。まあ明美、力を抜け。心配し過ぎに聞こえるぞ。今日はこの後ゆっくり休め」

「わかったわ、パパ。今日は金曜日だしね。週末は気持ちを切り替えようと思っているわ」と明美は言い、電話を切った。

明美はなぜそんなに不安なのかがわからなかった。洋二郎と話をする必要がある、と彼女は感じた。少し心理的な洞察が必要だと思う時、彼はいつも助けになってくれた。明美は自分の携帯電話から洋二郎に電話をかけた。

「もしもし洋二郎？　元気にしてた？」

「ああ元気だ。電話をくれてうれしいよ。君のほうは元気かい？」

「あなたと話をする必要を感じていたわ。話を聞いてくれない？　時間はある？」

「君と話す時間ならいくらでも作るさ」

「ねえ今は何をしてるの？　すぐに本題に入る前に、少し話しましょう」

「音楽の仕事が軌道に乗ってきたんだ。定期的な演奏依頼がいくつか入っているんだ。週に一回は地方のコミュニティー誌に広告を書いて、ポップやフォークのコンサートもしているんだよ。だから今はすごく忙しい。君のほうはどうしている？　ちょっとストレスが溜まっていそうだね」

「実は今、赤ちゃんを殺害したとして逮捕されたベビーシッターの弁護を行っているの。この事件に関して、いろいろ葛藤があるのよ。彼女は一八歳なんだけど、私と何にも話をしてくれないし、すべてに否定的なの。医学的な問題に迷った時、私がよく相談に乗ってもらっている富田先生を覚えてる？　彼はこのケースは典型的な乳幼児揺さぶられ衝突症候群だって言っているわ。私のジレンマは、今回のケースにパパがサポートに入ってきたことなの。彼は、『この事件で赤ちゃんが死んだのは揺さぶられたからではなく別の原因だ』って主張する医師を複数用意してきているの。何でパパがこの事件で、『主流派の医師』がSBSと間違って診断をしているということを示すことに、それほどご執心なのかわからないけれど、私はその議論の板挟みになっている感覚に陥っているのよ。私の中に『今回のケースは明らかにSBSのケースだ』って思っている私と、『パパの戦略が通用して裁判に勝つこと』を望んでいる二人の私がいるの」と明美はため息をつき、パパは『誤った診断で冤罪が生じていることを明らかにした』として名誉が欲しいのだと思う。彼ももう引退を考える年だし、最後の大仕事として輝かしい勝利が欲しいんだと思うわ。でもそれって本当にばかげていると思わない？」と続けた。

「僕は科学者とはかけ離れた人間だ。医学の部分に関しては何も言うことはできないよ。君の父親に関して言うならば、君がこれまで話してくれたように、これまで多くの難しい事件で無罪を勝ち取ってきたそうじゃないか。もし彼が間違ってきたことをしてきたのなら、そんなに無罪を勝ち取るなんてできないんじゃないの？」と洋二郎は返答した。

「そのことも私を悩ましていると言えるわ。弁護士の最善の努力と判決とが合致するわけじゃないわ。裁判所の判断が常に正しいとは限らないの。陪審員は気まぐれで、しばしば非論理的なことは、私の経験からも実感しているわ。彼らはメディア・弁護士・見かけ倒しの議論をする専門家・おかしな裁判官などから、あらゆる種類の影響を受けてしまうのよ」と明美はぼやいた。

「陪審員が評定を決める過程というのはどういうものなんだい？　彼らは証拠について慎重に話し合い、ほとんどの場合には正しい決断を下しているんじゃないのかい？」

「あなたは陪審員が賢明であることを望んでいるんでしょうけど、残念ながら彼らは理知的に判断を下すのではなく、感情的に判断をしてしまいがちよ。それに誰でもそうなりがちだとは思うけど、彼らは目の前にある事実よりも、これまでの個人的な経験を優先して評決を下す傾向にあるの。それに裁判官だって人間だから、思い込みや変な信念から正しい判決ができなくなることもあるわ。私は今まで、法律というのは他のすべてに優先すると考えていたけど、果たしてそれが正しいか、疑問を持ち始めているわ。実際、今の裁判制度で事実認定がなされるということに不安を抱き、最近眠れないこともあるの」と明美は打ち明けた。

「うーん、人は事実よりも自分の信じることを重要視してしまうってことだね。多くの人が理知的な判断ができない、というのは確かにそうだと思う。地球温暖化や生活保護の問題、経済活動や銃規制だってまったく理知的に物事が進んでいるわけではない。すべての専門家の意見が完全に一致しておらず、激しい論争があると感じた場合、人はそれらの意見を五分五分と感じるようになるって聞いたことがあるよ。だから物事を決定するときに『常識』に基づいて決めたと思っても、事実を反映していない、間違った方向になることもよくあるんだ」と洋二郎は話した。

「H. L. Mencken（訳注：ボルチモアの賢者と称される、二〇世紀前半の米国で大きな影響力を持っていた作家）の格言にあるように『複雑な問題というのは、単純にわかりやすく解答が間違っているものだ（For every problem, there's a solution that is simple, neat, and wrong?）』ということね。弁護士としての私の仕事は、複雑な事柄を決定する資格も能力もない一二人の一般人に、事実っぽく見えることを固めて見せることよ。私だって膨大な情報に触れ、多くの専門家の意見をかき集めても、SBSがなんであるかを理解するのにとても難渋しているわけだし。でもね、時には常識的な判断というのが、難解な医学雑誌よりも実質的に役に立つことだってあるじゃない」と明美は返した。

「僕が何を言いたいかというと、君は仕事でストレスと疲労を抱えているってことさ。常識について話を戻すと、常識って何なのって迷いが生じるのは、常識自体がさっき言ったように個々人の信念に基づいているからさ。哲学者たちは、有史以来、真実とは何かを追求し続けているんだ。僕たちがそれに悩みを抱えることは、まったく不思議ではないさ」と洋二郎は笑い、「僕のアドバイスは、これまでと何も変わらない。まずしっかり情報を集め続けること。そして真実とはつかみにくいものであることを自覚しておくこと。君の中の理解というのは、それぞれの分野の専門家から詳細について聞くことで形作られていくものである、ということだ。この裁判が進むにつれ、君は君自身が信じることを、よりよく理解するようになるだろう」とまとめた。

「洋二郎、なんだか急に賢者になったみたいね。私とあなたが付き合っているときは、そんな風に賢いなんて思ったことなかったのに」と明美も笑いながら返した。

「僕は前から何も変わっていないよ。君が気付かなかっただけさ」と洋二郎もやはり笑っていた。

「それはそうと、僕の音楽仲間で本業は大学の教員をやっている奴がいるんだけど、ぜひ君に紹介したいと思っている。たぶん、君も気に入ると思うんだ。年は確か三五歳で、最近離婚したんだけど、子どもはいない。本当にいい奴さ。君がそういうのを気にするかしないかはわからないけど、彼は韓国人だ。彼の元妻は、僕から見たら金遣いが荒く、気難しい人間で、離婚したのは決して彼が原因ではない。彼女が興味があったのは彼ではなく彼が持ってくるお金だったみたいで、金融関係の男と浮気してドロンさ。君と付き合っている時、君がそんな女じゃなくて良かったなーと思ったぐらいさ。名前は小森晃っていうんだけど、僕のバンドの中ではクラリネットとサックスを吹いている」と洋二郎はまったく違う話題を振ってきた。

「急な話ね。でもいつどこで会うの？」と明美は当惑したが、興味を持って返答した。

「今週末に僕たちが演奏するクラブで、っていうのはどう？　そこで彼を紹介するよ。実は彼には君のことをもう話しているんだ」

明美は「そんな急に？　なんだか気恥ずかしいわ」と言い、しばし考え込んだが「ＯＫ、会ってみるわ。何時にどこに行けばいいの？」と答えた。

「夜の九時頃でいいかい？　ちょうど演奏の合間の休憩時間なんだ。場所は一八番街のパッシロズって店だ」と洋二郎は告げた。

「なんだか楽しそうね。ありがとうね。あなたは最高の友達よ」と明美は言い、その後もしばらく会話を続けた後、電話を切った。

16

パッシロズは一八番街の大島公園のブドウ畑の近くにある、複数のクラブが店を連ねる一角に存在する、ジャズ愛好家の集う店であった。横河市は、かつて暴力団の抗争で有名な場所であったが、古くからのジャズの歴史のある町でもあった。今ではすっかり洗練された町になっているにもかかわらず、住民はいまだに、かつてのその抗争の歴史を恥じていた。明美はレンガの壁を背にして座りながら、足下には何体のヤクザの死体が埋まっているのかしら、などと考えていた。

明美は壁にもたれ、洋二郎のトリオが「Don't Look At Me That Way」を弾くのを聞いていた。そのトリオの一人が小森晃であった。「キュートな人」。金子明美は第一印象でそう感じていた。彼の髪はほぼ真っ黒であるが線状にグレーが入り、なで肩であることがクラリネットの演奏姿勢により、一層強調されていた。

演奏が終わりクラリネットをスタンドに置いた後、晃は洋二郎が指定していた、明美の着座している場所に近づいてきた。彼は薄明りの中で、小柄で黒髪の明美を見つけ、「やあこんにちは、小森晃です。君が明美さんだよね」と声をかけてきた。彼女はひそかに心惹かれつつ、「そうよ」と答えた。情熱的な瞳だわ、韓国系の顔つきでこんなに大きな瞳の人はあまりいないわ、と彼女は考えながら、「素敵な演奏だったわ。Cole Porter は私のお気に入りの音楽家なの。彼は歌詞も、間も、声のトーンも昔からかたくなに自分のスタイルを守っているところが好きだわ」と続けた。「彼はこだわりの人だからね」と晃は応対した。

「洋二郎が、あなたの本業は大学の教授だって聞いたわ。どこで教えているの?」と明美は尋ねた。

「教授じゃなくて、助教さ。森野大学で物理と化学を、まったく興味のない教養課程の学生に教えているよ」と晃が答えたところ、明美は、

「ああ、学生時代最も嫌いだった教科だわ！　何でこんな化学式を覚えなきゃいけないのーなんて言ってたわ」と笑いながら話した。

「僕の学生たちみたいだ」と晃も笑顔で返し、「でも化学に強い興味を持っている学生も二人だけだけどいるんだぜ。それだけで僕は十分なのさ」と続けた。

「それで、君のほうは何をしているんだい？」と晃は明美に聞きながら思い出したように「あ、弁護士をしているんだっけ？」と話した。

明美は「そうよ、今は公選弁護人事務所で働いているわ」とさらりと返答するにとどめた。

「へー、刑事弁護人ということだね」と晃が言うと、

「まあ、そういうことよ」と答えた。彼女は、一般人の多くが犯罪者を擁護する彼女の立場を理解できないことを知っているため、端的に答えたが、

「この町でも、ベビーシッターが赤ちゃんを殺したなんてひどいニュースがあったね。僕はあのニュースを気にかけて見ているんだ。あのニュースについても君は何か知っているのかい？」と、初めて会う女性とするべき会話ではないかもな、と口ごもりつつも晃が話を振ってきたので、

「私はその事件の被告の主任弁護人よ。まあ洋二郎はあなたにそこまでは言ってなかったでしょうけど」と明美は答えた。

「あー、ごめん。洋二郎はそういう大事な情報は教えてくれないんだよ。本当にすまない。単純に報道ではベビーシッターが犯人であると言っていたものだから……」と晃は慌てて声を上ずらせて早口になりながら、「もちろん僕は誰しもが弁護を受ける資格を有していると思っているよ。そしてさっきは犯人って言ってしまったけれど、有罪判決が下るまでは推定無罪であることは大原則であることも、十分理解しているよ」と続け、気恥ずかしそうにしながら「初対面で交わす会話としてはいまいちだったね」とぼやいた。

「確かにね。話題を変えましょうよ。ジャズについて話しましょう。天気の話でもいいわよ。なんならニーチェの話

でも付き合うわよ」と明美は笑いながら返答した。

「最近読んだ面白かった本の話題でもいいよね。さあ仕切りなおそう。僕は教員、君は弁護士。そんなの関係なしに飲もうじゃないか。でも、君が僕たちの最後の演奏曲を気に入ってくれたみたいでうれしいよ。実はこの後もう一セッション演奏する必要があるんだけど、その後にも話せるかな？　別のバーに移動するのでもいいし」と晃が提案したところ、「いいわね。あなたの演奏が終わるまでは、少なくともここで待ってるわ」と明美は快諾した。

晃が演奏を終えた後、彼らは別のバーに行き、大いに盛り上がった。

「あなたはクラシックコンサートにも行くの？」と明美が尋ねると、「僕はクラシック音楽の演奏もしてきたから、時々だけど交響曲のコンサートにも行くよ。それと僕はバレエ音楽もやっているし、バレエ自体も好きなんだ」と晃は答えた。「私もバレエは大好きよ。バレエは身体を最大限に使った最も美しい芸術よね」と明美も同調した。彼らは互いの共通する趣味を見出し、一時間の間、非常に楽しい時を過ごし、このような時間が今後も続くことを互いに願っていた。

晃は彼の車に飛び乗り、明美をアパートに送り届けた。「会えてうれしかった。洋二郎に感謝しないとね」と晃が言うと、明美も「私も同じよ」と同調した。互いに好意を抱き始めて、さよならを言えない、まどろっこしい時間が流れた後に、どちらからでもなく互いに抱き合い、軽いキスを交わした。抑制の外れた二人は、ディープキスを交わし、強く抱き合ったが、その日はそのままアパートに立ち寄ることなく、晃は帰っていった。明美はアパートに入ると、ドアにもたれかかってコートを強く握り、数カ月前まで洋二郎と過ごした部屋の中で、混乱した頭を整理していた。

17

初公判は、一月四日の月曜日に決定された。明美は初公判を待つ間、麗奈の足首にＧＰＳを装着し、両親を身元引受人として、保釈してもらうことを試みたが、徒労に終わった。明美が初公判の日取りを麗奈に伝えたところ、麗奈は「裁判はいつまでたっても始まらないいし、いつまでここで過ごさなけりゃいけないの？　何の権利があって私を閉じ込め続けるのよ！」と不満をぶつけてきた。

「容疑者が一人の場合の殺人事件では、保釈が認められれば拘置所を出られることもあるけど、認められない場合、裁判が終わるまではあなたは拘置所にいなくてはいけないの。それがこの国の司法システムよ。残念ながら保釈申請したけど、認められなかったの。そのことについては謝るわ」と明美は麗奈に声をかけた。

麗奈は髪をかきむしりながら、接見室をぐるぐると回り始めた。突如、衝動的に彼女はコンクリート製の硬い壁をこぶしで殴り、手を怪我してしまった。

「くそったれが！　もううんざりだわ」と彼女は叫び、「あんたは、私にすごい専門家がついた、有名な父親がサポートしてくれることになった、最高の弁護をするとも言った。でも今のところ何ができてるっていうのよ？　何にも変わらないじゃない！　結局私は、あの汚らしい、私にちょっかいばかり出してくるババア連中と一緒にここに残されるんでしょ」と悪態をついた。

明美は、この麗奈の感情の爆発の間、それをすべてまともに受け、ほとんど呼吸することもできなかった。ただ反射的に明美も、麗奈に対し怒りを感じ、叱り飛ばしたい感情を制御することに必死であった。

「手を見せてごらんなさい」と明美は優しく麗奈に語りかけた。この時点で麗奈は、自身の手を見ながら滝のような涙を流し、立ち尽くしていた。ゆっくりと麗奈は明美のほうに歩いていき、自身の手を差し出した。その手は腫れていて、指関節からは血が流れていた。明美が軽く触れただけで、麗奈は痛がり手を引っ込めた。

「お医者さんに診てもらわないと。骨折しているかもしれないわ」と明美は話した。麗奈は泣き続けており、しゃくりあげるような深くうなるような声も上げていた。明美は彼女に怒りの感情しかなかったものの、思わず麗奈を抱きしめた。数分後、麗奈は落ち着きを取り戻した。初めて明美は、麗奈を『恐怖に震えた、弱々しい子ども』とみなすことができた。

「あなたは迫害され、怒りを感じているのよね。私はあなたを責めたりしないわよ。でももしこれから一緒に裁判を乗り越えていくつもりなのなら、もうこんなシーンはごめんよ。拘置所職員もずっと見ていたし、こんなことしてもあなたに得なことなんて、何一つないんだから。私だってこんな暴力的なこと、好きじゃないわ。もしあなたが、弁護人を変えてほしいって思うんだったら、裁判官に誰か他の弁護士を任命するように掛け合うわよ。でももし私と一緒にやっていくつもりがあるなら、いくつかルールを作りましょう。もうこれ以上、怒りで我を忘れるようなことは、なしよ。それと私が仕事をしていないなんて言わないで。私は昼も夜もあなたを助けるために、ベストを尽くしているわ。最善の弁護活動を行うためには、あなたの協力と信頼関係は不可欠なの。私や私の父親を好きになる必要はないわ。でもリスペクトの感情がなければ、弁護は成り立たないわよ」と明美は麗奈の目を見て告げた。最後の言葉にはより力がこもっていた。

「手はすごく痛い。でも医者に診てもらったらそのことは記録に残っちゃうんでしょ。それは嫌だわ。拘置所職員たちは、ここであったどんな些細なことも記録に残すわ。それが私へのいじめに繋がるのよ。私がいじめられていても、誰も気にしようともしないわ。でも私は針のむしろのような状態なの。あのババア連中は私が怒れば笑うし、もうどうにもならないの」

「私は医者じゃあないけど、骨折している気がするわ。あなたが適切な治療を受けることができるように、私はこのことを報告しないといけないわ。医者にかかるときには、あなたも協力的態度でいるのよ。あなたは好き勝手にすることはできないし、そうすることでもっともっと状況は難しくなっていくのよ」と明美は告げた。麗奈は何も反論しなかった。麗奈には選択肢がないのは彼女自身もわかっていたが、それを認めたくなかっただけなのだ。

拘置所の医師は麗奈の手を見て、骨折と診断し、地元の病院の整形外科医への紹介状を書いた。そこで彼女はギプスを巻かれることとなった。逮捕以来の塀の外であったが、その自由はごく短時間であることを彼女も理解していたため、再び泣きはらした。

麗奈が拘置所の自分の房舎に戻った際、彼女をいじめている首謀者の一人が、「おい赤ちゃん殺し、誰を殴ったんだい？今回も赤ちゃんじゃないだろうな？　あ？」と絡んできた。

「くそったれ。本当に嫌な奴ね。このキチガイ女」

「おーおー、赤ん坊殺しは差別主義者でもあるのかい」

「もう黙ってよ。ほっといて」

「ここは自由の国だ。クソガキ。表現の自由ってものがあるんだよ。おわかり？　私が何を言おうが自由じゃないか。特にお前のような貧乏人にはね」

「どっちが差別主義者なのよ！　あっちへ行って！」

両者はひとしきり言い合いをした後、麗奈は疲れ果てて自分の殻にまた閉じこもった。鎮痛剤が切れて、再び手がズキズキと痛み始めていた。麗奈は看守を呼んだ。

「ねえ、痛み止めをくれない？」

「まだ前に飲んでから、時間が空いていません。もう一時間は我慢しなさい。四時までは飲んではいけないと言われています」と拘置所職員は告げた。

「ねえ、あなたは鎮痛剤を持っているんでしょ？　今すぐ頂戴よ。私が苦しんでいるのを見ているのが楽しいの？」

と麗奈は叫んだが、拘置所職員は意に介さず読んでいた雑誌に目を向けなおし、ページをめくり始めたため、麗奈はさらに苛立った。トラブルを起こさないほうがいいという明美の忠告を思い出して、麗奈はそれ以上感情をぶつけることを我慢し、ベッドに横たわり、壁のほうを向いて過ごした。手の痛みにもかかわらず、いつの間にか眠りに落ちていた。麗奈にとって最低の一日が終わった。


中山検事と笹野検事は、竜輝の急変時に最初に樽見家に駆け付けた新山俊道警察官に話を聞いていた。

「あなたの作成した報告書はすでに見させていただきましたが、改めてあなたがそこに着いた時の家の場面について、もう一度教えてください」と中山検事はお願いした。

新山はその日に行った職務を、改めて話し始めた。

「大久保麗奈は竜輝ちゃんにシリアルを食べさせていて、竜輝ちゃんがそれをぶちまけてしまい、全身ミルクまみれになってしまったので風呂に入れたそうです。風呂に入っている際に、竜輝ちゃんは急にだらりとして意識を失ったと、大久保麗奈は話しました。彼女は竜輝ちゃんを風呂から出して床に寝かせ、一一九番通報したと言っています。彼女はそこまで話した後、気分が悪くなったといって茫然自失状態になり、それ以上話をしませんでした」

「その後の捜査で、何かわかったことはありますか?」と笹野検事が尋ねた。

「彼女は逮捕時に携帯電話を持っていて、後に通話記録を調べたところ、宇都宮圭子という友人から、竜輝ちゃんが急変する前に、一回電話がかかってきていました。彼女を調べだし事情聴取に応じてもらいましたが、彼女が大久保麗奈と電話している際に、後ろで赤ちゃんの笑い声が聞こえていて赤ちゃんは元気そうだった、との供述をしています。赤ちゃんがシリアルをぶちまけてしまったとのことで、通話は終わったそうです。彼女曰く、大久保麗奈は非常にイライラしていたようだったとのことでした。それが、われわれが把握しているすべてです」と新山は話した。

「この通話歴はとても重要です。宇都宮圭子は、竜輝ちゃんが風呂に入る前にはまったく元気に行動していたことを示す、貴重な第三者証人になってくれる可能性があります。彼女は竜輝の急変前にまったく正常であったことを確認できた、樽見夫妻以外の唯一の人物です」と笹野検事は話し、宇都宮圭子の電話番号をメモした。

その日の午後遅くに、笹野検事は宇都宮圭子と接触することができたが、彼女はこれ以上麗奈が不利になるようなことはしたくない、と証言台に立つことを拒んだ。笹野検事は、真実を伝えることが麗奈のためにできる最も重要なことだ、と彼女に理解を求め、結局宇都宮圭子は承諾した。

また笹野は、麗奈が逮捕された際に話をしようとした児童相談所職員の、長嶋洋子とも面会を行った。

「彼女は、まったく私と話をしようとはしませんでした。何度も試みたのですが、彼女は私をシャットアウトしていました」と長嶋は笹野に告げ、「また私は両親からも話を聞こうとしましたが、義理の父親はとても粗雑でおっかない人間で、何度か話をしてもらおうと面会をお願いしたのですが、結局上司から『それ以上する必要はない』と止められてしまいました。いずれにしろ今日話したことは、全部警察にお話してあります」と続けた。

さらに笹野検事はその後、麗奈の通っていた高校に行き、担任の教師たちと話をした。彼らは麗奈を成績が中の中程度のおとなしい学生とみなしており、特に手がかかる学生とは見なしていなかった。

「一度だけ彼女は体育館で同級生と喧嘩をしたことがありましたが、それ以外ではまったく目立つことはなく、他の子たちと仲良くしている姿もあまり見なかったです」と教師の一人は話した。笹野はその後、さらに同級生何人かに話を聞いてみたが、全員の口は一様に硬く、箝口令が敷かれているようであった。


一方で、中山検事は麗奈の両親が経営する、コンビニエンスストアに出向いていた。淳司は中山を不愉快そうに見つめながらも、彼女を店の後ろにある小さな事務所に案内し、彼女をにらみつけ「ではどうぞ話したまえ、クソ検事さん」と言い放った。

「われわれが事実を理解していくために、麗奈さんについて知っていることを何でもお話していただいてもよろしいでしょうか？」と中山が言うと、淳司は「私はあなたが事実を理解していくために、麗奈について知っていることを何一つ話をするつもりはありません」と口真似をして返答し、「あんたたちの目的ぐらい知っているさ。あんたがたは麗奈の残りの人生を、刑務所にぶち込んで過ごさせたいんだろう？　俺からも、妻の朱莉からも、この件についてあんたがたは何も聞くことはできないぞ」と続けた。

その後五分ほど中山は淳司と話をしようとしたが、この男は何の役にも立たないと見切りをつけ、朱莉と二人で話をさせてもらうように頼んだ。淳司はそれが気に食わなかったものの、中山が朱莉と話をすることを拒否できる方法がわからなかったため、結局しぶしぶ承諾した。

「何でもよいので麗奈さんについて教えていただけませんか？」と中山は朱莉にお願いしたところ、朱莉は「麗奈はいい子よ。新聞報道にあるみたいに、彼女が赤ちゃんを傷つけたなんて私には到底信じられません。私の知っている麗奈は甘えん坊で、そんなことできる子どもではありません」と答えた。その後も中山は二、三の質問を続けたが、朱莉からも何の役に立つ返答はもらえないであろうことが明確になった。中山は二人に礼をし、検察庁に帰ることにした。

検察庁に帰ってすぐ、中山の担当事務官がすっ飛んできて、拘置所からの緊急のメッセージがありますと伝えてきた。そのメッセージは麗奈が手を怪我したというもので、どうしてその損傷が生じたのかと、その後に麗奈が同房者といざこざを起こしたことが記載されていた。

中山は取り急ぎ拘置所に向かった。到着してすぐ、拘置所の看守から今日は独居房に移したことが伝えられた。

「彼女を注意して監視してください。自殺するリスクがあると思います。絶対にそんなことをさせてはいけません。何かあったらすぐに知らせてください」と中山検事は看守にお願いした。

うーん、やはり麗奈はアンガーマネージメント（怒りの感情の調節）に大きな問題を抱えているようだわ。彼女はフラストレーションが高じると、身体的な攻撃に転じてしまう傾向があるのかもしれない。学校での喧嘩、他の囚人との言い争い、そして手の怪我。このことは、裁判の冒頭陳述や論告求刑の際に言及すべきかもしれないわ、などと中山は考えていた。

18

初公判の日程が遅れてしまったことは、麗奈に濡れた黒いドレープのようにまとわりついているものとなっているが、一方で検察側にとっても弁護側にとっても歓迎すべき状況であった。誰もが医学文献を読み解き、分析する時間を必要としていた。

一二月の第一週目の間に明美は、今や司令本部となった父親の事務所に出向いた。芳江がコーヒーとベーグル、スコーン、クロワッサンを用意していてくれていた。

「今日の目標は、集めた情報を籾殻として、小麦をより分け、しっかりとパンにすることにある」と巌は述べ、「認めざるをえない部分と、反論を試みる部分とを明確化していこう。俺たちは科学者ではないが、裁判が先に延びたこの時間を、難解な医学用語やこの症候群の理解を深める時間として有効活用しようじゃないか。ただ検察連中も条件は同じだ。今回の担当検事は賢く、言葉も明瞭だ」と続けた。

巌は続けて、事件の起きた日の麗奈の行動を再整理した。明美は把握している情報をすべて出し、「私はこのように理解しているわ」と述べ、「現時点でのパパの考える最善の弁護戦略はどのようなものなの？」と質問を行った。

「俺たちは、その出来事が起こるよりおそらく数週間前か、それよりずっと以前から、竜輝の頭の中にはすでに、今回のエピソードに結び付く、古い硬膜下血腫などの怪我を負っていて、それが当日再出血して、竜輝にいろいろな症状が出た可能性があると主張しようかと思う。各種の専門家からの手紙には、このような病態の可能性があることが書き連ねられている。その古いケガが生じるきっかけは、両親が原因だった可能性だってあるし、幼い兄の行為がきっかけになった可能性だってある」と巌は説明した。

「頭蓋骨骨折はどう説明するの？」と明美は尋ねた。

「それだって古いけがの可能性は十分ありうるさ」と巌は述べ、以下のように続けた。

「俺の見立てはこうだ。致死的経過をたどった日の二～三週間前に、おそらく竜輝は何らかの原因で頭部に損傷を負った。そのことは脛骨にも古い骨折がレントゲン上であることからも示唆される。その時の損傷はおそらく転落によるもので、それが頭蓋内の出血をもたらした。その際には何らの症状を呈することもなく経過したか、子どもによくみられる軽度の嘔吐やぐずりなどにとどまり、誰も気に留めることなく、その後、頭蓋内出血は凝固して頭の中に残り続けていた。しかしながら、麗奈が風呂に入れて引き上げる際に、竜輝がひどいかんしゃくを起こしてしまい、彼は頭を大きくぶん回した。その時に凝固していた古い硬膜下血腫から再出血が起こってしまった。それにより竜輝にはあの日に生じたさまざまな症状がでて、死亡するに至ってしまった」

「わかったわ。じゃあ解剖結果報告書に書いてある『後頭部の皮下には新鮮血が認められた』と書いてある部分はどう説明するの」

「簡単さ。救急隊は竜輝に心肺蘇生を行っている。それによって後頭部にはむくみが生じ、出血をきたしたし、もしかしたら頭蓋骨骨折はその時に起こったものかもしれないな。救急隊は死にそうな患者を診ると興奮してしまって、蘇生行為の際には荒々しい対応になってしまいうるからな。それに奴らは赤ん坊の心肺蘇生なんてほとんどしたことがないからなおさらだろう」と巌は話した。明美が納得していない様子を見てさらに、「別の可能性としては、竜輝には分娩時損傷として硬膜下血腫が存在していて、それが竜輝のかんしゃくにより、あの日に再出血してしまったのかもしれない。竜輝はあの日、ひきつけを起こしていて、それが頭蓋内出血を引き起こした可能性もあるぞ。あるいは、手紙をくれた専門家の一人が指摘している通り、竜輝はあの日、静脈洞血栓症を発症したのかもしれない。何にしろ揺さぶられた以外にあらゆる可能性が考えられるわけだ。別の専門家は、竜輝はビタミンC欠乏症に陥っていた可能性を指摘している。それがあると血管が弱くなり破れやすくなるそうだ」と続けた。

「それって、医学文献による裏付けはあるものなの?」と明美は懐疑的に、首を傾げた。

「もちろん全部医学的な文献は存在しているさ。俺にそれらの医学論文の質がどうなんだとかは聞かないでくれよ。いずれにしろ陪審員が俺の言ったことの可能性を考慮に入れてくれればいいわけで、質が高いだ低いだは特に戦略に関係するものではないだろ? 俺たちがなすべきことは、陪審員の中の一人でもいいから、大久保麗奈が犯行を行っていない可能性があると説得されることで、それができれば彼女は無罪放免さ」

明美はますます不安を感じるようになった。

パパの倫理観はどこにいっちゃったっていうの? 無罪判決を勝ち取るためには何をしたっていいっていうの? 戦争の中にも倫理観は必要だし、刑事弁護にも倫理観は求められるはずなんじゃないの?

「それに生体力学の研究者にも証言してもらおう。赤ん坊を揺さぶったところで、竜輝に見られたような症状が引き起こされることはない、って証言してくれる工学者もわれわれは押さえている。この工学者は、赤ちゃんが本当に激しく揺さぶられたなら、首に損傷が生じないはずはない、とも証言してくれるはずだ。陪審員は物理的な話はおそらく理解できないだろうし、『首の損傷がないから竜輝は揺さぶられたとは到底言えないはずだ』という風に理解してくれれば十分だ。これらの戦略で、陪審員の中には有罪と確信できない連中が出てくると考えている」と巌は話し、さらに「もう一つ重要なのはメディアをうまく使うことだ。もちろん公判が開始される前にマスコミの前でぺらぺら話すことはできないが、始まってしまえば、公判後に毎日メディアとのセッションを行う必要がある。やつらは食いついてくるだろう。公判が開始される前に、ＳＢＳをでたらめと信じている医師何人かに論説を書いてもらい、テレビでもこの診断には疑問が生じているというインタビューを流してもらおう」と巌は主張した。

「で、証言を行ってもらう証人の順番はどうするの？」と明美は法廷戦術の話に戻そうとした。

「検察の目撃証人としての小児病院の医師たちへの主尋問が終わったら、われわれは反対尋問で彼らの臨床能力や診断能力について疑義を呈し、彼らがすべての可能性についての鑑別を尽くしていないことを突いていこう。弁護側証人の尋問に移ったら、まずおむつ替えテーブルからの転落などの低所転落で竜輝が硬膜下血腫をきたしていた可能性、そしてその古い凝血塊から再出血した可能性を話してもらうとよい。その後に竜輝には凝固異常症やビタミン欠乏症があった可能性を指摘してもらおう。その次には、竜輝に生じた症状はすべて低酸素に起因するものだ、という証言をしてもらうのがいいだろう。さらに、脳静脈洞血栓症が原因であると証言する専門家に、話をしてもらってもいい。この月齢の子どもたちが行うワクチンが原因で、竜輝に生じた症状のすべてが説明可能であるとする専門家もいるぞ。最後には、生体工学の研究者に、揺さぶり行為だけでは何の症状も引き起こしえないと証言してもらおう。このような証言を最後に持ってくれば、揺さぶりではこんな症状は起きないというインパクトのある話の記憶が鮮明なうちに、陪審員が評定に入ることができるから、効果的だぞ」

「私は小児病院の医者への反対尋問を行うわ。パパは弁護側証人が何を話すのかをよく理解しているから、彼らへの主尋問を行うのがいいと思う」と明美が話すと、巌も「そうだな。俺は彼らが送ってくれた報告書や記事を何時間もかけて読み込んでいる。だからと言ってすべてが理解できているというわけではないが、このＳＢＳという診断がどういうものなのか、理解し始めてはいると思っている」と話した。その上で、

「俺は適切な質問をして、専門家連中がうまく話を回せるようにしなければいけないな。検察側は、この手の事例に慣れているから、弁護側証人にかなり厳しい反対尋問をしてくるだろう。検察が俺たちの専門家を攻撃し始めた際には、すぐに異議を申し立ててブロックするつもりでいないといけない」と続けた。

「来週には冒頭陳述の準備に取りかかればいいわね。冒頭陳述は私がする？　それともパパがしたい？」

「お前がやったほうがいいだろう。お前は女性だし、見た目や態度も共感が得られ、親しみを持たれやすいだろう。俺のように年寄りの辛口な弁護人は、陪審員の第一印象は良くないだろうからな。公判が続くにつれ、そのような感覚は薄らいでいくだろうが、まずはお前から柔らかく始めたほうがいい」

「なら早速来週から冒頭陳述の準備に取りかかるわ。それに取りかかる時間ができたところで、アウトラインを見てもらって意見を頂戴」

巌は話を聞いているのか、窓のほうを向いて川を眺めていた。荷船が何トンもの石炭を積み、川下に下っていくのが見えた。川の水面と陸地との境界線には、ところどころ蒸気が立ち上っていた。明らかに彼は、一分前とは別の場所に意識があるようだった。明美は巌の反応を待った。

「昨日、ママと会ってきたんだ。俺がみるに、さらに悪化しているようだ。もはや俺のこともわからないらしい。彼女に会ってから、俺はどうやら落ちこんでいるようだ。俺たちの夫婦生活はとても素晴らしいものだった。でも今は、もう実質的に終わったんだな。彼女が良くなることはもうないだろうことは、俺にもわかる」と巌は話した。

「パパとママは長年にわたって、仲良い結婚生活を送ってきていたものね。私もママが大好きだけど、ママはもう私だってわからなくなっているから、私もとてもつらいわ。でもそれが痴呆って病気なんだもんね」と明美は返し、「その他の体調や気分はどう？」と質問した。

「俺か？　そう聞かれると、最近食欲がないな。ママの痴呆が進んでしまったせいかな。すっかり体重も減ってしまった。ただ普段は気分はそれほどでもないぞ。俺のことは心配するな。大丈夫だ」と巌は答えた。

「でもパパがとても心配よ。心配するのは私の勝手でしょ。あなたの娘なんだから。ママが良くなる奇跡を祈っているわ。何か助けが必要な時は、お互いに支え合いましょう」

「誰かに助けを求めることは俺のスタイルにはないんだが、必要な時にはそうするよ」

パパはいつもみたいに平気だって言ってくる。私は彼の情動や外見の変化に気を配るぐらいしかできていない。うつ病がプライドによってマスクされてしまうことはよく言われているし、今後はより気を付けてパパを見ていかないと。

彼らは腕を組みながら、エレベーターに向かっていった。通りに出たとたん、明美の電話が鳴った。

「もしもし、晃だよ。今夜一緒に夕食どうだい?」

「ちょうどそうしたいと思ってたのよ。何時にどこにする?」と明美は返答した。

「七時にタイ料理のタッチ・オブ・タイでどうだい?」

「いいわね。じゃあそこで会いましょ」

明美はそこで晃にストレスをすべてぶちまけたい欲求もあったが、今後の二人の関係を発展させていくためには、また互いに気持ちの良い陽気な態度を貫いたほうが良さそうだと考えた。


その日の晃は、初対面の時よりもずっと魅力的に見えた。

「休日は何をして過ごしているの?」とタイ料理のバジル入りメインコースを食べ終えたタイミングで晃は明美に尋ね、「どこかあったかいところで、冷たい商業主義の環境から離れて長い週末を過ごしたいなと思っているんだ」と続けた。「ああ、なんて魅力的な過ごし方かしら。でも今はあの裁判を控えてやることがいっぱいで、どうやってもそんな時間は取れそうにないわ」と明美はつぶやいた。

「三日、四日ぐらい、すべてを忘れて過ごせばいいさ。旅行会社の広告でよくあるように、今の環境を離れて、休暇を取って、充電することが必要そうに見えるよ。それにそうすれば、お互いのことをもっとよく知ることができるだろうし」

晃を知ってからまだ二週間もたっていないのに、彼は週末私とリゾートで過ごしたいって言ってきてくれている。少しペースが速くないかしら。こんなことは今までなかったわ。

「確かに休暇を取りたいわ」と明美は返答したが、「でも初公判が始まるまで今の勢いを維持しなくてはいけないわ。今休んでしまったら、モチベーションをあげるのに相当苦労すると思うの。あなたも演奏の途中でやめて別のことをするわけにはいかないでしょ? 本当にごめんなさい」と言ってため息をつき、「この裁判が終わったら、その後についてしっかり話したいわ。今のところは、自分のことで精いっぱい。でも提案、すごくうれしかったわ」と続けた。

二人はレストランを出て、晃は明美をアパートまで送り届けた。晃は家に誘われることを期待したが、今日の明美はそんな気持ちにはなれなかった。

裁判が終わるまでは、今以上の関係にならないほうがいいわ。晃はわかってくれるはずよ。明美はそう期待していた。

19

横河市の上位裁判所の上層部しか知らない複雑な過程を経て、ようやく今、検察側にも弁護側にも大久保麗奈事件の裁判長が誰であるのかが知らされた。その長田正隆判事は、予期せぬ判決を行うことを好み、しばしば気まぐれな判決を下す人物として知られており、検察側も弁護側も歓迎する人選ではなかった。気難しい性格をした彼は、同僚からは優秀であるが変わった人物とみなされていた。彼は一八〇cmを超える長身のやせ型の人物で、若い頃は豊富な髪量を誇っていて、今では白髪が目立つようになっていたが、いまだに容姿には自信があるようであった。鉤鼻が特徴的な彼の顔は頬が垂れ、首もしわしわで、唇は薄く、めったに笑うことはなかった。法服の首の部分には、トレードマークにしている蝶ネクタイが目立っていた。

「あの人いいかげん辞めないのかなと思っていたけど、まだ裁判官を続けてたのね」と中山検事は笹野検事に愚痴った。

「彼はいつも高所から上から目線で、検察側であれ弁護側であれ、決して愚行を許さない人だわ。裁判官になる前は刑事弁護人をしていたって話よ。だから彼は中立というより、哲学的には弁護士寄りだわ。それに彼は金子巌弁護士の友人だそうよ。二人は同じ隠れ家的な男性限定の会員制クラブに属しているそうよ。そこの建物はものすごく古くて、床はギシギシして天井には蜘蛛の巣が張っているけれど、そこの書斎は絶版になったものすごく古い本や、アンティーク雑貨にあふれているらしいわ。会費は恐ろしく高いそうよ。彼が裁判長になったことは、われわれにとっては一つ障害が増えたって言えるわね。

陪審員選任手続きの日、検察側と弁護側も法廷に集い、双方のテーブルに一列に座っていた。速記官もその仕事の準備を終え着座していた。傍聴席には誰もいないため、いまだにICレコーダーを良しとしない法廷では、速記官によるタイプライティングの音が響いていた。陪審員・裁判官・検察・弁護士の各テーブルには水差しが配置された。

しばらく間を置いた後、廷吏により高らかに開廷宣言がなされた。

「静粛に。これより開廷いたします。全員ご起立願います」

裁判長席の左上にある扉が開き、長田裁判官が事務官と書記官に会釈をしながら入廷した。裁判席に座るなり、半ば儀式的ではあるが、彼は水差しの位置を変え、背側から法服を前方に引っ張り、パソコンの位置を調整した。裁判長の準備が終わるのを待ち、書記官は事件番号を読み上げ、検察と弁護士の双方に、陪審員選任手続きを始める準備はよいか尋ねた。

陪審員候補者たちは部屋に集められ、選任か免責かの決定が下るまで、そこで待たなくてはならなかった。専断的忌避（陪審員選定に当たり、検事と弁護士双方が法定の人数に限って、理由を付さないで拒否できること：陪審員候補者の外見が気にいらないなどでも構わない）であれ、信念的忌避（陪審員候補者が事件や被告人に偏見や先入観を持っていた場合に、選定されることを拒否すること）であれ、個々の陪審員を選任するか否かの判断を行うため、多くの時間が割かれた。ジェンダーに関して均等になるように選定された一四人の陪審員は、検察側・弁護側の双方に承認された。一二名は補充陪審員で、正式な陪審員は一二名である。教育水準としては、中卒から博士号取得者まで幅があり、一名は歯科医であった。選任手続きが終了した時点で、長田判事は全員を集め、翌朝九時から速やかに公判が開始できるように準備しておくように指示した。また陪審員に対し、テレビを見たり、ラジオを聞いたり、新聞を読んだり、事件について誰かに話したりしないように注意を述べ、公判が始まれば、陪審員は隔離されることを伝えた。

事務所に戻るなり明美は「パパはこの人選、どう思ったの？」と、巌に尋ねた。

「可もなく不可もなく、取り立ててどうだこうだはないよ。陪審員に問題はないように思う。もちろんどういうやつらかは知る由もないがな。彼らは非常に気まぐれで、公判中に何度だって判断を変えてくる。だからある日の公判がうまくいったからって油断は全然できないぞ。大事なのは最終的な評定の際に何が起こるかだ」と巌は返答した。

「裁判長が長田判事になったことはどう思うの？　彼は確かパパの古い友人だったわよね」と明美はさらに尋ねた。

「まあ彼は何をしでかすかわからない危険人物と考えたほうが良い。もちろんパパは彼のことが好きだし、彼は十分に賢い人間だが、彼は時々とち狂ったようにわけのわからない判決をすることがある。彼がまったく思いがけず弁護人寄りの判決を下してびっくり仰天したこともある。もちろんまったく逆に、弁護人にはまったく不可解な判決を下したこともあるけどな。もちろん公判中はなるべく彼の思考を読み取るように努力しようとは思うが、彼は星の瞬きのように、読み切れることもあればまったくわからないこともある」

「私、もう冒頭陳述の準備はできているけど、ここで読み上げたほうがいい？」

「ああ読み上げてくれ。ただし特に修正を求めようとは思っていないぞ。それはお前の仕事であり、俺の仕事ではない。お前のスタイルに干渉したくはない。お前の仕事はこれまで何度か法廷で見てきた。優秀だと安心しているぞ」と巌は答えた。明美は赤面して手元に視線を落とした。明美は褒められることに慣れておらず、特に父親から褒められたことはほとんどなかった。

「パパが何か提案があるなら、私はそれらを取り入れたいの。パパは私よりもずっと医学文献については知っているでしょうし。私の方針は全体をシンプルに表現することだったけど、いざ本番前になるとこれでいいのか不安になるわ」と明美は言った。

「全体をシンプルに表現するというのは方針としてはいいと思うぞ。陪審員の中にはとてもそんな仕事できないだろうっていう、賢くない連中も含まれているからな」とウインクしながら返答した。

「パパは時々そういう嫌味ったらしい話し方をするわよね。私たちの陪審員のうち、二人は医療関係者のようよ。彼らが愚かだと思う？　それに彼らは単に陪審員になることが義務だからって、機械的に参加しているわけではないはずよ」

「わかったわかった、確かに俺は他人に厳しい点はあるんだろうな。ママがまた家にいた時、よくママからそう言われたよ。もうママは家にいなくなってしまったから、怒りっぽくなってしまったと自覚はしているよ。世の中も悪くなってきていらいらすることばかりだ」

「世界が悪くなっているなんて私は思わないわ。どちらかと言えば良くなっているはずよ。日清日露戦争、第二次世界大戦、ナチスドイツの台頭を考えてみてよ。その時ほど世の中は悪くないはずよ」

「お前の言う通りだ。少し黙ったほうがいいな。時々ひどく落ち込むんだ。ママのことをくよくよ考え過ぎなのかもな。ガールフレンドでも作ったほうがいいのかもしれんな」と言って巌は少し微笑んだ。

「いいじゃない！　私は賛成するわよ」と明美は返答した。彼女は父親の目を見て、昔から見慣れた力強さを感じることができて、うれしく思った。

パパが少しでも笑ってくれてうれしいわ。でもおじさんを救うガールフレンドっていうのもね……パパがよくいるファッションモデルを引き連れた金持ち老人みたいになってほしくはないわ。そんな愚者にはなってほしくない。でもパパにそうではない付き合い方ができるのかしら。だめだわ、わたしの中に嫉妬心みたいなものがあるんだろうな

翌朝午前九時になり、長田裁判長は開廷した。明美はどのような人々が傍聴席にいるのか、目を向けた。検察官のテーブルの真後ろには、中山検事が樽見夫妻のための席を用意していた。傍聴席の後ろに金子朱莉の姿はあったものの、淳司はいなかった。麗奈は明美の隣に着座した。麗奈が母親の姿に気付いた際に、母親が彼女を見て微笑んだことに、明美は気付いた。麗奈は一瞬下を向いたが、すぐに顔を上げ瞬きしながら母親のほうを見ていた。記者たちは法廷の周りを取り囲むように、この事件に興味を持ち傍聴している市民にまぎれ、散らばっていた。

明美は、ドアの近くの通路側に座る、鼻で老眼鏡をかけている白髪の髪の男に気付き、その男が気になった。彼はファイルを一つと、今回の事件で明美もよく参考にした虐待医学の教科書を、脇に携えていた。たぶんお医者さんかしら、と思いながら、であるならばなぜ法廷にいるのだろうと、不思議に思った。彼女はこの男を、『教授風の男』と名付けた。

長田裁判長は中山恵里検事に、冒頭陳述を行うように告げた。

中山は検察官のテーブルのそばを横切り、陪審員たちを見つめた。

「はい、裁判長」

宝飾品を身につけず、薄青色のシルクのブラウスを着て、二、三cmのかかとの高さの靴を履き、グレーのスーツに身を包んだ中山は、典型的なキレる女性検察官といったいで立ちであった。彼女は麗奈を一瞬視界に捉えた後に、陪審員席にさらに歩いて近づき、立ち止まって一人一人に目を合わせながら、冒頭陳述を始めた。

「樽見崇と寿子の樽見夫妻は、本年の一〇月一六日土曜日、生後七カ月の息子である竜輝ちゃんを、被告人である大久保麗奈に託児しました。夫婦ともに国語教師であった二人はこの日、横河市で開催された、教育委員会の国語教育の読解力向上に関する全国会議に、出席する必要があったのです。竜輝はその日の朝、健康上にまったく問題なく、それどころか彼は生まれてからずっと病気らしい病気一つしたことがなかったのです。母親の寿子さんは、出発する際に哺乳瓶でミルクをあげましたが、竜輝ちゃんはそれをぺろりと平らげています。特に吐き出したり、途中で飲むのをやめるようなことはまったくありませんでした。この後に被告人の友人が証言台に立ちますが、彼女は当日の八時三〇分ごろに被告と電話し、電話口の後ろから竜輝ちゃんの元気そうな笑い声や騒ぐ声を聞いております。しかしながら、被告人が竜輝ちゃんの養育を担当してわずか二時間足らずで、彼は瀕死の状態で小児病院の救急部に、救急車で搬送される事態に陥ったのです。樽見夫婦の手を完全に元気な状態で離れてから、救急医療チームが彼と接触するまでの、被告人と二人きりの間に竜輝ちゃんの身に何かが起こったのです。病院の医師たちは、竜輝ちゃんの診察をし、身体的状態を把握するとともに、画像検査や血液検査を行い、何が起きたかを分析していきました。それらの結果、小児病院の医師たちはある一つの決断に至りました。竜輝ちゃんは頭を前後に何回も激しく揺さぶられ、その直後に頭を何らかの硬い表面に衝突させられたのです。今回の裁判では、このいわゆる乳幼児揺さぶられ衝突症候群という診断が最も可能性が高いだけでなく、竜輝ちゃんの病態を説明しうる唯一の診断名であることを示していく予定です。被告人は、自身が何らかの行為を行ったことを、全面的に否認しております。しかし脳を包む硬膜の下の出血である硬膜下血腫の存在、頭蓋骨の中でも最も厚い部分の骨折の存在、脳が腫れてむくんだ脳浮腫の存在、目の中の網膜の広範な出血である多発多層性網膜出血の存在、これらの医学的証拠からは、意図的に受けた外傷であることは明らかです。二階から落ちた、何かが頭にぶつかった、など何らかの事故により頭部にダメージが加わった証拠は何一つありません。繰り返しになりますが、竜輝ちゃんは軽度の風邪も含め、これまで病気らしい病気にかかった既往は何一つありません。これまでに何らの異常も確認されたことはありません。彼は完全に健康といえる乳児でした。被告人が養育……養育と言っていいかもわかりませんが、あえてそう呼ぶのならば、それを行うまでは。陪審員の皆様の中には、お子さんをお持ちの方も多くいらっしゃいます。子どもを育てるというのは容易なことではありません。子どもの振る舞いに触発され、怒りで我を忘れそうになることもあるでしょう。しかし、皆さんは特に子どもを傷つけることなく、子育てを立派にやってこれました。皆さんは生後七カ月の乳児の腕の下を掴み、人形のように手足がだらんとなるまで、前後に何度も揺さぶって、壁や床やバスタブなどに頭をぶつけるようなことはありませんでした。しかし一部の人々は、怒りで我を失い、このような行為を実際に行ってしまうことがあるのです。それこそが被告人である大久保麗奈が竜輝ちゃんに行ってしまった行為なのです。彼女は怒りで我を忘れ、彼女を怒らせた代償を竜輝ちゃんは命で償わさせられたのです。彼女は怒りにかまけて、竜輝ちゃんがぐったりするまで揺さぶりを加え、そしてその行為の最後に、竜輝ちゃんの頭を固い表面に衝突させ、後頭部に七〜八cmの長さの頭蓋骨骨折を生じさせ、その骨折の直上には多量の頭皮下血腫が引き起こされたのです。

これから裁判で陪審員の皆様方は、このケースに関しての複雑な医学的問題について、多くの証言を聞くこととなります。弁護側の専門家証人が、『竜輝ちゃんに生じた症状は、虐待以外の原因によっても生じうる』と主張するのを聞くこととなるでしょう。ぜひしっかりと事実を把握した上で、『完全にまったく健康であった赤ちゃんが、一人の養育者とともに過ごしたわずか二時間足らずの間に、瀕死の状態に陥った』、そんなことがありうるのか、ご自身の常識に照らし合わせ考えていただきたい」とここまで言って中山検事はしばらく間を空けて、「皆さん方はたった一つの結論に達することと思います。被告人は有罪です」

検察側の冒頭陳述の最後の言葉の余韻が残る間、中山検事は座らず起立状態を維持していた。陪審員たちは集中して中山の話を聞いていた。陪審のうち二人の女性は、中山が頭部に揺さぶりや衝突が加えられた旨の説明をしている際に、ハンカチで目頭をぬぐっていた。中山がゆっくりと検察側テーブルに戻る間、陪審員のうち一人の男性は、吐き気を催したのか顔面が蒼白になっていた。検察側テーブルに戻ったタイミングで、彼女は頭をゆっくりと下げ、着座した。樽見崇と寿子の樽見夫妻は、中山の冒頭陳述を漏らさず聞き終え、呆然として座っていた。麗奈は目を泳がせながら、落ち着かない様子で手指をしきりに動かしていた。


「では弁護側の冒頭陳述をお願いします」と長田裁判長は明美を促した。

立ち上がった明美の胸の鼓動は高鳴り、緊張はピークに達していたが、努めて冷静に振る舞った。

「はい、裁判長」

20

明美は麗奈をちらりと見た後、まっすぐ前を向いて進み、陪審員席の中央で止まり冒頭陳述を開始した。

「子どもを失うということは、この世の考えうる出来事の中で最悪の出来事と言うことができます。竜輝ちゃんのお父様・お母様には深い哀悼の意を表したいと思います。彼らの感じる深い悲しみを私は知る由もありませんが、ここ最近、毎晩寝る前にはそのことをずっと考えておりました。ここにいる陪審員の皆様もそうであったかと思います。それが人としての通常の反応です。すべての人たちは同じように感じるはずです。子どもを失うということはそれほど重大で深刻な出来事です」とまで話し、明美は効果を狙い少し間を空けた。

崇と寿子は感情を制御するのに必死であった。

明美は続けた。

「今回のこの法廷でのわれわれの仕事は、提示された証拠に基づいて、竜輝ちゃんが負傷した原因を決定することにあります。今後の証人尋問で陪審員の方々は、竜輝ちゃんの頭の中に生じたひどい損傷についての医学的な話を、数多く聞くようになるでしょう。中には混乱してしまうような医学証言もあると思います。この事件の陪審員の中に、臨床医は誰もいないにもかかわらず、証言のほとんどは医学的情報です。しかしその証言を注意深く聞いてほしいと思います。皆様方の仕事は医学的証言のどの部分が証明可能な事実であり、どの部分が単なる推測に過ぎないかを見極めることなのです。今回の事件の被告人である大久保麗奈さんが竜輝ちゃんの養育を引き継いだあの日の朝、本当に竜輝ちゃんには医学的にまったく問題はなかったと言い切れるのでしょうか？　われわれは竜輝ちゃんの誕生からお風呂場で重篤な状態に落ちるまでのすべての期間について、立ち戻って考える必要があります。彼が生まれる時、頭の中に何かが生じていた可能性はまったくないと言い切れるのでしょうか？　陪審員の女性の中には、出産を経験した方もいらっしゃると思いますが、出産というものがどれだけ荒々しいかを思い返していただきたいと思います。まったく認識されずにいた分娩時の損傷の名残が竜輝ちゃんの頭の中に残っていて、あの日の朝、急にそれらが再出血を起こした可能性はないでしょうか？　竜輝ちゃんに出血しやすい遺伝的素因や何らかの病態が隠れていて、それが頭の出血に繋がってしまった可能性はないのでしょうか？　数日前や数週間前に、転倒などで頭を打った際に、頭の中に血腫を作っており、麗奈さんが入浴させようとした際に、ひどいかんしゃくを起こしたことで、それが再出血してしまった可能性はないのでしょうか？　あの日の朝までに気付かれてはいなかった、何らかの病気が存在していた可能性はないのでしょうか？　あの日の二日前に小児科の診療所で打ったワクチンが悪さをした可能性はないのでしょうか？　脳が低酸素状態に陥ったことで、竜輝ちゃんに生じていた各種の症状がすべて出現する可能性はないのでしょうか？　これらの疑問はすべて、麗奈さんがこの恐ろしい結果を引き起こしたとの判断を下す前に、明確化することが求められる正当な疑問ということができます。皆様方は、乳幼児揺さぶられ症候群の診断が正しいと確信している小児病院の医師からの証言を、数多く聞くことになるでしょう。しかし一方で、『この乳幼児揺さぶられ症候群という診断には、医学の専門家の間で多くの深刻な疑義が呈されている』との専門家証人の証言も聞くことになるでしょう。また生体力学を研究している工学者からは、赤ちゃんを揺さぶったとしても竜輝ちゃんに生じたような損傷が引き起こされることは考え難い、という証言を聞くことにもなるはずです。竜輝ちゃんの治療にあたった医師たちは、彼らが乳幼児揺さぶられ症候群と呼ぶ複数の徴候と類似する所見を引き起こしうるその他の数多くの病態を、より慎重に鑑別していくべきでした。端的にまとめますと、今後この法廷では複数の医療専門家証人が出廷し、竜輝ちゃんの死亡を引き起こしたのは必ずしも麗奈さんが原因であったとは言い切れず、この悲劇を説明しうる病態は数多く存在していることを証言する予定です。麗奈さんが竜輝ちゃんに何か加害行為を行ったという明確な証拠は何一つありません。彼女を有罪にすべきではありません。

麗奈さんは、竜輝ちゃんの意識がない状態に気付いてすぐ、一八歳という彼女の年齢からは考えられないような的確な対応を行っています。彼女はすぐに一一九番に電話をかけ、オペレーターの指示に従い、必死になって心臓マッサージをして、何とか竜輝ちゃんの意識が戻るよう全身全霊をかけてベストを尽くしました。心を開き、目を開いて、注意深く耳をそばだててください。すべての証言が終わった段階で、陪審員の方々が、公正な結論に達するであろうことを私は確信しています。被告人を有罪にするためには、検察官には『合理的な疑問』を残さない程度の証明が要求されるわけですが、今回のケースではそれを検察はなしえていないのです。そうであるならば、麗奈さんは無罪としなければなりません。以上です」

冒頭陳述を終え、明美は弁護人側のテーブルに戻り、着席した。巌は腕を組んで座っていたが、明美と目が合うなり微笑んだ。長田裁判官は目を左右に動かして、法廷内を見渡した。彼は、大衆が大きな関心を示したケースで、注目の的になることを楽しんでいるようであった。新聞記者たちは必死にメモを取っていた。巌は明美の冒頭陳述の間中、陪審員を観察していて、複数の陪審員がメモ帳にしきりに文字を書き入れたり、ｉＰａｄやパソコンなどに入力をしているのに気付いていた。ただ彼は、この先ますます複雑で混乱するような証言が立て続いていくにつれ、陪審員たちはメモ帳をどうしていくのだろうと、疑問にも感じていた。

「それでは検察は、最初の証人尋問を開始してください」と長田裁判長が促した。

笹野検事が立ち上がった。

「検察は、横河警察署の新山俊道警部補を、証人として呼んでおります」

新山は、麗奈の知っている数少ない人物の一人であった。彼女は新山が証言台に立った時にそれに気付き、何を話すのかを気にして集中した。彼は、白いシャツ・青いブレザー・灰色のズボンの裁判所用のよそ行きの服に着心地の悪さを感じていて、特にネクタイはすぐにでも取ってしまいたいと感じていた。髪をそり上げた頭には、洗濯板のような深いしわが走っており、汗がにじみ出ていた。新山が証言台に立ち、宣誓をすると早速笹野検事が主尋問を開始した。

「新山警部補、あなたは警察官になって何年になりますか？」

「八年半になります」

「警察官になるためにどのようなトレーニングを積んできたのでしょうか？」

新山は自身の受けた教育と、現在の職務について話をした。このころには彼はすっかり緊張は解けていてリラックスしていた。

「新山警部補、竜輝ちゃんが急変した朝、あなたは一一九番への連絡を受け樽見家へ向かいました。あなたが最初に樽見家に着いた人物で間違いありませんか？」

「うーん、私と救急隊はほぼ同時に着きました」

「あなたがそこで見たものをお話していただけますか？」

「救急隊と私は、同時に動き始めました。私は、赤ちゃんを膝の上に乗せ、心肺蘇生を行おうとしているベビーシッターの女の子を発見しました。救急隊が、すぐに心肺蘇生を代わりました。私は女の子に『何が起こったのか』と尋ねました。彼女は『赤ちゃんをお風呂に入れていたら、急にだらんとしたの』と話しました。その他には意味のある言葉は何も彼女は発しませんでした」

「救急隊が取り囲んで心肺蘇生を始めている間、彼女は何をしていましたか？」

「彼女は床にへたり込んで、私から見るに、茫然自失の状態になっていました。その後私は風呂場の写真を何枚か撮り、いくつかの質問を彼女にしたものの、いずれの質問にも彼女は一切答えませんでした」

「あなたが写真を撮影した際に、現場に暴れてできたような痕跡や、その他何らかの暴力の存在を疑わせるような痕跡は存在していましたか？」

「私が見る限り、そのようなものは何もありませんでした。ただ、より詳細に状況を把握しなければならず、救急隊が赤ちゃんを搬送した後に、私はベビーシッターに任意同行をもとめ、彼女を警察署に連れていき、そこで彼女は逮捕となりました。ミランダ警告が行われ、彼女はそれに署名をしました。そこでも彼女に対し複数の質問がなされましたが、やはり彼女は一切それに答えることはありませんでした」

「そのベビーシッターは今日この法廷の場におりますでしょうか？」

「はい、おります」

「どこにいるのか指示していただいてよろしいですか？」

「そこにいます」と新山は、麗奈を指さした。

「検察からの質問は以上です」


「では弁護側は尋問を始めてください」と長田裁判官は、明美に反対尋問を行うように促した。

「おはようございます、新山警部補。大久保麗奈さんの弁護人を務める金子明美です」

「おはようございます」

「あなたは先ほど、現場には暴れてできたような痕跡や、その他何らかの暴力の存在を疑わせるような痕跡は存在していなかったと証言なさいました。それは間違いないでしょうか？」

「はい、そのような痕跡は私には確認できませんでした」

「撮影した浴場の写真を現像した際に、後から何か気付いたことはありましたか？」

「いいえ、特にはありませんでした」

「ありがとうございました。弁護側からの質問は以上です」

「それでは証人は証言台から離れていただいて結構です」と長田裁判長は新山に退廷を促し、次の証人を呼ぶように検察側に促した。

「検察は、証人として町村光男さんを呼んでおります」と笹野検事は発言した。

町村は傍聴席と法廷を仕切るスイングゲートから法廷内に入り、証言台に立った後に宣誓を行い、着席し、マイクの位置を調整し、検察からの質問を待った。

「それでは町村さん、陪審員にあなたの職業を教えていただいてもよろしいでしょうか？

「私は、横河消防署に所属し、救急救命士をしております」

町村が麗奈からの通報を受けて、樽見家に駆け付けた二人の救急救命士のうちの一人であることを明確にする質問を行った後、笹野検事はさらに以下の質問を続けた。

「あの日の現場で、あなたが見た事を具体的に教えていただいてもよろしいでしょうか？」

「竜輝ちゃんが、浴室に続く廊下にあおむけで寝かされておりました。ベビーシッターが彼のすぐそばで、膝立ちでいました。竜輝ちゃんには息がなく、全身は蒼白になっておりました。非常に状態は悪く命にかかわる事態だとすぐに判断しました」

「それからどうなったのですか？」

「われわれは即座に挿管を行い、バギングを行いました。つまり呼吸を助ける管を入れて、肺に空気を直接送り込む処置をすぐに行ったのです。挿管しバギングし酸素投与を行うことで、彼の体色はピンクがかってきて、心拍数も安定しましたが、意識は完全に消失した状態が続きました。視診ですぐにわかるような体表損傷は何もなかったものの、頸部損傷の可能性はその時点では否定できませんでしたので、次にわれわれは彼をボードに固定し、暖かい毛布に包んだ後、救急車に乗せ病院に救急搬送しました」

「あなたは何かベビーシッターと話をしましたか?」

「いいえ、特に話はしませんでした。彼の全身状態は著しく不良で、われわれが行う最も重要な責務は、一刻も早く彼を病院に送り届けることでしたので。それにベビーシッターは私から見て、茫然自失の状態でしたから」

「異議あり。証人の最後の発言は証人からみた憶測にすぎません」と明美は異議を申し立てた。

「異議を認めます。陪審員は証人の最後の発言は無視してください」と長田裁判長は明美の異議を認めた。

「では、検察からはこれ以上の質問はありません」と笹野は話し、主尋問は終了した。


反対尋問に明美が立った。

「弁護側からの質問は一つしかありません。現場や竜輝ちゃんの体には、何らかの暴力の存在を疑わせるような痕跡はございましたでしょうか?」

「いいえ、特にありませんでした」

「弁護側からは以上です。ありがとうございました」


笹野検事は証言台に歩み寄り、次の証人を呼んだ。

「検察は被告人の友人である、宇都宮圭子さんを証人として呼んでおります」

麗奈は宇都宮圭子の名前を聞いてたじろいだ。

なんで彼女がここにいるの? 彼女は何を話すの。友達だって思っていたのに。

圭子は麗奈と同い年で、小柄で丸顔で小太りの体形をしていた。彼女の宣誓の際の声や名前を告げる際の声は小さくかぼそかった。

彼女が麗奈の知り合いであり、彼女自身もこれまでベビーシッターを行ったことがあることを確認した後、笹野検事は以下のような尋問を続けた。

「宇都宮さん、一〇月一六日の朝の、麗奈さんとあなたとが電話で行った会話について教えていただけますでしょうか？」

「えーっと、私たちは取り立てて何かについて話をしたわけではなく、とりとめのない会話をしていただけですので、その内容については覚えていません。二人ともその日はベビーシッターをしていて、それは退屈な仕事ですから、電話で話をしていたんです」

「公判が始まる前に、われわれがあなたに麗奈さんとの電話の会話についてお聞きした時、あなたは『麗奈と話をしている時に、背後で竜輝ちゃんが騒がしくしているのを聞いた』とおっしゃっていました。そのことに間違いはないですか？」

「はい、私は赤ちゃんがにぎやかにしたり、笑い声を出しているのを確かに聞きました。私は麗奈に『なんだか赤ちゃんが楽しそうね』って話をしたのを覚えています」

「その後に何がありましたか？」

「うーんと、麗奈はなんだか興奮していて、『赤ちゃんはハッピーに見えるかもしれないけど、私は全然ハッピーじゃないわ』みたいなことを言っていました。その後すぐ、竜輝ちゃんがミルクを満たしたシリアル入りのお皿を彼女と自分にぶちまけてしまいました」

「その時彼女は何か発言しましたか」

「『あーもう、くそ。やっちゃったわ』と話し、電話は切れてしまいました」

「その後あなたはそのことにつき、麗奈と話をしましたか」

「いいえ、それ以来彼女とは話もできず、会うこともできていませんでした」

「宇都宮さん、ありがとうございました。検察からの質問は以上です」

次に明美が反対尋問を開始した。

「宇都宮さん、あなたは『なんだか赤ちゃんが楽しそうね』と話したとおっしゃいましたが、それはどのような意味たったのですか？」

「うーん、それほど大きな意味はありません。竜輝ちゃんが、赤ちゃんの機嫌がいい時によくあるような、キャッキャと喃語を言って『アー』みたいな金切り声をあげていたので。ただそれだけです」

「そのような竜輝ちゃんの声は、耳障りに聞こえるものですか？」

「うーん、私にとっては耳障りな音とは思わないのですが、人によってはそう思う人もいるとは思います」

「ありがとうございます。弁護人からの質問は以上です」と明美は反対尋問を終わらせた。

麗奈は、圭子が退廷する様子をじっと見ていた。

彼女は何を証明するために呼ばれたのかしら？　と麗奈は疑問に感じていた。


「検察はさらに、谷岡正司医師を証人として呼んでおります」と笹野検事は次なる証人の主尋問を開始した。

彼は四〇代ぐらいの細身の中年で、青いブレザーとカーキのズボンを着て、ボタン付きの黄色のシャツにストライプのレター・ネクタイを着けていた。法廷と傍聴席を仕切るゲートを超えて証言台に向かい、宣誓を行った後、彼は「谷岡正司と申します。小児科医をしております」と名前と職業を述べた。

「竜輝ちゃんの医学的な既往歴について、教えていただいてもよろしいでしょうか？」

「あんまり話すことはないんです。出生時に問題はなく、B型肝炎ウイルス予防のための注射などを含めた、通常の医療ケアを受けただけですから。出生後一日で母子ともに退院し、その後はわたくしのクリニックで、乳児健診やワクチン接種を行っていました。急変し、亡くなってしまう数日前にも私のクリニックを受診し、ワクチン接種を行いましたが、その時の竜輝ちゃんはまったく元気で、身体的に何の異常も認めませんでしたし、運動発達にも何の問題も認めませんでした」

「その最後の先生のクリニックに受診した際に、診察で頭部や体に何か損傷の痕が認められたりしましたでしょうか？」

「いいえ、まったく健康で、視診上も何にも異常はありませんでした。何らかの疾病に罹患している徴候は何もありませんでした。何か彼に問題があったとしたら、小児科医としてワクチン接種を許可することはまずありません。予防接種の翌日に私は竜輝ちゃんの母親の寿子さんに様子の確認の電話を入れております。この電話確認は、すべてのお子さんに対しルーチンに行っているものです。その電話でも、何も変わりはないとの返事をいただいておりました」

「先生、ありがとうございました。検察からの質問は以上です」と笹野は検察の主尋問を終わりにした。

検察側が谷岡医師を証人として呼んだのは、麗奈が養育を行う直前までに医学的に何も問題はなかったことを立証するためであることは明らかであった。明美は、弁護側が谷岡医師に質問を行ったとして何か得られるものはあるかを勘案し、特に何も質問しないことを決めた。

「弁護側としては、本証人に特に質問事項はございません」

「谷岡先生、ありがとうございました。では退廷してください」と長田裁判長は彼に告げ、谷岡医師は退廷していった。

「次に検察は、大林陽介医師を証人として呼んでおります」と笹野検事は告げた。

大林医師は三〇代半ばといった頃合いの、小柄で非常に痩せていて、多動で、まるで妖精のような印象の人物であった。彼はバイタリティーにあふれており、高い診断技術を持ち、熱心な研修指導スタイルで知られる優秀な中堅医師であった。救急部での通常の勤務時には、彼はたいていスクラブ（半袖Vネックの医療用白衣）を着ていたが、本日の出廷時にはカーキ色のパンツ、ツイード製の上着、チェック柄のシャツを着て、緑色のネクタイをしていた。これは彼なりの勝負服であった。証言台に立ってからも、彼はちょこまかと動いていた。

宣誓を行った後、大林医師は横河小児病院で小児救急医としてどのような教育とトレーニングを受けたのか述べ、救急診療部の医師として竜輝を引き受ける時にどのような役割を担ったのか、説明を行った。

「竜輝ちゃんが搬送された時、私は救急隊から詳しい病歴の聴取を行いました。救急隊の話では、到着時意識消失しており、呼吸も不良で、血中の酸素濃度も低かったとのことでしたが、救急隊が挿管を行った後には、体色は改善し、心拍は正常に戻ったと聞きました。その後、われわれは竜輝ちゃんの体を診察した際に、脊柱近傍に挫傷が存在しているのに気付きました。小楕円の形性状から、その挫傷は指尖痕、つまり加害者の指により形成されたアザである可能性が高いと判断いたしました」

「異議あり！　証人の最後の発言は単なる憶測にすぎません」と明美は異議を唱えた。

「異議を認めます。陪審員は証人の最後の発言は無視してください」と長田裁判長は、異議を認めた。

「わかりました。先生、ではその後の経緯から、改めてお話しください」と笹野検事は述べた。

「はい、その後われわれは静脈ラインを確保し、採血を行い、呼吸循環モニターを装着し、その後に頭部ＣＴを施行いたしました」

「どうして先生は、採血を行ったのでしょうか？」

「われわれはこのような重篤な患者を診察した際には、感染症や貧血などが潜在していないか、ナトリウムやカリウムなどの電解質異常がないかどうかなどさまざまな可能性を把握するために、スクリーニング検査として一般血算・生化学検査を行い、凝固異常や出血性疾患を除外するために凝固検査を実施するのです」

「ではそれらの検査で何か異常はございましたでしょうか？」

「ごく軽微な凝固系の異常を認めましたが、脳損傷を認めた事例ではこのような軽度の凝固異常はしばしば認められるものです」

「頭部ＣＴ検査では、どのような所見がありましたでしょうか？」

「右大脳半球に、著明な硬膜下血腫が確認されました。硬膜下血腫とは、脳を包む膜の下部に認める血液の塊です。また初期の脳浮腫、つまり脳のむくみを示唆する所見が認められました。加えて、後頭部には頭蓋骨骨折が確認され、その直上には頭皮下血腫が確認されました」

「それから先生は、何を行いましたか？」

「次にわれわれは、ＰＩＣＵの部長である神田先生に連絡を行い、ＰＩＣＵで竜輝ちゃんの管理を行ってもらう準備が整っているか確認を行いました」

「ＰＩＣＵとは何か、説明していただけますか？」

「小児の集中治療ユニットのことをＰＩＣＵと申します。最重症で集中的な管理を要する子どもは、ここで管理をすることになります」

「先生、ありがとうございました。検察からの質問は以上です」


「では弁護側の尋問を始めてください」と長田裁判長は反対尋問の開始を明美に促した。明美はしばらく間を空けた後に立ち上がり、反対尋問を開始した。

「先生、凝固系の異常以外に何か採血結果に異常はございましたでしょうか？」

「はい、血液ガスでアシドーシスが認められました。つまり血液が酸性に傾いているのが確認されました。心肺蘇生を要した患者ではしばしば認められる所見です。また血算検査では軽度の貧血が存在していましたが、感染症を示唆する白血球の増多や、血小板の減少などの異常は確認されませんでした」

「ありがとうございました。弁護側の質問は以上です」と明美は言い、反対尋問は終了した。


「それでは一旦、休廷いたします」と長田裁判官は宣言し、「法廷は三〇分後に再開いたします。きっちり三〇分後ですのでご注意ください」とアナウンスされた。

明美が退廷する際に、朱莉が傍聴席の最後尾の列からこそこそと出ていくのが見えたが、淳司の姿はそこにはなかった。『教授風の男』もメモと教科書を持ち、立ち上がっていた。樽見夫妻は、麗奈をじっと見つめ、それから検察官のテーブルの後ろにある彼らの席から立ち上がり、彼らのために特別に用意された控室に戻っていった。麗奈は椅子に座ったままうなだれ、遠くを見てボーっとしていた。陪審員の何人かは沈んだような様子で、残りの人々も感情の表出はない状況で、笑顔の人は誰もいなかった。これをどう解釈したらいいかしら？　と明美は疑問に思った。

21

「検察は証人として、神田澄男医師を呼んでおります」と笹野検事が言った。神田医師はスイングゲートを超えて、裁判官・検察・弁護士の聖域である法廷内に入った。彼は証言台の数歩前で宣誓書を受け取り、証言台の前に立ち宣誓を行い、着席してマイクの位置を調整した後、両手を組んだ。主尋問を受ける準備はできたようだった。裁判所というのは大部分の人間にとってなじみのないもので、証言を行うことは恐怖とは言わないまでも非常に緊張するもので、医師でも自身の感情のコントロールをするのに時間がかかるものであるが、神田医師は落ち着き払っていた。

「先生、あなたのお名前を述べてください」と笹野検事は人定質問から主尋問を開始した。その後、医師としての学歴や経歴、そしていつからＰＩＣＵの主任部長をしているのかについての質問が続いた。

「七年前から、現在のポジションにおります。それ以前には、研修先であった長野県佐々原の病院のＰＩＣＵで四年間副部長をしておりました」と神田は述べた。

神田医師はワイヤーフレームの眼鏡を深くかけ、黒髪を短くかり上げていた。彼はユーモアのセンスがずれていると の評価がたまにきずであったが、頭脳明晰で仕事の要領もよく確実である、と評価される人物であった。ＰＩＣＵで彼と一緒に仕事をした看護師は、彼の温かさ、能力、誠実さから、彼を「理想的な医師」と一様に口にした。

「あなたは小児集中治療の専門医の資格をお持ちですか？」

「はい、持っています」

「あなたは小児病院で、最も重篤な状態に陥った子どもの治療にあたる立場にあるといって差し支えありませんか？」

「はい、その通りです」

「ＰＩＣＵでどのような症例を扱うのか、いくつかの例を挙げることはできますか?」

「はい、えー例えば高所から転落してしまったり、交通事故にあったり、校庭で重篤な事故が生じたりといった、深刻な外傷の子どもたちをよく診ています。その他にも、誤飲による中毒事件、熱傷事件、術後の症例など、一般病棟で対応しきれないより集中的な治療や管理を要する子どもたちに対応しています」

「ＰＩＣＵの責任者として、あなたは虐待を受けた子どもたちの治療も行っていますか?」

「はい、残念ながらそのような子どもたちは一般的に重篤な状態になりますから、ＰＩＣＵで管理することになることもしばしばあります」

「異議あり!」と明美は立ち上がりながら叫んだ。

しかし長田裁判長は眉を上げながら「意義を却下します。証人は事実を述べているにすぎません」として、異議を却下した。

このような若干エキサイティングなやり取りの後に、笹野検事は「一〇月一六日に小児病院のＰＩＣＵで、あなたは竜輝ちゃんの診察を行いましたね」と主尋問を続けた。

「はい」

「竜輝ちゃんに生じていた医学的状態と、そのような状態に対しどのような治療を行ったのか、お話ししていただけますか?」

「竜輝ちゃんはＰＩＣＵに搬送されてきた際に、点滴され、呼吸を補助するためのチューブが気管に挿管された状態でした。まずわれわれは気管チューブが適切な位置にあることを確認し、点滴ラインに問題がないこと、モニターが適切に機能していることを確認しました。彼は、極めて重症の状態であるとの判断を行いました。全身状態が安定しているとの確認を行った後、当院の小児眼科医である小笠原医師によって、眼底検査が施行されました」

「その検査を行う意義について、わかりやすく説明していただけますか?」

「間接鏡と呼ばれる医療機器を用いて、眼科医が瞳孔を介して目の中を覗いて、網膜をはじめとした眼内構造物の状態を診察するものです」

「それから何を行いましたか？」

「ポータブルのレントゲン撮影機器を用いてＰＩＣＵ内で全身骨撮影を行い、その後に骨シンチグラフィーを行いました」

その後に聞かれるであろうことを想定し、神田医師はさらに、

「全身骨撮影とは、頭蓋骨・脊椎・肋骨・上肢・下肢・手・足など、全身のすべての骨をパーツ毎に撮影するものです。骨シンチグラフィーとは、骨代謝が活発になっている部分に取り込まれる放射線核種を注射し、その取り込みを画像で確認するものです。骨の代謝は、成長のために活発になっている場合もありますが、骨が損傷された場合にも、その修復のために活性化されます。いずれにしろ骨シンチグラフィーでは、核種が多く取り込まれた箇所が、異常集積部位として確認されることとなります。そのため、骨シンチグラフィーでは、単純レントゲン写真では確認しえない段階での骨損傷をとらえることが可能になります」

「それで、それらの検査で骨損傷は確認されたのでしょうか？」

「はい、七cmほどの長さの頭蓋骨骨折が、後頭部に確認されました」

「それから、あなたは何をしましたか？」

「当院の子ども虐待専門小児科医である高山医師に連絡し、竜輝ちゃんを診察していただき、損傷の原因について意見を聞きました。それから院内の虐待対応チームが参集して、それぞれの立場から竜輝ちゃんの損傷の診断についてや治療計画について、意見を出し合いコンセンサスを形成していきました」

「病院としてのコンセンサスを形成することはできたのですか？」

「はい。われわれは病院としての統一した見解を形成いたしました」

「チームが下した診断は何でしたか？」

「病院としては、竜輝ちゃんの損傷の原因は、乳幼児揺さぶられ衝突症候群である可能性が極めて高いと判断いたし

ました。そのためわれわれは児童相談所に通告を行い、その後、通常業務である治療に戻りました」

「神田先生、ありがとうございました。検察からの質問は以上です」と笹野検事は言い、主尋問を終了した。

引き続いて、明美が反対尋問に立った。

「おはようございます、神田先生。大久保麗奈被告の担当弁護人の金子明美です。先生にこれからいくつか質問したいと思います」

神田医師は明美のほうを見て頷きながら、マイクの位置を調整した。

「あなたは今、竜輝ちゃんが乳幼児揺さぶられ衝突症候群の被害児であるとの証言を行いました。先生、この被害が生じた時にあなたはその場所に居合わせたのですか？」

「もちろん居合わせてはいません」

「それではあなたが診察した状態を竜輝ちゃんに生じさせたのが、なぜ揺さぶりであったと判断できるのですか？」

「われわれはこのような事件の診断を行う際に、患者の病歴・徴候・診察所見・画像所見を総合して行います」

「ではこの損傷は一〇〇％揺さぶられたためである、と断言することはできないと理解してよろしいでしょうか？」

「自然科学である医学の世界では、一〇〇％であると断定することは誰にもできません。しかし、本症例の場合にはほぼ一〇〇％に近い確率で揺さぶりが寄与したものと判断しています」

明美は、そんな風な返答を期待していたわけではなかった。そのような発言をしてしまう前にストップをかけるべきだったわ、と内心後悔しつつも尋問を続けた。

「先ほどの主尋問で、先生は竜輝ちゃんに確認されていた右脛骨の古い骨折について言及されませんでした。この骨折の存在についてお忘れになっていたのでしょうか？」

「忘れていたわけではございません。ご指摘いただいた右脛骨の所見に関しては、当初陳旧性の骨折の可能性を考えておりましたが、後にアーチファクトと呼ばれる、異常所見ではない所見の可能性が持ち上がりました。ですから明白な骨折と判断できない以上ここで言及する意義はないと考えたため、あえて先ほどの検事さんからの尋問の際にはお話をしませんでした」

「骨折が指摘された際には、どのくらい前にきたした骨折との評価がなされたのですか？」

「えーっと、当初放射線科医はおよそ二〜三週間前にきたした骨折の可能性があると評価しておりました。ただその後、放射線科内で再検討した結果、骨折ではなく、X線の照射方向の収差によって生じた所見であったと最終的には判断されました」

「放射線科の先生が、そのような大きな判断ミスをなぜ当初してしまったのでしょうか？」

「私の個人的意見ですが、このような流れは判断ミスと呼ぶようなものではなく、暫定評価後の詳細評価というべきものです。より適切な意見に関しては、放射線科医に直接聞くとよいかと思います。

「ほかにも証言するに値しないとして、先ほどの証言であえて話をしなかったことはありますか？」

（明美は、神田医師の証言の脆弱なポイントを探り、付け入る隙を見つけようとした）

神田医師は上を向き、顔面を紅潮させながら、「私は、ＰＩＣＵでわれわれが体験したことを、可能な限り正確に証言したつもりです。意図的に何らかの事実を話そうとしなかったことを前提とするような、奥歯に物が挟まったようなあなたの質問を率直に言って不快に思います」と回答した。

長田裁判長は「証人は意見を述べず、事実のみを述べてください」と注意を促した。

「了解しました。裁判長」と神田医師は答えたが、明美はそれ以上の尋問はせず、

「先生、ありがとうございました。私からの質問は以上です」と話し、椅子に腰かけた。

陪審員は自分たちのノートやｉＰａｄに熱心に何かを書いていた。明美は少なくともいくつかの点につき陪審員にアピールすることができた、と内心喜んでいた。また明美の目には、検察官側の傍聴席の最前列にいる樽見夫妻の姿が入っていた。二人とも竜輝の損傷の詳細を聞き、死にゆく竜輝を看取った当時のことを思い出したようで、憔悴した顔をしていた。麗奈も真剣に証言に聞き入っていたようで、裁判の冒頭から無関心な態度で過ごすという事態は避けられたよ

うであった。

「検察は、高山真理医師についても証言をお願いしております」と笹野検事が話し、高山医師への主尋問が始まった。まずはじめに経歴についての尋問が行われ、高山医師は川野部市立大学で小児科医としてのレジデント研修を受け、同大学病院で子ども虐待専門小児科医としてのフェローシップ研修を受けたことを話した。

「高山先生、病院であなたが行ったことについて教えてください」

「私は、小児病院内の虐待対応チーム（ＣＰＴ）で医療側リーダーをしており、医療者が虐待を疑った症例についてのコンサルテーションを受けております。

このようなコンサルテーションは、例えば心疾患が疑われた事件を循環器科医が相談を受けるのと、基本的に何ら変わりありません。私の仕事は、患者の徴候と症状を引き起こしたとされる病歴を聴取し、患者を診察し、検査データやX線写真などの画像所見を確認することです。そして、患者の両親や養育者と話し、症例に対して医療ソーシャルワーカーを介して児童相談所へ通告を行います。それから主治医や関連科の医療者と、虐待対応チームとの合同ケースカンファレンスを開催します。院内虐待対応チームのメンバーには、正確な診断を行う上で有用となる社会的情報を収集する役割を担う医療ソーシャルワーカーも含まれます。このようなカンファレンスによって、その他の同様の症状を引き起こしる病態を診断したり鑑別するための、追加で施行すべき採血検査や画像検査などについても、話し合われることになります」

虐待の医学診断というものがどのように下されるのか、そのプロセスについては一般にはほとんどなじみがなく、陪審員たちは高山医師の役割についての証言に熱心に耳を傾けていた。そのうち何名かはメモを取りながら聞いていたが、ほとんどは彼女のほうを見て聞き漏らさないように注意を傾けていた。

「竜輝ちゃんの診察に呼ばれた際に、あなたは何をしましたか？」

「はい、私が連絡を受けたのは、竜輝ちゃんがＰＩＣＵに入室してからで、神田医師から直接連絡がありました。私が診察したタイミングでは、すでに眼科医の小笠原先生の診察は終わっていました」

「子ども虐待の専門家としての知識や経験に基づき、竜輝ちゃんのケースについて何らかの医学的判断を下すことができましたか?」

「はい、一つの医学診断にたどり着いております」

「その診断について教えていただけますか?」

「本児に生じた医学的徴候や画像所見などを総合すると、乳幼児揺さぶられ衝突症候群と判断されます」

「その乳幼児揺さぶられ衝突症候群とは、医学的にどのようなものであるのか、陪審員に説明していただいてもよろしいでしょうか?」

「はい。加害者が被害児の肩をつかんだり、脇の下から胸をつかんだりして、被害児を前後方向に何度も激しく揺さぶって損傷を生じさせるものです」

「どのぐらいの時間被害児は揺さぶられるのですか?」

「症例によってさまざまで、二、三秒の場合もあれば、一〇～一五秒ほど揺さぶられることもあるようです」

「揺さぶりが加えられている間、脳にはどのようなことが生じているのでしょうか?」

「乳児期の脳はとりわけ柔らかい状態にあります。頭部が揺さぶられた場合には、この柔らかいゼラチン質の脳は、頭蓋骨の中で動いてしまうことになります。暴力的な揺さぶりによって生じたこのような動きによって、脳の神経細胞や神経線維は破壊されることになります。その他にも暴力的な揺さぶりを受けた場合には、脳表を走行しクモ膜下腔を通って硬膜を貫通して脳の中央上部の静脈洞という場所に最終的に合流する『架橋静脈』という静脈が剪断されます。架橋静脈が剪断した場合、硬膜の直下に血液が流れ出ていくことになります。このような状態は『硬膜下血腫』と呼称されます。血腫とは血の塊を表す医学用語です。硬膜とは脳を包んでいる膜のことで、硬膜下血腫とは、硬膜の内側に血の塊が生じた状態です」

高山医師は続けて、網膜出血についての説明も行った。

「揺さぶりによって、眼の中にも振動が生じ、層状構造をした網膜の各層間の細血管に破断が生じ、血液が漏出します。それがいわゆる網膜出血です。揺さぶりの関与したＡＨＴの場合には、この網膜出血は網膜のいたるところで生じ、瞳孔を介して眼球の外から観察することが可能です。症例によってはこの網膜出血は、鋸状縁と呼ばれる網膜の最外側にまで及んでいます。重症の症例では、網膜が層ごとはがれてしまい、網膜分離症と呼ばれる空隙を形成することもあります。時にカーペットがよれたような、網膜ひだと呼ばれる所見が確認されることもあります。これらの網膜所見はすべて、小笠原先生が使用したような検眼鏡を用いることで、観察することが可能です」

「これらの損傷が生じたと考えられる受傷時期について、先生のご意見を聞かせていただけますか？」

「竜輝ちゃんはベビーシッターに預けられる前まではまったく元気で、そのわずか二時間後に致死的な状態として搬送されたことから判断するに、ベビーシッターに預けられている間に揺さぶりと衝撃が加わったものと判断されます」

「異議あり！　彼女はそのようなことが行われた状況を知りえないはずです」と明美は発言した。

「異議を却下します。検察官は証人に意見を求めているにすぎず、証人も意見を述べているにすぎません」と長田裁判長は異議を却下した。

明美はメモ書きを行い、『どうしてそのようなことを知りえると言えるのか、反対尋問の際に証人に聞く必要がある』と記しておいた。

「竜輝ちゃんの背中にアザがあったのをご覧になりましたか？」

「はい。上背部の正中近傍、つまり背中の上のほうの背骨に近いところに、三〇㎜×一五㎜程の大きさの挫傷が左右三か所ずつ確認されました」

「これらの損傷はどのようにして生じたものであると、証人はお考えですか？」

「異議あり。検察は推論について取り扱おうとしています」と明美は異議を唱えた。

「異議を認めます。検察は質問を変えてください」と長田裁判長は異議を認めた。

「では、頭蓋骨骨折に関して説明していただけますか？」

「竜輝ちゃんに生じていた頭蓋骨骨折は七～八cmの長さにおよび、頭蓋骨の中でも最も厚い後頭骨という頭の後ろ側にある骨に生じていました」と高山医師は自らの手を自分の後頭部にジェスチャーとして持っていきながら説明した。

「生後七カ月の乳児において、このような骨折はどのようにして生じるのでしょうか？」

「このような骨折は、硬い物質の表面に後頭骨が強くぶつかったり、後頭骨に硬い物質がぶつかったりしない限り、生じえないと判断されます。二階以上の窓のような高所からアスファルトの歩道のような硬い表面に向かって落ちて後頭部を打ちつけたような場合や、自動車の衝突事故のような高エネルギー損傷の場合、このような骨折は生じえます。しかし家庭内でこのような頭蓋骨骨折が生じうるとしたら、誰かが赤ちゃんの後頭部を硬い表面の物体に叩きつけた場合以外にはおよそ考え難い、と言うことができます」

「検察からは以上です」

「では反対尋問を始めてください」と長田裁判長が話すと、明美は立ち上がり反対尋問を始めた。

「高山先生、あなたは脳外科医ではありませんね？」

「はい、脳外科医ではありません」

「あなたは眼科医でもない。そうですね」

「はい、違います」

「放射線科医でもないですね」

「はい、違います」

「法医学者でもない」

「はい、違います」

「小児集中治療科医でもないですね」

「違います」

「骨折を専門とする整形外科医でもない」

「違います」

「では、あなたは新しい専門分野とされる、いわゆる子ども虐待専門小児科医だ。そうですね」と明美はこの点につき強調した。

「はい、そうです」

「では、あなたの仕事は子ども虐待症例を見つけ出すことにある。そうですね」

「私の仕事は、臨床チームが正しい診断にたどり着くことを支援することにあります」

「しかしあなたの仕事である、子ども虐待専門小児科医というのは、その名前からして虐待を見逃してはならないと強く考えているのではないですか？」

「われわれの仕事は、例えば心臓から雑音が聞こえるとして、専門的評価のためにコンサルトされた循環器科医が、心臓の評価を行うことと何ら変わるものではありません。

　循環器科医は臨床チームから相談を受けた子どもを診断し、心疾患があるか否かの診断を行います。診察した結果、子どもに心疾患がないということが判明すれば、ほっとするでしょう。われわれ子ども虐待専門小児科医も、子どもが虐待されているわけではないということが判明すれば、うれしく思います。すでに何度も述べましたように、われわれの仕事は子どもに下された診断の正確性を担保することにあります」

「先生は先ほどの検察による主尋問の際に、『頭を前後方向に揺さぶった』と言及しておりましたが、どうしてそのようなことが言えるのでしょうか？」

「乳児を模したダミー人形を揺さぶる実験で、頭部を回転の支点として頭部が大きく前後方向に動くことは明確に示されております。また自らの加害行為を自白した加害者の告白でも、『頭部を前後方向に動かした』というのは共通しております」

「ただ、ダミー人形というものは実際の子どもを完全に再現することができませんし、ダミー人形を揺さぶって得られた知見というのは、実際に子どもを揺さぶった場合とは異なる可能性があるのではないですか？」

「はい、それはその通りです」

「それに先生、揺さぶり行為を自白した人というのは、罪を軽くしたいという意識が働き、捜査側に迎合した供述をする可能性もあるのではないでしょうか？」

「異議あり！　弁護側の行っているのは反対尋問ではなく、議論になっております」とここで中山弁護士が異議を申し立てた。

「異議を認めます。証人はこの質問には答えないように」と長田裁判長は異議を認めた。

「では質問を変えます。硬膜下血腫につき証人にお聞きします。硬膜下血腫というものは、さまざまな原因で生じうる病態なのではないですか？」

「はい、硬膜下血腫をきたす病態はさまざまです。例えば高所からの転落、交通外傷などの事故によっても硬膜下血腫は生じえます。血液凝固能に異常がある場合にも、硬膜下血腫が生じることもあります。このような凝固障害は感染症に続発することもあります。弁護側のご指摘に関しては、『はい、その通りです』というのが医学的見解です」

望み通りの回答が得られ、明美は内心満足しつつ、さらに反対尋問を続けた。

「頭の中に出血した場合には、脳の中の圧力は高まってしまう。これはこの通りでしょうか？」

「静脈性の出血の場合には、動脈性の出血とは異なり、脳圧亢進はごく軽度にとどまります。動脈性の出血の場合には、心拍動とともに出血は勢いよく増えていくため、脳圧は高まっていきます。静脈性の出血はにじみ出るように出血するものであり、頭蓋内という閉鎖空間では逆に血管外組織からの圧力が、止血するように作用し、それほど脳圧は高まらないのが通例です。一般的に硬膜下血腫というものは、血腫そのものが脳にダメージを与えるものではなく、脳内に何事かの外力が加わったことを示すマーカーとしての意味合いが強いものです。つまり硬膜下血腫が確認されることで、医師は脳内に何かが起こったということを把握することになるのです」

「ではここからは、仮定の質問をしていこうと思います。もし仮に生後七カ月の乳児に、それまで誰も把握していなかった古い硬膜下血腫が潜在的に存在していた場合に、その乳児がひどいかんしゃくを起こして手足を大きくばたつかせたとして、そのことで古いかさぶたがはがれるようにして頭蓋内で再出血が起こり、脳浮腫が生じたり、網膜出血が生じたり、時には死亡したりする可能性はないのですか？」

「そのような事例は、医学文献でこれまでに一例も報告されてはいないと思います。古い慢性の硬膜下血腫内で再出血が起こること自体、頻度は高くはありません。もし仮に起こったとしても、非常にゆっくりとした浸み出すような出血となるはずです。そのようなゆっくりとした出血が、乳児にショックや死を引き起こしうるとはおよそ考えられません」

「先生の今の発言は、絶対に起こりえないという意味でしょうか、それとも起こる可能性はとても低いという意味でしょうか？」

「起こる可能性はとても低いという意味です。医学を含めた自然科学の分野では『一〇〇％ありえない』とまで言い切ることはできません」

「では竜輝ちゃんのケースに戻ってお聞きします。竜輝ちゃんは、潜在的に存在していた古い血腫からの再出血によって死亡した可能性というのはないのですか？」

「竜輝ちゃんにはこれまでに何らかの損傷をきたしえたエピソードは何もないですから、可能性はないと思います」

「しかし分娩の時に硬膜下血腫をきたし、それが陳旧化して存在していて、再出血をきたし重篤化した可能性はありませんか？」

「そのような事件を私は経験したことはありませんし、聞き及んだこともありません」

「このような事例の医学文献をご覧になったことはありますか？」

「小児科関連の医学雑誌でそのような文献を見かけたことは、これまで一度もありません」

「これらの文献を先生はご覧になったことはありますか？」と明美は四つの文献を高山医師に手渡した。彼女はすぐに目を通したが、うち一編のみしか見覚えはなかった。彼女が文献に目を通している途中で、明美はさらに尋問を投げかけた。

「これらの文献はすべて、古い硬膜下血腫が再出血しうることを表しています。一編は脳外科医によって書かれたもので、もう一編は放射線科医によって、別の二編は新生児期の硬膜下血腫について研究している研究者によって書かれたものです。これらの重要文献を先生はご存じない？」

「失礼。一編のみは読んでいますが、残りの文献は初めて見ました」

「ということは、あなたは陳旧性の硬膜下血腫からの再出血に関する、これらの査読付き論文をご存じないということですね？　先生は、医療を実践する際に、査読付き論文を参照はしないのでしょうか？」

「当然、参考にいたします。私がこれまで参考にしてきたさまざまな医学文献では、分娩時損傷として硬膜下血腫をきたした症例は、何らの症状を認めることもなく自然に吸収されると報告されています」と、高山医師は若干動揺したもののすぐに気持ちを立て直し、これまでの文献で得た知識について証言した上で、「これらの文献に目を通してもよろしいでしょうか？」と発言した。

明美は文献を改めて手渡し、高山医師が文献に目を通す間、数分間、法廷に沈黙が訪れた。

「これらの文献のうち二編は一九七〇年代中ごろに書かれた古いもので、かつ成人例のみで小児患者は含まれておらず、乳児については何も言及されていませんね。また残りの二つの文献は新生児の硬膜下血腫についての研究報告ですが、『これらの血腫が症候化することはない』と結論付けられているようです」と高山医師は口を開いた。

「でも先生、先生が評価の高い著明な医学雑誌に掲載されたこれらの論文を、今の今まで見たことがなかったというのは事実ですよね」

「はい、確かにそうですね」

ここで明美は次の質問にすぐに入らずに、陪審員が『この医者は主要な文献に目を通していないのではないか』という疑問を膨らませることを狙って、しばらく間を空けた。

「では次に頭蓋骨骨折についてお聞きします。この骨折が新しいものだということを、先生はどのようにして判断したのでしょうか？」

「骨折直上の頭皮下腫脹は、間違いなく新しいものであると判断されます。また解剖結果報告書でも骨折は新規に生じたものである、との記載がなされておりました。

「法医学者は頭蓋骨骨折の受傷時期推定のために、骨を切り出して顕微鏡標本を作ることがあるそうですが、この症例はそれが行われたのですか？」

「私は把握しておりません。法医学者に直接お聞きすべきことかと思います」

「はい、お聞きしてみようかと思います。それはそうとして、臨床の先生として竜輝ちゃんの頭蓋骨骨折は新しいものと断定できますか？」

「竜輝ちゃんのすべての所見を総合的に判断し、私はそうだと信じています。私が言えるのはそこまでです」

「研究者の中には、低酸素が脳浮腫や硬膜下血腫の原因になると考え、実際にそのような研究を行っている研究者もいるということを、先生は認識なさっていますか？」

「竜輝ちゃんのようなケースに生じた脳損傷のいくばくかは、低酸素や無酸素による脳ダメージが寄与しています。しかし脳損傷をきたすきっかけとなったのはあくまで外傷によるダメージであり、低酸素性の脳損傷はそれに続発して生じるものなのです」

「低酸素が硬膜下血腫の原因になりうるという研究報告はいくつか存在しています。お見せしたほうがよろしいですか？」

「それらの研究報告が出版された時に、すでに読んでいますので結構です。頭部外傷の子どもの診察を行っている医師のほとんどは、そのような仮説をまったく信用していません」

「でも信じている医師も一定数存在しているということですね」

「他の医師については、私は話をする立場にありません。私自身はまったくこの説は信用が置けないと考えていますが、この説を受け入れている医師もいることまでは否定しません」

「つまり、乳幼児揺さぶられ症候群というものは、医学的に多分に論争のある病態だということでよろしいですか？」

「医学というのはあらゆる病態で論争というものは存在しています。もちろん医学だけではなく、あらゆる学問分野もそうであると言えるでしょうが」

「先ほどの主尋問で、先生は竜輝ちゃんの背中には卵状のアザが形成されていたと証言なさいましたが、これは竜輝ちゃんがかんしゃくを起こした時に、バスタブの外で被告人が竜輝ちゃんを抱き上げた際に形成されたものの可能性がありますか？」

「単に抱き上げただけでは出来ない、と思います」

「救急隊員が口から気管チューブを入れる際や心臓マッサージを行った際についた可能性はないのですか？」

「そのような可能性は低いとはいえ、絶対にないとは言えません」

「では次に網膜出血についてお聞きしていきます。揺さぶり以外に網膜出血をきたしうる病態はあるのですか？」

「はい、あります」

「網膜出血の原因となりうる小児期疾患について、具体的に挙げていただいてよろしいでしょうか？」

「出血性疾患、感染症、時に事故による頭部外傷や分娩時損傷として起こることもあります」

「ということは、網膜出血をきたしうる病態というのはさまざまに存在するということですね」

「はい、でもそのような場合の網膜出血は……」

明美は高山医師の発言を遮り、「ありがとうございます。先生、弁護側からの質問は以上です」と反対尋問を切り上げた。

笹野検事が、再主尋問を行うために立ち上がった。

「高山先生、弁護側は先生が眼科医や脳外科医などではないことを明確化しましたが、あなたは正式に認定を受けた子ども虐待専門小児科医ですよね？」

「はい、その通りです」

「小児科専門医の資格、ならびに子ども虐待専門小児科医の資格は、どのようにしたら取得できるものであるのか教えていただけますか？」

「医学部を卒業した後、小児科としてのレジデント研修が最低三年間必要です。三年間の研修が終われば、小児科専門医試験の受験資格が得られます。小児科専門医の資格を取得し、さらにサブスペシャリストになるために、子ども虐待専門小児科医認定施設での三年間のフェローシップを経て、子ども虐待専門小児科医の専門医試験を受ける資格が得られます」

「子ども虐待専門小児科医の資格を得るためには、虐待事件に関する眼科領域・脳外科領域・整形外科領域・放射線科領域・法医学／病理学領域のトレーニングも必要とされるのでしょうか？」

「はい、それらすべてについて学ぶ必要があります」

「では、あなたの専門である子ども虐待専門小児科医というのは、児童虐待事件の診断と治療を専門とする唯一の医療専門家だということになるのでしょうか？」

「まったくその通りです。われわれは子ども虐待事件のあらゆる側面について学んだ唯一のスペシャリストです」

「竜輝ちゃんに生じていた頭蓋骨骨折は、古いものであるという可能性は本当にあるのでしょうか？」

「その可能性は低いです。竜輝ちゃんに生じていた頭蓋骨骨折を生じさせるのは、重大なエネルギーが当該部位に加わる必要があります。このような骨折が誰にも把握されずに生じたということは、とても信じがたいですし、このような頭蓋骨骨折をきたしながら、何らの症状も認めていなかったということも、信じることは困難です」

「先ほど弁護人の反対尋問で弁護人は、竜輝ちゃんがかんしゃくを起こした時に、古い硬膜下血腫から新しい出血が生じた可能性があると主張しておりましたが、そのような再出血の場合に症候性となる場合はあるのでしょうか？」

「陳旧性の硬膜下血腫が存在する場合に、少量の無症候性の出血を認めうることは事実です。しかし弁護人が主張するような臨床経過をたどることはあり得ません。反対尋問でもすでに述べましたが、このような再出血は染みだすような出血であり、竜輝ちゃんに生じたような急性のショック症状を惹起するような性質のものではありません」

「低酸素血症単独で、竜輝ちゃんに生じた症状を引き起こす可能性はあるのでしょうか？」

「そのような仮説は、この分野の医学文献やその他の研究報告では、まったく支持されていません」

「先ほど先生は網膜出血はさまざまな原因で生じうると弁護側の反対尋問で言及されましたが、そうであるならば竜輝ちゃんに生じた網膜出血の原因が、乳幼児揺さぶられ症候群であるとの判断はどうやって行っているのですか？」

「乳幼児揺さぶられ症候群のケースでの網膜出血は極めて特徴的で、その他のさまざまな原因で生じる網膜出血とはその性質を異にします」

「ありがとうございます。検察からの質問は以上です」と笹野検事は再主尋問を終わらせた。

「弁護側は追加のご質問はございますか？」と長田裁判長は明美に尋ねたが、「特にございません」と明美は返答した。


「これにて閉廷します。明日は朝九時より開廷いたします。陪審員は、陪審員同士以外には、他の誰ともこの事件について話し合いを行ってはなりませんし、本件についてのニュース報道をテレビで見たり、新聞やインターネットで読んでもいけないことを、改めて警告しておきます」と長田裁判長は述べ、退廷した。

明美は樽見夫妻が椅子からゆっくりと立ち上がるのを見た。互いに疲れた顔をして見つめ合いながら法廷を後にした。麗奈は振り向いて母の朱莉の姿を見て、安心したように笑顔となった。

「明美大先生、お疲れさん。俺も明日はお前のようにうまく対応をしないとな。短期間で乳幼児揺さぶられ症候群についてよく勉強したようだな」と巌は明美に話しかけてきた。

「この先はまだまだ長いわよ。でもまあ今日はそこそこうまくいったわね。麗奈ちゃんは今日の尋問を聞いてどういう風に感じたのかしら」と明美が返答したところ、

「直接、彼女に聞くとよい」と巌は返した。

明美がファイルを整理するために振り返った時、大学教授のようないでたちの六〇代ぐらいの男性が傍聴席にまだ

残っており、ｉＰａｄで熱心にメモを取っていた。

あの男性は誰なのかしら？　と明美はあらためて疑問に感じた。

22

明美は麗奈と話をするために、数分の間、彼女の近くで話しかけるタイミングを待った。麗奈は検察側証人への尋問が終わる一時間ほど前から、スカートの糸くずをむしったり、髪の毛の枝毛を探したり、足を頻繁に組み替えたりしていた。明美は敵性証人への尋問を終えて疲れてはいたものの、父親の助言に従って、麗奈に「今どんな気分なの？」と話しかけた。

「普通」と麗奈はぶっきらぼうに答えるのみで、案の定、自身の気持ちを伝える努力を放棄していた。

「もう私たちは帰ってしまうけど、その前に何か言いたいことはある？」と明美が尋ねたところ、

「私になんて言ってほしいわけ？　医者連中は全員、私が竜輝を殺したって思っているんでしょう？　あなたは少しだけあの連中をイラつかせはしたけど、私はもう吊し上げを食らった状態じゃないの！」と麗奈は興奮しながら話した。

「この裁判で何が起ころうと、誰もあなたをつるし上げようとしているわけじゃないわ」

「そう願いたいもんだわ。でもあの医者連中らが私がやったって言った後、誰が私のことを信じるっていうのよ。もう何にも意味ないわ。私が罪を認めればいいんでしょ。もう手遅れよ、は！」と麗奈は吐き捨てた。

「罪状認否で否認したことを覆すっていう意味？」と明美は尋ねたが、それについては即座に「違うわ！」と麗奈は答えた。ただしその後麗奈は囁くように話し始め、その後、声を荒げて「そうじゃなくて、私がブラックアウトしている時に、竜輝を傷つけてしまった可能性があるのか聞きたいの。記憶が飛んだみたいに。そういうことってありうる？」と明美に尋ねた。

「ブラックアウトですって？　あなたが知らないうちにやってしまったってこと？　精神科医から『解離』って言葉を聞いたことがあるわ。部屋の隅っこで天井から自分を見下ろしているような感覚で、自分がやっていることの感覚が

なくなるような状態らしいの。あなたが言っているのはそういうこと？」

「まあそんな感じ。あの男（淳司）が私に突っ込んでくる時にそんな感じになるの。意識がどっかに飛んで自分の体を抜け出して、嫌な気持ちを感じなくなるの。そんな風になる人って他にもいるのかな？」

明美は体を硬直させ、麗奈の顔をまじまじと認め、「突っ込んでくるですって。もしかしてあなた性的に虐待されてたの？　あなたの義理のお父さん？　そういうことなの？」と動揺しながら尋ねた。

「私が一五歳の時から、あいつはそれを私にしてたわ。それだけじゃなく、あいつには何度も殴られてきた」と麗奈は打ち明けた。明美は、麗奈のこの告白の意味することにつき理解しようとすると同時に、初めて淳司と会った時の嫌な感じを思い出していた。内側からあふれ出てくる嫌悪感は、彼の攻撃的な人格のせいであるとみなしていたが、そうではなかったのであろう。

「だからあなたは彼をひどく嫌っているのね」と言いながら、麗奈ちゃんがパパに言おうとしていたのはこのことだったのかしら、と考えていた。

「竜輝の世話をしていた時に私がブラックアウトを起こしちゃった可能性ってあるのかな？」と麗奈は再度尋ねてきた。

「ありえるとは思うけど、私にはわからないわ。私は心理学者ではないから。もしあなたが心理学者と話をしたい気持ちがあるなら、私のほうで手配をすることはできるわ」と明美は返答した。明美は友人の心理学者である服部裕子のことを頭に浮かべていた。彼女ならこの件について適切な助言をくれるものと考えていた。服部は司法心理学者もしており、これまでにも数多くの法廷証言を行ってきていて、このような状態の際に裁判所がどのような対応をするのかについて精通していると思われた。

彼女の性虐待被害の既往というのは、竜輝を傷つけたということをかたくなに否定することを説明しうるものなのかしら？　彼女は実際に解離をきたしていたのかしら？　またこのことは新たな弁護戦略になりうるかしら？　などと明美はさまざまに思いを巡らせていた。

麗奈の返事は、「は？　心理屋ですって？　そんなもん私には要らないわ。あいつらは変わりものだらけじゃない。ごめんだわ」というものであった。

ああもう！　私が彼女をいくら救おうって努力しても、彼女がそれをさせてくれないじゃない。とりあえず今は引き下がって、裕子と話をしてこの話を掘り下げる価値があるのかを検討すべきだわ。

明美は麗奈に話しかけようと口を開けたもののすぐに口を真一文字に閉じ、彼女をじっと見つめた。そしてゆっくりと「わかったわ。じゃあ明日また会いましょう。今夜、よく眠れるといいんだけど」と話しかけた。

「よく眠れるわけないじゃない」と麗奈は言いながら背を向け、拘置所の担当職員と房舎に戻っていった。

明美はホールで父親と合流すると、急いで記者の待つ部屋のドアを開けた。早速テレビ記者の一人が明美の顔にマイクを突きつけながら「今日の初日の裁判、いかがでしたか？」と尋ねてきた。

「おおむねうまくいったと思います。検察が被告人が本当に竜輝ちゃんの死に責任を持っているのか、明確に証明することができた状態とはとても言えません。われわれは、検察が合理的な疑いを超えて、そのことを証明できるとは到底思っていません」

ここで巌が一歩前に出て、「ご存知の通り、いわゆる揺さぶられっ子症候群と呼ばれる病態には、多くの論争が存在しています。多くの医者はいわゆる三徴候と呼ばれる、硬膜下出血、網膜出血、脳損傷が存在するだけで、安易にこの症候群であるとの診断を行っています。ただ、今やこの医学診断は質の高い医学研究によっては支持されていないジャンク・サイエンスだと考える医師は、年々増加しています。われわれはこのことを知っていただき、乳幼児揺さぶられ症候群というものが、誤った診断名であるということを証明するために、この裁判に臨んでいます。竜輝ちゃんに認められた症状をきたしうる病態は、医学的に膨大にのぼることが知られています。検察側が今日話されたこと以上に確実な証拠を提示することができない場合には、被告人は釈放され、この恐ろしい体験から生還し、まったく普通の若者の一人として元の平穏な生活を取り戻すことになるでしょう。被告人をよく見てください。どこにでもいる普通のティーンエイジャーです。こんなに小さな体格の、穏やかな性格な子が、どうしてそのようなことができるでしょうか？　これまでにも何一つトラブルなど起こしたこともありません。今、彼女は突然に、乳児殺人犯という根拠のない告発に直面し、勾留された状態が続いています。私たちは、正義が適切に行使され、彼女が正常な人生に戻ることができるように保証してあげたいと願っております」と続けた。

取り囲んだ記者の群れの後方から別の記者が「つまりこの乳児の死亡を引き起こした損傷は、揺さぶることでは生じえないということでしょうか？」と質問した。

「そうです。それこそがまさにわれわれが言わんとしていることなのです。今後法廷に出廷予定の高名な専門家たちが、哀れにも殺害されたとされているこの乳児に生じていた所見は、揺さぶり行為によっては決して生じえないこと、そしてそのような所見はその他のさまざまな原因によっても生じうることを、明快に証言してくれる予定です。数日後の証言をお待ちください。われわれが言わんとしていることは、そこで明らかになるでしょう」と金子巌は返答した。

「出廷予定の専門家の名前を教えていただいてもよろしいでしょうか？」と別の記者が尋ねた。

「あと二、三日でわかることですから」と巌は回答した。その後「ではこのぐらいでよろしいでしょうか。われわれも疲れ切っておりますので、明日以降に備えたいと思います」と巌は続け、明美とともに足早に法廷の階段を下っていった。報道陣は質問を浴びせ続けたが、二人は振り向くことなく駐車場に続くエレベーターまでたどり着き、エレベーターに飛び乗った。

エレベーターのドアが閉じたところで、明美は「まるでハイエナみたいね」とつぶやいた。それを聞いた巌は、「明美、覚えておきなさい。連中はうまく使えば、われわれにとって大きな助けになる存在だ。彼らを友人だと思って接しなさい。そうすれば彼らは耳に入れたわれわれの言葉を、プリンターのように打ち出してくれるようになるぞ。彼らはSBSについて何も知らないのだから、説得するのは簡単だ。彼らがSBSに関しての情報をインターネットから得ようとするのなら、それこそ、この病態にはさまざまな論争があると思ってくれるようになるだろう。弁護側で証言する専門家の話や、冤罪被害を受けたと主張する人々の話は、インターネット上では主流派の医師の発言と五〇対五〇で二分されているかのように扱われているからな。だからマスコミにはしっかりと対応することが重要なんだ」と巌は皮肉めいた言い方で、明美を説得した。そして疲れてはいたが、巌は決心したかのように前を見つめ、「明日以降の話だが、明日でお前は検察側証人の病院の医者と監察医の尋問を終わらすことができるだろう。明後日に二人、弁護側証人の専門家に来てもらうように手配するぞ」と明美に話した。

「わかったわ、パパ」と明美は返事をした。

明美は、法廷を出る直前に麗奈と交わした会話を思い出しながら、iPhoneの連絡先リストの中に服部裕子の番号を見つけ、電話をかけた。タイミングよく、その電話は2コールで簡単につながった。

「金子明美よ。留守電になると思ってたから、すぐに出てくれてびっくりしたわ」

「あなたからの電話だとわかったからすぐに出たわ。最近どうなの？　注目を集めている裁判が始まったみたいじゃない。電話してきたのは、その事件のこと？」と裕子は返事をした。

「ああそういうことよ。その裁判の被告人の女の子が私に話したことで興味を引いたことがあるんだけど、いつなら話してもいい？」と明美が言うと、裕子は、

「今でもいいわよ。もう仕事は終わってみんな帰ったけれど、通勤ラッシュの時間を避けて書類仕事をしようと思ってたところだから」と答えた。

「で、どうしたの？」と裕子が尋ねたところ、「実は……」と明美は、この事件の概要を竜輝の解剖所見も含め説明した。その上で、「大久保麗奈は今一八歳なんだけれど、一五歳の時から義理の父親に性虐待と身体的虐待を繰り返し受けていたことを、ふとしたきっかけから今日私に告白してきたの。彼女は被害を受けている間、それに対処するために、自分の体から抜け出していたって言っていたわ。素人考えで申し訳ないんだけど、解離って言葉を聞いたことがあって、もしかしてそういう状態じゃないかと思ったの。これを聞いてどう思う？」と尋ねた。

「うーん、解離っていうのは大きく急性の解離症状と慢性の解離症状があるの。急性の解離症状は、性虐待や身体虐

待も含めたトラウマを受けた最中に起こってくるものよ。慢性の解離っていうのは、虐待被害とかのつらい体験を慢性反復性に受けている場合に起こってくるものよ。これは解離性同一性障害って言われるものよ。電話だけじゃ何とも言えないけど、その子は解離性同一性障害の印象を持つわね」

「それで、これって弁護戦略に使えるかしら？『彼女は何も覚えてないし、それが彼女が行為を否認する理由になっている』って」

「でもそれだと彼女が赤ちゃんを殺したことには変わりないんじゃないの？　自分がやったことを覚えていないからって、無実であると言うことにはならないわよ。解離は、彼女が何もやってないって主張し、それを本当に信じていることの説明にはなるかもしれないけど、それ自体で彼女が無罪であるとの弁護戦略に使えるわけではないわ」と裕子は説明した。「もちろん、私は彼女が竜輝ちゃんを殺してしまったかどうかはわからないわ。その判断をするのは裁判所の仕事だから。まあでも、解離があったっていうことは、弁護戦略上あまり役には立たないってことね。いい戦略になるかと思ったから残念だわ」と明美はため息をついた。

「心理学者に証言を頼んで法廷に出廷してもらったとしても、反対尋問には耐えきれないかと思うわ。もちろん協力してくれる心理学者がいないわけじゃないと思うけども、少なくとも私は気が乗らないわね」と裕子は追加で話した。

「裕子、本当に助かったわ。いろいろと教えてくれてありがとうね。無駄な時間を使わなくて済んだわ。危うく恥をかくところだったかもしれない。今度、どこかで食事でもおごるわ。この忌々しい裁判が終わったらまた連絡するから、ぜひ行きましょうね。個人的に良いこともあったから報告もしたいし」

「何々、何があったの！　裁判が終わるまで待てないわ。今話せないこと？」

「実は新しい彼氏ができたの。将来的に、うまくいけば結婚するかもしれないなと考えてるわ」

「よかったじゃない！　ゆっくり話ができるようになり次第、また連絡してよ。その時には詳しくお話聞かせてよね」

「わかったわ。じゃあまたね」と言い、明美は電話を切った。

明美はエレベーターをのぼって父親の事務所に向かい、父親と合流し明日の裁判での証人尋問に備えて再び仕事に没頭した。ある程度時間がたってから、明美は父親に今日の裁判後の出来事につき話しかけた。

「パパ、実は今日裁判が終わった後に麗奈ちゃんがね、どう思ってなんだかわからないけど、義父の淳司から身体的虐待と性虐待の被害を受け続けていたって告白してきたわ」

巌に一通りの話をした後に、明美は、解離の問題を法廷で取り扱うことが、弁護戦略上有用になりうるかどうか、彼の考えを尋ねた。

「俺はこれまで刑事事件の弁護人をした時に、心理的要因について深く突っ込んだ経験はないな。そのような弁護戦略が奏功することは、めったにないんだ。心理的要因の行動への影響は、法廷が何らかの判断をする上であまりに漠然としていて、心理屋を雇って法廷で戦おうとしても、ちんぷんかんぷんな話をされて、ばかを見るだけだろう。その手の理屈を持ち出して、時間を浪費するべきではないと思うぞ。それに、もう俺たちはＳＢＳなんて症候群は存在しないっていう弁護戦略で動き出しているじゃないか。もし被告人の行動を説明するために『解離』を弁護戦略に利用するとしたら、彼女が行為をしたこと自体は認めたことになるだろ。弁護戦略を変えるにはもう手遅れの段階だ」と巌は話した。

23

明美と巌は、日が変わるころまで仕事を続けた。二人はすでにベテランの域に達しているにもかかわらず、このような仕事のやり方を当たり前のように続けてきた。特に巌は開廷期間中は、睡眠リズムを崩さない程度に事務所のソファーベッドで仮眠をとるだけ、という日々をしばしば続けてきた。事務所にはシャワーを設置し、出廷の際の衣服を入れるクローゼットも用意していて、徹夜作業がいつでもできるようにしていた。夕食にメキシコ料理のケサディージャを食べた後、明美の胃は翌朝までもたれていたものの、彼女は朝食代わりにコーヒーショップでラテとスコーンを購入した。

「これより開廷いたします」と廷吏が宣言し、長田判事が裁判長席に座り、いつもの所作を終え、陪審員たちも割り当てられた自分たちの席に着席した。

麗奈は、いつも座っている後方の傍聴席に母親の朱莉がいるのを見つけた。互いに目が合い、朱莉が微笑みかけたことで、麗奈は緊張がほぐれた。中山検事は、樽見夫妻の顔が沈んでいることに気付いた。二人は竜輝に生じた恐ろしい損傷の詳細を聞き、打ちのめされていた。笹野検事は髭をきれいに剃り、生気に満ち、準備は万端のようであった。

「検察は小笠原利彦医師を証人として呼んでおります」と検察側が話すと、小笠原医師は傍聴席後方から出てきて、証言台の前に立った。平均的な身長の細身で肩幅が広く、顔は小さく、ぱっちりとした瞳と目立つ耳をしたこの医師は、女性がうらやむほどのきれいな肌と、澄んだバリトンボイスをしており、そのため彼の発言は聞き取りやすく、話の信憑性を上げることに繋がっていた。

宣誓が行われ、宣誓書が引き渡されてすぐ、笹野検事は主尋問を開始した。

「小笠原先生、あなたはあなたの勤務する小児病院で一〇月一六日に樽見竜輝ちゃんを診察する機会がありましたか?」

「はい、ございました」

「あなたが竜輝ちゃんの診察を行った経緯についてお話してください」

「神田医師より、眼底に損傷所見がある疑いがあるので診察をしてほしい、との依頼がありました。間接検眼鏡を用いて、眼底診察を行い、写真の撮影も行いました」

「診察した際に、どのような所見がありましたか?」

「両側に多発多層性の網膜出血が確認されました。フリップチャートに、診察した際の所見を書き入れながら説明してもよろしいでしょうか?」

長田裁判長は明美のほうを向き、「何か異議はありますか?」と尋ねたが、明美は「特にございません」と返答した。

小笠原医師は、フリップチャートの脇にさらに大きな円を描きながら、「この円は眼球を矢状方向（注：左右に体の部分を分けるように垂直方向に切った断面）に切った場合の模式図で、こちら側が眼の前方を表しており、ここに瞳孔があります。網膜はこの近傍にまで達しており、この網膜の最外側は鋸状縁と呼称されています」と話した後、円の反対側を指さし「こちらは目の後方を表しており、この近傍を後極と呼称します。後極は眼窩の最深部に位置し、視神経はここから伸びて脳に達しています」と説明した後、網膜出血についての言及に移り、

「本児の両眼の網膜には複数の層に、計二五〜三〇か所程度の出血が確認されました。それらは網膜の後部極から鋸状縁までの、広範な領域に分布しておりました。これらの所見は眼底カメラで撮影し、記録にも残っております。網膜ひだと呼ばれる所見や、網膜分離と呼ばれる所見も残されております」と説明した。速記官がここで証言を止め、網膜分離症や鋸状縁の表記についての確認を行った。その際に何人かの陪審員はそれを書き留めていた。

「裁判長、ここで小笠原医師が説明をするために、眼底の写真をプロジェクターに映してもよろしいでしょうか？」と笹野検事は長田判事に尋ねた。

「異議あり。このような写真は陪審員への刺激証拠です」と明美は異議を申し立てた。

長田裁判長は異議の正当性につき検討し、

「異議を却下します。これらは陪審員も確認すべき証拠です。これらの眼底の写真はとりわけ刺激になるとは考えられません」と異議を却下した。

小笠原医師の撮影した網膜の写真では、網膜の大部分を覆うように赤い新鮮な出血が見て取れ、それらが無数に存在し、広範囲に広がっていることが明瞭に確認できた。彼はその中のいくつかの所見を指し示しながら、その所見の意味するところ（網膜の層間の小血管から血液が漏出したものである、など）を丁寧に説明した。

「これらの所見からどのようなことを言うことができますでしょうか？」

「出血数も多く、複数の層から出血しており、かつ網膜ひだも確認できます。これらの所見から総合的に判断するに、受傷時に加速度減速度運動が働き、網膜に剪断性の外力が加わったものと推察されます」

「竜輝ちゃんの網膜出血を引き起こした原因について、何か見解をお持ちですか？」

「はい、ございます」

「その見解はどのようなものですか？」

「これらの所見は揺さぶられた際に認められる典型的な所見であり、竜輝ちゃんは九九％以上の確率で揺さぶられたものと判断されます。竜輝ちゃんの場合には、骨折の存在も考えると揺さぶられた後にどこかにぶつけられた可能性が高いと思われます」


笹野検事からはこれ以上質問はない旨が示され、明美による反対尋問が開始された。

「小笠原先生、網膜出血というのはさまざまな病態により生じうる、これはその通りでしょうか？」と明美は尋ねた。

「はい」と小笠原医師は答え、明美に止められる前に「ただし、すべての網膜出血は同じというわけではありません」と続けた。

明美は「申し訳ありません、先生。お聞きした質問にのみお答えいただけますか？」と釘を刺した。

「子どもの頭にテレビが落ちたことによる頭部外傷で、このような多発多層性の網膜出血や網膜ひだが生じた、という論文を先生はご存知ですか？」

「はい、読んだことがあります」

「ということは、揺さぶられる以外にもこのようなことは起きるということではないのですか？」

「そのような症例報告は極めてまれであり、臨床現場で経験しうる事例とはかけ離れていると言うことができます。より重要なことに、これらの症例報告では、子どもの頭の上にテレビが激突したという、はっきりとした病歴が存在しているのです。竜輝ちゃんの症例とはまったくかけ離れています」

「これらの網膜出血は、頭蓋内圧が亢進した場合に生じうる可能性はありますか？」

「頭蓋内圧亢進により網膜出血が引き起こされるという考えは、もはや古い理論です。実際、高所からの転落・交通事故など虐待以外にもさまざまな理由で、重度の頭部外傷を負った子どもは毎週のように訪れて、頭蓋内圧を測定するモニターが頭蓋骨を通して設置され、頭蓋内圧亢進を示す事例もまれではありませんが、網膜出血をきたしたとの事例は皆無です。もし頭蓋内圧亢進のみで網膜出血が生じるとしたら、それらの事例にも網膜出血が認められるはずです。しかし実際にはこれらの症例では、見られたとしても後極に数か所の出血が認められるにすぎません。つまり頭蓋内圧亢進により多発多層性の網膜出血を認めうるとの理論は破綻しており、単純に言って実際にそのような症例は、これまでに報告されていません」

明美は自身が法学の勉強をし始めた当時に教授から言われた、証人尋問の大原則は自分自身が答えを知らない質問をしないというものである、という言葉を思い出していた。彼女は小笠原医師が煮え切らない返答をすることを期待していたが、そのような答えは引き出せなかった。これ以上続けても、失点を重ねるだけになりうると判断し、「質問は以上です」と反対尋問を切り上げることにした。

「検察側からは追加の質問はありますか?」と長田判事が尋ねたところ、検察からはその希望が出され、再主尋問が始まった。

「小笠原先生、あなたが網膜出血について詳しく語ろうとした際に、弁護人から質問した内容についてのみ答えるように、止められてしまいました。その他の原因によって生じうる網膜出血の詳細について、現時点で述べたいことはございますか?」

「はい、ありがとうございます。網膜出血にはさまざまな種類のものがあり、小さな斑状出血は出生直後の新生児のおよそ半数に認めうるものです。そのような出血は自然に消退し、医学的に問題になるようなことはありません。時に高齢者に、散在する小出血を認めることもあります。このような出血も、臨床上、何の問題も引き起こすことはありません。その他にも感染症や凝固異常症などの内因性疾患によっても、顕性の網膜出血をきたすことはありえます。しかしそのような場合、明らかな病歴が存在しています。竜輝ちゃんにみられたような網膜出血は、むち打ちのような極めて甚大な加速度減速度運動が加わった重症の交通事故の被害児であれば、しばしば認めうるものです。しかしそのような場合には、破損した車から被害児を引っ張り出す、などから対応は始まり、病歴は明らかです。しかし竜輝ちゃんにはそのような病歴や、それらを疑わせるその他の損傷所見は何も認められず、原因は一つしかありません。つまり強い加速度減速度運動が加わった、言い換えるならば頭が前後方向に強く揺さぶられたと判断されます」

明美は父親のほうを見た。彼は頭をわずかに振ってはいたが、このことはこの証言に反論する必要はないということを示唆していた。彼は明美に、今後出廷予定の弁護側証人が相反する証言をしっかりと行う予定であり、今ここでこの点について争ってしまうと、重度の網膜出血は揺さぶりのみでしか起こらないとの確信を抱かせてしまいうるので、さっさと尋問を終わらせたほうがいいと耳打ちをした。

弁護人側から質問がないとの意向を受け、笹野検事は「質問は以上です」と再主尋問を終わらせ、小笠原医師の証言は終わりとなった。

「検察は原口諒太医師を証人として呼んでおります」

傍聴席の後ろから原口医師が立ち上がり、証言台の前に移動した。彼の体格は立派で、椅子にぎりぎり収まるような状態であった。原口医師は、横河市の医師の間では広く知られた人物で、最も難易度の高い脳外科手術をこなす高度の技術を持ち、尊敬を集めていた。小児病院の外傷チームのトップを務めており、実際に竜輝の脳外科手術を行った人物である。国立子ども病院でトレーニングを受けた彼は、その後横河市に移り、病院や医学部で脳神経外科の部長職に就いていた。主尋問の冒頭で、彼は主な経歴を説明し、彼が実際に竜輝の治療にあたった旨を証言した。

「では先生、手術中にあなたが確認した所見についてお話していただいてよろしいでしょうか?」

「頭蓋骨の下部の硬膜を露出させた際に、内側からの圧力によって硬膜下は膨張していました。硬膜に切開を加えた際には、血液と淡赤色の液体が六〇㎝ぐらい噴き出してきました。切開を広げるにつれ、下にある脳は、パンを作る時に生地が浮き上がってくるかのように、切開部から浮き上がってきました。このことは脳圧が極めて亢進していたことを意味し、この時点でこのお子さんの命を救うことは極めて難しいのだろうなということを実感しました。脳が圧力によりこれ以上のダメージを受けないように、頭蓋骨を切りとった部分をそのままにして、頭部を閉鎖しました。これ以上のことをこの子には何もしてあげることはできないと判断いたしました。その後、私たちは竜輝ちゃんを術後回復室に連れて行き、脳の腫れを低減するための各種の内科的治療を開始しました」

二人のかわいい赤ちゃんである竜輝が受けざるをえなかった手術の恐ろしいイメージが視覚化され、傍聴席にいた樽見夫妻は、証言を聞きながら再び動揺を隠せずにいた。寿子は頭を崇の肩に寄せ、二人は手を強く握り合っていた。

「このような脳損傷が引き起こされた原因に関して、あなたは何かご意見がおありですか?」

「はい、ございます」

「どのようなご意見でしょうか?」

「被害児の呈した徴候や症状、臨床所見や画像所見や術中所見を総合的に判断して、典型的な乳幼児揺さぶられ衝突症候群であると判断されます」

「検察からの質問は以上です」

明美が反対尋問のために立ち上がった。

「原口先生、あなたは術中に血液だけではなく、淡赤色の液体も噴き出してきたとおっしゃいました。それはなにを表しているのでしょうか?」

「頭蓋内に貯留した血液の一成分である血清と思われます」

「出血が起こった場合、時間が経っていなければ、いわゆる血液として均質な状態で確認されるのではないですか?」

「原則としてはそうです」

「血液が液体成分である血清と、細胞成分とに分離した場合には、色調は不均質になる。そのような状態の場合には、新鮮な血液とは判断できないのではないですか?」

「はい、それも一般的にはその通りです」

「では竜輝ちゃんの頭から血液と淡赤色の液体が噴き出してきたということは、それらは出血をきたしてから程ないものではなく、液体成分と細胞成分が分離するのに必要な、少なくとも二〜三時間以上前に出血したものであるという理解でよろしいでしょうか」

「この事件で血清成分と細胞成分が分離したことに、頭蓋内圧の著明な亢進が寄与している可能性はあると考えています。このような状態にある急性硬膜下血腫を、われわれは超急性期の硬膜下血腫と呼んでいます」

「であるならば証人は、この出血は超急性期の出血であると断言はできますか？」

「このような分離をきたす背景にあるのが頭蓋内圧亢進であるのかは断言できませんが、超急性期の出血であるという風に理解しています」

「今あなたの言ったことを陪審員の皆様が理解できたかどうか確認するために聞きますが、あなたは竜輝ちゃんの頭蓋内に認めた血液成分が新鮮血であるとは断言まではできないということですね」

「異議あり。弁護人の今の質問は、すでに証人は回答しております」と笹野検事は異議を唱えた。

「異議を認めます。弁護人は質問を変えて、尋問を続けてください」と、長田裁判長はその異議を認めた。

「ではそれ以上の質問は結構です。弁護人の質問を終わります」と明美は言い、陪審員がこの点につき疑問を抱き、陪審員間の争点になることを期待し、反対尋問を終わりにした。実際陪審員の中にはメモを取っている者も存在していた。


「検察は宮川寛医師を証人として呼んでおります」

宮川医師は背が高く細身で、完全に灰色がかった髭とほぼ完全に白髪化した髪は繋がり一体化しており、仙人と言われても通用するような容姿をしていた。慢性的な背部痛のために、彼は証言の際に起立したままの状態で行うことを希望した。彼は話す時にわずかに揺れるが、深く響く声をしており、あたかもシナイ山から降りてきたモーゼが石板に刻まれた十戒を読み上げているかのようで、法廷内のすべての目線が彼に注がれた。

「宮川先生、あなたは樽見竜輝ちゃんが入院した際に、撮影された画像の読影を行いましたか？」

「はい、行いました」

「どのような所見が確認されたか、お話していただけますか？」

「頭部ＣＴの水平断面では、右大脳の広範囲に広がる硬膜下血腫を認め、びまん性（注：全体的に広がる）の脳浮腫を伴っており、頭皮下には出血を認め、その直下に七・五㎝ほどの線状の頭蓋骨骨折が確認されました」

彼の証言は、画像診断報告書を読み上げているかのようであった。

「これらの損傷がどのように発生したかについて、何か意見をお持ちですか？」

「はい、ございます」

「そのご意見につき、お聞かせ願えますか？」

「これらの損傷は、成人がこの乳児の頭を揺さぶったのちに、硬い表面に激突させたことでできた可能性が極めて高いと判断されます」

「検察からの質問は以上です」と笹野検事は主尋問を終わりにした。

「それでは弁護人は尋問を始めてください」と長田裁判長が話し、明美による反対尋問が始まった。

「宮川先生、頭蓋骨骨折をきたした時期について、画像所見からどのようなことが言えるのか、お話していただけますか？」

「頭蓋骨骨折は四肢の骨折と異なり、仮骨形成を伴わないために、受傷時期の推定を行うことは困難です。ですから、頭蓋骨骨折の骨折時期については断言はできませんが、直上の頭皮下血腫は受傷後程ないものと判断されます。両者の損傷は一般的に言って同時に起こったと考えるのが自然かと思います」

「ありがとうございます。ただ先生は今、脛骨骨折については言及なさいませんでした。なぜ言及しなかったのか教えていただけますか？」

「全身骨撮影の直後には脛骨骨折の可能性が高いと判断した所見を認めましたが、詳細に検討した結果、この所見はアーチファクトと呼ばれる正常変異所見、つまり病的ではない所見であると最終的に判断したためです」

「でもあなたは当初、骨折であると考えた。どうしてその考えを改めたのですか?」

撮影されたレントゲン写真を拡大し、高輝度のモニターの下で確認したところ、骨折ではないと確定診断するに至ったということです」

「でも当初は、骨折と先生は考えた。もう少しこの経緯についてお聞かせ願えますか?」

「ですから、骨折を疑った箇所を拡大して確認したところ、放射線透過性が荒くみえる状態であるだけで、骨折ではないことが明らかになったという経過です」

「まだ私には、なぜあなたが当初骨折と判断したのにその判断を変えたことの理由がはっきりわかりません」

「でもこれ以上の説明は、私にはできません」

「あなたは解釈を途中で変えたということなのではないですか?」と明美はさらにしつこくこの点に関して尋問を繰り返したが、ここで「異議あり。弁護人は同様の質問を繰り返していますが、すでに証人はそれに対して何度も回答を行っています。弁護人は証人の説明を理解しようとしていないだけです」と笹野検事は異議を唱えた。

「異議を認めます。弁護人は質問を変え、尋問を続けてください」と長田裁判長は異議を認めた。

「これ以上の質問はございません。ではこれで弁護側の質問を終わります」と明美は反対尋問を終わらせた。

長田裁判長は、陪審員たちの集中力が切れ、そわそわしている者やひそひそ話をしている者が出ていることに気付いた。時計を見たところ、昼食休憩すべき時間となっていた。

24

昼食休憩後、すぐに検察側証人の主尋問が開始された。

「検察は、藤岡玄医師を証人として呼んでおります」と笹野検事が話すと、物腰の柔らかそうな、若々しい見た目の藤岡医師は、ゆっくりと歩きだし証言台に登った。彼はくすんだ瞳で、顔色は青白く目の下のクマが目立ち、頭頂部は薄くなっていて、アンニュイな雰囲気を醸し出していた。着るものにも無頓着で、着ている黒いスーツはしわくちゃで体に合っておらず、監察医のステレオタイプのイメージに実に合致していた。

「お名前を速記官にもわかるように、おっしゃってください」

「藤岡玄です。くさかんむりの藤に岡山県の岡、げんは玄関の玄です」

「あなたはどこで仕事をしていますか?」

「横河市の監察医事務所で仕事をしております」

ここで速記官が、藤岡医師にもう少し大きな声で話すように、お願いをした。彼の声は非常に低く、時に単語が聞き難い状態であった。

笹野検事は端的に職歴の確認を行った後、「一〇月一八日にあなたは、樽見竜輝ちゃんのご遺体の解剖を行いましたね?その結果はどのようなものでしたか?」と尋問の本題に入っていった。

藤岡医師は「まず遺体の皮膚をY字に切開しまして」と剖検のお決まりの手順をはじめから言及しようとしたため、笹野検事は「確認された所見を端的に述べていただいてもよろしいでしょうか?」と途中で軌道修正を図った。

「あーはい、そういうことですね」と藤岡医師は話し、自身の作成した解剖結果報告書を読み上げた。「栄養状態良好の七カ月男児。体重七・七kg、身長六六cm、頭囲四五・七cmと、この月齢の男児の平均的な体格をしておりました」

中山検事は愛するわが子がこのような無感情な朗読の形で語られることにつらい思いをしていないか心配し、肩越しに樽見夫妻を見た。寿子の目には涙があふれていて、崇は口を固く結んでいた。このような裁判の過程の冷徹さは、樽見夫妻が感情を無理やりに抑制することを強いるものであった。

藤岡医師はだらだらと報告書の大部分を読み上げたが、本質的にその内容は臨床医の証言した内容を追認するような内容であった。

「頭の中にはどのような所見が確認されましたか？」

「小児病院の医師たちが指摘した所見と同様に、肉眼的には右前頭部の硬膜下血腫がみられ、病理組織学的には外傷性・低酸素性の脳損傷所見が確認されました」

「眼の中にはどのような所見が確認されたか説明していただけますか？」

「眼の中ですか？　はいわかりました」

藤岡医師は報告書を数枚めくり、ふたたび一本調子で報告書に記載した内容を読み上げたが、その内容もやはり臨床医の所見をなぞらえる内容であった。

「他に追加で発言すべき所見はございましたか？」

「あー特にございません」


「それでは弁護人側の尋問を開始いたします。弁護人どうぞ」と裁判長は反対尋問に移ることを促したが、その語気は強く、藤岡医師の退屈で一本調子なやり取りに、苛立ちを覚えているように見えた。

「藤岡先生、頭蓋骨骨折に関してご質問いたします。先生は骨折の断端を顕微鏡で観察し、その骨折が新しいものであったのか、古いものであったのかを確認いたしましたか？」

「いいえ、いたしませんでした」

「なぜ、そのような確認をしなかったのでしょうか？」

「肉眼的に新鮮骨に見えたため、その必要性を感じませんでした」

「保存している頭蓋骨検体を用いて、追加で検査をしていただくことは可能でしょうか？」と明美が質問をすると、藤岡医師は目をそらし、しばらく返答に窮した後に、

「おそらく頭蓋骨は保存していなかったように思います。はっきりと覚えてはいませんが、確か剖検の際に頭蓋骨は廃棄バケツに投げ入れたように記憶しています。そうです、頭蓋骨組織は保存しておりません」

樽見夫妻はその言葉を聞き、互いに手を握り締めた。

明美は手を伸ばし、掌を上にして、

「新鮮な骨折か古い骨折かを明確にするために、病理組織学的検査を行う必要があるとは考えなかったのですか？」

と尋ねた。

「新鮮な骨折だと思ったので、組織を保存する必要はないと思いました。このような判断は、解剖の現場ではしばしば行うものです。解剖をする際に、特に脳浮腫がありすでに頭蓋骨が脳外科手術で部分的に外されている場合、腫れた脳を取り出す際に非常に取り出しにくいために、頭蓋骨部分を廃棄物バケツに投げ込むというのは仕方のないことだということを理解していただきたいと思います」と藤岡医師は答えた。

この返答を聞き、樽見夫妻の忍耐力は限界に達した。寿子はすすり泣き、崇は周囲に聞こえるほどの唸り声をあげた。この世間離れした医師が、一般人の感情が自身の言葉で刺激されてしまうかもしれないということにまったく無頓着なまま事細かに解剖時の様子を説明したことで、陪審員の間にも動揺が広がった。中山検事が樽見夫妻を慰めようと傍聴席を振り向いた時、二人はすでに法廷外に出てしまっていた。

明美は顔面を紅潮させていた。

この男は、人の死に向き合う資格はないのではないか？

「それでは、あなたは竜輝ちゃんにみられた頭蓋骨骨折が新鮮な骨折であったことの証明を、あなたの言葉だけで行うつもりなのですか？」

「はい、そうです」

「でもあなたはそれが新鮮な骨折であったことを知る由はなかったわけですよね？」

「でも私は、それが新鮮な骨折だったと確信しています。私が言えることはそれだけです」

明美は、藤岡医師の信頼性をさらに損ねるために追加の尋問を行うことも考えたが、頭蓋骨骨折が生じた時期推定に関してすでに十分に陪審員に疑念を抱かせることはできたと判断し、

「もはやこの証人に質問することはありません。以上です」と質問を終わらせた。

笹野検事は再主尋問によって、藤岡医師の信頼性を回復しようとも考えたものの、もはや彼とやり取りを続ける様子を陪審員がみてしまうことは、傷口をさらに広げるだけだと判断し、

「検察からも特に追加の質問はありません」と尋問を終わらせることとした。

藤岡医師は証言台から降りるや否や、法廷から逃げるように速足で帰ってしまった。


長田裁判長は明美と金子巌のほうを向き、「弁護側の証人の準備は整っていますか?」と発言した。

明美は「証人はまだ到着していません。弁護側の証人尋問は、明日に行っていただくことを希望いたします」と返答した。

「検察側証人の尋問を受け陪審員には動揺が走っているようですし、確かに明日にするほうが良いでしょう。陪審員は退廷して構いません。では弁護側証人の証人尋問は明日の午前九時より行うことといたします」と長田裁判長は決定し、退廷した。彼の小槌を叩く力はいつもより強く、弁護人と同じように怒りを感じているようであった。

明美が傍聴席を見渡すと、いつもいる「教授風の男」がやはり座り、メモを取っていた。

一体全体あの男は何者なのであろうか、何をメモしているのだろう?


明美と巌はホールに移動した。この裁判はマスコミに注目されており、報道機関の記者たちが群れを成して待っていた。記者たちはいっせいに「もし頭蓋骨骨折が古いものであったとしたら､それは何を意味しているとお考えですか?」との質問を口にした。

「私たちは依頼人である大久保麗奈さんの無罪を信じております。私たちは当初から被告人が犯行を行ったとは考えられないと主張してきました。もし被害者の頭蓋骨骨折が古いものであるならば、明らかに被告人以外の誰かが関与しているものと考えなければなりません」と巌が回答した。

「誰が疑わしいとお考えですか」とマスコミは追加で質問した。

「それを考えるのはわれわれの仕事ではありません。われわれの仕事は、依頼人を全力で守ることにあります」

「両親のどちらか、もしくは両方が加害者である可能性はありますか?」と報道陣の一人が叫んだ。

「今の時点でそのような推測をわれわれがするつもりはありません。ただ竜輝ちゃんには四歳の兄がおり、非常にやんちゃであると聞いております。あくまで一般論ですが、小さい子は新しい兄弟が生まれた時に、強い嫉妬心を抱くとされており、そのような嫉妬心が何か不測の事態を及ぼすことはありえるかと思います」と巌は言った。

明美はこの発言に驚き、父親に厳しい視線を向けた。

子どものせいにするのは本当に卑劣だわ。竜輝ちゃんのお兄ちゃんの件をパパはどこで聞いたっていうの? それともただの作り話? SBSなど存在しないって証明するためには、パパは何でもありなの?

「つまり先生は、幼い兄弟を疑っているということですか?」と愚かなマスコミは質問を重ねた。

巌は、明美の批判的な視線に気付き、「そんなことは言っていません。いろいろな可能性を考えるべきであると申したまでです」と回答した。

「今日証言した監察医は大失態を犯していた、とお感じですか?」とあるタブロイド紙の記者がさらに質問をしてきた。

この質問には明美が「個人を批判することが何か助けになるとは思っていません。しかし一般論ですが、監察医には適切な証拠保存を行う義務があり、特に殺人被疑事件の解剖を行う場合には、そのことは最優先にされるべきものかと思います。今回のケースでは、監察医はそれをしていなかったことは事実であり、そのことは法廷で大きな影響を及ぼしうるものです。私が言えることはここまでです」と答えた。

記者たちは、明美に質問するよりも巌に質問するほうが、うまみのある記事を書けると判断したようで、彼を名指しして次の質問を重ねた。

「金子巌先生、先生は小児病院の医師たちが証言した内容についてどのようにお考えですか?」

「これらの医師たちは、SBSは五〇年をかけて確立した標準的理論です、との発言をオウムのように繰り返すだけです。被害者に生じた三徴候が揺さぶりに起因するものであるという証拠は何一つありません。明日以降の法廷には著名な専門家が出廷し、小児病院の医師たちが証言した内容すべてに反証し、彼らの証言がいかにでたらめであったかを証明してくれることになると思います。皆さんぜひ、明日以降も注目していてください。多くのことがわかっていただけるかと思います。今われわれが言えるのはこれだけです。お集まりいただきありがとうございました」と巌は高らかに話し、マスコミ対応を終わらせた。

明美と巌は明日以降の法廷戦術を話し合うために、巌の事務所に向かった。乳幼児揺さぶられ症候群など存在しない、とする彼の証明したい事柄について陪審員に見せつける役割は、巌自身が担うことになった。

25

朝刊の横河市地方版には以下の見出しの記事が掲載された。

「乳幼児揺さぶられ症候群など存在しない：弁護士が主張」

一〇月一六日に小児病院に運ばれ、頭部外傷により生後七カ月で死亡した樽見竜輝ちゃんの医療記録を検証した小児病院の医師は、竜輝ちゃんに生じた損傷は乳幼児揺さぶられ症候群の結果であると証言した。

しかし被告人の弁護を親子で行っている金子巌・明美の両弁護士はそれを否定し、乳幼児揺さぶられ症候群と呼ばれる病態は、その存在自体が仮説にすぎず、確固たる医学的証拠はないと主張した。彼らはその上で、被告人が竜輝ちゃんを殺害したとすることには合理的な疑いが残る、として無罪を主張した。

金子明美弁護士は、病院の医師に激しい反対尋問を浴びせたが、竜輝ちゃんの解剖を行った監察医への反対尋問では、さらに激しいやり取りが行われた。監察医は竜輝ちゃんの頭蓋骨骨折がいつ頃生じたものであるかについて、明確な証言を行うことができなかった。さらに重要な点としては、監察医は骨折の断片を破棄してしまっていた。裁判長ですら、彼の証言の際に苛立ちを覚えているように見受けられた。

この記事では、これまでに行われた証言に関してのさらなる議論も記載されており、また「大久保麗奈被告は審理に一切無関心のようであった」と記載され、また「陪審員は証言に熱心に聞き入っていた」と記載されていた。夕方には全国ネットのテレビ番組で、乳幼児揺さぶられ症候群の議論に両者の立場の「専門家」が集い、激しい議論が行われた。巌は、望み通りにマスコミを使ったキャンペーンを行うことに成功し、この症候群がでっち上げのものであると喧伝した。TV出演の後、弁護側の医療専門家が横河市に到着した。巌と明美は、彼らとホテルの一室で話し合いを行った。証言のリハーサルを終えると、彼らは一様に高揚していた。

26

「お前は今日もあのくそみたいな裁判に行くつもりなのか？　行くことは許さないぞ。店はお前がいないと回らないじゃないか。もし俺の言うことを聞かず行ったならば、思い知らせてやるからな」と淳司は朱莉を脅していた。

「お前がいなくても裁判は勝手に進むし、お前が行く必要性はない」とも淳司は話したが、朱莉は「あなたに何を言われようが私は行くわよ。止めたって無駄だからね。私にとってこの裁判は何より優先すべきもので、母親として出席して娘を励ますことは私の義務だわ」と叫んだ。淳司はこぶしを握りしめ眼を血走らせながら、顔を真っ赤にして朱莉に近づいたが、朱莉はすでにタクシーを呼んでおり、タクシーは家の玄関に横付けされていた。

「そのタクシーに乗ってどこにでも行けばいい。その代わり、二度と帰ってくるなよ！」と淳司は大声をあげた。朱莉は急いでタクシーに乗り込み出発したが、淳司は怒りに任せた汚い言葉でののしり続けていた。

明美と巌が裁判所に入るころ、雪が舞っていた。入り口で待ち受けるマスコミの数は何倍にも膨れ上がっており、テレビ局のトラックやケーブルが通りを塞いだ状態となっていた。裁判所の内外で、記者やカメラマンがうろついていた。明美が傍聴席に目を向けたところ、朱莉が後方の席に隠れるように座っているのを見つけた。ただ、やはり淳司の姿は見当たらなかった。また、いつもの席に「教授風の男」が座っているのも確認した。麗奈は朱莉を見つけ、朱莉は笑顔を返していた。

開廷し、長田裁判長が弁護人のほうを向き、巌に弁護人側証人を呼ぶように指示した。巌は立ち上がり、「弁護人は、勝山宏夢医師を証人に呼んでおります」と大声をあげた。誰もが証言台に向かう、小柄で痩せこけてはいるが快活な六〇代半ばのこの証人に注目の眼差しを向けた。薄い頭髪をオールバックにした外観は、彼の敏捷な動きと合わせ、リスのような印象を抱かせた。彼は証言台に立つなり早口で一本調子な声で宣誓をし、マイクの位置調整を行った。

巌は、陪審員は肩書にあまり影響を受けないことを知りつつ、陪審員だけではなくメディアに、勝山医師が称賛に値する経歴の持ち主であることをアピールした。

「あなたは田葉市の明応大学の脳神経外科の臨床教授であり、患者の手術を直接行い、研修医の指導も行っている。そういう理解でよろしいですか?」

「はい、まさにその通りです」

「あなたは脳神経外科の専門医をどのくらいの期間続けていますか?」

「二八年間です」

「日常の診療で、あなたはどのような患者さんを診察していらっしゃいますか?」

「大学では大人から子どもまで、脳外科的な問題を抱える患者の診察に当たり、必要な場合には頭部や脊髄の手術を行っています。それに加え診療所も経営しており、そこでも患者の診察を行っています。そして依頼があれば、今回のケースのように脳神経外科医として、法廷で証言を行うことも私の仕事と考えております。これまで多くの都道府県で証言を行っています」

巌は続けて彼の病院や脳神経外科学会でのすべての肩書について尋ね、どこで脳外科のトレーニングを積んだのかを確認し、その後、樽見竜輝事件の内容に移っていった。

「先生が今日の証言のために確認を行った資料について、列挙していただいてもよろしいでしょうか？」

勝山医師は、彼が分析した医療記録、警察の報告書、児童相談所の報告書などを列挙した。

「それらの資料を分析し、竜輝ちゃんが急に重篤な状態に陥り、その後死亡してしまったのは、どのようなことが原因であったか、何らかの結論には至りましたか？」

「はい、至りました」

「その結論について、教えていただいてもよろしいですか？」

「はい。竜輝ちゃんは病院に入院する二〜三週間前に転落し、頭蓋骨骨折と硬膜下血腫をきたし、彼が入院当日の入浴中にかんしゃくを起こした際に、残っていた古い凝血塊から再出血をきたし、それにより脳にダメージが生じ、最終的には死に至ってしまったものと思われます。生じていた網膜出血は、古い硬膜下血腫からの顕著な再出血の結果、頭蓋内圧が亢進し、それによって生じたものと推察されます。上背部のアザは、間違いなく救急隊の蘇生行為の際に形成されたものと判断されます」

「竜輝ちゃんを診察した小児病院の医師たちは、『乳幼児揺さぶられ衝突症候群』であったと証言しております。先生の証言と合致していないのですが、それはなぜなのでしょうか？」

「乳幼児を揺さぶった場合に、たとえその後に衝撃を加えたとしても、小児病院の医師たちが主張するような広範な脳損傷を引き起こすことは不可能です。竜輝ちゃんには解剖の際に何らの頸部損傷も確認されていません。重度の揺さぶり行為が加えられたとするならば、脊髄損傷、頸椎骨折、頸部筋群への出血がないということは考えられません。竜輝ちゃんには臨床的にも解剖でも、そのような頸部損傷はありませんでした」

「乳幼児揺さぶられ症候群というのは確かにある病態なのでしょうか？」

「確かに赤ちゃんを揺さぶる大人はいるでしょうし、そのことはまったくお勧めしない行為です。ただし竜輝ちゃんに認められた損傷所見が揺さぶり行為により生じたとは考えられません。このことを理解していただくのに、脳の解剖学的構造を含めて、説明をさせていただいてもよろしいでしょうか？」

長田裁判長は検察側を見て、「勝山医師が彼の理論を説明する機会を与えることに異議はありますか」と聞き、検察は「特に意義はありません」と回答した。

中山検察官はすでに、これまでの勝山医師の法廷における過去の証言内容をすべて確認していた。彼の証言は、どのようなケースで証言する場合であれ、同じ内容を繰り返すだけであることは、すでに検察側は認識をしていた。

勝山医師は、まるで病院で症例検討会を行うかのように、講義を始めた。彼は「脳回」・「脳溝」や、その他歴史学上の病理学者や神経学者の名前を冠した解剖学用語を多用しながら、頭部の解剖学について詳細に語り始めた。彼が知識をひけらかせばひけらかすほど、陪審員は紙とメモを机に置くようになっていった。彼は、法廷の人々が彼が言っていたことを理解することができたかや、興味を持って聞いていたかに関し、まるで無頓着のようであった。彼は世間知らずの教授様・マッドサイエンティストのような様相を呈していた。巌と明美すら、勝山医師が一体何をどうしたいのかわからなくなっていた。巌は、彼の証言を関連性のある内容に引き戻すために、どうしていいのか考えあぐねていたが、しびれを切らし「勝山先生、脳と脊髄の解剖学について私たちに詳細に教えていただき誠にありがとうございました。頭部・脳について十分把握できたところで、それと今日の事件とがどのように関係しているか教えていただけますでしょうか？」

「ええ、ではそうしましょう」と、おそらくポイントが相当ずれていたことに関しては無自覚に、勝山医師は返答を行った。

「竜輝ちゃんの古い硬膜下血腫からの再出血は彼の命を奪いました。ここに至るにはおそらく三つの病態が寄与している可能性があると思われます。一つは、おそらく竜輝ちゃんには慢性硬膜下血腫を残すことになった、分娩時損傷としての硬膜下血腫をきたしていたと思われます。二つ目は潜在していた慢性硬膜下血腫に何らかの影響を及ぼした、髄膜炎などの中枢神経系感染症があった可能性があります。三つ目は、低酸素状態がそのような再出血に寄与した可能性があります。時にそのような病態を、医師は見逃しているものです」

「もう少し明確化させていただければと思います。竜輝ちゃんは出生時に生じた硬膜下血腫が慢性化した慢性硬膜下血腫が存在していたということでしょうか？　それとも、小児病院に搬送される二～三週間前に転落して損傷を負っていた可能性があるということでしょうか？」

「どちらの可能性もありうるかと思います。ただ頭蓋骨骨折を認めたことから考えると、二～三週間前に転落して出血していたと考えるほうが、より可能性が高いと思います。ただどちらの可能性もあると思います。お好きなほうを選択してください。大事なポイントは、揺さぶり以外にも竜輝ちゃんに生じた病態を説明することは十分可能だということです」と愛想笑いを浮かべて、勝山医師は陪審員のほうを向いた。

「勝山先生、ありがとうございます。弁護人からの質問は以上です」と巌は主尋問を終わらせた。

「では検察側は尋問を始めてください」との長田裁判長の言葉で、検察による反対尋問が始まった。

「勝山先生、あなたは脳神経外科の認定医であると同時に、小児脳神経外科も専門であるとおっしゃっていましたが、これは間違いないですか？」

「脳神経外科学には小児脳神経外科学も含まれている。そういう意味で、特に間違いはありません」

「でも先生、小児脳神経外科専門医は、成人の脳神経外科専門医とは独立した資格として存在しているのではないですか？」

「はい、確かに小児脳神経外科医たちは、自分たちで独自の小児脳神経外科専門医制度を構築しています。彼らは自分たちを、子どもの脳外科領域の専門家であると自負しておりますが、脳外科医の間ではほとんど認知されていません」

「つまり小児脳神経外科医という資格は、誇大に喧伝されたものにすぎないとおっしゃりたいのですか？」

「まあそのように考えている脳外科医もいるという話です」

「それはあなたの考え方なのではないですか？」と中山検事はさらにこの点を突いていった。

「誇大に喧伝しているとまでは申しませんが、彼らよりも断然自分のほうが小児の脳外科手術の腕は上だと思っています」

「あなた個人がここ一〇年間で手術を行った症例のうち、一歳未満の乳児はどの程度おりましたか？」

「ええと、私はそのようなことは把握しておりません」と勝山医師は返答した。

「正確でなくても構いません。一〇％ぐらいでしたか？　二〇％ぐらいでしたか？」

「乳児例の数ですって？　この一〇年間の？　ばかげた質問だ、そんなの詳しく覚えてはいませんよ」

「うーん、大体の感覚は誰しも持っているはずなのですけどね。実際に見た患者さんの数ですから。一〇人か二〇人かぐらいの何らかの数字は言えないでしょうか？」

「大体二〇例ぐらいでしょうか？　年間二例程度になりますでしょうかね」

「ではそのうち何例が虐待による頭部外傷の症例でしたか」

「正確に覚えてはいませんが、何例かいたと思います」

「決して多くはない数と言わざるをえませんが、それでもやはりあなたは乳幼児の虐待による頭部外傷の専門家であるとお考えですか？」

「はい、もちろんです。私は脳神経外科医であり、乳幼児の頭部外傷も私の専門分野です」

「わかりました。ではあなたは虐待による頭部外傷に関しての何らかの研究報告を行っていらっしゃいますか？」

「はい、行っております」

「あなたが行った研究報告が掲載された医学雑誌名を教えていただいてもよろしいですか？」

「はい。一九七二年に発行された Neurosurgical Digest 誌の Letter to the Editor（編集者への手紙）に私の言説が掲載されています。また一九九八年の Neuropathological Questions 誌にも、乳幼児揺さぶられ症候群に関する私の論文が掲載されています」

「先生は Letter to the Editor への掲載は、研究報告だとみなしているのですか？」

「査読付き雑誌でしたから、その範疇だと考えております。この論文はしばしば法廷でも引用されています」

「先生のおっしゃった二番目の論文についてですが、この論文はＥＢＭ（科学的根拠）に基づいた論文であったとお考えですか?」

「はい」

「勝山先生、この論文は実際には文献レビュー報告で、かつ意見報告の形式のもので、複数の子ども虐待専門小児科医から、論文を意図的に誤引用しているなどの不誠実な分析をしたものであるとの激しい批判にさらされたものではなかったですか?」

「確かにそのような反応はありました。でもそのような反応は科学的議論を行う上でつきものなのではないですか?私の見解には議論の余地があるかもしれませんが、それはその見解が間違っていることを意味するわけではないはずです。単に論争があるというだけです。なにより子ども虐待専門小児科医は脳外科医ではありません。彼らは脳外科というものが何たるものかを何も知りません」

明美は、一点をじっと見つめる父親を見守っていた。彼は常に分析的に物事を見て、機械のように答えを出す人物であると信じていた。硬い鎧の中のほころびを見つけ、ポイントを稼ぐために槍を突くことができるであろうと。

「勝山先生、ここ一〇年間であなたは虐待による頭部外傷のケースで、何回法廷で証言をいたしましたか?」

「えー、おそらく一五〇回程度は行ったかと思います」と、今度はよどみなく回答した。

「その一五〇回のうち、弁護人側について証言を行った頻度はどのぐらいですか?」

「ほとんど全例がそうであったかと思います。検察側から証言を依頼されることはほとんどありません」

「それで、あなたは証言する際にどのぐらいの報酬を得るのですか?」

「証言のためだけに報酬を求めることはしません。私が使った時間、そして私の専門性に対して報酬は得ています。私の場合、着手金は五〇万円、資料を読み解き鑑定書を作るのに一時間当たり一〇万円、法廷に出廷する場合には一日当たり一二〇万円、それに諸経費をいただくことにしております」

中山検事は、その数字を陪審員の心に沈めるため、しばらく間を空けた。陪審員の中にこれだけの報酬を得る仕事を行っている人物はおそらくほとんどいないであろう。勝山医師の異常に高い報酬の話が出たことで、明美は椅子に座りながらも身悶えしていた。中山検事はその後、証言台の後ろを通り陪審員席の近くまで歩き、止まった。

「あなたは、竜輝ちゃんの病的状態の説明として、一つには『最後に入院する二～三週間前に転倒し、それにより硬膜下血腫や頭蓋骨骨折が引き起こされた』との証言を行いました。その後、『その血腫から再出血をすることで、すべての悲劇が引き起こされた』とも証言しました。あなたのその理論は、何らかの医学文献によって支持されているものなのでしょうか？」

「ええ、そうです。例えば本邦の有名な研究者の報告では、慢性硬膜下血腫からの再出血によって、竜輝ちゃんに生じたすべての症状が出現しうると報告されています。またある神経病理学者は、陳旧性の硬膜下血腫内の再出血によって、やはり竜輝ちゃんに生じた症状は出現しうると報告しています。さらに新生児の硬膜下血腫について研究したある研究者は、経腟分娩の新生児のおよそ半分程度に硬膜下血腫が認められたと報告しており、その他の研究者も、同様の報告を行っています」

「あなたが最初に言及した研究報告で、再出血を認めたと報告されているのは成人例のみではありませんでしたか？」

「そんなことはないです。子どもの症例も含まれていたはずです」

「私は今その論文を持っています。ぜひこの文献のどこに、小児事例について言及されているか、ご指摘いただいてもよろしいでしょうか？」と言って中山検事はその文献を勝山医師に手渡した。勝山医師は数分の間、その文献を目を皿のようにしてみた後、

「この短時間でぱっとどこに書いてあるかを正確に見つけることはできませんが、私が過去にこの文献を読んだ時には言及されていたと記憶しています」と返答した。

「この反対尋問の時間を消費してしまって構いませんから、どうぞ十分な時間を使って探していただけますか？　裁判長が許可していただければ、先生が論文をじっくり読むために、ここで休憩をとるのもよろしいかと思います」と中

山検事は続けた。

「いいえ、それにはおよびません。陪審員にそのような形でご迷惑はおかけしたくありませんから」と勝山医師は抵抗した。

「では、その研究報告には小児や乳幼児が含まれていなかったことを認めてくださいますか?」

「それは本論ではありませんし、たとえ成人例のみしか報告がないからといって原則は同じはずです。古い硬膜下血腫からの再出血というのはありうる話なのです」

「先生が言及した、新生児期の硬膜下血腫の文献についてお聞きします。それらの論文すべてで、新生児期に認めた硬膜下血腫の大部分は生後一カ月までに消失し、何らの徴候や医学的問題も引き起こさなかった、と報告されてはいませんか?」

「であるからと言って、分娩時に生じた硬膜下血腫が陳旧化し、そこから再出血しうる可能性が否定されるわけではありません。たとえいくつかの研究で一つの結論が示されたとしても、他の研究で別の結論が出されることもあり、事象によっては検証すら行われていないこともある。これは科学研究の本質です」

中山検事は、勝山医師のあまりに非論理的な回答を聞き、一時的に呆然としてしまったが、すぐに気持ちを切り替えて別の尋問を行うこととした。

「あなたのご意見では、何が網膜出血を引き起こしたとお考えでしょうか?」

「再出血をきたしたことにより頭蓋内圧が亢進したことが、その理由と考えています」

お決まりの答えを言っているだけだわ、と明美は思った。

「勝山先生、あなたの過去の証言を確認したところ、揺さぶり行為というものは硬膜下血腫を引き起こす可能性はないとお考えだと発言しています。このことに間違いはないですか?」

「その通りです。その理由は実に簡単で、複数の研究で、揺さぶりというものは脳内に出血を引き起こすに十分な力を引き起こすことはない、ということが示されているからです」

「そのようにお話になる根拠としている研究についてお話していただいてもよろしいですか？」

「それらの研究はいずれも、揺さぶりのみでは硬膜下血腫を引き起こす上で必要とされるほどの、十分な力を発生させることは不可能である、と結論付けています。また別の研究では、硬膜下血腫を引き起こすのに十分な外力を生じさせることができたとしても、その場合には頸部の損傷が同時に生じることは不可避であると報告されています。一方で、乳幼児揺さぶられ症候群として起訴された事件で、明らかな頸部損傷を併発していた事件は一例もありません」

「でも先生、この論文で研究者らは彼らが設定した研究条件では損傷を再現できなかったと言っているだけで、揺さぶっても硬膜下血腫は生じえないとは言っていないのではないでしょうか？」

「いやいや彼らは、揺さぶりによって硬膜下血腫をきたすことはない、と主張しておりますよ」

中山検事は自身の机に戻っていくつかの論文を手にし、勝山医師のところに持っていき、それを示した。

「先生はこれらの論文の存在を認識しておりますか？」

「はい、それらは今話題に上っていた論文です」

「この論文の中に、先生がおっしゃるように、研究者らが『揺さぶりで硬膜下血腫は起きえない』と明記している箇所をご指摘していただいてよろしいでしょうか？」

勝山医師はそれらの論文をペラペラとめくり始めた。誰もが勝山医師の次の発言を待った。約十分後、彼は「明確にそのように書いてある箇所は見つけられません」と発言した。

「先生が引用した最後の研究論文に関してさらに質問させていただきますが、その論文で提示されている損傷閾値は、別の生体力学の工学者グループによって、計算する際に数学的に大きな誤りがあったとの、強い批判にさらされていることをご存知ですか？」

「私は数学者ではないので、その質問に答えることはできません」

「しかし、あなたが引用した研究論文の中には、あなたが指摘したような『揺さぶり行為では硬膜下血腫は起きえない』との記載はなく、またそのような言説には実質的に何も裏付けはない、ということを認めていただけますか？」

「私は自説を変えるつもりはありません。脳外科医としての二八年間の活動を通じ、揺さぶり行為が竜輝ちゃんに生じた症状をきたすことはないと確信しております」

この質問を最後に検察側の反対尋問は終了となった。明美は父親が再主尋問を行うつもりがあるのか、巌のほうを向いたが、彼はその権利を行使しなかった。

パパは、勝山医師の証言は致命的であったと考えていないのかしら？　それともこのまま陪審員が彼の証言を忘れることを願っているのだろうか？　明日以降登場する、あと何人かの証人がこの状況を立て直すことができるかしら？　明日以降も慎重にみていかなくては！　いずれにしても高名な脳神経外科医とされていた勝山医師の証言に、私はまったく満足できなかったわ

その日の法廷を終え、巌と明美はほとんど会話をすることなく法廷を後にしたが、ホールに入るなり二人ともマスコミ攻勢に巻き込まれていった。集まった記者たちは、彼らが証言をどのように受け止めたのか、その説明を待ち望んでいた。

「今日の法廷は本当にうまくいったと考えています。陪審員は、いわゆる乳幼児揺さぶられ症候群という病態が本当にあるのかどうかについて、疑問を持たざるをえないという話を数多く聞くこととなったと思います」と巌は発言した。明美は父親の黒を白とするような話し方に驚いたものの、それを悟られないように最大限の努力をした。

「金子先生、今日の弁護側証言は私には説得力がなく感じましたし、私から見ると陪審員もそのように感じていたように見受けられましたが、いかがでしょうか？　証人が『乳幼児揺さぶられ症候群は存在しない』ということを陪審にうまく説得させることができた、とはどのようなところを指しているのでしょうか？」

「証言の内容をどのように受け止めたのか、私とあなたとでは同じではないということなのでしょう。私自身は勝山先生は、この乳幼児揺さぶられ症候群がでっち上げの病態であるということを十分に明示してくれたと感じています」と巌は自身の強調したい点を、広告のように繰り返した。

「いずれにしろ明日以降も弁護側の証人が証言いたしますから、今日はこのぐらいで、また改めて皆さんの前でお話させてください」と巌は話し、群衆をかき分けて出口に向かった。明美も、記者の誰とも目を合わせないようにして、父親の後をついていった。

事務所に向かう車の中で明美は「パパは本当に記者たちに話したように考えているの？」と巌に尋ねた。

「俺がそう考えているかはどうでもいいことだ。ニュースにそのように流れることが重要なんだ。俺は裁判の間中、陪審員を観察していた。彼らのうち少なくとも二人は、中山検事が厳しく勝山医師を責め立てている際に、彼に同情的な態度をとっていた。いいかい明美、時にあいった検事の態度は逆効果を生み出すこともあるんだ。四面楚歌状態でダメダメに見える証言を行った証人に、同情心を寄せる陪審員も中にはいるんだぞ。何度も繰り返すが、われわれは陪審員の中の一人でも無罪と考えてくれればいいんだ。有罪判決が下されるためには、陪審員全員の意見が一致する必要があるんだからな。俺は今日の件は、全然心配してないぞ」と巌は答えた。そして「それにしても腹が減ったな。低血糖気味な感じがするよ」と付け加えた。

27

挑発的で天邪鬼で知られる植原裕三キャスターが司会を務める夕方六時のニュース番組では、樽見竜輝事件を主要ニュースとして取り扱っていた。

「横河地方裁判所で行われた今日の裁判では、検察側と弁護側が『主流の医学』対『定説への挑戦者』という構図で、互いに論争の的となっている医学的診断に関して、激しい衝突が行われました。小児病院の医師・警察・児童相談所・検察官らは、生後七カ月で死亡した竜輝ちゃんは乳幼児揺さぶられ衝突症候群であったと主張しています。一方、弁護側は竜輝ちゃんはその他の原因で死亡したと主張しています。金子巌弁護士と明美弁護士の親子弁護士チームは、田葉市の著名な脳神経外科医を証人として召喚し、竜輝ちゃんの死亡の原因となった損傷は、数週間前の転落事故が原因で引き起こされたものであると、説得力のある証言を展開いたしました。検察側の反対尋問は峻烈なものでしたが、脳神経外科医の証言は、間違いなく竜輝ちゃんの死亡が一八歳のベビーシッター、大久保麗奈被告によりもたらされたとの主張に、疑義を生じさせるものでした。明日の裁判では、弁護側はさらに複数の専門家証人を立て、被告人の犯行ではない旨の証言が行われる予定です。本番組では、明日もこの事件について続報をお送りする予定にしています。ぜひこの熱い法廷ドラマにご注目ください。一旦コマーシャルです」

翌朝裁判所に向かう車の中で、巌は運転しながら明美に話しかけた。

「俺の言った通りだろう。ニュースメディアは、俺たちの味方だ。特に植原は最高だな」

「私よりもよっぽど、彼には勝山先生の言葉が響いたみたいね。確かに人の認識なんてさまざまだっていうことはよくわかったわ。私は、勝山先生の証言はでたらめで、非論理的で、何より傲慢の極致だと感じたわ。彼は、自分が世界の中心にいると考えている典型的なステレオタイプの外科医だわ」と明美は返答し、珍しく憤慨しながら「それでパパは、あんな証言を行う専門家にありえないほど高額の支払いを今後もするつもり?」と嫌味を言って「残りの専門家が、彼よりもましな証言をしていることを願っているわ」と続けた。

「ああ、お前の発言はまるで検察官からのもののようだ」と巌はぼやきつつ、

「確かに彼の証言はいささかやり過ぎな印象を俺も持ったが、お前が言うほどひどくはなかったと思うし、陪審員の何人かは、彼が言っていることを信じたかもしれないぞ。今日、弁護側証人として出廷してくれる浅野先生は、SBSと言われている症状は低所からの転落でも生じうるとの証言をしてくれるはずだ。その証言は、『竜輝は数週間前に転倒して出血し、それが原因で死亡した』とするわれわれの主張を強化してくれるだろう。彼は勝山先生よりも多くの研究を行っているし、彼の証言を受けて陪審員が無罪判決とした実績もある。彼の証言を聞けば、お前も俺が言わんとしていることを理解してもらえると確信しているよ」と続けた。

明美は、陪審員を欺くこととメディアを利用することに執心する父親への苛立ちや怒りから、強い不快感を感じていた。

彼の行っているメディアキャンペーンは、将来陪審員になる可能性のある一般大衆が、乳幼児揺さぶられ症候群を根拠に乏しいものかもしれないと思わせることで、今後の裁判の土台を揺るがすことには役に立つかもしれないけれど、メディアから隔離された今回の陪審員たちには何の影響も与えないということを、パパは理解した上で行っているのかしら？　確かに、冤罪の可能性があるとして、犯罪で告訴された人に同情的な人が一定頻度いることは事実で、そのような人たちは、政府・裁判所・官僚・警察などに対する深い不信感を抱き、権利を侵害されるリスクを訴えているわ。私はどうしたらいいのかしら？　私は麗奈ちゃんに対して、全力で弁護をする必要はあるけれども、だからと言って不実を働くこととは一線を画さなければならないはずよ。パパが弁護人側証人を用意して対応してくれていることは素直にうれしいけれども、彼らを受容すべきかどうか私には確信が持てないわ。

女性拘置所職員が麗奈を法廷に連れてきて、弁護人側テーブルの明美の横に座らせた。

「昨日の夜は眠れた？」と明美は話しかけたが、麗奈は「まあまあね」とそっけなく答えた。「何か聞きたいことある？」と明美が言葉を続けたところ、「これっていつまで続くの？」と麗奈は質問をしてきた。「言いにくいけれど、まだ数日はかかるわよ」と明美が告げると、「もう何もかもうんざりだわ。くだらないテレビを見ているようだわ。まだテレビのほうが、見てくれのいい俳優がやっているだけましね」と麗奈はぼやいた。

「何とか前向きに、興味をもって過ごしたらどう？」と明美はやるせない気持ちになりながら返答したが、「言うのは簡単だわ。あんたは刑務所に行く必要はないもんね。裁判で何が話されようが興味ないし、前向きになんてなれるわけないじゃない。本当にムカつくし、これからもずっとムカついて過ごすでしょうよ。あんたが何を言おうと、私の気は晴れないわ」と、麗奈は傍聴席後方にいるであろう朱莉を探しながら話した。

「開廷します。全員ご起立ください」

裁判官と陪審員は入廷すると、それぞれの席に着いた。

長田裁判長は、巌に証人尋問の準備が整っているか確認した。

「弁護人は、浅野直紀医師を証人として呼んでおります」と巌は答えた。

浅野医師はがっしりとした体格で、ハイキングブーツを履き、糊のきいたYシャツを着て、褐色の紳士服をまとっていた。頭はすっかりと禿げ上がり、緑色を帯びた瞳で、鼻や目の下には深いしわが寄り、おそらく酒好きなのか、赤ら顔をしていた。

病理学専門医やこれまで出版した論文・書籍リスト、病理学会の肩書などの、経歴に関する質問を行った後、巌は以下のような尋問から開始した。

「浅野先生、先生が現在所属しているパソロジー・サービス社における先生の役割について教えていただけますか?」

「私は検査室の運営責任者であり、病院の手術室や診療所などから提出された検体の病理診断を行う責任者であり、パソロジー・サービス社が契約する臨床医のコンサルタント業務の責任者を務めております。つまり私は『医者の医者』というべき仕事を行っております」と浅野医師は返答した。

「あなたは司法病理学者としての仕事もしていますか?」

「はい、しております」

「司法病理学者とはどのようなことを行う仕事であるのか、お話していただいてもよろしいですか?」

「司法病理学者は、さまざまな死亡の真の死因を明確にすることを仕事としており、通例は不詳死とされた事件や、中毒死・殺人などの疑いのある事件を対象としております。テレビドラマの『Dr. 刑事クインシー』のクインシーのような仕事と考えていただければよろしいかと思います。私たちは純粋に科学的に原因を追求する医者ということができます」

「司法病理学者になるために、特別なトレーニングというものはあるのでしょうか?」

「はい、ございます。四年間の病理学専門医としてのトレーニングに加え、司法病理学者になるためにはさらにもう一年のトレーニングを要します。専門研修プログラムは、非常に系統立ったものとなっております」

「あなたが法廷で証言を行うことが多いのは、あなたが司法病理学者であるからでしょうか？」

「その通りです。司法の場で必要となる場合、はっきり言いますと法的に論争となった場合に、われわれはたいていの場合、専門家証人として法廷に召喚されます」

巌はここでしばらく間を空け、改めて浅野医師に、樽見竜輝の医学的資料の鑑定結果について、質問を行った。彼が鑑定を行ったすべての医療診療録と解剖結果報告書につき証言をしてもらったのちに、以下の尋問に移った。

「では初めに、解剖結果報告書についてお聞きします。証言する際に参照できるように、こちらにその報告書をご用意しております」

「ありがとうございます」

「この報告書では、後頭部の骨折部直上の頭皮下出血について言及されています。このような症状はどうやって生じるものなのでしょうか？」

「頭蓋骨骨折・頭皮下出血ともに、外傷により生じたと推察されます」

「病理学的所見から、これらの損傷がどのぐらい前に生じたのか、受傷時期の推定はできますでしょうか？」

「断定的に言うことはできません。頭蓋骨骨折の受傷時期推定であれば、もし法医学者が頭蓋骨の切片を作成し、顕微鏡で観察できるようにしていたならば、細胞の構成や状態から治癒過程に入っているのか、それともまだその段階にないのか、明確にすることができ、ある程度は推察することができたはずですが、残念ながらそのようなことは行われておりませんでした」

「頭皮下出血の受傷時期についてはいかがでしょうか？」

「おそらく二〜三週間程度と思われますが、断定はできません。もし私が解剖をした執刀医であったなら、もう少しいろいろなことがわかっていたかとは思います。なぜこの事件の解剖を行った法医学者が、この部位の血液の受傷時期を推定するための作業を行わなかったのか、その重要性を鑑みるに理解に苦しみます。このような作業を行う重要性は常々、われわれ司法病理学者が啓発しているところです」

「他に何か、剖検によって示されたことはありますか？」

「脳浮腫と右硬膜下血腫、ならびに網膜出血が確認されました。存命中に脳が腫脹した場合、頭蓋骨内の圧力は高まることになります」

「頭部には何らかの所見は確認されましたか？」

「何らの所見も認められませんでした」

「脊柱に沿って認められた皮膚挫傷はどのようにして形成されたものとお考えですか？」

「心肺停止状態に陥ったことにより行われた、蘇生行為を含めた医療行為により生じた可能性が高いと思います」

「竜輝ちゃんに認められた各種の損傷所見に関し、何かご意見はございますでしょうか？」

「はい、ございます」

「どのようなご意見でしょうか？」

「おそらく彼は病院に搬送される二〜三週間前に高椅子やおむつ替えテーブルから後方に転落し、頭部を打ちつけて骨折をきたしていたと思われます。その時同時に硬膜下血腫をきたしたものの、長期間にわたって意識清明期の状態で、潜在していたものと思われます。そして彼が搬送された当日、かんしゃくを起こした際に凝血塊が剥がれて再出血をきたし、出血による圧迫で脳圧亢進を引き起こし、そのことがさらに低酸素性虚血性脳損傷を引き起こし、そしてそれがさらに脳圧を亢進させるという悪循環を引き起こした、と推察されます。亢進した脳圧により眼内の血液の戻りは妨げられ、その結果網膜静脈の血管内圧は高まり、ついには破裂をきたしました。これが竜輝ちゃんに網膜出血が認められた原因です」

「今、先生は『意識清明期』という言葉を用いましたね。それについてご説明いただいてもよろしいでしょうか？」

「もちろんです。意識清明期とは頭部外傷後に、それが症状の増悪をもたらす前の、患者が一見何も問題がないように見える時期のことを指します。一旦症状が出現すると、患者は状態が急変し、時に死に至ります。そのような経過をたどることを、われわれ医師は「walk and talk and die」と呼称しています」

「先生は、竜輝ちゃんは揺さぶられた後に何かに頭を衝突させられた、とはまったく述べませんでしたが、そのようなことが竜輝ちゃんの頭に起こった可能性はありますか」

「いいえ、ありません。第一、揺さぶり行為のみで竜輝ちゃんに生じていたような損傷を引き起こすことは不可能であることは、生体力学的研究からすでに証明されています。仮にそのような損傷を引き起こそうとすれば、人間が生み出しうるよりも、はるかに強い外力が必要となります。さらに言うならば、揺さぶりのみでそのような強大な力を加えようとするならば、頸部に損傷をきたさないはずがありませんが、竜輝ちゃんの頸部には何らの損傷所見も確認されておりません」

この証人は何のバリエーションもなく、壊れたテープレコーダーのように、同じ内容の話を繰り返し繰り返ししているように感じるわ。もはや話す内容を完全に記憶しているみたい、と明美は考えていた。

「例えば九〇cmや一二〇cmといった低所からの転落でも、竜輝ちゃんに生じていた頭蓋骨骨折、硬膜下血腫、脳浮腫を引き起こし、致死的となることはあり得ますか?」

「はい、ありえます。もちろんです」

「弁護人からの質問は以上です」と巌はこの回答を受けて、主尋問を終わりにし、自身の席に着いた。


「では検察側の尋問を開始してください」と長田裁判長が言い、中山検事による反対尋問が開始された。中山検事が新しい法律用箋（大き目の罫線が引かれた、左側に赤の区切り線があることが特徴の、黄色いメモ用紙）を証言台に持ってきて、それを台上に置く間、浅野医師は静かに姿勢を整えていた。

「浅野先生、先生は先ほど、所属する病理学のサービスを提供する会社の職務について、お話をしていましたね」

「はい、いたしました」

「このような民間会社に所属する病理学者として、あなたは剖検を日常業務として行うのですか?」

「いえ現在は行っておりません。もちろん過去には行いましたが。われわれの会社が提携する病院で異状死症例が発生した場合にも、たいていの場合監察医が死体検案や剖検を行っています」

「ではここ五年間で、先生自身は何例の剖検を実施いたしましたか?」

「ここ五年間でですか?　現在の職場では、私は剖検はしていません」

「ではそれ以前でも構いません。あなたが剖検をしていたころ、小児例の剖検はどのぐらい行っておりましたか?」

「私が勤務していた病院は小児病院ではなかったので、子どもの患者はおりませんでした」

「ということは、頭部外傷事件を含め、小児のご遺体の解剖は実際には一例も行っていなかったのですね?」

「まあ、そうです」

「それにもかかわらず、あなたは病理学者として小児の頭部外傷事件につき最も詳しい専門家であると主張している、ということですね?」

「はい、私は小児頭部外傷を研究し、自分自身をこの分野の専門家と自負しております。そして私はここでもそうですし、その他にも全国各地の裁判所で専門証人として証言台に立ってきました。病理学者として最新の知見を学ぶのに、実際に剖検をする必要は必ずしもありません」

「あなたは小児科医としての資格や経験をお持ちですか?」

「いいえ」

「あなたは脳神経外科医としての資格や経験をお持ちですか?」

「いいえ」

「先ほど弁護人からの主尋問の際に、先生は生体力学的研究の結果から、揺さぶりのみでは竜輝ちゃんに認められたような損傷が生じることはないことは証明されている、これらの損傷を引き起こすためには、人間が生み出すことよりもはるかに大きな力を要する、さらに竜輝ちゃんの頭部には何らの損傷所見も認められなかったが、もし乳児が揺さぶられた場合には頭部の損傷がないことはおよそ考えられない、とおっしゃいましたね」

「はい、確かに私はそのように申し上げました」

「あなたは生体力学を研究する工学者ですか?」

「いいえ。ただし、これまで頭部外傷の生体力学に関する、複数の研究報告を読んできました。これらの論文には、そのことが明快に記載されています」

中山検事はこれらの生体力学的研究に関し、勝山医師に対して行ったのとほとんど同じ尋問で、浅野医師に迫っていった。

「さて、あなたは生体力学的文献から、揺さぶりでは乳児に損傷が生じることはないと断言していますが、われわれはそれとはまったく異なる結果を示した生体力学的研究報告を持っております。そのことからして、揺さぶりでは乳児に損傷が生じることはないと断言することはできないように思うのですが、いかがでしょうか?」

「そのことを直接的に証明することは難しいです。『生じえない』ということを証明することはそもそもとても困難なのです。しかし、すべての間接的証拠からは、揺さぶりのみではそのような損傷は生じえないことが支持されています」

「あなたが信じる生体力学的研究の結果は、他の多くの研究者から『実験に使用されたダミー人形の生体再現性があまりに低く、その結果からは実際の生体に生じうることに関し、何も結論じみたことを言うことはできない』と強い批判にさらされていることを認識していますか?」

「しかしこの研究報告は、現時点で唯一の揺さぶりと頭頸部損傷に関しての生体力学的研究報告であり、その研究で『揺さぶりによって損傷をきたすことはない』と結論付けられていることには大きな意義があると思います」

「でも先生、この研究のあまりに単純な構造のダミー人形から、実際の生体の架橋静脈・脳実質・頭蓋骨・頭皮・硬膜などの損傷閾値を、どうやって知ることができるんですか?」

「これまでに判明している知見から類推し、実験結果に当てはめることで、あらかた知ることはできます! もう答えは出ているのです」と浅野医師は言い切り、「小児科医は、硬膜下血腫・網膜出血・脳浮腫の三徴候がありさえすれば、単純に乳幼児揺さぶられ症候群だと決めてかかっています。彼らはいつも、三徴候はSBS以外では生じえないとの主張を行っています。他の多くの病態もそのような三徴候を生じさせうるものの、彼らは決してその可能性を考えません。彼らは起訴された被告を、有罪にさせたいだけなのです。私がこのような立場をとっているために、小児科医から私は蛇蝎のように嫌われていますが、まったく意に介しておりません。彼らの『揺さぶりによって、これらの三徴候が生じうる』という考えは間違っているのです。彼ら小児科医は、われわれ司法病理科医の信じていることを、まったく信用しようともしません」と続けた。

「すべての司法病理学者は、あなたと同じように乳幼児を揺さぶっても何らの損傷も生じさせることは出来ないと考えている、とあなたはおっしゃるのですね？」

「少なくとも私が定期的に話をする間柄の先生方はそういう風に考えています」

「具体的にその医師たちの名前をあげていただいてもよろしいですか？　また、何らかのデータや調査など、どのようなものでもよいですから、あなたと同じ意見であることを裏付けるものをお出しすることはできますか？」

「私がそのように言っているのですから、信じていただきたいと思います。特に調査などを行っているわけではありませんが、私はこれまで数多くの病理科医と接してきて、彼らすべてが私に同意してくれております」

「では少し方向を変えた質問をさせていただきます。ある外力が組織に損傷を生じさせる閾値というものを調べる際に、実際の子どもを用いる研究以外に、どのような方法が確立された方法として知られているのか、教えてください」

「もちろん倫理的に実際の子どもを揺さぶることはできません。そのようなモデル人形の生体再現性は年々改善されております。工学的なモデル人形を用いた研究を行うしかありません。ですからわれわれはそれを知るために、将来的には生体を完全に模したモデル人形というのが開発され、確定的な答えというものが得られるようになることが期待されますが、おそらくその時には『揺さぶりのみでは、SBSで生じるとされる各種症状が生じることはない』ということの正しさが証明されることと思います」

「先生、申し訳ありません。現時点で判明している事柄について、ぜひお答えください」と中山検事が強調したその時、

「異議あり。この質問はすでに証人になされ、回答がなされたものであります」と巌が発言し、

「異議を認めます。検察官は質問を変えてください」と長田裁判長は異議を認めた。

「では質問を変えます。あなたは、低所からの転落で子どもは死亡しうるとお考えですか?」

「はい、実際に低所転落で子どもは死亡することがあります。そのことは研究によって明確に示されております」

「あなたのおっしゃっている研究とは、この文献のことを指しているのでしょうか?」と言って、中山検事は浅野医師に、ある研究論文を手渡した。

「はい、その通りです」と浅野医師は返答した。

「その研究論文の内容につき、陪審員にご教示していただいてよろしいでしょうか?」

「この研究では公園における転落事故事件を数万人集めて検討がなされ、そのうち幾人かは低所からの転落で死亡したことが示されております。この研究論文の影響力は極めて大きいものであり、低所転落により小児は死亡しうることが明確に示されたわけであります」

「しかし、この研究論文では一歳未満の乳児例は一例も含まれていなかった。そうですよね?」

「はい、確かにその通りです」

「本法廷で審議している被害者の樽見竜輝は死亡時七カ月齢であったことは認識しておりますか?」

「はい、しております」

「この研究論文で死亡したとされる小児事件の中には、ブランコに乗っていて転落するなど、加速度が加わった状態での転落が複数含まれている。そうですよね?」

「論文内容を完全に覚えているわけではないので、その質問には答えられません」

「では、質問を変えます。その研究論文で死亡した事件の転落高は2mを超えていた事件も含まれており、そのような事件は低所転落による死亡と呼ぶべきではない。そうですよね?」

「確かに低所転落と言えない事件も含まれていたかもしれません、しかし私は、その研究論文のすべてを詳細に覚え

ているわけではありません」

「では、その論文で死亡した子どもの中には、頭部に外力が加わることにより死亡するリスクを高める基礎疾患を有していた子どもも複数含まれていたことは覚えていますか?」

「それについても覚えてはいません」

「その研究論文の筆者の結論を鵜呑みにしたとしても、小児が低所転落で死亡する可能性は〇・〇二％未満と極めて低く、非常にまれな事象であるということは認めてくださいますか?」

「しかし実際に起きるわけじゃないか！」と浅野医師はここで叫んだ。

「小児科系の学術雑誌に掲載された『低所転落により小児が死亡するリスクは百万分の一にも満たない』との研究報告書の存在をご存知ですか?」

「私は小児科系の学術雑誌のすべてをまったく信用していません。それらは強いバイアスがかかっているものですから」

「例えば小児科系の雑誌で最も権威があるとされる、米国小児科学会発行の Pediatrics という雑誌がありますが、このような学術雑誌が偏向的な論文を掲載すると、先生は考えているのですか?」

「先に述べたように、小児科医は司法病理科医とはまったく異なった考え方をしています。米国小児科学会は小児科医の組織であり、私からしたら到底承服できない数多くの見解や研究報告を学術雑誌に載せている」

「つまり、あなたが信じていない研究結果は、すべて間違いであるということでしょうか?」

「あなたは法律家だから、医学系雑誌の掲載過程について何も知らないのでしょう。これらの雑誌は、平気で選り好みという不正が行われているのです」

「どのような方法で不正が行われているのでしょうか?」

「特定の一部の医者たちが重宝されており、彼らの研究報告は簡単に採用されますが、その他の医者の研究報告はなかなか採用されません。特に雑誌の掲載の可否を決める査読者の意向に沿わない研究結果の場合には、なおさらその傾向が強いです」

「査読というものは匿名が大前提であり、査読者は投稿者がわからない状態で、逆に投稿者は査読者がわからない状態で、盲検化されているのではありませんか?」

「はい、形式的にはそのように行われています。しかし実際には、査読者には誰が記載した論文であるかを知る余地は十分にあるように、私は考えています」

「つまりあなたは、小児科系の雑誌では査読の過程で不正が行われ、一方で病理学系雑誌では査読の過程での匿名性が完璧に働いているということを言いたいのですか?」

「ある程度、それは真実かと思います。病理学系雑誌の論文は、小児科系雑誌の論文に比べ、よっぽど科学的です」

陪審員たちは熱心に聞き入って浅野医師を凝視しており、彼がしきりに足を組み替える様子に気付いていた。陪審員の表情からは、彼の議論が説得力に欠けていると感じていることは明らかであった。浅野医師は話をする際に顔を真っ赤にし、額からは汗が噴き出していた。彼はこの中山女史からの猛攻撃から逃れたい一心で、救いの手が差し伸べられることを期待し、巌のほうに目を向けた。しかし、巌は天を仰いでいた。明美は明美で、目の前に置かれた数々の論文に目を通すのに集中しており、浅野医師が自ら掘った穴の中でもがいている状態から、彼を救い出す準備は何もできていなかった。中山検事は、強い憤りをあらわにしながら向きを変え、天井を見つめていた。浅野医師の着ている褐色のスーツの脇からは、遠くから見ても明らかなほど脇汗が染み出していた。彼は何かの巨額の契約をする営業マンのように普通でない状態でいるのは、誰の目にも明らかであった。彼の息の根を止めるのか、それとも解放してあげるのかは、中山検事の一存にかかっていた。ただ彼女も、裁判所から『証人にあまりに辛辣すぎる』との誹りを受けることをよしとしなかったため、数分の間、彼が落ち着きを取り戻すのを待つこととした。その沈黙の間、陪審員は彼を見つめ、評価をしていた。中山検事はゆっくりと自身のノートをめくっていた。しかしそのように彼女が長い沈黙の時間を用意したものの、浅野医師はさらに落ち着かない様子で小刻みに動き、ネクタイの位置を直し、額の汗をハンカチで拭っていた。

「先生にもう一点お聞きしたいことがございます。先生は先ほど主尋問の際に、意識清明期について言及していらっしゃいました。生後七カ月の乳児が致死的経過をたどる頭部外傷を負った際に、意識清明期が存在したという症例はこれまでに報告されていますか？」

「竜輝ちゃんのケースでは、確かにあったのだと考えています。彼は転落に伴って頭部外傷を負い、硬膜下血腫をきたした。そして彼がかんしゃくを起こして、古くなった硬膜下血腫から再出血をきたすまで、意識清明期が明確に存在していました。その後、頭蓋内圧が亢進することで意識消失し、結果として致死的経過をたどりました」

中山検事は、浅野医師の顔をしばらくの間、まじまじと見つめた。浅野医師にとってそれは永遠とも思える長い時間だった。

「浅野先生、生後七カ月の赤ちゃんは話したり歩いたりできますか？」

「いえ、できません」

「であるならば先生は、七カ月の子どもの意識清明期の『正常』をどのようにして把握するのでしょうか？」

「ああ、それはその子どもがいつも通りの行動をとっているという場合には、そのように判断してよいかと思います」

と、浅野医師は中山検事から目を背け、この次に来るかもしれない厄介な質問に備えつつ、返答した。

「頭部外傷後の意識清明期に関して言及した文献は、成人を対象とした研究しか存在していないのではないでしょうか？」

「そんなことはないです。子どもを対象とした報告はいくつか存在しています」

「では、その文献を教えていただけますか？」

「今ここですぐに出せるようには、記憶しておりません。しかし確かに見たことがあります」

「先生、結局、小児患者において意識清明期が存在すると報告した文献は、これまでには存在していない。そういうことですよね？」と中山検事は堂々としたトーンで陪審員を見ながら、質問を重ねた。

「いいえ、確かに存在はしています。ただ、私は今すぐこの文献がそうだ、とすぐに想起ができるほど、記憶に残っていないだけです」

もはやこの時点で、陪審員の中にはメモを取るためのノートやiPadを机に置き、あきれたような顔で、この曖昧な言い逃れに閉口している者もいた。最後に中山検事は、明らかに軽蔑するような口調で、「もはやこの証人には、これ以上尋問することはありません」と言って、反対尋問を終わらせた。

「弁護人のほうは、再主尋問はいたしますか?」と長田裁判長は巌に尋ねたが、巌は「いいえ、特にございません」と疲れ切った声で返答した。

「それでは、午後の二時まで休憩といたします」と長田裁判長は宣言し、一旦休廷とした。

28

「悪いがすぐに退廷しよう。ちょっと体調が悪い」と巌は、明美の耳元で囁いた。

明美は父親の顔面が蒼白な状態であるのを見て、浅野医師が証言の際に墓穴を掘っていったのに対して、ろくに反駁をしなかった理由を理解した。普段の彼であればあんなことはあり得ないと明美はびっくりしていたのだ。彼らは廷吏に頼んで裏口から退出し、取り急ぎハンラハンズ(注:レストランの名称)に向かい、邪魔が入らないように上階の個室を貸し切り、座った。ただ金子巌は明美に「全然腹が減らないんだ。むしろ今腹が痛い。本当に今日は疲れた。今日の午後の工学者の証言の尋問を替わってくれないか? ちょっと家に帰って休んだほうが良さそうだ」と伝えた。明美は「もちろん替わるわよ。一体パパどうしちゃったのよ? 今まで病気一つしたことなかったのに。すぐにでも医者にかかったほうがいいわ」と、心配を口にした。

「かかりつけの先生は誰?」と明美は尋ねたが、巌は「そんなのいない」と答えた後、少し考え「塚本クリニックにかかったことはあるが、一、二回だけだ」と伝え、「家に帰って少し寝れば、きっと良くなるさ」と言い、「鹿島先生への主尋問、やれるか?」と続けた。

「もちろんよ、でもパパがやるつもりだった質問のメモをもらえる? パパは、お願いだから医者にかかってね。町医者じゃなくて大きな病院にかかるのよ。そうじゃなければ私、主尋問やらないからね。本当に体調が悪そうで心配よ。約束だからね」と明美は返答し、巌も「わかったよ、お前がそこまで言うなら約束しよう」と言ったものの、「多分、単なる胃もたれのひどいのだと思うがな。今朝、ドーナツとコーヒーを食べ過ぎたからかな。ここ一～二週間ろくな食事をとっていなかったしな」と続けた。

「どこの病院にかかればいい？」と巌は尋ね、明美は「二葉中央病院がいいと思うわ。場所はわかる？」と答えた。「わかった。病院にかかるなんて本当に時間の無駄遣いだとも思うが、お前の気が済むなら行ってくるよ。で、これが明日の尋問に関して作った俺のメモだ」と巌は言いながら、ブリーフケースから書類の束を取り出し、「読めるか？　もし読めなければ芳江さんなら読めると思うから、彼女にタイプしてもらうといい。彼女は俺の汚い字を読み慣れているからな」と続け、明美に手渡した。明美は、すさまじい悪筆でページいっぱいに乱雑に書かれたその書類を受け取った。

私には全然読めないわ。芳江さんなら読めることを祈るわ。午後の法廷には間に合わないわね。とりあえず芳江さんからも、パパに病院に行くように言ってもらわないと。

「パパ、私、裁判長にこのあと休廷にできるか掛け合ってみるわ。パパが病気であることを伝えれば、認めてくれるんじゃないかと思うの。そうすれば芳江さんにゆっくりパパのメモをタイプしてもらう時間もできるし、夜にそれをまとめて対策を練ることもできるわ」と明美は話した。「そんなに甘くはないと思うぞ。それに鹿島先生を待たせてしまうことにもなる。そうすればさらに余分な金もかかってしまうしな。大丈夫だ。やっぱり午後には出ないとな。無理にでも何か食べよう。そうすれば少しは体調も良くなるだろう」と巌が言うと、「それはダメ！　全然パパの具合は良さそうじゃないし、絶対に今日は裁判所に戻ってはだめよ」と明美は大きな声をあげ、「これは娘からの忠告よ」と強調した。

明美自身ももう食欲は失せていた。彼女は巌を無理やりタクシーに乗せ、病院に向かわせた後、急いで裁判所に戻り状況を説明した。裁判官からも検察側からも反対意見は出ず、午後は休廷となった。決定後すぐに明美は鹿島に「鹿島先生でしょうか？　金子巌の娘の明美と申します。実は父が体調不良になり急遽病院に向かい、午後の法廷が中止となりました。大変申し訳ないのですが、もう一日先生のご予定を頂戴し、明日に出廷していただくことはできますでしょうか?」と電話をかけた。彼はそれを承諾し、明日出廷することとなった。

その後、明美は桐谷芳江に電話し、巌が体調を崩し急ぎ病院に向かっていることを伝え、明美自身は今事務所に向かっていることを伝えた。事務所につくと、早速芳江が「一体全体、先生に何が起こったの?」と心配そうに声をかけてきた。明美は「パパが病気になったこととなんて今まで一度もないわ。確かに今日のパパはいつもと様子が全然違ったの」と返答し、芳江と抱き合った。明美は、父親と芳江の長年の信頼関係についてよく理解していた。そしてすぐに芳江は明美から受け取った巌のメモ書きのタイプ起こしに取りかかった。

あのパパの文字を翻訳するために、芳江さんにはロゼッタストーンが必要ね。私はパパのヒエログリフを受け取ることが本当にできるのかしら、と明美は不安に駆られていた。

明美は父親の椅子に腰かけると、晃のことを考えていた。彼は今何をしているのかしら。たまらず彼女は電話をかけていた。

「晃? 明美よ。今少し話できる?」

「何だい。びっくりしたけどうれしいよ。いま裁判所に閉じ込められているところだと思っていたよ。もちろん大丈夫だ。どうしたんだい?」

「悪い知らせといい知らせがあるの。悪いニュースは、パパが体調を悪くして、病院に向かったわ。いいニュースは、それを受けて裁判所が午後休廷にしてくれたわ。これから準備して、午後にパパが行う予定だった尋問を明日、私がすることになったの」

「君のお父さんが? いったいどうしたんだい?」

「まだ何もわからないわ。ちょうどパパを、二葉中央病院の救急外来に送り届けたところなの。ひどく体調が悪そうだった。顔面は蒼白で脂汗をかいていたわ。食欲も全然なくて昼食を一口も食べられなかったわ。今朝の法廷で、パパはまったくらしくなく、おとなしかったわ。いつもの攻撃的なスタイルはどうしちゃったの？　って不思議に思ってたの。で、実はひどく体調を崩していたってわけ。本当に彼らしくなくて。パパはこれまで病気一つしたことなかったわ。本当に心配よ。何とか説得して病院に向かわせたの」

「何か僕にできることはあるかい？」

「今はないわ。何かわかったらまた連絡するわね」

「明美、君と君のお父さんがとても心配だ。本当に何もしてあげられることはないのかい？」

「ありがとう。でも状況がわからないし、今は本当に大丈夫」

ここで、芳江がタイプ起こしを終わらせて、明美にそれを届けに来た。

「じゃあ切るわね、晃。またすぐに電話するわ」と言って明美は電話を切った。


「まるで魔法ね！　私は一文字もわからなかったのに」と明美は驚愕したが、芳江は「だから長年仕事できてるのよ」と当たり前のように答え、「それにしても昨日は何も異常はなく、まったくいつも通りの先生でしたのに……先生は決して弱音を吐くタイプではないですから、本当に心配です」と続けた。

「診察の結果が出ないと今は何もわからないから……」と明美は答えた。

明美は芳江がタイプしてくれた、巌の尋問メモを見渡した。特にひねったような尋問はなく、ストレートに内容を問うものであった。時計を見ると、すでに午後四時を回っており、明美は急ぎ病院に向かうこととした。「じゃあ芳江さん、本当にありがとう。診察結果がわかったらまたすぐ知らせるわ」と明美は言い、芳江は喉が締めつけられるような感覚に陥りながらも努めて冷静に「わかりました」と答えた。

明美は迷路のような救急部門を歩き回り、ようやく父親を見つけた。彼はすでに三人の医師の診察を受け、腹部ＭＲＩを撮り、彼曰く『二ℓもの血液』が採取され、心電図も実施されていて、今は救急外来の待合で結果を待っていたとのことであった。

「で、気分はどうなの?」と明美が尋ねると、巌は「まだ医者から殺されてはいないようだ。医者連中は俺が弁護士であることを知らないか、むしろ知っているからこそ、いろいろとこねくり回しているのかな? ただ不思議と今はおなかの痛みも治まっている。瀉血《しゃけつ》はもはや現代医学の治療ではないが、それが効いた印象だよ。二百年前の医者もたいしたもんだな」と笑いながら話した。

ちょうどその時、間仕切りとして使われていたカーテンが開けられ、見ようによっては一二歳ぐらいにも見える研修医が、日焼けしたいかつい背の高い男を連れて入ってきた。彼は、「消化器科医の米倉樹と申します」と自己紹介し、「採血結果とMRIの結果を見させていただきました」と話して、明美のほうを向き「娘さんでしょうか?」と尋ねた。

「はい、娘の金子明美です」と明美が答えると、「お会いできて光栄です」と医師はリズムのあるバリトンボイスで挨拶を返した。

「採血結果とMRIの結果からは、なんらかの膵臓の病気が疑われます。原因はさまざまですが、単なる膵臓の炎症である膵炎かもしれませんし、もっと深刻な病態も考えられます」と米倉医師は説明を始め、巌のほうに向きなおり、「詳しい検査のために入院をする必要があります」と伝えた。

「今日は帰れないということですか?」と巌は返し、「それはできません。私は弁護士でして、いま非常に重要な事件の裁判の真っ最中なのです。先生の勧めるその『詳しい検査のための入院』というのは、それが終わってからじゃダメなのですか?」と続けた。

「ご事情はわかりました。しかしそれはまったく得策ではない、ということをどうかご理解ください。精密検査は早ければ早い方がいいですし、一刻を争います。どうかわれわれに速やかに検査と治療をさせてください」と米倉医師は、静かに力強く発言した。

「貴重な助言を本当にありがとうございます。でも今はそういうわけにはいかないのです。明美、この後の先生の話はお前が聞いておいてくれ。先生、先生が熱心に入院を勧めてくれるのはわかりますが、私はもう行かないと」

米倉医師は「申し訳ありません。金子さん。あなたが私の話を十分に理解していただけたとは思えません。正直にお話ししますと、われわれはあなたが膵臓がんの可能性が高いと考えています。一刻を争うのです。膵臓がんであれば、本当に急速に進行しかねないのです」と話し、明美のほうを向きながら協力を求めるかのように「娘さんは私の話の深刻さをご理解いただけましたか？」と続けた。

明美は話の深刻さを十分に理解し、目の前の椅子の背もたれを握りしめていた。彼女は卒倒しそうな感覚に襲われていたが、自分が父親を説得しなければならないということを自覚していた。

「はい、十分に理解いたしました」と明美は返答し、父親を正面から見据え、「パパ、入院しないと絶対だめよ。家に帰るという選択肢も、ましてや法廷に戻るという選択肢も、治ったって言えるようになるまでは、なしよ。今何をしなければいけないかって言ったら、お医者さんの言うことを聞くことよ。先生が話した内容は理解してる？　これは法律論争ではなく、医学の話なのよ。医者がパパの採血結果と画像検査の結果、その診断の可能性が高いと判断しているってことは、その結果について深刻に耳を傾けなくてはいけないってことよ」と明美は自分でも驚くぐらいの口調で、巌を説得した。

巌は医師と明美の顔を交互に見渡した。研修医のほうにも顔を向けたが、顔はよく見えなかった。救急外来のモニターやその他の医療機器の音に耳をやり、ただそれらの雑然とした音を聞いていた。その他の間仕切られた待合スペースから、かすかに赤ん坊の泣く声も聞こえてきた。彼は、新鮮な感覚に陥った。急に何かが瓦解した。彼はこれまで裁判で彼がしてきたように、慎重に現状を分析しようとしたが、一方でゆっくりとではあるが確実に医師と明美の言っていることが正論であると認めるようになった。くそ、彼らの判断を認めるしかないか。そして彼は急に恐怖にかられた。もしこれが癌であるならば、膵臓がんは『あらゆる病気の王様』と聞いたことがあるぞ。急にそわそわと腕や手足を動かし、医療機器、ベッド、部屋の床をぐるぐると見渡していた。自分が病気であることを否定し、洋服を着替え、この騒々しいバタバタとした恐ろしい場所から逃げ出したい感覚に襲われた。

長い沈黙ののち、「わかったよ。あきらめよう。入院させてください。よろしくお願いいたします」と巌は言った。

明美は胸をなでおろし、深いため息をついた。

「パパ、愛してるわ。これが最善の選択よ。裁判のことなら気にしないで。私ももう、一人前の刑事弁護人よ。パパの背中を見て育ち、パパからいろいろなことを学んできたんだから。尋問メモも芳江さんがタイプしてくれたわ。他の弁護側証人とも、これから話し合って、私自身が質問内容を構築するわ。パパは、自分の体を良くすることに集中して。お医者さんに任せて、いい患者でいるのよ。入院して落ち着くまで、今日は一緒にいるわ。本当にゆっくり休んでね」と明美は巌に伝えた。

巌が入院し、病室に入りすっかり落ち着いたのを見計らって、明美は唯一心から安らげる晃と、ルイージズ（注：レストランの名称）で会う段取りを取りつけた。ルイージズで彼を見つけるなり、明美は堪えていたものが決壊し、涙があふれた。ひとしきり晃の胸で泣きはらしたのち、「ごめんなさい」と彼女はつぶやき、「私、普段はこんな感情的になることはないのよ」と続けた。

「何も謝る必要なんてないよ。で、どうだったんだい？」と晃は話した。

「本当に今日は最悪の一日だったわ」と明美は話し、午前中の法廷での出来事、そして午後になってからの出来事について晃に説明した。

「お医者さんは、膵臓がんの可能性が高いって。私が知っている限り、膵臓がんはとってもたちの悪いものよ。死亡率は九〇％って聞いたことがあるわ」

「膵臓がんって言ったら、あの有名なRuth Bader Ginsburg判事が患っていたがんじゃないか？　彼女は手術し、完治しているよ。九〇％って数字は古いものなんじゃないか？　悪いものって決めつけるのは早計だよ」

「確かにね。希望は捨てちゃダメってことね。ねえ聞いて晃。残念だけど今日はすぐに帰らなくてはいけないわ。明日の法廷に備えてやらなければいけないことが山積みなの。あとでゆっくりと会いましょう。本当にごめんなさい」

「全然構わないさ。でももし君がよければ、君が仕事している間、僕も一緒にいることだってできるよ」と晃は返したが、明美は「そうじゃないのよ。それじゃあ仕事にならないわ。明日の裁判はまったく準備しないで望むことになるわ」と笑いながら答えた。

晃も「試してみてもばちは当たらないよ」と笑顔で返答した。

彼らは素早くピザを食べた後、長いキスと抱擁を交わし、別れた。明美はこれから芳江が解読してくれた巌の尋問メモを頭に叩き込む必要があった。彼女は生体力学に関してはズブの素人であった。朝までに間に合うかしら、と明美は少し焦りを感じていた。

29

結局、その後も明美は悶々としてろくに寝ることはできず、朝になり無理やり脳を目覚めさすために、強烈な強さのコーヒーを三杯飲みほした。巌の病気と数時間後にはまた始まる裁判という二つの大きなストレスに、彼女は押しつぶされそうになっていた。

私はニュートンの法則についてすら、ろくに知らないのに。物理学の法則はＳＢＳとどう関連付けられるわけ？　どうすれば、陪審員に何か記憶に残るような供述を、工学者から引き出すことができるだろう？

急ぎ朝のシャワーを浴び、着ていくスーツを選びながらも、さまざまな考えが明美の頭の中に去来していた。急ぎ出かけながら、明美は携帯から父親の入院する病院の個室電話に電話をかけたが、馴染みのない声で留守電になった。

「こちらは金子巌氏の電話になります。現在、彼は室外に出ております。メッセージをどうぞ」

「パパ、私よ。今裁判所に向かっているところよ。パパのメモは素晴らしかったわ。芳江さんのおかげでばっちり確認できたわ。ベストを尽くしてくるわね。パパの体調が良いことを願っているわ。裁判が終わったら病院に寄るわね。愛してるわ」

追加で採血検査や画像検査でもやっているのかしら？　どうしちゃったの？

明美は携帯電話を切るなり、怪訝な気持ちになった。明美は気持ちを切り替えることにしたが、目の前に迫った課題も過度に緊張を強いるものであった。

裁判所に着いて廊下を歩いている途中で、明美は鹿島祐博士を見つけた。彼は大きくてがっちりした体格であるが、さらにサイズオーバーの濃色のスーツを着ていた。彼の顔は浅黒く、大きなかぎ鼻が特徴的で、濃い髭は剃っても剃り跡がすぐに目立つようで、大物俳優のような雰囲気であった。

明美が挨拶した際に、彼が強い東北訛りの人物であることはすぐにわかった。

「あなたが、金子巌先生の娘さんですか。先生はよくあなたのお話をしていましたよ。オート・セーフ社の鹿島です。お父様の具合はいかがですか?」と朗らかな声で話してきた。

「はい、私が娘の明美です。父には朝電話をかけたんですが繋がらず、今朝の具合はわからないんです。おそらくいろいろ検査でも受けているのだと思います。元気だと信じています。今日は力不足かもしれませんが、私のほうから尋問をさせていただきます」と話しながら、鹿島博士を法廷内の弁護側控室に案内した。

「今日は父があなたと話した時に作成したメモを使用するつもりです。適切なタイミングで適切な質問ができるように頑張ろうと思っています」

「私の証言は、時間的にそれほどかからない予定です。予定の飛行機よりも早い便で帰れるかと考えているぐらいです」

「先生は今日一番目の証言者です。証言の主要なポイントについて教えていただいてよろしいでしょうか?」

「これまでに報告されている医学文献や工学研究の結果からは、揺さぶりのみでは硬膜下血腫をきたすことはないと証言する予定です。頸部損傷が確認されないことからも、揺さぶりがあったとは言えないと証言しようかと思っています」

その後、開廷が近づき彼らは法廷の弁護側テーブルに座った。中山恵里と笹野紘一の二人の検事も法廷内に入ってきた。

「お父様、大丈夫でしたか?」と中山検事が声をかけてきた。

「昨夜、病院で父と別れた時は、少なくとも痛みは引いて元気そうでした」と明美は返答した。

「もしお父様の病気を理由にしばらくの休廷を望むのであれば、われわれはそれに異議を唱えるつもりはありません。長田裁判長も許可をすると思いますよ」と笹野検事は話した。

「お気遣いいただき、誠にありがとうございます。ただすでに今日は、証人の鹿島先生がこちらにいらしています。彼は遠方からいらしているので、本日証人尋問をしていただき、再び来なくてもいいようにしたいと考えています。彼の証人尋問を終えた後に、その件は決めさせていただくのでもよろしいでしょうか」

「わかりました。鹿島博士の証言が終了した段階で、休廷を望むのであれば、われわれにその旨を教えてください」と中山検事は伝えた。


長田裁判長の宣言の後、その日の法廷は開廷し、早速明美は弁護側証人としての鹿島博士を証言台に呼び入れた。彼が宣誓を行った後、最初の質問が明美によりなされた。

「それでは、先生の職業を教えていただけますか？」

「私は鈴見市のオート・セーフ社で、生体力学の工学者として仕事をしています」

その後の数分間で、受けた教育、有している学位などの情報につき、尋問が行われた。

「では、生体力学を専門とする工学者とは、どのようなことを行っているのでしょうか？」

「生体力学という学問は、ある種の外力が加わった際に身体機能の一部がどのように機能しなくなるのかを、物理学・構造力学・生物学を応用して明らかにしようとする学問です」と、慣れ親しんだ質問であったためか、彼特有の訛りは鳴りを潜め、滑らかに回答がなされた。鹿島博士はさらに「われわれは、外傷の原因の力学的側面を見極め、将来的にそれを予防するために研究を行っています。私は民間の会社に属しており、通常は関連する自動車の衝突実験を行っていますが、それ以外にも、高所からの転落や、暴力行為などによる外傷に関しても研究を行っております」と続けた。

「あなたはこれまでに、小児の頭部外傷の問題について、法廷で証言したことはございますか？」

「はい、何度かあります」

「樽見竜輝ちゃんの記録を検証して、あなたの生体力学の専門的見地から、何らかの結論を出すことはできましたでしょうか?」

「はい、できました」

「それがどのような結論であるのか、説明していただけますか?」

「はい。竜輝ちゃんの硬膜下血腫と頭蓋骨骨折は、直達外力により生じたもので、揺さぶり外力により生じたものではございません」

「あなたのその『竜輝ちゃんの硬膜下血腫は揺さぶりにより生じたものではない』と結論を下した根拠となる研究というのは、何かございますでしょうか?」

「硬膜下血腫を引き起こすためにはどのような外力が必要であるかについて、数多くの生体力学的研究がこれまでになされてきています。ダミー人形を用いた研究で、すでにその答えは出ていると言うことができます。それらの研究では、揺さぶり外力では決してそのような損傷を生じうる閾値を超えることはないことが示されているのです。ある研究では、硬膜下血腫をきたすほど乳幼児を揺さぶった場合には、頸部に損傷が必ず生じるはずである、との結論を下しています。すでに生体工学的には答えは出ているのです」

「ありがとうございました。弁護側からの質問は以上です」


中山検事はすぐに反対尋問を開始した。

「鹿島博士、あなたは医師の資格をお持ちですか?」

「いいえ、持っていません」

「では頭部外傷を負った子どもを診療した経験はございますか?」

「ありません」

「ではあなたの結論は、すべて他人の実施した研究報告に基づいて下したものである。それでよろしいですか?」

「いいえ、これまで私自身も数多くの研究を行っており、その研究結果からも同様の結論に達しております」

「あなたの行った研究の結果については、公表されておりますか?」

「いいえ、公表はしておりません」

「あなたが結論を出す上で依拠した研究で使用されたダミー人形は、生体工学的にヒト乳児の特性を正確に反映させたものであった、とあなたはお考えでしょうか?」

「もちろんダミー人形が、完全に乳児の頭部を再現しているとは考えていません。それに、ダミー人形だけではなく、いくつかの動物モデルというものも、われわれは参考にすることが可能です」

「では動物モデルに関するご質問に移りましょうか? あなたは動物実験の研究結果をヒト乳児に適用する際の、質量スケーリングという考え方、つまり脳重量に比例して研究結果を適用させればよいという考え方について、どのようにお考えでしょうか?」

「はい。おおむねそのようにして適用可能と考えております。ラットの脳であれ、ブタの脳であれ、サルの脳であれ、脳は脳ですから」

「あなたは、ヒト幼児に相当する月齢の仔ブタの脳とヒト乳児に相当する月齢の新生ブタの脳を比較した場合、前者の脳損傷閾値は後者の三倍高かった、すなわち幼児に相当するブタは乳児に相当するブタに比べて、三倍以上の歪みに耐えることができた、との報告を行っている生体力学的研究論文をご存知ですか?」

「まあ聞いたことぐらいはありますが、その内容についてはほとんど知りません」

「ここにその論文がございます。重要な部分にはマーカーを付けてございますので、反対尋問の時間を使ってしまって構いませんから、ぜひこの部分だけでもお読みいただいてよろしいですか?」と言い、中山検事は鹿島にその論文を手渡した。

鹿島はその論文に目を通した。その論文の結語には『脳損傷をきたす上で脳重量というものは重要ではなく、組織脆弱性というものが重要である。より幼弱なブタ脳は、質量スケーリングとは離れ、より組織脆弱性が高いことが判明した』と記載されていた。

中山検事は鹿島がその論文に目を通す十分な時間を空けた後、

「その論文には質量スケーリングに関して、あなたとはまったく逆の結論が導かれていませんか？」と質問をした。

「それでもやはり、原則的には質量スケーリングに沿うはずである、という私の意見は変わりません」

ここで中山検事は、効果的な演出としてしばらく間を空けて天井方向を見つめた後に、質問を切り替えて反対尋問を続けた。

「わかりました、鹿島博士。ではダミー人形を使った研究に話を戻しましょう」

あなたが結論を出す上で依拠したこの研究論文で用いられたダミー人形は、頭部を模した重量物に、前後の方向にしか動かないヒンジの頸部を付けた、非常にラフな作りのものであった。そうですよね？」

「確かにその通りですが、そのダミー人形は相当古い時代のもので、現在のダミー人形の質はそれよりもはるかに精巧なものとなってきています」

「しかし、あなたは結論を出す際にこの古いダミー人形を用いた実験データに頼ったのではないですか。それは今の発言と矛盾してはいませんか？」

「公表されているデータ以外のものを用いるわけにはいかないじゃあないですか」と鹿島博士は弱々しい声で回答した。

「その研究で使われたダミー人形の材質を変えることで、その研究で主張されていた損傷閾値を上回る加速度外力が生じたことを実証した研究論文の存在を知っていますか？」

「その研究についても聞いたことがあります。ダミー人形というものは完璧なものではないということはすでに述べた通りです。しかしわれわれは、公表されているデータを通して検証をするしかないのです」

「将来的には、さまざまな組織特性やさまざまな年齢特性を正確に模した、新生児・乳児・幼児・小児のダミー人形というものを用いた正確なシュミレーションを行うことができるようになると、鹿島博士はお考えでしょうか?」

「いつの日にかそのようなことが可能になると思います。しかし現時点ではそれはできておりません」

「あなたは、もしそのような忠実なダミー人形を作成することができなければ、どのような外力が組織の損傷を引き起こすのかをわれわれは何も知ることができない、と考えているのでしょうか?」

「科学というのは、研究を行いえた結果の中で、物事を言うのが大原則です。私が今日ここで言及したことは、すべて科学的に報告されているものです」と鹿島博士は大きな体を揺すり、顔を歪ませながら答えた。もはや尋問が開始された冒頭の平静さは完全に失われていた。

「揺さぶり・衝突・揺さぶり後の衝突といった外力を加えた際の、架橋静脈やその他の脳内構造物や頭蓋骨の損傷閾値に関して、あなたは正確なデータをお持ちですか?」

「正確? あなたの言う正確とは何ですか?」と彼は東北訛り全開でわめいた。

鹿島博士はさらに「われわれは研究結果からしかものを言ってはいけない。それで確定的なことを言えるかと迫られれば、それは言えやしないと答えるしかないじゃないですか。でも現時点で示されている研究の結果は、真の数値に近いものであると思いますよ。われわれは実際に乳幼児を揺さぶるような研究はできません。また仮にできたとしても、その研究からさまざまな組織の耐性閾値を計算で導き出すことは難しいでしょう」と鹿島はさらに興奮した様子で、つっけんどんに答えた。

「ではあなたが引用した、揺さぶりと頸部損傷に関する生体力学研究の結果を示した論文につき、お聞きします。あなたはこの論文に関し、重大な計算ミスがあり結論を信じることはできない、との反証論文があることをご存知ですか?」

「しかしむち打ち外傷では頸髄損傷がしばしば認められる、という研究報告は複数存在しています。皆様が乳幼児揺さぶられ症候群と呼んでいる行為は、むち打ち損傷に近い外力が働くはずです。そう考えると、頸部に損傷をきたしていない場合、赤ちゃんは揺さぶられたわけではない、ということは理解できるはずです」

「でも鹿島博士、そのようなむち打ち損傷に認められる頸部損傷も、確認されるのは致死的事例に限られ、なおかつ剖検時に特別な方法で解剖した場合に確認しうるにとどまる、とされているのではないですか?」

「はい、確かに報告された事例は、致死的事件に限られています。生きている患者に、そのような解剖をすることはできませんから!」と彼は叫んだ。

「でも博士、虐待による頭部外傷の事例も、ほとんどの事例は致死的なわけではないですよね?」

「確かにそうですが、そのことが私の証言を否定することになるわけではないでしょう」

「これまでに報告されているほとんどの研究では、虐待による頭部外傷事件では頸部損傷は認められないことが示されている。これは本当ですか?」

「あなたが使っている『ほとんどの研究』のほとんどが何を指しているのかが明白ではありませんので、その質問には答えることはできません」

独善的なこの男は、この後も質問を続けてSBS事件では明らかな頸部損傷を認めることがまれであるという研究論文をいくつ見せようが、自分の意見を曲げることはないであろうと判断し、中山検事は反対尋問を終わらすこととした。

「ありがとうございました。検察側からの質問は以上です」

鹿島博士の証言は、イチかバチかといえるような内容ね。中には信じる人もいるかもしれないわ。でも、より判断力のある陪審員は、彼が文献に精通していないと判断し、彼が結論付けた内容は公表されている各種の科学論文によって裏付けられたものというよりも、彼の信念に基づいたものであるという印象を持ったことでしょうね。でも彼の証言は、浅野医師や勝山医師の証言に比べると、そこまで悪いものではなかった。それをプラスに考えましょう、と明美は考えていた。

「弁護側は追加の質問はございますか?」と長田裁判長は、再主尋問を行う意思について明美に尋ねた。

「いいえ、特に追加の質問はございません」と明美は再主尋問を行わない意向を伝えた。

「それではこれより二時まで昼食休憩といたします」と長田裁判長は宣言し、一旦休廷となった。

明美は、昼休みを利用して病院の父親にすぐに電話をかけた。今回は、最初の呼び鈴ですぐに電話に出た。

「おお、午前中の証人尋問はどうだった？」と巌はさっそく聞いてきた。

「鹿島博士の証言は完璧だったわ、と言えればよかったんだけど……。まあでも逆に大きな痛手になったとも思ってないわ。それよりもパパの具合はどうなの？」と明美は尋ねた。

「うれしいことに、痛みもなくだいぶ良いよ。ただ残念なことに、診断はやっぱり膵臓がんで、すでにもう手術はできないそうだ。ただ、もっと喜ばしいことに、今日の午後には一度退院していいそうだ。来週からまた入院して治療を開始することになるぞ。まあそれまでの間、俺はまたお前を助けることができそうだ」

「手術ができない状態ですって？　それで予後については何て言われたのよ？」

「予後なんてあえて確認しなかったよ。一日一日を全力で過ごせってことと捉えているよ。俺はすぐに法廷に戻り、お前の手伝いをしたいんだ」

明美はこの状態から、法廷にすぐに戻ろうという父親が信じられなかった。

「本気だぞ。今日の午後には出廷して、このケースに全力で当たることを楽しみにしてたんだ」

「ああパパ、ちょっと落ち着く時間をちょうだい。私はしばらく休廷にしてもらうべきかどうか考えていたのよ。幸い検察側は、もしそれを私が望むなら承諾するつもりって言ってきてくれてるの。長田裁判長も、私がそう申請すれば承諾してくれると思うわ」と明美は返答したが、

「おい、休廷なんて絶対だめだぞ。少なくとも明日朝には復活して法廷に立つからな。今すごく状態はいいんだ。来週になったら、また体調が悪くなるかもしれないじゃないか。続けるべきだ」と巌は強調した。

「本気なの？　知らないわよ！」と明美は叫んだが、巌は「頼むから父親の言うことを聞いてくれ」と懇願した。

「パパがそこまで言うのなら……」と明美はしぶしぶ承諾した。巌が言っても聞かないことは十分に理解していた。

「いつ会えるの？」

「もうすでにタクシーを呼んである。家で待ってるから、法廷が終わったら家に来てくれ。何か飯を買ってきてくれ、

中華料理かタイ料理がいいな。それであれば食べられそうな気がする」

「わかったわ、じゃあそうしましょう」と言って明美は電話を切った。

明美は巌に、やはり午後の法廷は休廷してもらうつもりであることを伝えなかった。結局、長田裁判長と話し合い、翌朝まで休廷してもらうこととなった。

長田裁判長は、長期の休廷が望ましいかどうか明美に尋ねてきたが、巌が話したことを明美が伝えると、彼はニヤリとしながら「彼らしい態度ですね。彼は解剖台にあげられるまで、走り続けるタイプですからね」と言った。

まったく面白くない不愉快な発言だわ、と明美は思った。


「もしもし芳江さん？　パパと話ができたわよ。良いニュースと悪いニュースの両方があるわ。良いニュースっていうのは、パパは今日の午後に一旦退院でき、家に帰って来れるそうなの。私、パパと一緒に夕食をとって、パパの様子を見届けるつもりよ。夜も一緒に泊まろうと思う」と明美は芳江に電話をかけた。

「それで悪いニュースっていうのは？」と最悪の知らせである可能性も念頭に置いて、芳江は尋ねた。

「パパに手術不可能な段階の膵臓がんが見つかったの」と明美は包み隠さずに話した。

しばらく沈黙が訪れた。

「余命がどのくらいとかの話はありましたか？」と芳江は尋ねた。

「いいえ。最近は、具体的にそういう話はあまりしないそうなの。でも膵臓がんは予後が悪い病気としてよく知られているものだわ。私達は、パパの命が長くないってことを受け入れてそれに備えておく必要があると思うの」と明美は、自分でも驚くぐらい冷静に、それを芳江に伝えた。

「私に何ができますでしょうか？」

「事務所運営の観点からは、こちらから連絡をさせていただくまでは、クライアントとのアポイントは無期限延期にすべきだわ。そのようにクライアントに伝えてもらえるかしら」と明美は話し、「私にできることはある？」と芳江に尋ねた。

「大丈夫です。お父様が悪い病気だってことは、なんとなく予期していました。これで原因がはっきりしたということですね」と芳江は感情を必死に堪えながら話し、二人は一旦電話を切った。

明美は次に晃に電話をかけた。すぐに電話に出た彼は、「何かあったのかい？」と声をかけてきた。

「ええ、良くないことよ。実はパパに手術不能な段階の膵臓がんが見つかったの」と明美は言うと、堪えていた涙がついにあふれ、明美のブラウスを濡らした。電話をする段階では冷静でいようと思っていたものの、晃はとても共感的に話を聞いてくれた為、明美は言葉に詰まり嗚咽を漏らすぐらい泣いてしまった。

「本当にごめんなさい」と明美は述べた。

「なんて言葉もかけていいのかわからないぐらいだ。もちろん、全力で力になるつもりだよ」と晃は返した。

しばらくの沈黙の後、「法廷のほうは大丈夫なのかい？　今日は何とかうまくこなせていたらいいんだけど、だいぶプレッシャーになっていたみたいだし」と晃は尋ねた。明美は感情を立て直し、「大丈夫だったわよ。証人になってくれた専門家の中には、私が期待していたほど準備ができていなかったり、知識に乏しかった人もいたけどね」とほぼいつも通りの力強さで返答することができた。

「私は、ここ数日のさまざまな専門家の証言を通じて、『乳幼児揺さぶられ症候群に論争がある』っていうのは誇張されたものであるという実感を持っているわ。私が尊敬している複数のドクターは、みな口をそろえてこの診断には議論の余地はほとんどないと言っていたし、弁護側で証言した専門家の意見は科学的根拠をもとにしているのではなく、彼らの信念が根拠になっているみたいなのよ。彼らの意見を支持する研究報告はほとんどないようだわ」と明美は話し、さらに「でもパパはすっかり弁護側証人の言うことを信じ切ってしまっているわ。彼は検察側証人の発言は頭から否定してしまっているの。でも私はどうしても弁護側証人の言うことが正しいとは思えないの。正直に言って、弁護側証人として彼らに話をしてもらうことは、卑怯なやり方ではないのかって、ためらいを感じているの。こんなことを言ってしまうのは刑事弁護人としては失格なのかもしれないけれど、そう感じざるをえないのよ」と続けた。

「僕が君を尊敬している理由の一つは、君がそのように誠実で、本当に真実を追求しようとしているところだよ。僕は何にも判断を下すべき情報を持ってはいないから、僕自身は意見は何も言えないけど、僕は君の考えが正しいものだと信じているよ。いつになったら君に会えるんだい？」

「裁判はあと一週間から一〇日ぐらいで終わると思っているから、その後ね」と明美は答えたが、晃は「そんなに待てないよ。もう少し何とかならないのかい？」と伝えた。

「わかったわ。週末には何とか会えるようにするわ。その時までには証言のほとんどは終わって、多少はリラックスして会うことができるわ。もちろんパパの具合次第だけど。今夜はパパと一緒に夕食を食べて、パパの様子を見なくちゃいけないわ」

「僕は君とお父さんがそろっているその場に行ったほうがいいかい？　それとも父親と二人きりで過ごすほうが良さそうかい？」と晃が尋ねたところ、明美からは「今はまったく落ち着いた状況ではないから、パパとあなたが会うにはタイミングが悪いと思うわ」と返答した。

「僕は君の父親とは会ったことはないけど、僕のベストを尽くしたいと思っている。お父さんは尊敬すべき人のようだね」

明美は「本当にそうなのよ」と返答し、「いずれにしろ今後どうするかについてゆっくり考えて、また明日電話するわ。いろいろと面倒な感じでごめんね。私は本当は仕事なんかより、あなたとゆっくり過ごしたいと思っているんだけどね」と続けた。

「ありがたい言葉だね。でもそんな選択肢は今は選べないからね」

「また明日電話するわね」と明美は話し、電話を切った。

「で、明日は誰が証言台に立つんだ？」と、巌は台所に座り中華料理の箱を開けながら、明美に尋ねた。

「眼科医の田沼真也先生が最初に証言する予定よ」

「田沼先生か。彼の主なメッセージは、網膜出血は頭蓋内圧の亢進によって生じうるってことだったよな」と巌は話した後、「ただ彼はかなり年を取っていて、話も脱線しがちだから、あまり長く証言させないほうがいいと思うぞ。俺は一度田沼先生と電話で話をしたんだが、全然電話を切ることができなかったんだ」と続けた。

そういえば山香市在住の神経病理学者がいたわよね？　彼の名前は何だったっけ？」と明美が尋ねた。

「安達研一先生のことだろ。彼は来る予定はないぞ。彼もかなりの高齢だし、矛盾のある証言をしたと問題視されて、地裁によっては彼が証言することは禁止されているそうだ。彼の主な主張は、古い硬膜下血腫からの再出血でも致死的な事象は生じるというものだが、それに関しては勝山先生がすでに証言しただろう。感染症の専門家の名前は何だったかな。ど忘れしてしまった。玄葉とかそういう名前だったとは思うが……」と巌は尋ねた。

「そう、それが彼の名前よ。でも芳江さんによれば、彼も来ないことになったそうよ。でもかえって良かったと思うわ。彼は子ども虐待専門小児科医からの批判を一手に受けているから。子ども虐待専門小児科医たちは彼をひどく嫌い、証言を行う際に非倫理的な対応をしたとのことで、医学会を通して彼の医師免許取り消しを要求したのよ。でも彼の所属していた学会や、彼の働いていた大学病院は、彼を批判する言説を一切していないの。おそらく学会や大学病院は、彼の病院外での活動、特に彼の過剰な反ワクチン運動を批判した場合に、彼が訴訟を起こすであろうことを恐れているのよ。彼は、あらゆるワクチンをこの世からなくすべきと主張し、多くの若い親の不安を煽り、子どもにワクチンを行うことを控えさせようとする集団の、急先鋒のスポークスマンなのよ。玄葉先生は、ＤＰＴ（三種混合）ワクチンによって硬膜下血腫が引き起こされると主張しているの。その他にも彼は脳静脈洞血栓症、つまり感染症などに続発する脳内の大静脈の血栓が、硬膜下血腫を引き起こすと主張しているわ。でも彼の主張は、検察によりことごとく打ち負かされてきたのよ。最初の主張であるＤＰＴワクチンに関しては、本当にナンセンスで、科学的にまったく根拠のないものよ。二つ目の主張である脳静脈洞血栓症は、そもそもが非常にまれな病態で、たいていは生後数週間以内の重篤な基礎疾患を持つ新生児に生じるものよ」と明美は話した。彼女自身も驚くぐらい、彼や彼の証言を明美はよく理解していた。

「彼は証言しないほうがいいっていう口ぶりだな。まあ他にもわれわれが協力を得るべき小児科医の専門家証人は、もう一人いるからな。名前は確か石川先生だ。彼は俺の専門家証人のリストの中にあり、検察官にもよく知られた人物だ。彼の理論は、ビタミンC欠乏によって、異常な脳内出血が引き起こされるというものだ。彼がほかの専門家証人に比べて良い点は、彼が小児科医だという点だ。検察は、実際には小児科医こそがほとんどのSBSの症例を診ている立場にある、と主張することが多い。だからSBSのケースで法廷で戦うためには、『SBSなどという病態は実際には存在しない』と主張し、『そのように主張している医師はあらゆる可能性を考慮しつくしていない』と主張する小児科医を、少なくとも一人は抱えていると有利になるぞ」と巌は話した。

「明日、石川先生が出廷できるのであれば、弁護側としていい形で終わることができそうだって、パパは考えているってことね。でも今日の明日よ？　そんなに急に石川先生に来てもらうことはできるの？」

「彼は、もし必要ならば他の用事をすべてキャンセルしてでも来てくれるとは言っていた。実際彼はすでに引退した身だから、あまり予定はないはずだ」と話した上で、「麗奈ちゃん自身が証言台に立つというのはどうなんだ？　検討はしてこなかっただろう？」と続けた。

「ああ、もうそんなことしたら知らないわよ。彼女の少しは陪審員に好意を持たれる部分は、逮捕後の拘置所暮らしで完全につぶれてしまっていると私は思うわよ。彼女は人格的に証人に立つのはとても厳しいわ。このまま証言台に立っても不愛想で、彼女に利することは何もないわ。まあ彼女に証言する意志があるかは聞いてみるけど。まあもし出たとしたら検察官にボコボコにされることにはなると思うけど」

「それならやはり、石川先生を呼んだほうがいいだろう。明日来れるように何とか連絡を取ってみる。眼科の先生の証人尋問はお前に任せるぞ。俺は急いで石川先生と午前中に準備して、午後には証人として出廷してもらうようにする。それでいいか？」

「本当に間に合うと思う？　田沼先生の証人尋問も石川先生の証人尋問も、やれと言われれば、やれるだけのことはやるわよ。でも私は石川先生の主張する内容について全然把握しきれてないわよ」と明美は返答した。

「体調は大丈夫だから、明日の午後、俺自身が石川先生の証人尋問はできると思っている。朝になったらすぐにタクシーを手配しよう。今夜中に石川先生が横河市に来れれば、明日朝一から彼と打ち合わせることができるだろう」

30

女性拘置所職員が麗奈を弁護側テーブルまで連れてきてすぐ、明美は麗奈に朝の挨拶をし、申し訳なさそうに事情の説明を行った。

「麗奈さん、私の父に重い病気が見つかったの。多分今日はここに来れないわ。今も連絡が取れていないの」

しかし麗奈は何の反応も示さなかったため、仕方なく明美はその場を離れた。

彼女はまだ若くて未熟だし、虐待環境で育った。それに今彼女は拘置所にいて混乱し、強い恐怖・ストレスの下で過ごすことを余儀なくされていることは、十分にわかっているつもりだわ。彼女がそういう子って知りながら、なぜ私はパパの病気のことを知らせた時に、彼女が何か反応してくれるって思ったんだろう。パパが来れなくなって私が一人で対応するしかない状況を、彼女は私以上に不安であるはずだわ。でももう少しオープンで好感の持てる対応を、彼女はできるようにならないかしら。そうすれば私だってもう少し気分よく対応ができるのに、と明美は考えていた。

今日の長田裁判長は、黒い法服の上に黄色い蝶ネクタイをしていることに明美は気付いた。それはあたかも、『私は普通の裁判官とは違うのだぞ』と宣言しているかのようであった。とはいえ法廷での準備の手順は、いつもの彼通りの進行であった。ただ開廷が宣言される前に不意に長田裁判長は、明美に声をかけた。

「金子明美弁護士、ちょっと裁判長席までいらしてくれますか?」

何か気に障ることでもしたかしら?　と混乱しながら明美は裁判長席に向かった。

彼は傍聴席に背を向け、明美に「お父さんの今日の調子はいかがですか?」と尋ねた。

「ああ、いくらか良いようです。少し遅れますが、法廷に来られるかもしれません。お気遣いいただき、ありがとうございます」と明美は、彼がわざわざ尋ねてきてくれたことに驚きつつ、返答した。

「良かった。ずっと気になっていたんです。わざわざお呼びしてすいませんでした。お聞きしたかったのはそれだけです」

明美が弁護側テーブルに戻り、座ることを確認したタイミングで、長田裁判官は開廷を宣言し、「では弁護人は、最初の証人をお呼びください」と発言した。

「弁護人は田沼真也医師を証人としてお呼びしています」と明美は傍聴席を向き、話した。その際に、いつもの傍聴席後方で朱莉の姿を確認したが、やはり淳司の姿はなかった。明美は、家で大久保夫妻はいったいどのような会話をしているのだろうと疑問に思った。いつもの『教授風の男』も視界に入った。

田沼医師は小太りの赤ら顔で、髪は薄く、いかにもおじいちゃんという風体をしていた。ただし着ている服はおしゃれで、グレーのスーツに真っ赤なペーズリー織りのネクタイをしていた。また色付き眼鏡をかけていたせいか、証言台に立つまで傍聴席から移動する間も歩きにくそうにしていた。

明美は、彼がClarence Darrow（訳注：映画『完全犯罪クラブ』の題材となったレオポルドとローブ事件の弁護などを行った、米国の有名弁護士）のような賢くてわかりやすくきらりと光る証言をすることを望んでいたが、実際にどの程度の証言を行うのかははっきりわかってはいなかった。明美は証言内容につき彼と簡単には話し合ったのだが、結局彼の主たる主張がどこにあるのかは、はっきりつかめていなかった。

「あなたの名前と職業を教えてください」

「田沼真也です。職業は眼科医です。目に関しての専門家です」

「あなたは今、どこで診療をしていますか？」

「私はすでに引退しており、今は診療をしていません。引退前は宮城県の仙葉市でクリニックを開業していました。皆さん、仙葉市は世界で最高の町ですよ」と田沼医師は陪審員に笑いかけた。

次に明美は、お決まりの眼科領域の教育やトレーニングをどこで受けたかについての質問を行い、それから樽見竜輝に関するどの資料を参照したかについて尋ねた。田沼医師は陪審員からの信頼感を得るため、陪審員のほうを何度も見渡した。

田沼博士は非常に法廷に慣れた様子であった。彼は陪審員の仕事の仕方を熟知していて、話題の中心になることを楽しんでいるようであった。

「田沼先生、樽見竜輝ちゃんのケースで重要と言える眼科的所見はどのようなものか、教えていただいてよろしいですか?」

「この子には無数の網膜出血と硝子体出血、網膜ひだを認め、剖検では視神経周囲の出血が確認されております。すべてが程度のひどいものです」と非常に悲しげなトーンで田沼医師は話した。

「これらの損傷について、話をお聞きしていきます。まずはじめに網膜出血について教えていただけますか?」

「えー」と言いながら田沼医師は陪審員のほうを向き、ラジオアナウンサーのような声で、「網膜は十層の組織から構成されており、それぞれが特有の機能を担っております。これらの層にはそれぞれ小さい血管がたくさん存在しています」と親指と人差し指をジェスチャーとして使いながら説明し、「これらの小血管が破綻すると、血液が漏出しますが、そのような状態を網膜出血と申します。この網膜出血が、竜輝ちゃんには複数の層に認められたのです」と続けた。

明美は彼が陪審員の受けを狙うような発言に終始するのではなく、しっかりと医学の話をしていることにほっとしながら、「網膜出血はどのような原因で生じるものなのでしょうか?」と、尋問を続けた。

「網膜出血を引き起こす原因には多くのものがあり、このケースでもその点の鑑別が尽くされているか否かが非常に重要な問題なわけです。多くの医者、とりわけ小児科医たちは、頭部外傷を併発した網膜出血の症例を診察した際に、鑑別についてほとんど考慮せずに、乳幼児揺さぶられ症候群であるとの診断を拙速に行ってしまうのです」と非常に深刻な表情で陪審員たちをじっと見つめ、「例えば感染症によっても網膜出血は生じますし、経腟分娩の際に頭が締め付けられることによっても生じます。陪審員の中で出産を経験したことのある女性は、そのことを容易に想像できるでしょう」と続けた後、再び明美のほうを向きなおし、「頭蓋内圧の亢進によっても、網膜出血は引き起こされますし、血液凝固異常が原因となることもあります。ビタミンCの不足も原因となりえます。事故による頭部外傷の際にも網膜出血は生じます。心肺蘇生、いわゆる人工呼吸と心臓マッサージのことですが、これによっても網膜出血が生じることはありますし、けいれんを起こすことも網膜出血をきたす引き金になります。網膜出血を引き起こす原因はまだまだいっぱいあります。医師がこれらの可能性をすべて鑑別していかなければ、正当な職務を果たしたとはとても言えないですし、無辜の家族をいたずらに騒がせ、冤罪を作り出すことになってしまいかねません」

中山恵里検事が速やかに「異議あり！」と異議を申し立て、長田裁判長もそれを認め、田沼医師に質問されたことにのみ答え、自説を論じることのないように勧告した。明美は、『吐いた唾は飲めない』という言葉を思い起こしていた。

「樽見竜輝ちゃんの個別ケースに関して、あなたは眼科専門医として、網膜出血を引き起こした原因は何であったとお考えですか？」

「硬膜下血腫と脳腫脹により生じた頭蓋内圧亢進が、その原因であったと考えています。網膜出血は、網膜下部を走行する静脈圧の亢進のために生じます。下水管のパイプが詰まった時に、家に漏水が起こるようなものです」と田沼医師は陪審員たちをまっすぐ見据え、そう話しました。

「揺さぶり外力や、直達外力により生じたわけではないのでしょうか？」

「いいえ、乳幼児を揺さぶったとしても網膜出血は生じません。乳幼児が頭をぶつけたとしても同じことです」と田沼医師は断定的に述べた。

「硝子体出血に関してはいかがでしょうか？　そもそも硝子体出血とは何でしょうか？」

「眼球内を満たしている硝子体の内部は、ゲル状の硝子体液で満たされています。硝子体出血とはそのゲル状の硝子体液の中に出血をした状態です。本症例の場合には、硝子体出血もまた、頭蓋内圧の亢進により引き起こされたと推察されます」

「次に網膜ひだについて教えていただけますか？」

「網膜ひだについては、若干説明が難しいのですが、わかりやすく説明したいと思います。網膜ひだというのは層状の網膜が、ある層とある層の間で分離してしまった際の線状の空隙に沿ったラインを見ている所見です。乳幼児揺さぶられ症候群なんてものを信じている一部の眼科医は、『網膜ひだは乳幼児揺さぶられ症候群に診断特異的な所見だ』なんて言っていますけれども、そんなことはありません」

「視神経周囲の出血はどうやって生じるのですか?」

「静脈内圧の高まりがより強い場合に生じます。静脈からの血液の漏出が増えたための所見です」

「これらの所見を踏まえて、竜輝ちゃんの網膜出血は揺さぶられたことにより生じた所見であると考えられますでしょうか?」

「絶対に違います。すでにお話しさせていただいたように、彼の網膜出血は硬膜下血腫と脳腫脹に続発して発生した頭蓋内圧の亢進が原因です。そしてすでにお話しした通り、視神経近傍の静脈圧の亢進は、網膜の微小血管の断裂や血液漏出を引き起こします。私は竜輝ちゃんに認められたこれらの眼科的所見すべては、竜輝ちゃんが急変した日の数日前に起こった、おそらくは転落などの事故に続発したものと考えています。そのような軽微な事故の際にできた凝血塊が、彼がかんしゃくを起こしたことで再出血をきたし、その後のさまざまな症状が引き起こされてしまったのです」

パパが弁護側専門家の証言のすり合わせを行ってくれていたから、彼らの証言はほぼ一致しているわ。彼らは全員が、病院に搬送された日よりも前に存在していた古い損傷が、再度悪さをして竜輝ちゃんは死亡することになったと言っている。非常に整理されていてもっともらしく陪審員たちには聞こえるかもしれないわ。でもこれってお決まりの見かけ倒しの論法じゃないの?　こんなことが本当だなんて私には思えないわ。

「先生ありがとうございます。弁護側からの質問は以上です」

「では検察側は尋問を開始してください」と長田裁判長は中山検事に反対尋問の開始を促した。

「おはようございます。田沼先生」と中山検事は挨拶から開始した。田沼医師も「おはようございます」と満面の笑顔で挨拶を返した。そして早速反対尋問が始まった。

「先生は眼科医として、お子さんの診察を行ってきましたか？」

「ええ、もちろん。小さい子どもの診察をするのは、好きでしたね」

「あなたは子どもの診察を、開業したクリニックで診ていたのですか？　それとも病院で診ていたのですか？」

「どちらでも診ていました」

「小児の頭部外傷事件のコンサルトを受けたことがありますか？」

「はい、あります」

「どのくらいございましたか？」

「うーん、そんなことは覚えておりません」

「わかりました、では質問の仕方を変えます。あなたは乳幼児の頭部外傷事件のコンサルトを、週一回程度は受けていましたか？」

「いいえ、それほど頻繁には受けていませんでした」

田沼医師は、小児の診療経験についての質問を何とかかわそうとしたが、中山検事の質問により少しずつそれが明らかになった。


「えーと、では先生が頭部外傷の子どもの眼科的診療に関与したのは、これまで合計で五ケースほどだということでよろしいですね」

「まあそのくらいかと思います」

「あなたは、揺さぶりや頭をどこかに意図的にぶつけるといった行為では、樽見竜輝ちゃんに生じたような損傷は生じないとの確信を、それでも持っているのですね」

「絶対的に確信しています」と田沼医師は強弁した。

「あなたは先ほどの弁護人の主尋問で、竜輝ちゃんの網膜出血は頭蓋内圧の亢進で引き起こされたとおっしゃいました。そのことに間違いはないですね？」

「はい、間違いありません」

「つまりは先生のお話ですと、頭蓋内圧が亢進した場合、網膜静脈の血液は眼外に流れていきにくくなるということになるのでしょうか？」

「はい。頭蓋内圧が亢進した場合、これらの静脈からの還流が悪くなってしまいます」

「先生は、頭蓋内圧亢進と網膜出血との間に関連性はないとする、この最新の文献研究の結果をご存知でしょうか？」

と中山検事はここで一編の文献をとり出した。

「少し読んでみないと、自分が知っている文献かどうだかは判断しかねます」

その発言を受け、中山検事は検察側テーブルに戻り、その文献のコピーを取り出し、それを田沼医師に手渡し、次のように述べた。

「先生、その論文の結語の部分を、陪審員のために読み上げていただいてよろしいでしょうか？」

「えーっと、この論文では『乳幼児に認められる網膜出血は、頭蓋内圧亢進によって生じることはない』と結論付けられています。でもこの論文の冒頭では、私が言った通り網膜出血をきたした症例を見た場合には、鑑別診断を尽くせと記載されています。また、このような論文が一編あったところで、全体の結論が変わるわけではありません」

「では先生、ぜひこの論文もご覧ください。その上で私共のほうでアンダーラインを引いた箇所を読み上げていただいてもよろしいでしょうか？」と言いながら中山検事は田沼医師にまた別の論文を手渡した。

彼は「頭蓋内圧が亢進した場合、乳頭浮腫が出現する」と読み上げた。

「先生、乳頭浮腫というのは、どういうものであるかを教えていただいてよろしいでしょうか」

「もちろんです。乳頭浮腫とは、頭蓋内圧亢進により視神経が圧迫され、眼球後部の視神経が入り込む箇所である『視神経乳頭部』が腫脹した状態です。検眼鏡で診察することにより、その状態を眼科医は確認することができます」と田沼医師は陪審員のほうを向き説明した。

「竜輝ちゃんには臨床医の診察、もしくは解剖時に乳頭浮腫は確認されているのですか？」

「いいえ、でも……」

「先生、聞かれた質問だけに答えてください。竜輝ちゃんには乳頭浮腫はありましたか？」

「いいえ、ありませんでした。少なくとも医療診療録の中にそのような記載はありませんでした。しかし、見過ごした可能性は否定できないと思っています」

「先生、アンダーラインを引いた箇所は他にもあります。次の段落のアンダーライン部位を読み上げていただいてよろしいですか？」

「動物実験の結果、頭蓋内圧を亢進させても網膜出血はまったく引き起こされることはなかった」と彼は読み上げた。

中山検事はさらに別の文献を田沼医師に手渡し、こう伝えた。

「その研究論文の結語を読み上げていただけますか？」

「事故により頭部外傷をきたした小児において、ほぼ全例で網膜出血は確認されなかった。わずか二名のみが網膜出血をきたしていたが、その数は少なく単層性のものであった」と田沼医師は読み上げた。

「これらの研究論文は、先生が証言した内容と矛盾してはいませんか？」

「ルールには例外もある。それが、これらの論文なのでしょう」

「先生、私の質問に答えてください。これらの論文は、頭蓋内圧の亢進では、多発多層性の広範性の網膜出血は生じない、と明確に記載されていませんか？」

「三つの論文からだけでは真実とは言えないでしょう？」

「わかりました、田沼先生。では、質問を変えます。頭蓋内圧の亢進が網膜出血を引き起こすというあなたの主張を裏付ける査読付き論文を、ぜひここで教えていただけますか？」

「論文？　論文ですか？　特にそのようなものはありません。私の意見のほとんどは研究などではなく、臨床経験から導き出したものです」

「先生は今、臨床経験から結論付けたとおっしゃいますが、あなたは小児の頭部外傷を五例ほどしか見たことがないとおっしゃっていましたが、その五例から導き出したのですか？」

「私自身の臨床経験に加え、眼科の同僚たちの臨床経験を加味して私は話をしています」

中山検事は特にこの田沼医師の発言にコメントすることなく、「ここにもう一つ、先生にお見せしたい論文があります」と続け、その論文を田沼医師に手渡しながら、「この論文の結語はどうなっているでしょうか？」と質問した。

「頭蓋内圧亢進が網膜出血の原因になることは極めてまれである、と記載されています」

「それだけではなく、頭蓋内圧亢進により網膜出血が生じた場合、乳頭浮腫に伴って網膜内出血を認めるというパターンをとる、とも記載されていませんか」

「はい、そのように記載されております」

「再度お聞きします。竜輝ちゃんには乳頭浮腫は確認されていましたか？」

「いいえ、確認されてはいません」

「あなたは証言の中で医師、特に小児科医はすべての可能性を考慮していないとおっしゃっていましたが、この小児病院の診療録をご覧ください。入院時の診療録に、可能性が挙げられていた病態はいくつありますか？」

田沼医師はしばらくの間、カルテをめくって、「一一の病態がリストアップされていました」と回答した。

「その一一の病態を鑑別するために検査がなされ、適切に除外されたか確認していただいてよろしいでしょうか？」

再び彼はカルテをしばらくめくり、数分後に「このケースの場合には、すべて検査され、除外がなされたようです」と回答した。

「今ここで話題にしているのは、まさにこのケースですよね？」

「はい、まあ……」

「検察からの質問は以上です」

中山検事が尋問を終えると、長田裁判長から明美に再主尋問を行うか確認されたが、明美は立ち上がり、「弁護人から特に再度の質問はありません」と返答した。

長田裁判長は田沼医師に「ありがとうございました。退廷していただいて構いません」と退廷を促した。その後、昼食休憩とする旨が告げられた。

明美は、この検察からの弁護側証人への激しい攻撃に対し、麗奈がどのような反応を示したのか、ちらっと目線を送り確認をした。麗奈は、田沼医師の証言が非常に脆弱なものであったことに無関心のようであった。彼女がまったく無関心であるのか、証言内容がまったく理解できなかったのか、明美はなぜ麗奈がそのような反応をするのか、理解に苦しんだ。

中山検事は検察側テーブルに戻る途中に、樽見夫妻の顔を見た。彼らは田沼医師の証言が欺瞞に満ちたものであるということが白日の下にさらされたと認識したためか、安堵の表情を浮かべていた。そのことが中山検事にとってもうれしかった。

「裁判はまだ終わったわけではないけれど、少なくとも今日は私たちの完全勝利ね」と中山検事は笹野検事に囁いた。

31

明美は、裁判所を出るなり、巌の携帯に電話をかけた。巌はすぐに電話にでた。

「パパ？　調子はどう？　今どこにいるの？」

「大丈夫だ。今ハンラハンズ（注：レストランの名称）の二階にいる。よければお前の昼飯を頼んでおくぞ」

「すぐに行くわ。いま田沼先生の証人尋問がちょうど終わったところよ」

「それで、どうだった？」と巌は尋ねてきたが、明美は「昼食の時に話すわ。数分後には着くわよ」と伝えた。

巌はいつでも法廷に行けるような服装をしていた。病気が判明したことは、乳幼児揺さぶられ症候群という〝理論〟

に反証する、という彼の使命を制約することにはならなかった。

明美がハンラハンズに着いた時、巌は今朝がた行っていた石川医師との面談時のメモ書きを整理していた。二人は抱擁した。明美は、ほっとして自分の髪を手櫛でかき上げながら、目の前の彼ががん患者としての父親ではなく、刑事弁護人としての父親であることを強く認識し、午前中の経過について正直に話をすることに決めた。

「田沼先生の証言は、饒舌ではあったけれども、中身はないものだったわ」

「本当か？　びっくりだな。彼の経歴は抜群だったし、彼が送ってきた手紙にあった結論は十分に説得力のあるものだったんだがな。俺は彼と電話で話もしたが、とても良さそうに感じたんだが。どういうところが〝饒舌だけれども中身がない〟と感じたんだ？」

「彼は愛想のいい感じで陪審員に取り入ろうとしてたけれども、それが成功する前に急ブレーキがかかったわ。中山検事が彼を丸裸にして、彼が行った主尋問の際の意見は完全に潰されたわ。私はパパが、証人として出廷してくれる専門家たちを素晴らしい存在と考えていて、私たちが勝つために役に立つと考えていることはわかっているわ。でも申し訳ないけれど、今までのところ、私ですらまったく説得力を感じていないわ。パパすら見込みがないって思ったらこのケースはどうなっちゃうんだろうって不安だわ」と明美は泣きそうになりながら話した。

「気を取り直して、もう一度戦う姿勢を見せろよ明美！　お前が戦う気をなくしてどうするんだ。偽物の連中がお前の心を折ろうとしているのに、くじけてはだめだ。真実はわれわれの側にあり、われわれが勝つのは必然なんだ！」と巌は大声をあげた。

明美は誰かがこの話を盗み聞きしてはいないかあたりを見渡したが、幸いなことに、二階には金子親子しかいなかった。巌がこのような大声を明美に対して出すのは、一〇年前に彼が請け負ったマネーロンダリングの事例で、有罪判決が下った時以来だった。

「ごめんね、パパ。パパがどれだけこの乳幼児揺さぶられ症候群に関して強い思いがあるのかは理解しているんだけれど、正直に言って麗奈ちゃんが絶対に竜輝ちゃんを虐待していないって確信がまったく持てないでいるの。パパが『依頼人が無実であるか実際に犯罪を犯したのかを、刑事弁護人が想定をするべきではない』と考えていることはわかっているけど、今回の事件ではそのような想定をしてしまう自分を止めることはできないわ。彼女の弁護人をするのは、本当にうんざりの極致なの。彼女は、そもそもの会話がまったく成り立たないの。彼女が頭のおかしい義理の父親からひどい虐待を受けて育ってきたことはよくわかっているし、今殺人事件の被告人という苛烈な立場にあることもよくわかってる。彼女の心の壁を溶かすためのあらゆる努力はしたわ。でも何をしても徒労に終わっているわ。一瞬だけ通じ合ったように感じたこともあったけど、それは本当に火花のように一瞬だったわ。彼女を何年も服役させ続けることは間違っているとは思っているわ。でも私は、彼女が罪を犯したと考えるようになり、彼女自身がそれを否認せざるをえない精神的な問題を抱えているのだ、と考えはじめているわ。そうでなければ、彼女は病的な嘘つきとしか言いようがないわ」と明美は話した。

巌は表情を曇らせ、

「まあいい。今日の午後の石川医師の尋問は俺がやるからじっくり見ていろ。今日の法廷が終わったら、最終弁論について話し合わなければならん。お前がずっとそんな考えのままだったら、最終弁論も俺がやってもいい。お前はどう思っているんだ?」と話した。

明美は「私にもわからないわ。そんなどっちつかずの状態、自分でも嫌になるわ。もしパパがいなければ、私がやるしかなかったわけだけど。でも私は正直、麗奈ちゃんがやったって思っているわ。パパが連れてきた専門家たちの診断は嘘っぱちだと思っている。もちろん彼女には強力な弁護が必要であることを理解しているけれど、私自身はもはやそれを提供することができない気になっている。それって刑事弁護人として最悪じゃない?」と返答した。

巌はすぐに返答することができなかった。彼はいつも、刑事弁護人は決して仕事に個人的な心情を持ち込んではならず、そして決してクライアントが有罪か無罪かを自分自身が決めつけるようなことがあってはならない、と後輩の刑事弁護人に説き勧めてきた。しかし、今このような事態に陥ってしまっているのは自分の娘であり、自分自身はこの先長くないこともわかっていた。死にゆく自分が最後に娘に残す言葉が、とげのある言葉であることを、彼は望まなかった。

彼はまた、明美がもはやこのケースから降りるべきであるかどうかをこの場で決めてしまうことも、望まなかった。その判断はまだ待つことができると考えていた。それに、石川医師の尋問は本日の午後と、目の前に迫っていた。

「よし、午後の石川医師の尋問は俺がやる。それが終わったらじっくり話そう。いいな？」

明美も「わかったわ。ありがとうね」と答え、「私のこと愚かだなって思ってるでしょ？」と続けた。

「ああ、お前は愚か者だ」と話し、さらに「お前は刑事弁護人だ。刑事弁護をする奴なんて愚か者しかいないさ。そういう意味でパパも愚か者だ。でも愚か者の人生も悪くなかったぞ！」と、彼を刑事弁護人として有名たらしめた、バイタリティーと魅力にあふれたかつての姿を彷彿とさせるように、巌は話した。

二人はハンラハンズのギシギシと鳴り響く廊下を降り、裁判所まで戻っていった。彼らが裁判所に戻った時、明美と巌はマスコミに囲まれたが、対応せずに急ぎ法廷に向かった。巌はなぜ自分がいなかったかを聞かれたり、さらに突っ込んだ質問をされて病気のことを話すことを望んでいなかった。マスコミが自身の病気を把握しているかどうかは彼にはわからなかったが、下手にそれがマスコミに報道されることを望んでいなかった。巌は、マスコミに石川医師の証人尋問が終わった後に対応を行う旨を伝え、法廷に入った。


長田裁判長により開廷が宣言されたのち、裁判長は巌に証人を法廷に呼び主尋問を始めるように促した。

金子巌は立ち上がり、大きな声で「弁護人は石川徹医師を証人として呼んでおります」と発言した。

石川医師は大股で足早に証言台に向かい、宣誓を行った後、着席し、マイクの位置を調整した。

巌は証人の名前につき尋ねた後、「先生がどこで教育とトレーニングを受けたのか教えていただけますか」との質問を続けた。

「国立大学を卒業し、その後同じ大学の医学部に進み、上岡中央総合病院で小児科研修を行い、その後静岡県鹿見市で、小児科のクリニックを開業しております」と石川医師は回答した。

「あなたは小児科専門医の資格を有していますか？」

「はい、一九八七年に専門医を取得しています」

石川医師が参照にした医療記録を詳細に確認した後、巌は「あなたが確認した医療記録をもとにして、小児科医としての知識と経験を踏まえ、竜輝ちゃんが致死的な経過をたどった原因に関して、あなたは何らかの結論に達しましたでしょうか?」と尋ねた。

「はい、一つの結論に達しました」

「その結論とはどのようなものでしょうか?」

「竜輝ちゃんにはすでに何らかの損傷が存在していて、損傷をきたしやすい状況となっていたと考えております。彼は数日前にワクチンを打ったことにより、出血しやすい状態になっていたり、ビタミンC欠乏に陥っていたりした可能性も示唆されます。実際、彼は病院の採血で、凝固障害を示すプロトロンビン時間が延長していたのが確認されております。また彼はおそらく、入院の二～三週間前に、低所からの転落が原因で、無症候性の硬膜下血腫が生じていたものと推察されます。彼は無症候期と呼ばれる、一見何にも問題がないように思える期間が続いたものの、かんしゃくを起こしたことを契機として、古くなった凝血塊から再出血をきたしたものと思われます。それにより頭蓋内圧の亢進が起こり、網膜出血が引き起こされ、最終的に致死的経過をたどったのです」

「ワクチン接種をしたことが、出血の原因になったということですか?」

「そうです。例えば肝炎ワクチンは投与後に血小板減少症が生じうるとされており、それによって出血傾向が生じます。他にもDPT（三種混合）ワクチンによって脳炎が生じることもありますが、竜輝ちゃんはその両方のワクチンを接種しておりました。ワクチン接種後に呼吸停止をきたした症例も報告されています」

「ビタミンC欠乏症は、どのような状態を引き起こしうるのでしょうか?」

「ビタミンCはコラーゲンの形成に欠かすことができません。食事やサプリメントで十分な量が摂取できなかった場合、コラーゲンは適切に形成されなくなります。コラーゲンが欠乏した場合、血管壁が脆弱となり、破裂しやすく、出血をきたしやすくなります。これが、竜輝ちゃんが重篤な状態に陥った二～三週前に低所転落した際に、硬膜下血腫が引き起こされたことを説明するものです」

「頭蓋骨骨折についてはどのように説明されますでしょうか？」

「頭蓋骨骨折は間違いなく、二～三週間前の低所転落で生じたものと判断されます。救急隊員の心肺蘇生によっても網膜出血は引き起こされうるものですが、私は竜輝ちゃんに生じた網膜出血は、肝炎ワクチン接種による血小板低下に加えて、ビタミンC欠乏による網膜静脈の血管壁のコラーゲン形成不全が相まって生じた可能性がより高いと考えています。このような血液凝固系の潜在的な異常がある場合には、家庭内の軽微な転落などによっても網膜出血は生じえます」

「ありがとうございます。弁護人からの質問は以上です」と巌は主尋問を終わりにした。

中山検事は、巌が石川医師の尋問を終えた際、懸命にメモを取っており、反対尋問を開始する準備ができていなかった。彼女は巌の尋問が唐突に終わったことに驚き、ゆっくりと椅子から立ち上がっては見たものの、長田裁判長に「裁判長、準備に数分ほどいただいてもよろしいでしょうか？」と頼むことにした。裁判長は「そうですか、ではいい機会ですから、少し休憩することにいたしましょう。検察側の反対尋問は一五分後から始めます」と反応してくれた。

「こんなたわごと、前代未聞よ。彼が話したこのトンデモ理論に反証している医学論文を見たことがあるんだけど、残念ながら検察庁の私の机の上に置いてきちゃったの。まさかそれらの論文が必要になるとは思っていなかったんだけど、反対尋問の際に有効に使えると思うの。申し訳ないんだけど、それらの論文を取りに行ってくれない？　もしあなたが間に合わなくても、法廷が再開されたら反対尋問を開始しておくわ」と中山検事は笹野検事に話した。

裁判が再開し、中山検事は証言台のほうに歩み寄り、「こんにちは、先生。検事の中山恵里です」と、挨拶から反対尋問に入り、石川医師も「こんにちは」と返した。

「あなたは、実際に診療を行っている一般小児科医である、という理解でよろしいでしょうか？」

「はい、その通りです」

「あなたは年に何例ぐらい頭部外傷の子どもの診察に関わりますか?」

「年によってまちまちです。年間何例という形で話をするのは難しいです」

「そこを平均で何とかお答えしていただけませんか?」

「一年で? うーん、なんて言ったら……大体五例ぐらいでしょうか?」

「それは質問ですか? それともあなたの答えですか?」

「わかりました。自分の見解として五例と言っておきます」

「その五例のうち、何人ぐらいが事故による頭部外傷でしょうか?」

「三例ぐらいでしょうか?」

「それも質問ですか? あなたの答えですか?」

「はい、答えです」

「では残りの二例は、ビタミンC欠乏症や凝固異常症があるのでしょうか?」

「私個人の診療経験が、一般小児科医を代表するものではないので……」

「質問に答えてください、先生」

「いちいちそのようなことは記録していません」

「ここで、あなたが先ほど弁護人からの尋問で答えたことを整理させてください。あなたは肝炎ウイルスワクチンとDPTワクチンが、竜輝ちゃんに血液の凝固障害を引き起こし、ビタミンC欠乏症が血管脆弱性を引き起こし、漏出性の出血を引き起こしたと考えているということでいいですか?」

「その通りです」

「また、あなたは竜輝ちゃんには以前に形成された硬膜下血腫後の凝血塊が存在し、それが彼がかんしゃくを起こした時に再出血をきたしたとおっしゃいましたね? それでよろしいですか?」

「はい、それが私が話したことの要約で間違いないです」

「あなたのその『ビタミンC欠乏症が硬膜下血腫と網膜出血を引き起こす』という主張の根拠となる医学研究論文を教えていただけますか？」

「英国医学雑誌に掲載された文献で、『ビタミンCの欠乏が毛細血管の脆弱性および断裂を惹起し、乳児の硬膜下血腫や網膜出血に寄与しうる』と言及されています」

「その研究論文は、ビタミンC欠乏症と乳児の硬膜下血腫・網膜出血に関して研究したものでしたか？」

「ええ、その通りです」

中山検事は検察側テーブルのほうを向き、笹野検事が戻ってきているかどうか確認した。中山と目が合った際に笹野はうなずいた。

中山はテーブルに戻り、彼が持ってきてくれたいくつかの書類を手にした。その中から彼女はお目当ての論文を見つけ、それにさっと目を通した後、石川医師に手渡した。

「その文献は、さきほどあなたが話していたものと同じものですか？」

石川医師はその論文を見て一瞬固まったが、「はい、そうだと思います」と続けた。

「でも先生、実際にはそれは研究論文というよりも、ビタミンC欠乏症と毛細血管の脆弱性に関する、筆者の意見を表現した単なる編集者への手紙（a letter to the editor）ではありませんか？」

「確かにそうですが、その内容は筆者の研究に基づいているはずです」

「では彼の研究の結果が報告された論文がありましたら、それを教えていただけますか？」

「現時点ではどこにも公表はされていないと思いますが、私は彼と直接話し、彼の研究結果が正しいものだと信じています」

「では先生は、編集者の手紙に掲載された、研究成果とは言えない一研究者の意見を、裁判所は証拠として採用するべきだと主張しているわけですね」

「まあ、そういうことになります」

ここで中山検事は、意図的に間を空けた後、次の質問を続けた。

「先生は、『頭部外傷後には、それが事故であれ虐待であれ、脳実質損傷を反映してプロトロンビン時間が延長する』という研究報告が多数存在することをご存知ですか?」

「はい、ただそれは可能性の一つにすぎません。私は竜輝ちゃんの凝固の異常は、血小板の減少とビタミンC欠乏症の両方が相まった結果だと考えています」

中山検事はここで小児病院の診療録を取り上げ、検査結果の一覧を示したページを開き、それを石川医師に提示し、

「先生、竜輝ちゃんが小児病院で行った一連の採血結果を見て、血小板数に異常が生じていたのかを教えてください」

との質問を行った。

石川医師は検査結果の一覧を見て、

「まあ血小板数は正常ではありますが、正常下限であり、ビタミンC欠乏症と相まって、出血が生じてしまったんだと思います」

「竜輝ちゃんの血液凝固系に何かしらの問題が生じていたとするならば、なぜ出血が頭蓋内と網膜のみにとどまったのでしょうか? 通常の血液凝固系異常をきたした病態であれば、体のあらゆる部位に出血が生じるのではないでしょうか? 例えば血友病の子どもでは、出血は腎臓・皮膚・関節などに生じるとされておりますが、その点についてはいかがでしょうか?」

「竜輝ちゃんの場合、すでに頭蓋内に出血していたので、そこに再出血が生じやすかったのです」

「竜輝ちゃんの頭蓋内には古い凝血塊は画像上も解剖でも確認されていません。その点についてはいかがでしょうか?」

「彼には二~三週間ほど前にきたしたと考えられる頭蓋骨骨折がしっかりと確認されています」

「先生は何をもって頭蓋骨骨折が二~三週間前のものと判断しているのでしょうか?」

「それは経験を踏まえた私の見解です」

中山検事は腰に手を当て、あきれた表情で石川医師を見つめながら、次の質問に移行することとした。

彼女は石川医師にまた別の論文を手渡し、次のように質問した。

「あなたは心肺蘇生が、竜輝ちゃんの網膜出血の原因になったとの可能性を指摘しました。お渡しした論文では、その点につきどのような結論に至っているか、お話していただいてよろしいでしょうか?」

石川医師は、数分間その論文を熟読し、次のように述べた。

「この論文は、心肺蘇生を受けた、凝固異常症の患者の網膜出血について述べたものです」

「先生、どうぞ結論部分を読み上げていただけますでしょうか?」

「『一名に、数カ所の網膜出血が確認されたのみであった』と記載されていて、『凝固異常症の患者の心肺蘇生後に網膜出血が生じることはまれである』と結論付けられています」

「その論文の結論は、『心肺蘇生によって網膜出血が引き起こされた』とするあなたの主張と矛盾はしませんか?」

「一つそのような論文があったからといって、私の意見が否定されるわけではないはずです」

中山検事は再び検察側テーブルに戻り、さらに四つの論文を引っ張りだした。

「えー、ここにまったく同様の結論が導き出されている論文が、四編ございます。これらの論文を、先生はご覧になりますか?」

「いいえ、法廷で急にそのような反証論文を出されても、即座に対応するのは困難です」と彼は言い返し、「仮に心肺蘇生についての議論をさておいても、ビタミンC欠乏症と肝炎ウイルスワクチンにより生じる可能性は十分ありますし、DPTワクチンの可能性もあるわけですよ。それを忘れないでください!」と大きな声をあげた。

中山検事はさらに検察側テーブルに戻り、また別の論文を取り出し、石川医師に手渡した。彼女は一旦立ち止まった後、陪審員席のほうに向かって歩きながら、

「先生、今手渡した五〇万人の子どもを対象とした、ワクチン接種に関する全米規模の研究の報告書の結語の部分を読み上げていただいてもよろしいでしょうか?」と話した。

石川医師は『ＤＰＴワクチンによって脳炎症状が引き起こされた事件は皆無であった』との結論を読むことを余儀なくされた。

中山検事は速やかに彼に背を向け、証言台のほうに歩いていき、振り向きざまに「先生、あなたは乳幼児揺さぶられ症候群という診断を行ったことはございますか？」と尋ねた。

石川医師は「これまでに一度もありません。そんな症候群があると私は思っていません。私は頸部の損傷が引き起こされることなく、一部の医者が乳幼児揺さぶられ症候群とみなしているさまざまな損傷が、揺さぶりで引き起こされることはないと考えています。実際、生体力学を研究している工学者たちは、ヒトの力による揺さぶりのみで硬膜下血腫を引き起こすほどの外力を生じさせることは、物理的に不可能であると報告しています。ですから、私がその診断を行うことはこれまでも、これからもないです」と話した。

実際、弁護側の専門家証人になる人物はすべて同じ回答をするため、中山検事はどのような反応を彼がするかを十分に予測しつつ、「乳幼児揺さぶられ症候群とされる症状を、揺さぶりだけで引き起こそうとした場合、頸部損傷を引き起こさないはずはない、という理論の根拠となる研究を教えていただけますか？」との質問を行った。

石川医師は予想通り、他の弁護側専門家証人が証言の際に引用していた論文とまったく同じ論文を持ち出した。そして当然ながら、中山検事は他の証人と同様の手法で、その研究の信頼性の低さを明確にした。特に彼女はこの論文の数学について鋭く指摘したものの、石川医師は「この研究論文の筆者が誰かを意図的にだまそうとしたとは思えない」との理由から、その論文には誤りがあると認めることはなかった。中山検事の「でも先生、数学的に間違っていたのであれば、その結論も間違っているのではないでしょうか？」との指摘にも、「そういう風に見ようとする人からすれば、そう見えるのでしょう」と返答した。

石川医師の証言の信憑性がガタガタと崩れていくこの過程の中で、明美は椅子に座り、熱心に聞いているかのように見えるよう、忙しくメモを取っていた。彼女は巌を見て、中山検事の質問にどのように異議を唱えるか見極めるつもりであったが、これまでにかなりの額の報酬を弁護人側の専門家証人に支払っており、そしてそれらの専門家証人が全滅に近い形でやり込められている状況にありながら、なかなか異議を申し立てるべきチャンスはないようであった。

「以上で検察からの質問は終わります」と中山検事は反対尋問を終え、検察側テーブルに戻っていった。

ここで巌が再主尋問を行うために立ち上がり、「石川先生、検察はあなたの証言の根本部分から目をそらそうと、尋問を重ねました。陪審員の理解を促進するために、改めてあなたの証言の要点を説明していただいてもよろしいでしょうか?」と発言した。

「異議あり！　すでに尋ねられ回答がなされた質問です。証言を繰り返す必要性はないはずです」と笹野検事は異議を申し立てた。

「異議を認めます。証人は今の質問には答えないでください。弁護側は、別に質問したい事柄はありますか?」と長田裁判長は異議を認めた。

巌は躊躇し、メモに目を通した後、「いいえ、特に弁護側からはありません」と回答した。

「弁護人、検察双方は、さらなる証人を喚問する必要はございますか?」と長田裁判長は質問した。

中山検事は「はい、裁判長。検察側は、あと一人専門家証人を立てたいと考えています」と答えた。弁護側からは特に要望は出されなかった

長田裁判長は中山検事を数秒間じっと見つめた後、「弁護人・検察双方はサイドバー協議（訳注：裁判官と弁護士の間で、陪審員に聞こえないように行われる協議）のために、裁判長席の近くにいらしてください」と発言した。

彼らが集まったところで、長田裁判長は「すでにわれわれは、陪審員が評決を下すだけの十分な証人尋問を行ってきました。実際、これまで一二名以上の医療専門家が証言をしています。さらに医師の証言を増やして何か判断材料が増えますでしょうか?　いたずらに陪審員を混乱させるだけではないでしょうか?　検察側の追加証人の尋問を認めるかどうかは、一晩考えさせてください。明日の朝にはその結論を双方に伝えます」と話した。

中山検事は顔を真っ赤にし、笹野検事は拳を握りしめ、長田裁判長に猛抗議を行った。長田判事は、彼らを一旦黙らせ、「一人ずつ話してください」とお願いした。

「われわれの専門家証人は、あくまで竜輝ちゃんの診療に直接携わった目撃者証人としての証言です。第三者的立場の独立した医療者による証人尋問は行っておりません。われわれはすでに、九州から子ども虐待専門小児科医である池本康太先生に、横河市までいらしてもらっております。弁護側が第三者的立場の独立した医療者による証人尋問を複数回行っていたことを考えると、私たちの証人に証言させないことは公正ではないと思います」と笹野検事は主張した。

長田裁判長は「確かに検察側で証言した医師は、全員が目撃者証人であったことは事実かもしれませんが、彼らはそれぞれが各分野の専門家であり、私は専門家証人として受け止めました。ですから弁護側・検察側の双方が、それぞれ専門家証人による証言を行ったと考えています。繰り返しになりますが、私は明日の朝に皆様に、私の決定を伝えます。以上です」と話した。これ以上の議論は無駄であり、むしろ長田判事を刺激し、遠ざけてしまいうることを認識し、中山と笹野は仕方なしに検察側テーブルに戻った。裁判長がその日の法廷を閉めた直後、彼らは手回り品を集めて、すぐに退廷した。

報道陣はその日のいい画を撮りたがっており、ホールの中でさえ、彼らは冷静さを保っていなければならなかった。廊下の一角では、報道陣が集まり明美と巌にインタビューを行っていた。その中の何人かが、中山検事と笹野検事の近くに駆け寄ってきた。「検察側の専門家証人は誰が出廷するのですか?」とあるTVレポーターが叫んだ。

「長田裁判長は、できるだけ早く陪審員に評決をゆだねたいと考えているようです。彼がわれわれの専門家証人を受け入れてくれるのかどうかは、明日の朝決まります。それが決まるまでは、われわれはその名前を話すことができません」と中山検事が冷静に対応した。

「その点について、検事さんたちはどうお考えですか?」とあるタブロイド紙の記者が、挑発的に聞いてきた。

「それが裁判長の判断ですから。もちろんわれわれは、私たちの専門家証人が証言を行う機会をいただけることを、期待しています」と笹野検事は返答した。

もう一方のコーナーでは、あるレポーターが石川医師の証言について、巌に尋ねていた。

「私は彼が、首尾よく証言をこなしたと考えています。難しい質問も検察からなされましたが、彼は答えを熟知していて、彼なりの主張は通していたと思います」と巌は答えた。

レポーターは「私から見ると、相当苦しそうに見えましたが」と続けたが、「私はうまくやったと思いますよ」とあくまで巌は強気の姿勢を貫いた。

「麗奈被告は、証言台に立つのでしょうか？」とまた別のレポーターが尋ねた。

「もちろん私たちは彼女にその機会を提供する努力をしましたが、彼女自身が証言をしたくないと考えているようです。彼女は非常に大きなプレッシャーと戦っているのです」と明美は答えた。「ご質問いただき誠にありがとうございました。われわれはまだ仕事が残っております。明日また最終弁論後に、お話させてください。では失礼します」と巌は言い、喉が強烈に渇いていたこともあり、駆け足でドアに向かっていった。

明美は巌の手を取り、まだまだ続く質問の中、巌の事務所に向かった。この後、彼らは最終弁論の打ち合わせを行う必要があった。


弁護士と検察が裁判所で火花を散らしている間、大久保家では恐ろしい出来事が起こってしまっていた。明美が携帯電話を取り出すと、聖ジョセフ病院の医療ソーシャルワーカーである碓氷真沙江から、留守電が残されていた。メッセージを再生すると、「至急話したいことがありますので、病院あてにお電話いただいてよろしいでしょうか」と残されていたが、詳細については何も残されていなかった。

32

「お前は今日も裁判所に行く気なのか。今日こそは許さないからな。店はどうするんだって言ってんだ。お前が裁判所に行って何も出来やしないだろ。麗奈に聞いてみろってんだ。あいつと一日一回は電話できるんだろう。そこで好きなだけなだめてやれば、裁判所なんか行く必要ねえだろうが」と淳司が朱莉に言い放った。朱莉も負けじと「店には行かないわ。裁判所で麗奈が私を見ることに意味があるの。あそこで彼女の味方は誰もいないのよ。傍聴席の後ろに座っているだけかもしれないけど、それが彼女のサポートになるの。私の他には誰もいないの。実の娘が本当に私を必要とする時に、それを放棄させようとすることは、誰にも、たとえあなたにも、できないわ」と朱莉は強く抵抗した。

朱莉の、実の娘の裁判の傍聴に行くというごく当たり前の対応は、淳司にとっては店を一人で対応しなくてはならないことに繋がり、そのことが日々彼の怒りを募らせていた。突然に彼の怒りは頂点に達した。

「てめえ、この野郎！　あのクソガキのために、あくまで俺になめた態度を取るっていうんだな。思い知らせてやるからな」と淳司は叫び、朱莉の眼、頬、口を殴りつけた。朱莉の歯は何本か抜け落ちた。朱莉は慌てて逃げようとしたが、その際に背中も思い切り叩かれ、壁に叩きつけられて肩を強打した。彼女は淳司の拳を何とかかわしたが、それによって壁に大きな穴が開いた。壁の穴から引きぬいた淳司の手は大きく腫れていた。その隙に朱莉は寝室に逃げて、震える手でドアの鍵を閉めた。「てめえ、戻ってこい、オラ！」と淳司は、腫れた拳をさすりながら叫んだ。「開けやがれ、ほら！」と彼は、ドアノブをガチャガチャと音をたてながら強く引っ張った。朱莉は、ドアのヒンジがもつことを祈りながら、必死にドアを押さえていた。

「ずっとここにいればいい。俺が戻った時に顔を見たら、思い知らせてやるからな。聞いてんのかコラ！」と淳司は叫んでいたが、習慣になっているためか、彼は時間が来ると店に仕事に出て行った。

静かになった後も、朱莉はしばらく恐怖で震えていた。目はひどく腫れ、鼻はつぶれ大きくあざが広がっていた。唇もレバーの塊のように腫れあがっていた。肩の痛みで両腕はほとんど動かすことはできなかった。呼吸をするたびに肩から胸にかけて、電気が走るような痛みに襲われた。肋骨も何本か折れているようであった。

その後もしばらく静寂が続き、朱莉は淳司が出て行ったことに気付いた。彼女は一一九番に電話することにした。何年もの間、屈辱的な扱いや身体的な暴行に耐え続けた朱莉にとって、警察に電話をすることは、とてつもなく勇気がいることであった。

「もしもし？」数分後に家のドアがコンコンと鳴った。朱莉は慎重にドアを開けた。目の前には警察官が立っていた。

「どなたか警察に電話をいただいたようですが。電話がこの住所のものであることがわかったので伺いました」と言いながら警察官は、朱莉の顔を見た。瞬時に警察官は事情を把握した。

「電話をしたのは私です。もう限界です。夫が私に暴力を振るいました。病院に行きたいです。全身が痛いです。特に肩の痛みがひどく、おそらく何本か肋骨も折れていると思います」と明美は打ち明けた。

「旦那さんはどこに？」

「ここにはいません。経営している店に行っているのだと思います」

警察官は朱莉に「なぜこのような事態が起こったのか？　誰がこのようなことをしたのか？　そしてその人物がどこにいるのか？　われわれが動くためには、あなたの供述が必要です。私たちは彼を逮捕することはできますが、あなたはこの事態に対し、彼を告訴したり、裁判になった際に証言するつもりはありますか？　そのような意思がまったくない場合には、多くのことが徒労に終わってしまいかねません。もし今回の事態を不問にして、旦那さんとこれからもやっていきたいと思うのであれば、時間の無駄にもなりますよ」と警察官は、そのようなことが、いたるところで何度も繰り返されてきたことを念頭に置き、朱莉にそのように話した。典型的なDVでは、被害者の急性期の痛みが消えてしまえば、加害者からの甘い言葉を受けて、被害者は再び加害者を受け入れてしまう。加害者は「もう二度とこんなことしないよ」と言うが、このようにして何度も警察官は呼ばれる羽目になる。

「告訴し、必要な際には証言も行うつもりです。こんな関係性を続けながら生活をしていくことはできません。ここまでひどくはなかったですが、これまでにも彼からは暴力を何度も振るわれてきました。もう彼には会う気もありません」と朱莉ははっきりと口にした。

警察官はうなずき、朱莉のために救急車を手配した。朱莉は急ぎ財布とバックを用意した。救急車が到着し、救急隊は彼女をストレッチャーに乗せた。朱莉は近所の目が気になり、あたりを見渡した。

病院で治療を受け、その後に警察で淳司が加害者である旨の調書にサインをした後、朱莉は病院の医療ソーシャルワーカーである碓氷真沙江と話をした。一時間も経たないうちに、碓氷は市内のＤＶ被害者のシェルターの一つであるひだまりの家に、朱莉のための部屋を確保した。


一方、淳司の経営するコンビニエンスストアには、和田秀人捜査員と大沢孝次捜査員が駆け付けていた。淳司は常に周囲を警戒しており、通りを挟んだ向かいに警察車両が駐車するのを見ていた。警察官が一人であれば、タバコや缶コーヒーを買って帰るだけかもしれないが、二人ペアになってくる時には、決して油断できない。その場合、彼らは仕事をしに来ているのだ。

淳司は常にこのような機会に備えていた。彼はレジの下の引き出しを開け、ナイフを取り出し、警察官が正面に来るまで待ち構えた。

「おはようございます。横河警察署の和田と申します。こちらは同じく警察官の大沢です。大久保淳司さんはいらっしゃいませんか？」

「俺が大久保だが。何の用だ」

「大久保朱莉さんはあなたの奥さんでしょうか？」

「そうだがあんたらに何の関係があるっていうんだ」

「彼女は今病院にいます。あなたに暴行されたと訴えています。それは本当なのでしょうか？」

淳司はこの時点で、意識はリンチを受けた瞬間に戻ってしまっていた。「殺らなければ、殺られる」。抗争のさなか、相手の暴走族のメンバーの頭を興奮状態で滅多打ちにしていた。気付くと味方のメンバーは誰もいなくなっていて、一人拉致され、壮絶なリンチを受けたのだ。殺されてしまうと考えた瞬間、通報で駆け付けたパトカーのサイレンが鳴り、相手は散り散りに逃げていき九死に一生を得たが、それ以降彼は恐怖に支配されてしまった。

今回、淳司は何の抵抗もなしに、捕まるつもりはさらさらなかった。彼はカウンターの下からナイフを取り出し、大沢を羽交い締めにして首すじにナイフを押しつけた。

「ここからすぐに出て行きやがれ。さもなければこいつを殺してやるぞ！」

和田は官製のリボルバーを淳司に向け、「ナイフを捨てなさい。発砲するぞ」と警告した。異常に興奮した淳司はナイフをもつ腕を動かした。直後、和田は銃を淳司の胸に向け発砲し、彼は射殺された。

和田はすぐに膝を落とし、パートナーである大沢に「孝次、大丈夫か」と声をかけながら、受傷の程度を確認した。「地獄のような痛みだ」と大沢はうめいたが「だいぶ出血がひどい。寒くなってきた」と答えた。和田は救急車を呼び、もう一度大沢の状態を確認した後、何が起こったのかを署に報告した。数分のうちに大勢の警察官が駆けつけ、大沢を搬送するための救急車も到着した。コンビニエンスストアは一気に犯罪現場に変わった。

淳司が射殺された旨のメッセージが朱莉に届けられた時、彼女はまだ医療ソーシャルワーカーの碓氷と面談していた。「まあなんてこと……彼に死んでほしかったわけじゃない。ただ離れたかっただけなの……。ああー、私のせいよ、私のせいだわ。私は地獄に落ちるんだわ」と朱莉は泣き崩れた。碓氷は彼女の手を握り、慰めようとしたが、それができないほど取り乱していた。泣き叫んで嘆き、深呼吸をするたびに、朱莉の折れた肋骨によって痛みが惹起された。肩も顔面も激しい痛みがあり、彼女は絶望的な気分だった。

救急部の医師の一人が、朱莉の激しい慟哭を聞き、精神安定剤を注射した。数分で彼女は眠りに落ちた。しばらくして朱莉は眠りから覚め、碓氷と話をさせてほしいと頼んだ。

「竜輝ちゃん事件を知っていますか？　テレビで報道もされています。私の娘は、容疑者としてその裁判を受けている大久保麗奈です。今回起こった出来事について、私は娘に知らせなければなりませんし、私が今どこにいるかを伝えなくてはいけません。どうすればいいでしょうか？」と朱莉は尋ねた。

「少し考えさせてください。うーん、彼女の弁護をしている弁護士さんの名前はわかりますか？」と碓氷は聞き返した。

「えーっと、金子明美先生と金子何とか先生です。父と娘で弁護士をしているので、苗字が一緒の二人です。そうだ、名刺がありました。ちょっと探していいですか？」と朱莉は言いながら、財布の中身をテーブルに出し、探し始めた。

「ここにありました。金子明美先生と巌先生です。携帯番号もここに書いてありました」


「碓氷真沙江さんですか？　留守電を確認して折り返しています。私は金子明美と申します」

「ああー、弁護士の金子先生ですね。折り返しいただき誠にありがとうございます。私は今、麗奈さんのお母様の大久保朱莉さんと一緒にいます。実は朱莉さんは、夫である淳司さんから暴行を受け、顔面あざだらけになり複数の肋骨が折れ、肩を痛めて私共の病院を受診いたしました。想像に難くないと思いますが、彼女は今非常に動揺しています。彼女は身体的には十分な治療を受け、医学的には家に帰れる状態です。ただ実は……」と碓氷が話をしている途中で、明美は「すぐにそちらに伺います。碓氷さんの連絡先を教えていただけますか？」と聞き、碓氷の携帯番号を書き留め、タクシーに飛び乗り、二葉中央病院に向かった。二葉中央病院の救急診療部は巌が受診したところであり、すぐにたどり着くことができた。受付に駆け足で行き、名前を告げ、碓氷を呼んでもらうように伝えた。病院の隅の、医療ソーシャルワーカーが勤務する小さな事務所である医療相談室に案内され、しばらくして碓氷が現れた。彼女は茶色の髪をお団子にした、四〇代ぐらいのふっくらした女性で、『何を話しても、すべて大丈夫よ。さあ話しましょう』と言っているかのようなにこやかな顔をしていた。

「初めまして、医療ソーシャルワーカーの碓氷と申します」とあいさつをした後、彼女は明美に淳司が死亡したこと、大沢捜査員が首を切られたために和田捜査員により射殺されたこと、など事の顛末の詳細につき順序立てて話をした。大沢捜査員もこの病院の救急診療部に搬送されてきており、確かに騒がしい雰囲気に包まれていた。

「朱莉さんはどちらにいらっしゃいますか？」と明美は尋ねた。

「彼女なら病院内のチャペルのホールにいます。彼女には祈りと支えが必要でしたので」と碓氷は言い、「ここに彼女を連れてきます」と続けた。

朱莉は明美の顔を見るなり泣き始めた。明美は肩を貸して、優しく揺すりながら朱莉をしばらく泣かせたままにした。

「麗奈にはなんて説明すればいいんでしょう」と朱莉は尋ねてきた。

「私から伝えたほうがいいですか?」と明美が聞き返すと、「そうしていただけますか?」との返答が返ってきた。その後しばらく朱莉と碓氷を交えて会話をした後、明美は拘置所に向かった。空腹であったが食事どころではなく、麗奈に今日起こったことをしっかりと伝える必要があった。


麗奈が弁護士との接見室に入ってきた時には、彼女の顔はいつもの空虚感に満ちたものであった。

「麗奈さん、今日は悪いニュースを伝えなければならないの」と明美は切り出した。

「回りくどく話してもしょうがないから、ストレートに言うわね。あなたのママが、お義父さんに暴行されたの。それだけじゃなくて、お義父さんはコンビニエンスストアに逮捕に向かった警官の首を切って、射殺されてしまったわ。想像に難くないと思うけど、あなたのママは今、錯乱状態にあるわ。この話を私からあなたにしてほしいって、あなたのママに頼まれたの」

「ママは大丈夫なの?　重体だったりする?」

「大丈夫よ。数本肋骨が骨折し、両肩もケガをしていて、顔面はあざだらけのため、見た目はひどいことになっているけど、お医者さんが言うには後遺症なく治るそうよ。多分もう彼女は病院を出ることができて、家にいるんだと思うわ」

「あいつ（淳司）が死んだって?」

「ええ、彼は一人の警官に大怪我をさせ、もう一人の警官が彼を射殺したわ」

麗奈は目を細めながら、「ざまあみろ、あいつが死んでせいせいする。あいつはこの世の中で最も醜悪な生き物だったわ」と話し「ママはいつもあいつがＰＴＳＤだからってかばっていたけど、あいつはリンチを受ける前からイカレていたはずよ。ＰＴＳＤはママと私を痛めつけた際の言い訳に使われていたのよ。あいつが地獄の業火で焼かれていることを期待しているわ」と麗奈は述べた。

「あなたのママは、自分が警察に暴行されたことを電話したために彼は死んでしまった、と強い罪悪感を感じている様子よ」

「ママはいつだって『自分が悪いんだわ』って話しているわ。ママは神父さん以外の人間と、交流を持つべきだと思う。あいつらは祈りをささげることや寄付をすることを強要し、信仰を最優先するように言ってくる。こんな馬鹿なことないわよ。私、ママに話をしようとしたんだけど、全然聞く耳を持ってくれなかったわ。ママは私が何か言っても『あなたはまだ子どもだから、人生についてほとんどわかっていないからね』と言ってばかりなの。ママこそ人生について、何にも理解していないのよ」

数分間の沈黙の後、麗奈は「わたし、証言を行った医者たちの話はしっかり聞いていたわ。あいつらリハーサルか何かしたかのように、同じことを言ってるだけに見えた」と言った。

明美は何も返事をしなかった。

「わたし昨日の夜、夢を見たの。夢の中で、あいつ（淳司）が私の胸とおなかを鞭で叩いてきたわ。私はとても怒っていて、彼に反撃したいって思ったの。それで彼のほうを向いたら、赤ら顔でしかめっ面した彼は赤ん坊の姿で泣き叫んでいて、シリアルまみれになっていたの。私それで、キレてしまったの。私は彼の腕の下を掴んで、私の腕が疲れて動かなくなるまで、息を止めながら思いっきり、彼を前後に何度も何度も揺さぶったの。それから私は、彼の後頭部を浴槽にぶち当てたの」と麗奈は明美と目を合わせながら話し、「赤ん坊の足が私の胸を蹴飛ばした時、私はあいつ（淳司）に反撃してやりたい気持ちで怒り狂ってしまって。そういうことを夢の中でしていたの」と続け、涙を流しながら「これって実際にあったことなのかな？　夢って起きている時にあったことを反映するっていうでしょ？　私は冷や汗をかきながら目を覚ましてから、もしかしたら竜輝ちゃんにそういうことをしたのかなって、ずっと疑問に思っているの」と明美に訴えた。

明美はこの麗奈の話に強く引き込まれた。この事件が発生して以来、初めて麗奈が何が起こったのかについて語った瞬間であった。

彼女は単に夢の内容を語っただけなの？　それとも夢の形で彼女は告白をしてきたのかしら？　彼女の語った内容は、まさに小児病院の先生たちが語った通りのものだったわ。つまり、彼女は有罪ってこと？　もし彼女がやったっていうなら、今私どうしたらいいの？

「ねえ麗奈さん、それは夢だったの？　それとも本当に起こったこと？　もし本当に起こったことだというのであれば、弁護方針を変えなくてはいけないわ。もしあくまで夢の話だっていうのであれば、どうしたいと思う？　もう裁判はすぐにでも終わってしまうわ。もし本当に起こったことだというのであれば、私たちが調整をするから、あなたは証言台でそのことを言わなくてはいけないと思う。あなたは罪状認否で無罪と言ったけれど、本当にそれがいいかどうか、話し合いましょう。もし罪状認否を有罪に変えるのであれば、『謀殺（murder）』ではなく、より罪の軽い『故殺（manslauter）』であると主張することになり、判決が下ってもより軽いものになる可能性があるわ」と明美は説明した。

「でもその場合でも、刑務所に行かなきゃいけないんでしょう？」

「判決がどうなるかは、私が決められるわけじゃないけど、一般的には多少なりとも刑務所に行かなければいけなくなることが多いわ。でも第二級謀殺で有罪判決を受けるよりもずっと軽く済むわ。それに率直に言って、これまでの裁判の流れからは、無罪判決が下る可能性は相当低いわよ」

麗奈は窓のほうを見つめて、じっと考えていた。明美は彼女の反応をじっと待っていた。窓には、雨滴が跳ねていた。ムクドリが窓に止まり、頭の向きを変え、またどこかに飛び立っていった。窓の隙間風が、ビュービューと鳴り響いていた。接見時間の終了に近づき、拘置所職員がカギを取り出しカチャカチャと音を立て始めていた。

ついに麗奈が「今の陪審員裁判を続け、無罪になる可能性に賭けるわ。私陪審員たちをずっと見ていたけど、彼らが鋭い人たちとは思えない。たった一人でも無罪の可能性があるって言えば、無罪になるんでしょう？　あなたのパパがそう言っていたわ」と口を開いた。

「確かに理屈的にはそういうことになるわ」

これまでに見せてきた敵対的態度は鳴りを潜め、麗奈は素直に明美を見つめた。彼女の顔は青白く、目は見開き、前髪を掻き上げるその手は震えて、脈は早まり、顔面は紅潮していた。

結局麗奈は、「無罪の主張は変えなくていいわ」と話した。

「わかったわ。あなたがそのつもりならば、そうしましょう」

「あなたのママに何か伝えたいことある?」

「ええ、あいつがいなくなって、ママにとって良かったと思っている、と伝えてほしいわ。奴が死んだことの責任をママが感じる必要はまったくないとも伝えてね。あいつは愚かで私やママをやり込めることができたように、警察官もなんとができると思ったんでしょうよ。奴は当然の報いを受けただけだわ。私は奴が死んで本当にうれしいわ。ママには私のことは心配いらないって伝えて。拘置所にも慣れてきたし、私をいじめていた奴らも、新しいターゲットを何人か見つけて、今はいじめもましになってきているわ」

「お母さんに必ず伝えておくわね」と明美は約束し、「明日は、最終弁論の予定よ」と伝えた。麗奈は「私は無実で、若くて、未来のある若者だって伝えてくれる?」と話し、下唇を噛み、再びいつもの自己弁護に終始するモードに入ってしまったようであった。

明美はブリーフケースを持ち上げ、接見室を後にした。

最終弁論には俳優のような演技力が求められることを、彼女は理解していた。また巌の叱咤激励と具体的な助言が必要なことを、彼女自身も自覚しており、結局のところ彼はそれらのことをしてくれるであろうと考えていた。

明美は巌に電話をかけ、「今明日の打ち合わせのため、事務所に向かっているわ。ねえパパ、麗奈ちゃんの義父の大久保淳司のニュースを聞いた?」と尋ねた。

「全チャンネルで放送しているぞ。麗奈の育った環境の劣悪さや、淳司からの虐待なども掘り下げられていて、麗奈への同情心が湧くような内容になっているが、残念ながら陪審員たちは隔離されているからニュースは見ていないだろうな」

明美は父親の言葉を無視して、「私、明日の最終弁論はパパがやったほうがいいかと思い始めているわ。どう思う？　そもそも体調的にはどうなの？」と尋ねた。

結局わずか数分の話し合いの後、巌が最終弁論を実施することになった。

明美は、麗奈の〝夢〟の話を通じ、もはや最終弁論を行うべきではないと自覚していた。彼女はもはや陪審員に麗奈が無罪であることを説得するという立場からはるかに離れたところにいた。

麗奈は反省の心や罪の意識はなく、自己保身にしか興味がないように見えるわ。彼女は本質的に、共感能力に欠けているのかしら？　それは生まれついてのものなのかしら？　それとも虐待と暴力にまみれた生活の中で、そのようになってしまったのかしら？　その両者ともが関わっているのかしら？　精神保健分野では、この氏か育ちかという問題について、膨大な論文が存在しているけど、コンセンサスは存在していないようだわ。これまでいろいろな研究がされてきたみたいだけど、人間の行動というのはまだ理解がほとんど進んではいないようね。

33

中山恵里検事と笹野紘一検事は、実際に竜輝の診察を行った小児病院の医師以外に、地元の国立大学の子ども虐待専門小児科医である槙野真衣医師に専門家証人として証言してもらうつもりであったが、彼女は病気療養中のため協力を得ることができなかった。そのため笹野検事は、九州の病院で小児科部長を務める、子ども虐待専門小児科医の池本康太医師に協力を依頼し、検察側証人として出廷する予定としていた。池本医師は数多くの有名な児童虐待事件で証言し、客観的で誠実で効果的な専門家証人として弁護側からも一目置かれている人物であった。中山検事と笹野検事は、長田裁判長が彼が証言することを許可しない可能性を示唆したことに強い憤りを感じていたが、彼らはその判断を待つしかなかった。

羽田空港に到着した池本医師を出迎えた中山検事と笹野検事は、現在の状況を可能な限り客観的に、彼に説明した。彼は驚きはしたものの、まったく冷静に対応した。

「なぜ裁判官は予定されていた検察側証人の証言を回避しようとしているのでしょうか?」と池本医師は質問した。

「長田裁判長は、ここまでにもう十分すぎるほどの医学的証人の証言があり、陪審員が判断を下すことが可能であると考えているようです。また陪審員が医学的証言を深く理解することは困難であり、これ以上医学的証言が増えることは陪審員を混乱させるだけだ、との発言を行っております。もちろん、裁判長自身はこれまでの医学的証言の内容をすべて理解しているつもりでいるようです。彼はいつも、法廷内で自分が最も賢いという態度でいます。おそらく彼はすでに被告人に下るべき評定を決めていて、この法廷を可能な限り早く終わらそうとしているのではないかと思います」と中山は発言し、「でもまだあなたに証言をしてもらえる可能性はわずかながらに残されていますから、差し支えなければ証言内容の打ち合わせをさせていただきたいと考えております。無駄になってしまうかもしれませんが、よろしいでしょうか?」と続けた。

池本医師は「わざわざここまで来たのですから、必要だということは何でもいたしますよ。証言する必要がなくなったところで、それはまったく気にする必要はありません」と快諾したものの、「しかし、弁護側には五人の専門家証人の出廷を認めながら、検察側の専門家証人である私の出廷を急に認めないというのは、いささか不公平といわざるをえませんね。なぜその裁判長は、検察に『弁護側証人に対抗する証人に証言をさせる機会』を認めようとしないのか?やっていることがまったくのでたらめですね」と苦言を呈した。

「もちろん私たちもまったく同じ気持ちでいます。でも決定権は彼にしかないものですから。彼が何を根拠にそのような事を言ってきたのか、まったく不明です」と中山検事も返した。

「まあ言っていても仕方がないですから、われわれはやれることをやりましょう。証言することとなった時に、私はベストを尽くしたいですから」と池本医師は話し、「私はこのケースは間違いなく、乳幼児揺さぶられ衝突症候群であると判断しています」と続けた。

「了解しました。低所からの転落が竜輝ちゃんの損傷を引き起こしたとの主張に対しては、どのようなご意見をお持ちですか？」と中山検事はさっそく質問を行った。

「えーっと、まずこの個別事件の話題に入る前に、弁護側で証言を行う、いわゆる〝医療専門家〟について何点か注意点をお話しておきます。彼らは、自身の証言に何の責任も持とうとしないことで、われわれの世界では有名な存在です。彼らは弁護士から金で雇われ、台本を読むかの如く、どの事件であってもまったく同じ内容の証言を繰り返しています。彼らは乞われればどこにでも出かけていき、証言をする際に法外な謝金を得ています。彼らの中にはそれが主たる収入源になっているものもいます。彼らの大部分は、小児の頭部外傷を扱った臨床経験がほとんど、もしくはまったくありません。しかし、彼らもばかではありません。彼らは自信満々で、説得力があるとみなされてしまうこともありえるのです。彼らの中には、法廷で弁護人側証人として収入を得るようになる以前に、各自の専門家領域で良識的な仕事をしてきた人物も存在しています。彼らは医学論文の中の自分たちに都合のいい一節を切り取ってきて、証言の際にそれを強調します。まさに自分の主張を後押しするような情報ばかりを集める、確認バイアスといわれる傾向そのものです。彼らは医学文献を意図的に誤用するだけではなく、時には何らの医学文献の引用をすることもなく、自説を作り出します。彼らの言説はまったく信用できないものです。揺さぶりや揺さぶり後の衝突によって受傷する、ＡＨＴという医学診断を支持する科学的エビデンスは膨大に存在しているにもかかわらず、彼らは『ＡＨＴは根拠に乏しいジャンク・サイエンスである。それにもかかわらず、多くの医療者は盲信して、そのような診断を乱発している』との糾弾を行います。重要なことに、彼らはＡＨＴに関する重要な研究報告を一度もしたことがありません。真の専門家は、検察側に対しても弁護側に対しても、客観的な科学情報を同じように提供しますが、彼らは常に弁護側のための証言しか行いません。彼らの法廷における言説は非難されるべきものであり、このような無責任な証言は許されるべきではありません。しかし各種の医療系学会が彼らに懲戒を加えることも困難であり、裁判所も証言を行う専門家の資質については、非常に低く設定しているのが実情で、医師免許さえあれば誰でも専門家として証言できてしまいます。医療が専門分化し各種の専門医資格ができるずっと以前の、七五年前に決められたルールがそのままになっているんです。少しずつこの基準を変えるための取り組みが行われ始めてはいますが、各地方裁判所によりその取り組みの程度はまちまちであるのが実情です」と池本医師は話した。

「そのことにわれわれはフラストレーションを感じています」と笹野検事は返答し、「われわれは先生に、今のような制度上の不備について説明し、いかにあのような専門家証人というものが信用が置けないか、法廷に理解してほしいと思っております」と続けた。

「では、先生に反駁していただく内容について打ち合わせさせてください」と中山検事は切り出し、「あらためて低所の転落が竜輝ちゃんの損傷を引き起こしたとの主張について、ご意見をお聞かせください」と質問した。

「一九七〇年代半ばから蓄積された小児期の転落事故に関する医学研究報告は膨大な数に上りますが、二、三の例外的な状況を除き、低所からの転落で乳幼児が致死的な損傷を起こすことは、極めてまれであることが示されています。一つの例外的な損傷は、硬膜外血腫です。硬膜外血腫とは硬膜の内側ではなく、外側に出血が生じるもので、ほとんどが動脈性の出血です。硬膜下血腫と硬膜外血腫とは、通常は頭部CT画像で容易に鑑別することが可能です。弁護側の専門家証人は常に、公園における転落事故につき検討したある研究論文を引用し、証言を行います。実際浅野医師がその論文に関して言及し、中山検事はしっかりと論破したようですね」と池本医師は回答し、「もう検事さんたちもお読みになっているかと思いますが、その公園の論文は、七万件以上の事件を扱っていますが、乳児例は一例もいませんから、AHTを理解しようとする上でほとんど価値はありません。さらに重要なのは、事故であることの決定的な証拠と主張される頭部外傷発生の状況に関して、その論文では二、三行、長くても一段落程度の分量しか、情報が記載されていません。そのことからもおわかりの通り、それらの情報の入力は統一したフォーマットの下、拙速に行われたもので、事件の詳細まではわからない状態なのです。その後に別の研究者により行われた大規模なデータ分析研究では、低所転落により致死的経過をたどる事件の割合は、百万分の一以下であることが示されております」と続けた。

「弁護人側が主張している『古い血腫からの再出血により生じた』との見解についてはいかがですか？」と中山検事は質問を続けた。

「そのような主張も、医学文献上明確な根拠のない、でっち上げ的な主張であり、古い硬膜下血腫からの再出血によりショック状態に陥り致死的となった事件の報告は、現時点では一例も存在していません。古い血腫の被膜から再出血することはありますが、そのような出血は全例が静脈性の出血であり、小児病院の高山先生が証言したように、動脈性の出血のようにどんどん血が噴き出すようなことはなく、じわっと染みだすような出血になるのです。他の何らかの要因がない限り、そのような出血が致死的経過に至ることはまずありえません」

「弁護側の主張する、『揺さぶられたのならば、頸部に損傷がないのはありえない』との見解についてはどうですか」と今度は笹野検事が質問した。

「まず、頸部というのは、筋肉・血管・脊椎・靭帯・脊髄・神経根などから構成されています。頸部の筋肉に損傷が生じることは、AHTの事例では非常にまれです。実際に乳児を実験的に揺さぶることはできませんから、直接的に証明することはできませんが、乳児期の頸部の筋肉は未発達で、特に首が座る前は大人が抱っこする時に頭を支えてあげなければならない状態で、揺さぶられた際には力を入れてそれに抗うことはできないわけですが、むしろそのことで緩やかなケーブルのような状況となっており、損傷を免れやすくなっていると考えられています。骨に関しても、乳児の背骨は柔らかく柔軟性があり、その一方で脆いわけではないので、揺さぶられた際に損傷をきたしやすいわけではありません。脊髄から分かれた神経根の部分には時に損傷所見が確認されることがあります。ただしこれらの損傷やそれに伴う出血は非常に軽微で、臨床的にも重度の症状を引き起こすこともほとんどありません。MRIやCTで出血が確認できないことも多いですが、剖検し取り出した脊髄を顕微鏡で確認することで、そのような損傷があることを明確化することができることは少なくありません」

「生体力学の工学者の中には、乳児を揺さぶったところで硬膜下血腫を引き起こしたり、脳損傷や網膜出血を引き起こす損傷閾値を超えることはないと主張している者もいますが、それに関してはいかがなのですか？」と笹野検事が質問した。

「それらの研究報告を行った研究者は、その閾値の設定に非常に昔のサルの実験結果を引用しています。ヒト乳児の頭部を完全に再現した動物モデル・ダミー人形・コンピューターシミュレーションモデルは、現時点では存在しておらず、われわれは、血管・脳・骨・頭皮などの複数の異なる組織からなる頭部の損傷閾値に関する優れたデータというものを持ち合わせているわけではありません。生体力学の研究者は、靭帯・筋肉・骨などの個々の組織に関する外力の影響を測定することに優れています。しかしそれらが複雑に組み合わさった乳児の頭部でどこまでのことが言えるのかはわからないことも多く、良識的な研究者はそのことを限界点として認めています。単純に数字を当てこむことは最悪の手法とも言えますが、弁護人側の生体力学の『専門家』は、そのようにして得られた自身の研究結果をあたかも既存の事実であるかのように証言しています。現実に生じていることとの整合性なんてお構いなしなのです」

「網膜出血に関してはいかがでしょうか？　彼らは頭蓋内圧の亢進によりそれらが引き起こされると主張しておりますが……」と中山検事が質問した。

「網膜出血をあったかなかったかで語ることに意味はなく、どのような出血であったのかが重要なのです。典型的なSBS事件に認められる網膜出血は、出血が多発し二〇～三〇か所以上に出血が及んでいる、また多数の層からなる網膜の複数の層で出血がみられ、そしてそのような出血が眼球内の網膜全体に及び、しばしば眼のレンズのすぐ後ろの鋸状縁と呼ばれる部位にまで達している、という三つの特徴があります」と池本医師は回答した。

「そのような損傷は、どうやって引き起こされるのでしょうか？」

「多くの優れた臨床的研究や病理学的研究から、反復して揺さぶられることによって、地震の時に互いに重なり合うプレートが引っ張り合うように、牽引性の外力が生じて、血管が剪断されることで生じる、と最近では考えられています。頭蓋内圧の上昇によって網膜出血が生じるという仮説は、現在ではもはや否定されています。中山検事さんはすでに田沼医師とこの問題についてやり合って理解していると思いますが、彼は一九八〇年以降の医学論文を知らないか、知ろうともしないのです」と池本医師は回答し、「SBS事例を考慮する上で、直線的に一度だけ外力が働く事故事例とは大きく異なり、揺さぶられた場合には首を回転軸として頭部は前後に何度も円弧上・曲線上に動く、反復性の加速減速度運動が加わるという状況である、と認識しておくことは極めて重要です」と付け加えた。

「ビタミンCの欠乏により血管が脆弱となり、凝固異常も引き起こされる、という彼らの主張についてはいかがですか？」との中山検事の質問には、「もうナンセンスの極みです。そのような証言をする専門家はもはや狂気じみている。そのようなことを示す医学文献は何ら存在しません」とあきれたように池本医師は回答した。

「もし先生に証言していただくことができるならば、他にどのようなことを明確にするとよいでしょうか？」と笹野検事は確認した。

「その他にも、しばしば主張されるいくつかのばかげた仮説が存在しています。その一つは、低酸素が硬膜内出血を引き起こし、それが硬膜下腔に穿破して硬膜下血腫が形成されるというものです。この仮説が最初に主張された英国では、この理論を法廷で採用しないように決定されています。弁護側の『専門家』は、今なおこの議論を法廷に持ち込もうとしており、一部の法廷ではいまだに飛び交っておりますが、このような仮説はそれこそ根拠のないジャンク・サイエンスであり、議論する価値のないものです。メディアはこのような作り出された論争を強く歓迎しています。そのような論争は紙面を賑わす材料となり、テレビでも視聴者の興味を引きますから。弁護側の専門家の話は、一見魅力的で説得力のあるもののように感じるかもしれませんが、興味を持って詳しく調べればそれが実体のないものであり、さらには単なる虚偽であるということが明らかな代物なのです」

「私たちは本当に、先生が証言台に立つことができることを強く希望しています。先生の証言は、法廷に新鮮な息吹をもたらすことになると確信しています。今先生のおっしゃってくれたことは、ところどころは理解しておりましたが、今日しっかりお話を聞いて、本当の意味での全体像をようやく把握することができました」と笹野検事は謝意を述べた。

翌朝、関係各位が法廷に参集した後、長田裁判長は検察側・弁護人側の双方を呼び寄せ、「今回の裁判では、あまりに医学的証言が多すぎると判断し、本日の検察側証人の証言は認めないことにいたしました」と通達した。中山検事と笹野検事は、法廷開始まで十分間の猶予をもらうように裁判長に申し入れ、それに関しては認められた。

二人の検事は何とか怒りを鎮めた後、検察側のテーブルに池本医師を呼びよせ、彼にその決定を伝えた。

「九州からわざわざ来ていただいたのにもかかわらず、このような決定になってしまい、誠に申し訳ありません。ご存知のようにわれわれにはまったく権限がありません。本当に憤りを感じておりますが、そのような裁定になったことをご理解いただけますでしょうか?」と中山検事は池本医師に理解を求めたが、池本医師は「私のことはさておき、お二人となにより竜輝ちゃんとそのご家族にとって、本当に残念に思います。このような正義に反する裁定がまかり通ってしまうことを、とても遺憾に思います。私はこれで帰るだけですが、お二人と樽見一家にとっては、今後も裁判は続きます。ご健闘を祈っています。ぜひ裁判の結果については教えてください」と話し、二人と握手をしたのち、荷物を抱えて退廷した。

池本医師は退廷する際に、例の『教授風の男』の前で立ち止まり、会話を交わすのを明美は見ていた。

横河市のこの法廷で、九州の子ども虐待専門小児科医が立ち止まり会話をしているってことは、彼は子ども虐待医学の分野で強い影響力を持つ人物なのかしら?

明美はその男の正体が改めて気になった。

中山と笹野は、検察側テーブルで、一瞬固まってはいたが、

「さあ気を取り直しましょう。論告求刑が始まるわよ。裁判長が不当な決定をしたからといって、いつまでもそれにこだわってはいられないわ。彼が判決にまで、意味不明な判断をしないように願っているわ」と中山検事は、笹野検事に声をかけた。

34

明美と巌は最終弁論の準備のため、事務所に缶詰めになっていた。中山検事と笹野検事も中山の自宅に集まり、論告求刑のリハーサルを互いに行っていた。最終の弁論手続き（論告求刑と最終弁論）は、レンズを入れ替えることで簡単に度数の変更ができる検眼時の眼鏡のようなものということができる。特定の度数のレンズが適切にはめ込まれた時にのみ、事件の輪郭や細部を鮮明に確認することが可能となるが、その主張はレンズの度数によってまるで異なるものに

なる。犯行が行われたことに疑いの余地のないと思われる被告人を弁護する際には、その明確性を可能な限り曖昧にすることが弁護人の仕事となる。

巌は、膨大な数の医学研究論文や専門的医療者の意見をさておいて、乳幼児揺さぶられ症候群の否定論者の意見を戦略的に統合し、その診断が無効なものであるとの主張を展開する予定にした。彼は、何年にもわたる重罪人や殺人犯の権利擁護を孤独に続けることで、議論のプロフェッショナルとも称される技術を身につけていった。微妙なニュアンスと真実を織り交ぜて、もっともらしく陪審員に訴えることは、巌の得意技であった。

翌朝、裁判所周囲は大久保淳司が警官に射殺された事件を受け、にわかにざわついていた。ニュースでは淳司を『生後七カ月で殺害された樽見竜輝事件の被告人として現在裁判を受けている麗奈の義父』として伝え、自身の経営するコンビニエンスストアで、警察官に射殺されたことを伝えていた。お決まりの論説として、警察の銃の適正使用に関して、無責任なコメンテーターの意見がマスコミにより垂れ流されていた。ある新聞の社説では「大久保淳司氏を射殺した警察官は、正当防衛のための警察内部のルールに従い対応していたはずではあるが、命を奪うような急所を狙うのではなく、抵抗をできなくなるように腕や足を撃てば十分であったはずである」と主張されていた。警察が内部調査を開始したため、和田捜査官は休職命令が下されたとのことであった。

淳司の妻であり、麗奈の母親である朱莉の行方についてまでは報道されてはいなかったが、彼女がＤＶの被害者であり、今回の事件の引き金がＤＶへの捜査であったことはリークされていた。社会問題に関してのコラムニストは、ＤＶの観点から、麗奈が行ったであろう乳児殺害との関連性について論じていた。淳司の朱莉に対しての暴力は、麗奈の重度のトラウマ症状につながっていたはずだ、という一般大衆の無責任な心理学論がＳＮＳを通じて広がっていた。あるコラムニストは、麗奈が竜輝に加害行為を加えていたとするならば、それは淳司が麗奈や朱莉を虐待していたことが強く関与している、と主張していた。

明美と巌は、麗奈の裁判の取材に訪れていた興奮する記者たちの間を縫って、他の裁判の被告人やその弁護士と同じルートで、裁判所に入っていった。

「われわれは目の前のなすべきことに集中する必要があります。記者会見には裁判後に応じます」と巌はメディアに話した。

中山検事と笹野検事は、このメディアの群れを避けるために裏口から法廷に入った。二人はこの喧騒を金子親子がマスコミの攻勢をかわし、法廷のドアを開けて弁護側テーブルにつく時に、初めて実感した。

廷吏がドアを閉め、法廷関係者以外の入室をシャットアウトした。裁判官からの指示が出され、混乱はしばらくして落ち着いたが、傍聴者、傍聴を許可された報道関係者、勉強のため見学を希望した若い検事で、法廷は非常に混雑していた。

中山は「樽見夫妻が、すべての公判を欠かさず訪れていることに私は感銘を受けているわ」と笹野紘一に話した。

「メディアは樽見夫妻を好奇の目で追い、時には犯人の可能性があると報道するなど、本当にひどい対応をしていました。裁判で耳にしなければならない残酷な内容の数々を考えると、二人とも本当によく耐え抜いています」と笹野も答えた。


長田裁判長が裁判長席に座り、公判が開始された。「弁護側は最終弁論を開始してください」と長田裁判長は巌に促した（訳注：ただし、本邦では必ず検察側から論告を行い、その後に弁護側が弁論を行う）。巌は何のメモも資料も持たずに立ち上がり、陪審員のほうに向かって歩きながら、『深く悩みぬき慎重に言葉を選ぶ男』という雰囲気で首を垂れた。

「陪審員の皆さん、皆様には難しい責務が最後に残されています。あなた方は、われわれが信頼してやまない小児病院の医師たちから、いわゆる主流の医学が常識のようにみなしている理論をお聞きしてきました。彼らは竜輝ちゃんが乳幼児揺さぶられ症候群で死亡したと説明します。彼らは、竜輝ちゃんが急変した日にベビーシッターをしていた被告人である大久保麗奈さんが、竜輝ちゃんにそのような行為を行ったと説明します。しかしながら皆さん、検察側は彼女がこのような行為をしたという具体的な証拠は、何一つ示せていないのです。彼女がこのような行為をしたことを実際に見た人は誰もいません。彼女自身は、そんなことはやっていないと一貫して否定し続けています。彼女は、『竜輝ちゃんを入浴させている際に、彼女の腕の中で突然に竜輝ちゃんがだらりとした』との説明を行っております。彼女はすぐに一一九番に電話をかけるなど、責任ある行為を尽くしています。このような行為は、赤ちゃんを傷つける人の行う行動では、とてもありません。彼女は隠し立てする必要のあることを何もしておらず、実際何の隠し立てもしなかった。彼女が竜輝ちゃんを何ら傷つけていないことは明らかです。『乳幼児揺さぶられ症候群』。この診断名は繰り返して言及されてきたものの、そのように主張する医師たちは、実際に乳幼児を揺さぶることでこのような損傷が生じることを、まったく明快に説明できていません。彼らは、これらの症候群により生じる所見は、その他の理由により生じることはおよそない、との理由でこのSBSという診断を下します。しかし本当に充分な鑑別が尽くされたのでしょうか？　かつてその診断名を下していた医師たちの中から、現在では思慮深く、その正当性に疑問を呈する医師たちが複数出始めているのです。その中には勇気をもって、かつて誤診により無辜の人の有罪判決を幇助した、と正直に認める勇気のある医師も出始めています。医学は日進月歩であり、常に新しい証拠が公表されていきます。乳幼児揺さぶられ症候群という診断の根拠は、今や大きく土台が揺らぎ始めているのです。現在は『エビデンスに基づく医学』という概念が浸透し、古い医学的研究には深刻な欠陥が内包していたこともわかってきています。客観的な数字に基づいて判断をする、真の科学者と言える生体力学の研究者は、ヒトの力で乳幼児を揺さぶったとしても、乳幼児揺さぶられ症候群の症状だと主張されている各種の症状を引き起こすほどのダメージは生じえない、ということを研究で証明しています。皆様方は鹿島博士の証言でそのことをお聞きしたことかと思います。またさまざまな研究報告や臨床経験から、低所からの転落で乳児は致死的な損傷をきたしうることは、事実として判明しています。皆様も、乳幼児の頭部外傷の臨床経験豊富な脳神経外科医の勝山医師や、病理学者の浅野医師から、この問題についての深い洞察が語られたのをお聞きしたかと思います」

巌の本領発揮であった。彼は優しいお爺さんが孫娘に寝物語を聞かせるかのように、優しく陪審員に語りかけ、話が進むにつれ、〝主流派の医学〟が最新の知見を反映してはいないことをほのめかしながら、それに対して憤りを感じている旨をほのめかした。彼の最終弁論はその後も続いた。

「われわれは今や、頭の中の古い気付かれなかった凝血塊が、ちょっとした衝撃で再出血をきたし、深刻な結果につながる可能性があることを知っています。赤ちゃんが潜在的に有していたものの気付かれることのなかった医学的素因が、重大な結果につながりうる可能性を知っています。石川医師は、ワクチン接種、ビタミンCの欠乏などによって、血液凝固系の異常が出現しうる可能性を示し、それがいかにして頭蓋内出血に寄与しうるかについて語ってくれました。われわれは今や、硬膜下血腫・脳腫脹（脳浮腫）・網膜という三徴候だけで乳幼児揺さぶられ症候群の診断ができるなどという仮説は正しくないことを知っています。実際、米国小児科学会は乳幼児揺さぶられ症候群と呼称するのを止め『虐待による頭部外傷』と呼ぶように変更しました。陪審員の皆さん、審議の際に、乳幼児揺さぶられ症候群というものは急速にコンセンサスが失われつつある病態であるということを是非、認識しておいてください。このような病態は、高いエビデンスレベルの研究ではまったく証明されていないのですから。そして今一度、今回の事件の被告人とされてしまった、一八歳の少女の未来について思いをはせてください。被告人である大久保麗奈さんは、小さな竜輝ちゃんを愛していました。そしてその竜輝ちゃんを殺したとの誤った訴えが彼女を苦しめています」

ここで耐え切れずに寿子は崇のほうを向いた。彼の顔は明らかに紅潮していた。二人は手をぎゅっと握り合った。何とか感情的に崩れないように自分自身を保つように必死であった。この『麗奈が竜輝を愛していた』という巌のフレーズに、麗奈も初めて反応し、首から紅潮が始まり、顔面にまでそれが広がっていった。

巌の最終弁論はまだまだ続いた。

「しかし本当の医療専門家は、竜輝ちゃんは揺さぶられてなどおらず、彼の状態は他の何らかの病態により引き起こされたに違いないことを、皆さんに伝えてくれました。彼らが話したことを覚えていらっしゃるでしょうか？　竜輝ちゃんには、おそらく誰も気にも留めなかった低所からの転落によって、数週間前に硬膜下血腫と頭蓋骨骨折が引き起こされていました。それは彼がうけたワクチン接種によって悪化し、ビタミンCの欠乏も相まって容易に出血しやすい状態が潜在していました。そして、いよいよ竜輝ちゃんがお風呂でひどいかんしゃくを起こしたあの日、凝血塊が破綻し再出血をきたして、あの重篤な症状の出現に繋がっていきました。再出血により引き起こされた頭蓋内圧の亢進は、潜在していた出血しやすい状況も相まって、脳腫脹と網膜出血を引き起こすこととなりました。評決のための審議を行う際に、ぜひこのことを忘れないでおいてください。そうすれば、皆様方は必然的に麗奈さんには無罪との評決を下すことが妥当であるとの結論に至ることとなるでしょう。ご静聴ありがとうございました」と巌は最終弁論を最後まで終えて、弁護側テーブルに戻っていった。

明美は彼が座るのを見届けて、彼がどうやって記憶の中からシームレスに議論をまとめ上げていったのかと、驚いていた。ただ同時に彼女は、父親が話したこれらのことはまったく真実ではない、ということも認識していた。樽見夫婦は、巌が座った方向を向き、彼を睨みつけていた。麗奈は腕を組みながら、静かに呼吸し、自分の椅子に深く腰掛けなおした。

「では検察は論告を始めてください」と長田裁判長は中山検事に促した。

中山検事は、首元の開いた白い綿のブラウスの上に、薄いピンストライプのスーツを重ね、黒い靴を履いていた。彼女の習慣ではあるが、一切の宝飾品は身につけていなかった。彼女は整った顔つきであり、口紅やメイクでごまかす必要が何もないぐらいであった。彼女は証言台に近づいていった。その顔は真剣そのもので、この論告求刑は彼女のキャリアの中でも非常に重要な位置づけであるということは、陪審員にもよく伝わった。中山検事はさらに陪審員のほうに移動し、陪審員一人一人の目を見ながら、語り始めた。彼女の声は情熱と強さに満ちあふれていた。

「陪審員の皆さん、弁護側は樽見竜輝ちゃんには古い損傷が潜在していて、たまたま大久保麗奈被告が養育をしている際に、それが再出血をきたし死に結びついてしまったというストーリーを信じ込ませようとしていました。しかし両親も、かかりつけの小児科医も、その運命の日の朝には、竜輝ちゃんが優れた健康状態にあることを確認しています。被告人の友人の宇都宮圭子さんも、被告人との電話口で竜輝ちゃんが笑い声をあげているのを聞いた、との証言を行っています。竜輝ちゃんは通常の生後七カ月の赤ちゃんがよくやるように、食事の際に遊び食べになってしまい、シリアルを派手にぶちまけてしまいました。その際にも彼には嘔吐症状などはなく、泣いてもおらず、痛みやストレスを感じていなかったであろうことも、宇都宮さんが証言しています。しかしながら、突如彼は重篤な症状が出現し、元気であった数時間後に、瀕死の状態で近くの小児病院に搬送され、その後すぐに死亡が確認されました。竜輝ちゃんの頭に生じた損傷をもう一度挙げておきます。頭蓋骨の中で最も厚い後頭部の七～八cmの長さの頭蓋骨骨折、上背部の指先の痕を窺わせる多発挫傷、硬膜下血腫すなわち脳を包む膜の下部に貯留した血液、重度脳腫脹、両眼の多発多層性網膜出血、網膜ひだ。これだけの損傷が竜輝ちゃんの体には生じていたのです。実際に竜輝ちゃんの救命治療に携わった小児病院の医師たちは、皆そろってその原因は乳幼児揺さぶられ衝突症候群であると証言しており、その原因は意図的損傷以外には考え難いと証言しております」

寿子と崇は、もはや涙を堪えきることはできず、大粒の涙が彼らの手に落ちていました。二人とも、あの日午前中にはすっかり元気であった竜輝の笑顔と、そのわずか数時間後にベッドで微動だにせず、頭は包帯でぐるぐる巻きにされ、多くのモニターに繋がれ、モニター音がそこかしこで鳴り響いていたあの状況を思い出していた。

中山検事の論告求刑は続いた。

「これらの実際に子どもの頭部外傷治療に真摯に向き合っている医師たちは、長年の研究成果、積み上げてきた臨床経験を駆使し、その他のあらゆる可能性・鑑別診断を考慮に入れて対応を行っています。その上で竜輝ちゃんに生じた損傷は、揺さぶりを加え、その後に頭部を衝突させるという意図的な暴力行為以外に説明できる病態は皆無である、と結論付けたのです。ご両親が預けた際にはまったく健康であり、その後に加害行為を行いえた成人との接触は大久保麗奈被告人以外にはなく、そのような損傷を生じさせることが可能であった人物は唯一彼女だけであったと判断されるのです。しかしながら、それでも彼女は完全にそれを否定し続けております」

麗奈は、これまでの証人尋問の時と同様、床の一点を見つめて身じろぎもしていなかったが、ちらりと中山検事のほうに視線を向けた。掌は汗まみれで、心拍は高なっていた。

中山検事はさらに続けた。

「弁護側は法外な費用を支払って、彼ら曰くの〝専門家証人〟を呼びよせ、『乳幼児揺さぶられ症候群なんて病態はなく、乳幼児を揺さぶったとしてもそのような損傷はきたすことはない』ということを陪審員に説得しようという試みを、繰り返して行ってきました。まるで同じような主張が、延々と続きました。生体力学の専門家である鹿島博士は、ヒトが全力で揺さぶっても乳幼児の脳を傷つけることはできないと断定的に語りながら、どの程度の直達外力で同様の損傷が引き起こされるのかまったく明らかに語ることはできませんでした。勝山医師は小児の頭部外傷事例の治療経験に乏しいにもかかわらず、驚くほど断定的に竜輝ちゃんに生じた症状は古い損傷が原因であると話しましたが、それが古い損傷であることを示唆する所見は一切ありません。竜輝ちゃんには骨折部位の直上に新鮮な頭皮下出血が確認され、また直接解剖して頭蓋内を確認した法医学者もそれが新鮮な血液であると報告しているにもかかわらず、弁護側の専門家は、まるでリハーサルをしたかのように、全員が全員とも、頭蓋骨骨折は古いものであると断定的に述べています。竜輝ちゃんの脳腫脹は、一次性の脳実質損傷を契機に生じ、呼吸不全や脳腫脹に続発した脳組織への血液供給低下による低酸素血症が相まって、悪化していきました。網膜の複数の層に多数の出血を認める『多発多層性網膜出血』は、小児の臨床・研究を実際に行っている多くの専門家によって、SBSに特徴的な損傷であることがコンセンサスとなっています。弁護側の専門家は、『多発多層性の網膜出血は頭蓋内圧亢進により生じるものではない』という、この分野の多くの専門家から提示されている研究報告を、持論に合わないという理由から、読んでいないか意図的に無視しているのです。『揺さぶりによってこれらの病変が生じうるのか?』これに対して弁護側は『現在激しい論争が生じている』と陪審員が信じることを望んでいます。しかしSBSの否定論者は、実際には小児の臨床経験に乏しく、机上の空論を並べ立てているだけなのです。彼らは、竜輝ちゃんのような子どもの初期対応を行うという、医学的な責任を負ったことは決してありません。彼らは多くの時間を、莫大な報酬を得て行う弁護人側の専門家証人としての証言を行う全国行脚に費やしています。臨床の最前線で、竜輝ちゃんのような重篤な状況に陥った患者に日々実際に向き合っている、小児病院の医師のような実際の臨床家たちは、深い臨床的見地から慎重な診断的分析を行い、揺さぶりや衝突などの意図的外力によって生じた頭部外傷、すなわち虐待による頭部外傷（ＡＨＴ）であるとの診断を、チームで総合的に下しています。そして彼らは、法廷に協力する際に特別な謝金は一切もらってはいません。本当にごく少数の医師のみが、このような〝偽の論争〟を作り出しているのです。地に足を着けて患者の治療を行い、医学研究を行い、その研究成果を学会で地道に報告し、関連する最新文献にすべて目を通している、誠実で客観的な大多数の医者は、この問題に論争がないのを知っています。大久保麗奈被告はあの日キレて自分を見失い、竜輝ちゃんにそれをぶつけてしまったのです。彼が意識不明になった時、彼女はパニックになり、一一九番に連絡を入れました。竜輝ちゃんは、乳幼児揺さぶられ衝突症候群としての典型的症状をすべて満たす状況で小児病院に搬送されました。彼が乳幼児揺さぶられ衝突症候群が原因で死亡したことは明らかです。被告人こそが彼をこのような状況に至らしめたのです。彼女には、このひどい犯罪行為を行った人物として、有罪判決が下されなければなりません。彼女が有罪になったところで、竜輝ちゃんが戻ってくるわけではありません。しかし、われわれはこのような行為は決して社会で容認されるべきものではなく、それを子どもに行ってしまった人は有罪判決を受け処罰される、という強いメッセージを社会に発信しなくてはならないのです。検察は、大久保麗奈被告を有罪にすることを、陪審員の皆様方に求めます」

中山検事は論告求刑を終え、検察側テーブルに戻り、着席した。法廷は水を打ったように静まり返っていた。誰もがじっと座り込んでいた。寿子と崇は、中山検事の論告求刑を、一言も聞き漏らさないように集中して聞いていた。論告求刑が終わった時、彼らは頭を上げて目を閉じ、検察が竜輝の代弁をしてくれたと深くうなずいていた。

麗奈は、もうこの裁判はこの後の判決を残すのみということを理解し、その眼は長田裁判長と陪審員の間を忙しく行ったり来たりしていた。

私、刑務所に行くことになるのかしら、それとも無罪で家に帰れるの？

沈黙は無限に続くかのように麗奈には思えた。

最後に長田裁判長は、陪審員のほうを向き、評決のための討議に際し必要な、法的な諸問題についての説明を始めた。

彼は改めて、このケースの争点につき概説し、評決を行うために用いるべき証拠の基準につき、説明した。

「まずはじめに、皆さんはこの裁判で提示された証拠のみに基づいて、評決を下す必要があります。冒頭陳述や最終弁論・論告求刑は、証拠ではない点に注意してください。陪審員は、このケースの評決を下す際に、関連するあらゆる法規を遵守する必要があります。法律の一部分に対して個人的に同意しかねるような場合もあるかもしれません。そのような場合も、法律を遵守しなくてはいけません。第二級謀殺との評定を行うためには、検察は合理的な疑いを越えて、被告人である大久保麗奈が、殺意をもって樽見竜輝に不法な死を引き起こしたことを証明する義務を負っています。ここでいう殺意とは、次の三つの可能性があったのか否かで、審議されます。一つ目は、彼女に死を引き起こす具体的な意図があったと判断される場合です。二つ目は、彼女に重大な身体的損傷を引き起こす具体的な意図があったと判断される場合です。そして三つ目は、一般的な人物であれば、それにより死亡が引き起こされるであろうことが容易に想定しうる行為を、意図的に行ったと判断される場合です」

長田裁判長はその後もさらに二〇分間、専門的で複雑な法的基準について言及したが、陪審員はボーっと聞き流していた。一通り話し終えると、裁判長は陪審員を審議のために法廷の外に送り出した。彼らを送り出すと、裁判長は小槌を叩き、閉廷を宣言した。

笹野検事は中山検事のほうを向き、二人で握手を交わした。

「素晴らしい論告求刑だったと思います。陪審員が注意深く聞き、理解してくれたことを期待しています」と笹野は述べた。

中山は「正直疲れたわ。陪審員たちが実際どのぐらい審議時間が取れるのか、ちょっと心配だわ」と話し、「さあ検察庁に戻りましょう」と声をかけた。

明美と巌は法廷を出て、ガーガーとわめきたてる記者たちの群れに向かっていった。明美は彼らを避けるようにこそこそと歩いていたが、巌は彼らに話がしたかった。彼は手をあげて「静粛に」と切り出し、「今やすべてが陪審員の手にゆだねられています。正しい判断を下す叡智を、彼が有していることを期待しています」と話し始めた。

「正しい判断とは何を指しているのか、教えていただけますか？」と複数の記者がほぼ同時に質問をよこした。

「愚問です。当然、被告人が無罪であるという判断のことを、私は言っています。彼女はそのようなことをしていません。またそもそも揺さぶることで竜輝ちゃんに認められた症状を引き起こすことは不可能です。そのことは複数の専門家が証言をしています、あなた方は証言をお聞きになりましたか？　私は、陪審員が彼女に無罪の評決を下すと確信しています」と金子巌はとにかく自信ありげに語った。

明美は、マスコミをかき分けて、その輪の外に出た。彼女は父親が間違っており、小児病院の医師や富田医師が正しかった、との結論に至らざるをえなかった。彼女と父親は、麗奈が有罪の評決を受けた場合、次の段階としての量刑手続きに進む必要があり、そのために話し合う必要があった。実際おそらく有罪になるであろうと、彼女は考えていた。ただ、それは明日以降に先延ばしできるものであった。彼女はとにかく休みたかった。彼女は巌が記者会見を終えるまで待ち、彼の体調が家に帰っても特に問題のない状況であるのかを確認した上で彼をタクシーに乗せ、家に帰った頃合いを見て、確認の電話を入れることとした。

35

陪審員はすでに評決のために隔離されており、明美たちは評決を待つのみであった。ここ数週間の経緯もあって、翌日、事務所内で明美は非常に絶望的な気分になっていた。

少なくとも私には電話ができるボーイフレンドがいると考えながら、彼女は晃に電話をかけた。

「晃？　今電話で話せるかしら？」

「大丈夫だよ。どうしたんだい？」と晃はサックスを置きながら電話に出た。

「陪審員はすでに隔離され、私たちは彼らの評決を待っている状態なの。少し話がしたくて。愚痴を聞いてくれない」

「君の愚痴ならいつでも聞くよ」

「良かった。樽見竜輝事件が終わって本当に良かったと思ってるわ。被告人に対しても、不誠実な専門家証人に対しても、私のパパの弁護戦略に対してさえも、本当にもううんざり。私、多分パパに対して、理想化しすぎていたんだわ。ほとんどの子どもは、思春期になって両親を過小評価するようになるものだけど、私にはそれがなかった。今になってそんな気持ちが来るなんて、自分でも驚いているわ。それにしてもパパには妄信するところもあり、偏見を持ちすぎているわ。でも何で父親というだけで、他の人と違ってこんなに複雑な感情を抱いてしまうのかしら？　たぶんパパが公正・正義・平等という高尚な原理の重要性を、夕食の時にも、山小屋にいる時にも、ボートに乗っている時にも、釣りをしている時にも、常に説いていたからだと思うわ」

「最近の振る舞いについてではなく、お父さんのこれまでの仕事と人生すべてを客観的に見てあげる必要が、君にはあるんじゃないか？　君の話を聞いただけの判断になるけれども、お父さんは乳幼児揺さぶられ症候群について気持ちがいささか昂りすぎてしまったんだと思うよ」

「私には何でパパがＳＢＳをこれほどまでに重要視するようになったのか、わからないわ。『医学界で主流となっている考え方が間違っているんだ！』ということを証明しようとする情熱はどこから来たのかしら？　弁護戦略に合うように事実をゆがめて捉えるというパパの最近の傾向は、今回の件で初めて見られるようになった傾向なのか、それともパパは前からそうだったのか、わからないわ。私がパパを理想化しすぎていて、そういったところが見えずにいたのかしら？　彼自身は、自分自身に内包する自己欺瞞について、内省することはないのかしら？　彼が人生を懸命に過ごしてきたことは確信しているけれど、彼のやってきたことは間違いのないものであると、晃は思える？」

「僕は君のお父さんのことをそれ程まだ知らないから、その質問には答えられないな。でも僕自身も、僕の両親についてよくわかっているだなんてとても言えないよ。親の本当のところを理解することは、誰にとっても難しいことだと思うよ」

「確かにね。でも私はパパのことをわかっているつもりでいたわ。私たちはとても仲良しで、特にきょうだいもいなかったし、お母さんの病気のこともあったし……」と言って明美は言葉に詰まった。

「でも麗奈ちゃんのケースがあったでしょう？　私、専門家を自認しているのに、公判を通じて彼女のことがどんどん嫌いになっていったの。彼女は本当に自己中心的な女の子で。そのことはわかっていたけど、彼女はずっとだれも信用しようともしない態度を崩すことはなかったわ。彼女のあの態度は、義父からの虐待によるものなのかしら？　もし彼女が有罪になったとしたら、陪審員の評決に私の彼女への嫌悪感が一つの要因になったんじゃないのかって考えざるをえないわ。彼女が刑務所に行ったとして、彼女はそこで効果的なセラピーを受けることができるのかしら？」

「自分を責める必要はないよ、明美。他の誰が弁護人になったとしても、君ほどうまくはやれなかったはずだ。ベストを尽くしたことを誇ってもいいと思うよ。判決が出たら、区切りとして二、三日一緒に旅行に行こうよ。そして気持ちをリフレッシュするといい」と晃は諭した。

「いいわね。ありがとう」と明美が答えたところで、事務所の別の電話が鳴り響いた。

「ごめんなさい、別の電話に出なくちゃ。切るわね」


「やあ、今すぐパパの事務所に来てくれないか？」

電話の主は巌であった。

「中山検事の論告について、パパはどう思ったの？」

「とにかく事務所で会おう。そこでいろいろと話そう」

「いいわよ。お昼は買っていったほうがいいかしら？」

「欲しければ自分の分だけ買ってくればいいぞ。最近全然食欲がないんだ。一時間後ぐらいには来れるか？」

「大丈夫、じゃあまた事務所で」と明美は電話を切った。

明美は目を閉じて、罪悪感に包まれた。父親への否定的な感情に対して、どのように対処していいのかわからなかった。これまで父親に対してこのような感情を抱くことは決してなかった。巌の存在感は、彼に対しての批判を払拭するほど圧倒的であり、批判の急先鋒の人物さえも魅了するほどであった。

「本当に重要な事件に、親子で関わることになったな」と、明美が入るなり巌は声をかけ、次のように続けた。「陪審員は、相反する医学的証言をどう解釈するか混乱し、麗奈に有罪判決を下すのに苦労すると思うぞ。われわれの専門家証人は素晴らしい仕事をしたと思わないか？」

「パパ、ばか正直に言うと、私は弁護側証人の論理や彼らの反対尋問の時の対応に、手ごたえがあったとは全然考えていないわ。パパは彼らの言うことが絶対正しいと信じ込もうとする前提があるような気がするわ」

「彼らの証言のどこが解せなかったと言うんだ？」

「パパ、今はこの話はやめにしない？　この件で私はひどく疲れたし、もう少し整理する時間も必要だわ。他の日常的な話をもっとしましょうよ。体調が良くないって言ってたわよね。痛みでもあるの？」と明美は話題を変え、巌を気遣った。

「ああ、あまり言いたくはないがね。今は少しマシだよ。ただ、法廷で中山検事の話を聞いている最中には、背中が痛くて死にそうだったよ。吐き気もしたし、軽い頭痛もあった。ただ法廷が終わるころには少し症状が落ち着いたんで、マスコミの対応も少しはできるようになったんだ。ところが、マスコミへの話が終わったらまたひどい腰の痛みがぶり返してきたんだ。たぶん痛みは消えたわけではなかったんだろうよ。記者たちには俺は雄弁に映っただろうし、俺自身も痛みを忘れることができていた」と吐き出すように話し、次のように続けた。

「今はまったく食欲がない。食事のことを考えるだけで吐き気がしてくるぐらいだ」

明美は改めて父の姿をまじまじと見たが、これまではあまり気付かなかったが、青白く痩せているように思えた。なぜそのことに気付かなかったのかしら。麗奈のケースへの対応に集中していたからかしら？　さらに明美は、巌の目が黄染していることにも気付いた。

少し咳をしながら巌は「評決がアナウンスされたら、医者を呼んで吐き気と背中の痛みについて話し、対応をしてもらうよ。今まで何の薬も飲んでいなかったから、薬の効きがいいことを期待するよ」と話をした。

「いいアイディアね。パパがすぐに休みに入れるように、評決が早く出ることを期待するわ。でも今すぐ医者を呼んじゃいけない理由ってある？　待つ必要なんてなくない？」

巌はすぐに賛同はしなかったが、「お前の言う通りかもしれないね」と返答した。

36

疲労困憊した一四人の陪審員（評決権を持つ一二人と二人の補充陪審員）が、陪審室のテーブルの周りに集まった。この窮屈な部屋では、何千もの議論が行われ、『評決』もしくは『評決不能』の判断が下されてきた。ここで大久保麗奈の有罪か無罪かの評決も下されることとなる。この評決を下すべく集められた陪審員たちは、その役割を担うためにさまざまな審査を受けてきており、それぞれの人物のバックグラウンドはさまざまであった。

麗奈に対しての共同評決は、彼／彼女らが法廷で聞いたことを基にして行われる。ただその評決は、彼／彼女らの世界観、年齢、性別、感情、知性、信念体系や大小さまざまな無意識の要因によって影響を受けることとなる。陪審員の中には、すでに有罪か無罪かの判断をあらかた行っている人物もいるであろうと思われる。それでも、その部屋での議論を通じ、その自分の意見を変えるかどうかは、誰もがわからない状況である。

陪審長である竹越弘和は、「どのように議論を進めていきたいでしょうか？」との質問から議論を開始した。陪審員たちは互いに顔を見合わせ、他の誰かが口火を切ることを期待しているようであった。

しばらくの間が開いたのち、今回の陪審員の中の最年長である六九歳の、遊覧船の船長を退職した辺見光男が、「最初の段階から整理して考えていくべきではないでしょうか？　この赤ちゃんのケガについて、小児病院ではどのような判断がなされていましたか？」と発言した。

しかし歯科医である常岡敏生は「私は可能な限り議論を早く終えたい。この裁判はあまりに長引いている」との発言を行い、「確かに。私の店は私がいないと回らないんだ。多くの決定に私の判断を要する状況にある」と中小企業のオーナーである前澤慈英も同意した。

それに対し、「私は、竹越さんが提案したようなところから、じっくりと議論すべきと思います。一人の女の子の人生がかかっている問題に対し、拙速に事を進めるべきではありません。じっくりと必要なだけの時間を使って考える必要があります。もし大久保さんが自分の娘だったら、そのような拙速な議論を望みますか？　陪審員には時間をかけて正しい判断をしてもらいたいと思うのではないですか？」と小学校教諭を定年退職した住谷恵梨香は発言を行った。その発言に納得するように、陪審員全員がフーっというため息をついた。

その発言を受けて、各陪審員は裁判の各過程を通して各自がメモした内容について整理し、竜輝が死亡した小児病院の医師の医学的証言から、検証を開始した。

「竜輝ちゃんに関して小児病院の医師が証言した内容は、正しいものであると私は確信しています。私は二〇年近く看護師をしていますが、病院の医師が行う発言は正しいものと捉えています」と看護師である武井素子は発言した。

「ええ。ただその後に弁護側証人として証言した医師の説明は、小児病院の医師の説明と矛盾していて、正直私はこの一八歳の少女が果たしてこんな恐ろしいことをできたのか、確信が持てないでいます。私は庭師の仕事をしています。どのような力が働くとどのようなことが起こるのか、少しはわかっているつもりです。工学者の説明のいくばくかは、私には納得できるものでした」と品川雄介は返した。

「でも竜輝ちゃんは両親が出かけるときはまったく問題がなく、そのわずか二時間後に瀕死の状態で病院に運ばれたという点は、私にとって強く引っかかります。誰も何もしない状態で、そのようなことが起こりえるでしょうか？」と西田優が発言した。

陪審員全員が彼女のほうを向いた。彼女は他者からの尊敬を得る雰囲気を持っていた。彼女の発言は冷静で客観的で、納得のいくもののように思えた。

「私はこの可哀そうな赤ちゃんに起こったことに、怖さを感じています。このことを考えること自体が、私にとってつらいことになっています。私自身は、大久保さんが行った行為によってこのような事態になったかどうか、確信が持てないでいます。弁護側証人の説明が正確なような気もします。竜輝ちゃんには昔の頭部外傷の傷痕があって、かんしゃくを起こした時にそれがはじけてしまった可能性はあるのかと思います。私も二人の子どもがいますが、竜輝ちゃんぐらいの時にはかなりのかんしゃくがありました。すでに頭の中に傷を持っている赤ちゃんであれば、あのようなかんしゃくを起こした時に、再度出血してしまうことは十分起こりうるんじゃないかと……」と木村千晶は発言した。

「歯科医として発言させていただくならば、小児病院の医師は乳幼児揺さぶられ症候群という診断を拙速にしすぎたような気がします。弁護側証人の中には、資質に優れた方々も含まれていました。脳神経外科の先生は、われわれに多くの情報を与えてくれました。われわれは、最終的な判断を下す前に、すべての証言をもう一度すべて読まなければならないと思います。正直言ってそのようなことはしたくはありませんが、陪審員としての責務であるという点には、賛同いたします」と常岡歯科医師は、当初焦りから不適切な発言をしたと認識しながら、このように述べた。

審議は数時間におよび、有罪か無罪か、そのバランスは行ったり来たりする状況であった。地元の食堂から出前が持ち込まれ、陪審員らは食事をしている最中にも審議を続けた。議論が五時間に達した段階で、九人の陪審員は有罪に傾いていると表明し、三人の陪審員は無罪に傾いていると表明した。無罪に傾いているのは、歯科医の常岡、造園家の品川、若い母親の木村の三人であった。この三人は全員が、「弁護側証人の証言によれば、竜輝ちゃんに生じた頭部外傷に類似した所見を呈する病態はさまざまに挙げられる」と主張した。

「いくつか発言させていただきますね。私は医者ではありませんが、検察側証人の証言も弁護側証人の証言も、十分に理解できたつもりです。その上で、弁護側証人の理論が私を納得させてくれたかというと、そうは思っていません。私には、弁護側証人の証言のほとんどは、暗記した決まりきったことを言っているだけのように聞こえました。また彼らの証言の内容の多くは、検察官の反対尋問の際に引用された医学文献によって完全に反証されているものでした。彼らの証言は、あまりにも独断的なものだと言わざるをえません。なによりも繰り返しになりますが、私も母親ですから、赤ちゃんがまったく問題ない状態から、わずか二時間後に瀕死の状況に陥るとはとても思えません。竜輝ちゃんには、損傷を負って病院に受診した既往は何もありませんでした。弁護側証人たちは、竜輝ちゃんが陥った状況から、単に後から理由付けをしているだけに思います。竜輝ちゃんが頭蓋内に出血をするようなケガを、両親と一緒にいる間に負ったのだとしたら、両親が気付きうるような症状は本当に一切出なかったのでしょうか？　竜輝ちゃんは頭蓋骨骨折も負っていたんですよ？　後頭部の骨折をきたしたことに、両親が一切気付かなかったなんてことはありえないと思います。弁護側証人たちは、あたかも黒いものを白いと言う政治家のように、何にでも穿った見方をしているだけのように思えるのです。だから私は、有罪に投じようと考えています」と西田は発言した。その発言を受けて、陪審室には沈黙が訪れた。誰もが彼女の言葉に耳を傾けていた。

「私はただ、われわれがすべての可能性につき議論する必要性があるのではないか、と確認したいだけです。裁判所がこれらの人々を専門家として証言することを認めている以上、彼らは本当に専門家として成熟している必要がありますが、裁判所は果たして本当に彼らが専門家として成熟しているのかどうかを認識することはできるのでしょうか？病院の医師の証言と弁護側専門家の証言は、それぞれの立場の違いにより、大きくかけ離れてしまっていることが私を悩ませている、と言わざるをえません」と常岡は言及した。

「検察側証人と弁護側証人の両者が本当に正しいと信じることを言っているのであれば、なぜ彼らの意見はこうも異なるのでしょうか？　両方共が正しいことはありえません。このような状態は本当に混乱します。私はこの女の子が刑務所に行くことは嫌だなーと思ってしまいます。子どもがかんしゃくを起こした時に、気が狂いそうになる気持ちはわかります。麗奈ちゃんに共感する部分は､私に大いにあります。私もそのような状況にいますから」と木村は発言した。

「『私もそのような状況にいます』と言いましたけど、あなたは自分の子どもを揺さぶったり、投げつけたり、殺したりはしませんでしたよね。私だって彼女に同情は致します。しかし共感できるからと言って、罪がないという判断を下すことはできません。もし彼女が本当に行為をしたのだとしたら――私はしたと思っていますが――彼女は有罪判決を受けるべきかと思います。われわれは、同情する点があったからと言って、子どもを殺す行為に言い訳を認めるわけにはいきません。そうでなければ､どんな犯罪行為であっても無罪にすることを、われわれは是認しなくてはいけなくなってしまいます」と、これまで沈黙を守ってきた銀行員の根岸香花が発言した。

「ええ、私も大久保さんに同情する点があるということは、無罪にするべき理由にはならないと考えます。ただ、生体力学的な議論については、まだ私を悩ませています。再度、専門家証言の逐語録をじっくりと読んでみませんか？皆様のお時間を取らせてしまうことは心苦しいですが、そうしないと話のモヤモヤを晴らすことはできません。もし竜輝ちゃんに生じたケガが生体力学的に彼女では引き起こすことができないと判断される場合、彼女は無罪であると判断すべきです」と品川は提案した。

陪審員たちは、一行ごとにじっくりと鹿島医師の証言を読み返した。

「彼は『揺さぶり行為自体では頭部に損傷をきたすに十分なエネルギーは生じない。もし生じるとするならば頸部に損傷を負わないわけがない』と証言していますね。それで、竜輝ちゃんには、首に損傷は確認されなかったんですよね？」と品川は発言した。

「でも中山検事の反対尋問の時に彼は、彼自身では何の研究もしておらず、また実験で使われたダミー人形は現実の乳児とはかけ離れたものであり、この実験結果を実際の赤ちゃんに適用させることはできない、と認めています」と看護師の武井は言及した。

「彼は反対尋問で指摘された研究を知らず、また彼は実際の診療で、虐待による頭部外傷が疑われた子どもを診療した経験はないことを認めていました」と秘書をしている曾根田友美も指摘した。

「確かにその通りでした。彼はそのことを検察官に強調された時に怒り出してしまいました。あの時は嫌な感情になったので、覚えています」と品川は同調した。

「われわれの議論が間違った方向にないことを確かめるために、すべての専門家証言を再検討する必要があるかもしれませんね」と、陪審長の竹越は述べた。誰もがヒーっと嘆いたが、陪審員全員が最終的にそうすべきとの考えに同意した。

その後さらに数時間の間、彼らは専門家証言の写しと各々のメモを見返した。彼らはさらに熱い議論を行ったが、もはや疲労によって思考が鈍っていることは誰の目にも明らかであった。

「今日はここらへんで終了にして、しっかりと睡眠を取り、明日の朝から再び始めることにしませんか？」と竹越が提案した。

「とても良いアイデアです。あなたは本当に陪審長にふさわしいですね」と品川は同調した。

一方で西田は「今日なんとか評定までもっていくことはできませんか？」と発言したものの、常岡は「うーん、明日にまでかかってしまうのはうんざりですが、僕は竹越さんの提案通りにするのが良いと思います」と返答した。不平を漏らしながらも、他の陪審員たちも全員が従うこととなった。

「少なくとも評決を明日に延ばすことに関しては、全員の意見の一致が見られましたね」と陪審室を出ていく際に西田はつぶやいた。

翌朝になり、陪審員はリフレッシュすることができ、しっかりと議論をするモチベーションを新たにすることができた。彼らが専門家証言の見直しを終えたところで、前日にはほとんど発言はしなかったものの注意深く議論を聞いていたカフェ店員の小塚まおみが、おもむろに話を始めた。「もう一つの議論のポイントを挙げたいと思います。裁判官のわれわれへの説示の際に使用した『殺意』という言葉の意味が、自分自身の中でいま一つ明確にはなっていません。大久保麗奈さんが竜輝ちゃんに対して、これほどの深刻な状況を引き起こそうという意図があったのか疑問に思っています」

それに対し辺見は「私の理解では、このようなケースでは『道理をわきまえた人間であれば、乳児を揺さぶったり、骨折を引き起こすほどの力を乳児に加えることは、重い身体的傷害や死を引き起こすことは容易に想定できるはずである』ということを前提に考察する必要があるのだと思います」と話した。

再び沈黙が訪れた。今やそれぞれが自分の責任の重大さに苦しみながら、各自が自身の考えを整理する時間となっていた。

いよいよ陪審長の竹越が声をかけた。

「どなたか評決を行う前に、裁判官に説示された内容やその他の点につき確認しておきたい方はいらっしゃいますか?」

誰も挙手したり、声を上げるものはいなかった。

「さて評決のための投票に入りましょうか?」

陪審員たちは、自分たちのやるべきことをやり切った。彼らは証拠の重要性につき判断し、議論・討論を行い、十分に納得した上で、投票を行った。一連の過程は決して容易ではなかったが、彼らは一つの評決に至った。

37

巌の携帯電話が鳴り響いた。彼は電話に出ると、いくつかの言葉をつぶやき電話を切った。

「判決が出たようだ。陪審員たちが戻ってくるぞ」

明美と巌は急ぎ裁判所に戻り、記者たちをかき分け法廷に入った。巌は、「判決が出たら話をします!」と記者たちに叫んだ。


中山検事、笹野検事、麗奈、巌、明美はそれぞれの席に座り、じっと判決を待っていた。樽見夫妻も傍聴席で判決をじっと待っていた。すぐに裁判官が入廷し、法廷は静けさに包まれた。続いて陪審員たちが入廷したが、皆一様に疲れたうつろな顔をしていた。

陪審長である竹越弘和は立ったまま待機していた。

長田裁判長が尋ねた「評決には達しましたか?」

「はい、裁判長」と竹越は答えた。

「評決は?」

「全陪審員一致で、第二級謀殺罪で有罪と判断しました」

長田裁判長は、個々の陪審員への聞き取りを開始し、それぞれがそのような評決を行ったことを確認した。明美は評決を聞いて一度大きくまばたきしたものの、おおむね落ち着いており、むしろ安堵感を抱いていた。巌は瞳孔の開いた目を大きくあけ、陪審員を睨みつけていた。中山と笹野は互いに顔を見合わせたものの、感情を表出しないように平静を装っていた。

「何で私が有罪だなんてことになるの？」と麗奈は悲鳴に近い声を上げていた。明美は、椅子から滑り落ちそうになった麗奈を支えるために席を立った。傍聴席では、樽見夫妻が互いに抱き合い涙を流していた。その後に崇は、麗奈の反応を見るために彼女のほうを凝視した。麗奈が泣き叫んでいるのを見て、彼は判決が下されたことの重みを実感した。彼は立ち上がって「地獄で過ごせ！」と叫びたい衝動にかられたが、慣れっこになった強い自制心で踏みとどまった。

判決が出たことによるざわつきが静まったのち、長田裁判長は「本日から二週間後の午前九時より、刑に服することを命じる」との命令を下した。その上で裁判長は陪審員の献身に謝意を示し、「これにて閉廷する」と宣言した。

38

樽見崇と寿子の樽見夫妻は、自宅のリビングルームに入るなり大智をベッドに寝かしつけ、数分の間、互いに見つめ合った。

寿子は、「記者会見なんて、できるかどうかわからないわ。法廷に座っている時にも、泣かないように必死に堪えていたのに……」と話し、しばらく沈黙した後、深呼吸を行い「記者会見を行うことは、私たちにとってどんな影響があるのかを話し合いましょう。まずどんな発言をしたとしても、誰かはそれを曲解してしまうでしょう。竜輝が死んでから判決が出るまでの間、ずっとマスコミの心ない報道が続いていたことは、崇も実感しているでしょう？　記者会見なんてしないほうがいいんじゃないかしら？」と続けた。

報道機関は、教育者という二人の職業をあげつらい、損傷の初期症状を見抜けなかった落ち度があったのではないかという報道を、一度ならず何度も行ってきた。樽見夫妻が記者会見を忌避した場合、マスコミは予測通りの反応（さらに夫婦を付け回す）をすることとなるであろう。『ノーコメント』という言葉は、裏に何かあるのではないかと取られかねないリスクを負う。メディアが騒ぎたててしまうことで、竜輝が揺さぶられ殺害されたという悲劇的な事実に関して焦点が当たり難くなってしまうであろう。

「記者会見を行うことは、本当にしんどいことだ。それはわかっている。でも、今回のことが自分たちにとってどういう体験であったのかを僕たち自身が語り、裁判官、陪審員、検察官、弁護士、証人、そして大久保麗奈も含めて、多くの関わった人に対して伝える必要性が、僕たちにはあると思うんだ」と崇は話した。

「大久保麗奈が行ったことをさておいて、私たちの心を傷つけ続けてきた人達に対して、何を記者会見で話すの？　あの女によって背負わされた深い悲しみや痛みがどれほどのものであったか、どうやったら冷静に話すことができるの？　彼女自身は、自分が引き起こした絶望の深さを認識していると思う？　気にかけていると思う？　あの女は竜輝に何かをしたことを決して認めなかったし、後悔も一切口にしていないじゃない！　彼女に何を言うことがあるの？　言って私たちに何か得なことはあるの？　何をしたって竜輝が帰ってくることは絶対にないのよ」と寿子は再び泣きながら訴えた。

「記者会見で話す事をまとめてみるよ。それをまず君が読んでみてくれないか？　その上で言いたいことを追加したり、言いたくないことを抜いたり、そもそも記者会見をすることに意味があるのかを判断すればよい」

被害者側の声明を発表するように促され、崇は立ち上がった。寿子は彼のすぐそばに立っていた。被害者影響報告書（VIS：犯罪の被害者が受けた身体的・精神的・経済的・社会的な影響を裁判所に伝えるための文書）を持つ彼の手は震えていた。

「このような声明を発表する機会を与えてくれた裁判所と、長田裁判長に、妻の寿子と私は心から感謝しています。

まずはじめに、竜輝が命を落としてから判決が下った現在まで、一貫して私達夫婦を支えてくれた友人・家族・同僚たちにありがとうと言いたいです。あなた達がいなかったら決して私たちはこの試練を乗り越えることはできなかったと思います」

彼はここで一旦言葉を止め、深呼吸して、唾を飲み込んだ後に次のように続けた。

「寿子と私は、今日ここでどのようなことを話すべきか、しばらく葛藤していました。自身の大切な大切な赤ちゃんを失った悲しみについて、どのような言葉をもってしても表現することはできません。この圧倒的な現実を前にしてわれわれはどうやって前に進んでいけばいいのかまったくわかりませんし、日々暮らしていくだけでも困難で、涙の出ない日々はありませんでした。私たちにとってかけがえのない存在であった、かわいいかわいい竜輝。私たちは彼にどんな才能が隠れていたとしても、もう絶対にそれをうかがい知ることは叶いません。彼が失敗したり成功したりしながら学び、成長する様を見る機会は永遠に失われました。私たちは彼が歌ったり、ダンスを踊るのを見たり、算数の問題を解いたり、サッカーボールを蹴ったりするところ、その他にも子どもたちが行うさまざまな素晴らしいことを見ることは、決してできません。私たちは彼が高校や大学を卒業するところを見ることもできないですし、彼が恋に落ちるのを見たり、初めて仕事を得たりするところを見ることもありません。竜輝の兄大智は、兄として竜輝に釣り針に餌をつける方法や、ツリーハウスを作る方法や、ボートを漕ぐ方法を教えてあげることは、永遠にできません」

ここまで言って崇は一旦言葉に詰まり、その後絞り出すように次の言葉を続けた。

「本当にすべての可能性は永遠に閉ざされました。このような悲しみは、いくら時間がたとうと、決して癒えることはありません。われわれには怒りを感じる権利があります。そして、実際にわれわれはそのような感情にさいなまれています」

そして崇はここでまた少しの間沈黙し、深呼吸をしてさらに続けた。

「しかしわれわれは、『赦す』ことを何とかしていくように努力しなければ、この深い傷は永遠に続き悪化し続けるであろうこともわかっています。私たちが『赦す』ことをしようとしない限り、私たちのこの先の人生は、永遠に被害者としてしか歩めなくなるでしょう。私たちは、怒りや恨みを内包したまま過ごす日々を続けたい感情も抱きながら、それがわれわれを消耗させ続けることを理解しています。『赦す』ことをしない限り、私たち自身の精神的・肉体的な健康やスピリチュアルな健康は、危険にさらされていくこととなります。『赦す』ことには大変な努力を要することかと思います。『彼女は赦すに値する人間であるのか?』、そんなことは関係ありません。私たちは私たち自身のために、彼女に赦しという贈り物を与えるように、努力をし続けようと思っています。そのこと自体が、私たちの課題であると考えています。そしてもし私たちが彼女を赦すことができたならば、この悲劇が私たちに与える影響を少なくすることができるのだと思います。ご清聴いただき、誠にありがとうございました」

崇と寿子は会見を終えると、互いの両親(竜輝の祖父母)の待つ傍聴席へと向かった。裁判所にいたほとんどの人間は、ハンカチや袖の裏で目頭を押さえていた。

麗奈が判決を受けた司法管轄下では、第二級謀殺の罪で有罪判決を受けた場合、終身刑となることが通例であり、彼女にもそのような処分が下されるものと予測された。しかし樽見夫妻の会見の後に、長田裁判長が二〇分かけて難解な法律用語を交えて言い渡した裁定は、誰もが驚くべきものであった。

「本件の第二級謀殺の罪とそれによる終身刑に対し、裁判所は減刑を言い渡します。被告人を懲役二年に処する。その上で、被告人である大久保麗奈には服役の間、継続して心理カウンセリングを受けることを義務付ける」

「何だって!」

奇妙なことに樽見夫妻と麗奈は、ともに混乱して固まった状況に見えた。中山検事も驚き笹野検事のほうを見たが、彼もやはり驚愕し、口をあんぐりと開けていた。

巌は疲れ果てており、リアクションを取ることもできなかった。彼は明美のほうを向き、「タクシーを呼んでくれ。一度、家に帰りたい。後片付けをお願いできるか?」と告げた。

「パパ、いったいどうしちゃったの? 私、家までついていくわ。少し待って。芳江さんを呼んでファイルなどを片

付けておいてもらうわ」と明美は返答し、

「今夜は私もパパの家に泊まるわ。これは譲らないわよ」と続けた。

「いいだろう」

明美が巌のほうを振り返った時、彼は痛み止めを口にして、テーブルの上に置いてあった水で流し込んでいた。明美は今度は麗奈のほうに向き直した。

「裁判長の言ったことを理解できている、麗奈さん？」

「刑務所に行けって言ったのだと思ってる」

「そうよ、でもたった二年間だけだって言ったのよ。減刑されたの。終身刑ではなくなったのよ。刑務所に行くのはたった二年で、その間に更生しろってことよ。わかってる？」

明美は言葉を絞り出した。「それはいいことなの？」

麗奈は皮肉ではなく、この混乱した結果を理解しようとして、発したようであった。

「ええ麗奈さん、あなたにとってとても良いことよ。法的プロセスの妥当性については置いといて、あなたにとって本当にいいこと。そのことは後で考えるわ」

この裁判官の裁定には、検察側も弁護側も双方が異議を申し立てることとなった。

「当然、われわれは控訴いたします。裁判官が陪審員の判決をないがしろにして刑期を減刑し、自身の裁定を公表するなどとは、言語道断です」と、笹野検事は強い怒りを込めて表明し、次のような言葉を続けた。

「長田判事は、改めて自身が異端者で正当な法的プロセスの反対論者であることを証明したと言えます。彼の裁定には誰もが憤りを感じていることでしょう。小児病院の医師の一人は、『裁判官は頭がおかしくなったのではないか』と言っていました。この件に関しては、全米の検察官からも『いったいどうなっているのだ』と懸念する声が、メールで寄せられています。長田判事に関して言うならば、彼は確信的にこのような裁定を行っているのです」

中山検事も「長田判事は、常に自分は絶対的に正しいと感じているのでしょう。彼はおそらく、医学的証言を理解することができるのは唯一自分だけだと考えていて、陪審員なんかには理解できないと考えているのでしょう。自分だけが優れた知性を有しており、物事をはっきりと理解することができると。なんて傲慢なのでしょうか」と批判の言葉を続けた。

一方で巌も明美に対し「控訴するぞ。われわれが望むのは減刑ではなく、無罪だ。麗奈を自由の身にしてやらなければいけない」と告げていた。

39

とある寝苦しい夜、明美はカラスの不気味な鳴き声で、午前六時ごろ目が覚めてしまった。彼女はぼんやりした目で古ぼけた部屋を見渡し、長年ここで寝起きしていたことを思い起こしていた。彼女が床に足をつくと、ベッドからはギシギシときしむ音が鳴っていた。彼女は眠っている間に誰かが来て、口にチョークを詰め込まれたかのような感覚に陥り、すぐさま水を飲んでそのまま歯磨きして目を覚まそうと考え、シーンと静まり返った廊下を歩き、洗面台に向かった。洗面台の棚から歯磨き粉と歯ブラシを取り出し、歯磨きをした。彼女はその後シャワーを浴びようと考えたが、その前に父親の様子を確認することにした。父親の寝室の前に立ち、父親を起こさないようにしながら耳をそばだてたが、一切の音は聞こえてこなかった。部屋を覗くのに十分なだけ、ドアを少し開けたところ、刺激的な臭いが彼女を襲った。

何てこと！　パパは粗相してしまったのかしら？

「パパ」と明美はつぶやきながら彼のベッドに近づくと、衝撃が彼女を襲った。巌は掛布団の下で赤ん坊のようにうずくまっていた。呼吸に伴う寝具の浮き沈みはなく、顔面は土気色をしており、誰の目からも死んでいることは明らかな状態であった。彼女は息をのみ、手を口に持っていき、指の節を咬むと同時に、急に吐き気が襲ってきて、耐え切れずに黄色の胃液を嘔吐してしまった。そして冷静さを取り戻し、一一九番に通報を行った。救急隊が数分以内に駆けつけてきた。救急隊が帰宅した後、彼女は生まれ育った家でポツンと一人置かれることとなった。

皆に電話しなきゃ。誰に最初に電話する？　もちろん芳江さんだわ、その次には晃ね。たぶん理解はできないでしょうけど、特別養護老人ホームにいるママにも連絡しないと。漣おじさんやその他の沖縄にいる親戚たちにも連絡しないと。葬儀場にも連絡しなければ。私の上司の川越先生にも連絡が必要ね。その他に連絡しなければいけない人は、芳江さんなら知っているわよね。

芳江の手配で、巌の死亡の記事は翌日新聞に載ることとなった。彼はずっと地元のメディアに対して存在感を示していたし、その他の地元の名士同様、追悼記事は生前からすでに準備されていた。追悼記事の作成には、生前巌自身が関わっていたので、過小であることも過大であることもなく、適切に書かれていた。

長年にわたり刑事弁護人を務めていた金子巌氏、死去

横河新聞では、この記事は一面に掲載された。「がんと闘病していた」とか「愛されていた父親、愛されていた夫」という言い回しはなかった代わりに、彼の人生と業績に関して詳細な説明が書かれていた。

小森晃が金子家に着いた時、明美は彼に抱きつき、しばらく動くことができなかった。「来てくれてありがとう」と明美は小さくつぶやいた。

巌ががんであることを知らされていた明美は、晃が来てからはすぐに落ち着くことができた。

「何かできることはあるかい？」

「もうすでにやってくれているわ。ここに来てくれたじゃない。しばらくの間来てくれるかしら」

「もちろんだ。ただ今夜はコンサートがあるんだ。それが終わり次第戻ってくるよ」

「夕食はどこかに外食に行かない？　コンサートの前に時間はない？」と明美は尋ねた。

「出前を取ってここで食べるのはどうだい？　今日は二人ともレストランに行くべきじゃないと思うんだ。そうしよ

うよ」と晃は答えた。

葬儀を終え喪に服したのちに、明美は積極的に仕事を入れ、あえてすぐに日常に戻っていった。葬儀には母親も参加したものの、もはや何もわからない状態であった。次第に深まっている晃への愛情は、深い天涯孤独感を癒してくれた。

明美は巌の死後しばらく対応をしていなかった麗奈と、話をしなくてはならなかった。明美の中にあった罪悪感が再び表層に浮かび上がっていた。拘置所職員が、すっかり慣れた場所である接見室に麗奈を連れてきた。麗奈は椅子に深く座ると「お父様の件は残念に思うわ。わたし、あのおじさんが好きだったの。とてもいい人だった。私を無罪にするためにベストを尽くしてくれたわ。私もそう願ってた」と話し始めた。

「でも時には有罪であることを示す証拠があまりに強固なこともあるわ」

明美はブリーフケースから何枚かの書類を取り出したが、静かな接見室にその音がカサカサと響いた。明美は麗奈の言葉を待っていた。

「もう人生だいぶ台無しにされたわ。あんただって自分の人生を他人からこねくり回されたらどう思うのよ！　何であいつらはそんなことができるのよ！」と麗奈は叫んだ。

明美は麗奈に響くことはないと思いつつも、「現実を直視して、どうやったらこれをプラスにできるか考えてみましょうよ」と声をかけた。

「確かにね。控訴審では、どんな茶番が演じられることになるの？」と麗奈は続けたが、言葉とは裏腹に彼女の眼からは恐怖が隠せない状態であった。

「検察官も、『裁判官が陪審員の下した評決を脇に置いた判断を行うことは、権限を大きく超えた行為である』と主張してくるでしょうね。私たちは、検察が示した証拠は事件を明らかにしたとは到底言えないし、あなたは公訴事実すべてについて無実であり、速やかに釈放されるべきであると引き続き主張していくわよ」

「裁判なんて本当に茶番だわ！」と麗奈は不平を漏らしたが、すぐに「私が無罪になるチャンスはあるの？」と尋ねた。

「私たちにはそれはわからないわ」と明美は答え、次のように続けた。

「高等裁判所が、裁判官がその権限を逸脱したとの検察側の主張に同意すれば、差し戻されて審理されることになるわ。その場合、終身刑もありうるのよ。だからこそ私たちも必死に主張していかなければいけないの。他に選択肢はないのよ」

「マジでクソみたいだわ。私が今後どうなってしまうのか、さらにまた結論が出るのを待ってなきゃいけないなんて！」と麗奈は叫びながら席を立ち、自身の房に戻ろうとした。

「心配しないでいいわよ。あなたは私に弁護させることについてサインしたんだし、これからもあなたを変わらず弁護し続けるから。でもその態度はいただけないわね。はっきりと言っておきますけど、もう少し大人になってあなたを救おうとしている私に協力しなさいよ！」と明美も大きな声を出した。

麗奈はこの声に反応して、ドアに向かっていた足を止め、明美のほうを向いた。

「わかったわ、ごめんなさい。大変だけれども、もう少しいい子でいられるように頑張ってみるわ」

拘置所職員がドアを開けて入ってきて、麗奈を連れて行った。

まあ少なくとも謝ることはできたわね、と明美は考えていた。


控訴審では、検察側の意見も弁護側の意見も棄却され、双方が怒りをあらわにする結末となった。結局、もともとの公訴事実である第二級謀殺を故殺に変更して、懲役二年に処するという長田判事の判決が確定した。

40

「大利根壮というお医者様からお電話が入っています」との連絡が、電話交換手から明美に入った。

「誰ですって？」

「小児科のお医者様と申しております。竜輝ちゃん事件について話がしたいとのことです」

興味を持って、明美は電話に出た。「はい金子明美です。どのようなご用件でしょうか?」

「お電話に出ていただき、ありがとうございます。これまでお会いしたことはありませんが、実は私は樽見竜輝ちゃん事件の法廷をすべて傍聴していたんです。私は引退した子ども虐待専門小児科医で、これまで身体的虐待や性虐待などを含めた数多くの事件で証言台に立ってきました。しかし近年になって、法廷で証拠として採用される医学的意見に関しての懸念が、ますます増加してしまっています。特に竜輝ちゃん事件ではとりわけ、そのように感じられました。真摯な証言と無責任な証言とを区別することのない司法制度には、深刻な問題があると私は考えています。これらの問題は、医学的に解決を図らなければいけない問題ではありますが、法学的に解決しなければいけない問題でもあると考えています」と話し、彼は一旦話すのを止めたが、明美からは何も返答がないことを確認し、さらに続けた。

「私は私の考えを、中山恵里検事と笹野紘一検事にも伝えたいと考えています。ただ私の考えているプロジェクトは、誠実な刑事弁護人側の人間が参加することで、より大きな信頼性を持たせることができると思っています。そして私は、あなたが「正義」というものに心から興味があるとお見受けしました」

不意の電話でこのように褒められ、明美はこの提案に興味をそそられた。

「確かに『正義』については大いに興味があります。私が法律家になった理由もそこにあります。でも、なぜあなたは『私が心底正義に興味がある』と思ったのでしょうか?」と、この会話がどのように展開されていくのかいささか懐疑的な気持ちを抱きながら、明美は質問をした。

「法廷におけるあなたの態度や、証人への尋問方法、そしてあなたの父親が尋問をしている際のあなたの父親を見るまなざしなど、何のことはない、全体的に受けた印象からです」

「あなた自身についてもう少し教えていただいてもよろしいでしょうか?」と、いまだにこの電話の主はいったい何者なのだという気持ちを抱きながら、明美は質問をさらに行った。

「私は大阪で、一九七〇年代から虐待の医学診断に関わってきました。また複数の病院の虐待対応チームを率いてきましたし、身体的虐待に関する研究をさまざまに行ってきました。これまでに査読付きの医学雑誌に多くの投稿論文が掲載されましたし、さまざまな子ども虐待医学の教科書も編集してきました。自分でいうのも気が引けますが、子ども虐待医学の分野では名の知れたドクターの一人です。すでに秘書の方からあなたのメールアドレスをお聞きしましたので、メールで私の履歴をお送りいたします」と、彼は回答し次のように続けた。

「ぜひお会いして、この問題の解決すべき倫理的な問題を含めて、私の考えについて議論させていただけたらと思っています」

「先生はまだ横河市にいらっしゃいますか？」

「数日後に仲間と会う用事があり、もうしばらくは滞在いたします」と彼は答え、携帯の電話番号を明美に伝えてきた。

明美は「少し検討して、また私から電話させていただきます」と話し、電話を切った。

電話を切った後に、明美は富田玲医師に大利根壮医師を知っているか尋ねた。富田は「世界的に有名な子ども虐待の専門医だよ」と答えました。

明美はＰＣのメールボックスを開き、大利根医師の履歴書を確認した。確かに大変実績のある医師のようであった。いい話じゃない、ぜひ話を進めましょうよ。

明美は大利根医師に電話をかけ、彼女の事務所で面会をすることとなった。翌日、大利根医師が事務所に来所した際、明美は彼が医学部教授であったことを知った。彼が法廷を傍聴し電話をかけてきたことの意味を、明美は今やしっかりと認識した。

「大利根先生、われわれはＳＢＳの裁判では、何も事実を明らかにすることはできないのではないかと考えています」と、明美は話し始め、「ただ私も、先生が挙げられたようなＳＢＳ事件の裁判に一般的に存在する深刻な問題について、じっくり考えてきました。今回の事件を通じて私は、乳幼児揺さぶられ症候群――いや竜輝ちゃんの場合揺さぶられ衝突症候群でしたね――むしろ虐待による頭部外傷と言ったほうが適切でしょうか、について深く学ぶことができました。今回の事件で弁護側の医療専門家証人の限界点も、失礼ながら検察側の医療専門家証人の限界点も認識することができました。彼らがあらゆる法廷で、自身の信じる理論を提示し続けるであろうことは確かでしょうし、刑事弁護人側にとってそれは歓迎すべき事態なのだと思います。先生はこの泥沼のような状況の出口が見えているのでしょうか？」と続けた。

「いくつかアイデアはあります」と大利根医師は話し始めた。

「大きく二つの戦略があると考えています。一つは専門家証人を行う医師を管理する専門機関の規則を改正することです。現時点でも、倫理的に証言を行う際に規定を設けている専門機関はすでに存在しています。無責任な医学的証言を行う医師を明確にすることは、難しくはありません。しかしそのような無責任な医学的証言を行った医師を組織が処罰できるようにしたり、適切な証言を行う人物を認定するライセンス制度を作ることは、とても難しいのです。本来このような認定をしっかり受けなければならない立場の医師は、非常に独善的です。彼らは自身の考えが誤りであるとされた時、徹底的に反論をしてくるでしょう。訴訟を起こしてくるであろうことも想像に難くありません。このような問題は、何らかの形で解決される必要があります。証言適正者の認可を行う専門機関や機構が、そのような医師が起こすであろうばかげた訴訟から免責されるための方策も、おそらく必要でしょう。もちろん、相当に慎重な議論が必要にはなりますが。二つ目の戦略は、司法システム側の改善です。現在の証人に関する法廷のルールは非常に漠然としたものであり、裁判官は判決が覆ることを常に恐れているため、法廷は本質とはおよそ関係性のない証人にさえ、証言することを許諾しています。私が証言してきた裁判でも、裁判官はそのような証人を排除するよりも、積極的に証言させる方向の判断をしています。これまで多くの法廷で、どのような証言が真の学問に根差した証言で、どのような証言がそうでないのかを裁判官が『アマチュア科学者』となって判断してきたのを、私はみてきました」

大利根医師は、そこまで話すと椅子から立ち上がり、川を見下ろす窓辺まで歩きだした。彼はメガネを取り川を見つめてしばらくの間沈黙していた。

「もちろんご存知のように、刑事裁判において弁護人側は強固な立証をする必要性はなく、疑いを挟み込めばそれで事足りるわけです。そして、専門家証人は伝聞証拠やその他の根拠の疑わしい『事実』を証言に含めることも許可されている状態です。証言する人物が、議題になっている病態に対して、実際に知識も経験もなくても証言ができてしまうのです。私たちに必要なのは、専門家証人を真に有効なものとするためのルール作りです。専門家証人の証言は、医学の実践の一部であるべきであり、信頼性に乏しい証言を行う人物は、医師としての活動を制限するようなペナルティを受けてしかるべきと言えます。そしてわれわれ医療側には、司法機関からの付託にこたえるべく、どのような人物に専門家証人を行う資格を与えるべきであるかについて、厳密に評価する制度を作っていく必要があります。それを実現することは決して容易ではないですが」

「確かに実際には相当に難しいでしょうね。それを実現するための方略は何かあるのですか？」と明美は質問を行った。

「この混沌とした状態からロードマップを作っていくためには、主要な医学界や法学界や専門医認定機構の代表者からなる、特別な作業部会を設置する必要があると考えています。あなたのような真摯な刑事弁護人や、その他何名かの信頼のおける裁判官が参画することで、法学的な視点から適切な意見を組み入れることができるでしょう。このような考え方には反論もあるでしょうが、私はそれが必要であると確信しています。特にあなたの同僚である刑事弁護人からは激しい反対があることが予想されます。しかし、誠実に対応をしている専門職であれば、このような動きは双方にとってメリットがあると感じていただけるものと思います。すでに私は、自分の所属する学会に対して、働きかけを開始しています。病院医療機能評価機構にも、プロジェクトに加わってもらうことが必要だと思います。このプロジェクトは長期的なものになると思いますが、実現が早ければ早いほど、この悲惨なＳＢＳという問題に対し、真に求められる適切な司法システムをより早く行き渡らせることになるでしょう。おそらく数年後には、われわれはよりよくこの問題に対処できるようになっていくでしょう」と大利根医師は力説し、

「もちろん、メディアにこのような取り組みを取り上げていただくことには大きな意味があるでしょう。彼らはしばしば誤った情報を流してしまいますが、そのことによりとてつもなく大きなダメージを社会に与えてしまうことは、まれではないですから。このプロジェクトにマスコミが正式に加わるとは、これまでのマスコミのそのような報道への償いにもなるでしょう」と続けた。

「多くの考えるべき課題をいただき、誠にありがとうございます」と明美は発言し、大利根医師は「一緒にプロジェクトに参画していただだけますことを願っています」と返答した。

「私が何をどこまでできるのかはわかりません。検察側と弁護側の双方の同僚とも相談させていただき、じっくり考えさせていただきたいと思います。時間をかければ、法学界と医学界の両者による、この問題を解決するための作業部会を設置することは可能であると思います」とそのアイデアに強い期待を感じながら、明美は「とても興味があります」と自身の発言を締めくくった。

「そのように感じていただけて、とてもうれしく思います。あなたに連絡すべきだと感じた自分の直観は正しかったと確信しています。貴重なお時間をいただき誠にありがとうございました。じっくりとお時間をかけ納得のいく結論を出してください」と大利根医師は返答し、明美と握手を交わして退出した。

明美は大利根医師の訪問と、彼の提唱したミッションに感銘を受け、受け入れるつもりとなっていた。


「時間を作ってもらってありがとうね、裕子」と明美は、目の前に座っている臨床心理士に声をかけ、「こんな喫茶店じゃなくて、あなたの事務所での会合にしたほうが良かったかしら」と続けた。

「ここで良かったわよ、明美。しばらく仕事を離れられるし、それにあなた、ブラックカラントの紅茶が好きじゃない」

ウェイターは注文の紅茶をテーブルに置き、速やかに離れていった。

「お父さんの件、大変だったわね。あなたたち父娘はとても仲が良かったから……。本当に尊敬し、愛していたものね」

「ありがとね、裕子。父を見ることなく、父と話す事もない日々は、変な感じよ。特に麗奈ちゃんの事件の対応が始まってから、ほとんど毎日一緒だったから」と明美は返した。彼女たちはしばらく世間話を続けていたが、その後明美は心にずっと抱えていた話題を切り出した。

「裁判官が陪審員の評決を覆したために、私のクライアントの麗奈ちゃんが一年の実刑になったのは知っているでしょう?」

「もちろん。その裁判官の判断には激しい反発が出ているわよね」

「麗奈ちゃんとは決して距離を近づけることができなかったけど、裁判官の行なったことには葛藤を感じているわ。でも正直に話すと、裁判が進めば進むほど、私は彼女を嫌いになっていたの。彼女は思春期特有の自己愛の範囲を超えてあまりに自己中心的だと思ったわ」と明美は話すと、深いため息をついた。

「ただ裁判の途中で、麗奈ちゃんが一五歳から、性虐待や身体的虐待を義父から受けていたことがわかったの。そのような苛烈な体験というものが、彼女の態度や行動を説明する理由になりうるのかしら？　彼女があのような態度になってしまうのが、彼女の責任とばかりは必ずしも言えないんだとしたら、私が彼女に好感を持てなかったことに対し、罪悪感を感じてしまうわ。このことについて、心理学的に何か説明できるか教えてもらえない？」

「心理学における最も厄介な質問の一つだわ。ただ、特に共感する能力の発達には、遺伝と環境との複雑な相互作用が影響しているという研究報告が、最近数多くなされているわ。個々の人生における出来事がどのような影響を及ぼすのかは、遺伝的な脆弱性、遺伝的な脆弱性を代償する要因、もしくはその両者の組み合わせの度合いによって決定されると考えられているの」

「なんだか漠然としていて、法律家の言説みたいね」と明美は苦笑いした。

「確かに、心理学も法学もはっきりしないものを扱う分野という点で、似ているかもしれないわね。でももう少し詳しく言うならば、多くの子どもは虐待を受けてもレジリエンスっていう、その逆境を跳ね返す力を持っているけど、だいたい三人に一人は程度の差こそあれ、虐待を受けることで深刻な影響が出てしまうのよ。たぶん彼女はこれまでさんざん傷つけられてきたから、自分がこれ以上傷つけられないようにするために、人々を遠ざけることを学習してしまったんだと思うの」

「セラピーを受けることは麗奈ちゃんにとって、少しは救いになるのかしら？」

「たぶんね。彼女の行動様式はだいぶ強固なようにも思えるけど、セラピーを行う価値は十分にあるわよ。彼女が刑務所から出てから、転落人生を歩まないようにすることはとても大事なことよ。残念なことに、彼女のような深刻な虐待を受け続けてきた子どもが、良き人生を歩むことは容易ではないの。自分を大切にする方法を知らないせいで、性的な逸脱行為に走ったり、薬物乱用者になることもまれではないの。とても悲しいことだわ」

「彼女が良いセラピストに出会えることを祈っているわ。もしフロイトが生きていたら彼にセラピーをやってほしいわね」

「フロイトといえば、実際に彼が『娘を性虐待する父親』に関しての論文を書いた時、当時の精神医学の医師たちはかなり激しく批判を行ったため、彼は自分の言説を変え、女性が子ども時代の性虐待の被害を訴えた場合、それは『幼児性欲による幻想』と説明したの。その影響はその後何年にも及んでしまったのよ」と裕子は返答し、

「刑務所には、性虐待の既往を持つ女性の対応経験が豊富なしっかりとしたセラピストがいるわ。そのようなセラピストからしっかりとセラピーを受けるチャンスがあることは、彼女が刑務所に服役することの数少ないメリットにはなると思うわ」と続けた。

「明美、他に何か言いたいことはある？」

「うーん、今回の事件を経験して、私は刑事弁護人の仕事を続けたいのかどうだか、わからなくなってしまったわ。父が死んでしまった今、『自分自身を認めてもらいたい』という動機はなくなってしまったわ。でも困難な状況にある貧しい人々の力になりたいという感覚は変わらず持っているの。デル・ダーショウィッツ（訳注：O・J・シンプソン、マイク・タイソンなどの弁護も務めた、米国の著名な刑事弁護人）の本をもう一回読み直して、充電しようと思っている」

「あなたの気持ちがはっきりするまで、少しゆっくりするといいわ。実際、とりあえずこれからどうするの？」

「一つは公選弁護人事務所を離れて、父の残した事務所でしばらく民事の仕事だけやろうと思ってる。その準備はすでにできているわ。父の事務所は名が知れているし、もし残ってくれればだけどすごく優秀な秘書もいるし。また晃は、私は法廷経験も十分にあるからって、ロースクールの教員になることを勧めてくれているわ。彼は、ロースクールには若い教授が必要だと考えているみたい」

「悪い話じゃないじゃない」と裕子は賛同した。

「ロースクールのポストを得ることは簡単じゃないわ。でも私には向いているかもね。ロースクールの教員を非常勤でやりながら、少しは民事の弁護人を引き受けて、腕が錆びつかないようにするのもいいわね。特に私がこれまでに関わっていた事件については、続けて担当しなくてはいけないしね」と明美は答え、さらに次のように続けた。

「ただ私が今最も力を入れたいのは、著名な子ども虐待医学の専門家との共同作業なの。彼は私の力を必要としてくれていて、法廷での専門家証人の質の担保をどうしていくのかを、医学者と法学者が共同で協議する作業部会を立ち上げたいと言ってきているの。もし私がロースクールの教員の立場になれば、そのような作業部会の立ち上げに関与できる可能性は高くなると思うの。これから法学の総説論文もいっぱい書かなくっちゃ。女版ドン・キホーテになるわよ！」と明美は満面の笑みを浮かべながら、こう話をした。

二人は喫茶店を後にし、日中のまぶしい光を浴びながら別れの挨拶をした。

「またすぐ一緒にお茶しようね。晃さんの話も聞きたいし、あなたがどんな決断をしたのかも知りたいしね」と裕子は別れ際に明美に告げた。

41

「こんにちは、明美先生」麗奈は明美に向かい合って座り、こう挨拶した。

「こんにちは、麗奈さん、最近の調子はどう」と明美は声をかけた。

麗奈は椅子に背筋を伸ばして座り、明美をじっと見つめて話を始めた。「裁判所が連れてきたカウンセラーはかなりイケてる人だったわ。彼女は若くて、私の裁判について全部知ってた。カウンセリングは始まってまだ数回だけれども、思っていたものとは全然違ってた」

「それに……」と麗奈はためらいつつもさらに言葉を続けた。

「前に話したと思うけど、最近同じ悪夢で目が覚めることが続いているの。私が竜輝を揺さぶって、バスタブの角に頭をぶつけている夢なの。たぶん私やったんだと思うわ。そうとしか考えられない。やっていないんだったら、細部まで生々しいあんな夢を見ることはないと思うの。カウンセラーにこのことを話したら、『あなたの心の準備ができたら、そのことについて、詳しく話したいわ』って言ってた」

明美は、麗奈が自身の自己欺瞞・自己否定の葛藤から何とか抜け出ようとしている発言を、しっかりと椅子に座りじっと聞いていた。彼女がわずか数週間前の法廷での心性から、ここまでに変わっていくことが、にわかには信じらなかった。今になり明美は、麗奈が竜輝を揺さぶり頭をぶつけて殺害した、と改めて確信することとなった。明美は司法プロセスの奇妙さをまざまざと実感し、そして弁護側の医療専門家の証言というものが、多くの点で間違いにあふれているということを悟った。

「あなたの人生がより良いものになることを願っているわ、頑張ってね」と、明美は社交辞令ではなく本心からそのように麗奈に話した。二人は握手をし、麗奈は戻っていった。明美は、彼女の刑期が半分以上を過ぎた時、もう一度接見しようと考えていた。

数週間後、明美は父親の弁護士事務所での新しい生活を始めていた。

巌の秘書であった桐谷芳江はもうすぐ六七歳を迎え、この一年間は巌の死後も、明美の秘書として引き続き仕事をすることとしたが、来年以降は未定である。自身が深く尊敬し長年をともに過ごした巌が死亡したことに対しての悲嘆に対して対処するため、芳江にもある程度の時間が必要であった。もちろん芳江は、明美が小さな女の子として巌の事務所に来て、書斎を探りまわっていたころから、彼女を知っていた。今目の前にいる有能なベテラン弁護士が明美であることを理解はしていたが、芳江は巌以外の人物がこの事務所の主になることを、心の底では望んではいなかった。

明美が父親の事務所に来てから三日目、芳江が一本の電話を受けた。

「明美先生、電話よ。内線一番で受けてちょうだい」

明美が電話を受けると電話からはなじみの声が聞こえた。

「やあ先生。福田だ。今大丈夫かい？」。福田仁警察官は明美の古くからの友人の一人で、大久保麗奈のケースについて明美に繋げた人物である。

「あなたの頼みならいつでも聞くわよ。どうしたの？」

「うちの署員が『逮捕時の過剰暴力』で告発されてしまって、課長が誰か良い刑事弁護人を紹介してほしいと俺に言ってきたんだ」

「もしかして和田秀人刑事？」

「ご想像の通りだよ。実際、君は大久保淳司の義理の娘の弁護をしていたわけだけれど、奴が死んでしまっている今、課長は君が和田君を弁護したところで何も利益相反はない、と考えているみたいだ」

「課長がそんな風に話しているって聞いてうれしいわ。法廷で激しいやり取りをしてきた同士だから、私を頼ってきたことに正直驚いているわ」

「俺たち全員、君が良心的な弁護士なことは知っているし、だからこそ和田を助けてやってほしいんだ」

「わかったわ。課長かその代理の人に一度電話をよこすように伝えてくれない？」

明美は、このケースを喜んで引き受けた。


明美は現在、父親の後を引き継いで日本えん罪救済人権協会の仕事をしているが、大学の法学部の准教授として刑事法について教えてもいる。また彼女は大利根医師とともに「Post Daubert（Daubert 判決以後）」と銘打ったプロジェクトをすでに立ち上げている（訳注：Daubert 対メレル・ダウ製薬会社事件のこと。この事件の判決では、新たな科学的論拠の妥当性の検証方法の基準が示された［裁判官は新規の科学的証拠のみならず、すべての科学的論拠の妥当性を判断する門番の役割を担うとされた］）。このプロジェクトでは、弁護士と医師の双方の主張がほぼ同程度ずつフェアに示されており、報道に関しても、特に医師免許と弁護士資格の両方を持つ優秀な若手メンバーによりバランスが取られた記事の記載がなされている。乳幼児揺さぶられ症候群に関する医療者と法学者との間の二項対立的なスタンスは、激しく熱を帯びた議論を引き起こしたが、この分野に光明をもたらすことはほとんどなかった。明美は現状は非常に危機的な状況であると思っており、両者がより柔軟に、客観的で冷静な議論を行っていくようになることを望んでいた。

42

明美は麗奈が刑務所を出所する前に、彼女のもとを再び訪れた。麗奈が発した言葉は予想外のものであり、明美はその言葉に返答することができなかった。

「なんて言っていいんだかわかんないけど……」と麗奈はうつむきながら早口で、「裁判の最中には私はなんて嫌な奴だったんだろうって。本当にごめんなさい。来てくれて本当にありがとう。今までいろいろとしてくれて本当に感謝しているわ」と言ったのである。

さらに麗奈は、

「セラピーを始めてから、いろいろなことが変わってきたわ。見てわかると思うけど、義父が死んでから、ママもこれまでよりずっと強くなった。ママが面会に来てくれた時にはいっぱい笑ってた。新しい友達もいっぱいできたみたいだし、店もてんてこ舞いなぐらい忙しいんだって。私が覚えている中でも、今が一番幸せそうに見えるわ」と続けた。

これまで明美が見てきた麗奈とはまったく違って見えた。明美は思い切ってこう言った。「それを聞いて安心したわ。ここから出所したら麗奈さんはどうするの？」

「実は高卒認定を取ったの。元の高校には絶対戻りたくなかったし。出所したら横河市を離れて、私のことを誰も知らない東京に行こうと思っているの」

「そこで何をするつもり？」

「はっきりと決めてはいないけど、とりあえずはレストランのウェイトレスでもしようと思ってる。まずはそれぐらいしかできないから」

明美は頷きながら聞いていた。その後しばらくの間沈黙が続いた。明美は麗奈がもっといろいろなことを話すのではないかと思っていた。

「私、明美先生にもう一つ伝えたいことがあるの。カウンセラーの先生とかなり深いところまで話をした結果、その先生が言うには、私もそう思ったんだけど、私には……」と言って麗奈は会話を止めてしまったが、明美は「解離?」と続けた。

「そう、解離。竜輝をバスタブに入れていたあの時、私、解離状態であの子を揺さぶってバスタブの角に頭をぶつけたんだと思う」

麗奈は下を向いて、こう言った。

「私、竜輝のパパとママに手紙を書くべきと思う?」

明美はしばらくの間考えた末、

「それはあなた次第よ、麗奈さん。樽見夫妻は変わらず同じ場所に住んでいる。手紙を送りたければ、送ることはできるわ」

二人はしばらくの間顔を見合わせ、お互い示し合わせたようなタイミングで立ち上がり握手をした。明美は、麗奈が本当にそのような手紙を書くのか、確信を持てなかった。ただ、そうすることが麗奈の救いになり、寿子と崇にとっての救いにもなるであろう、と考えていた。

参考文献

第一二章で明美は、ＳＢＳを含めた虐待に関する医学文献のエキスパートである草野敬三医師のもとを尋ねており、彼は明美に、医学的に優れた五〇〜六〇編の医学文献を送っている。登場人物は架空の人物であるが、ここで挙げた参考文献は実際に存在するものである、ＳＢＳについてより詳細に知りたい読者は、ぜひ入手して一読していただきたい。

AAP Committee on Medical Liability and Risk Management（2009）. Policy Statement-Expert witness participation in civil and criminal proceedings. Pediatrics, 124, 428-438.

Adamsbaum（Ed.）（2014）. Pediatric Radiology December, 44（Suppl）, S535-S659.

Adamsbaum, C., Grabar, S., Mejean, N., Rey-Salmon, C.（2010）. Judicial admissions highlight violent and repetitive shaking. Pediatrics, 126, 546-555.

Adams, G., Ainsworth, J., Butler, L. et al.（2004）Update from the Ophthalmology Child Abuse Working Party : Royal College Ophthalmologists. Eye, 18, 795-798.

Barlow, K.M., Milne, S., Aitken, K., Minns, R.A.（1998）. A retrospective epidemiological analysis of non-accidental head injury in children in Scotland over a 15-year period. Scot Med J, 43, 112-114.

Bechtel, K., Stoessel, K., Leventhal, J. et al.（2004）. Characteristics that distinguish accidental from abusive injury in hospitalized young children with head trauma. Pediatrics, 114, 165-168.

Block, R.W., Child abuse-Controversies and imposters（1999）. Curr Probl Pediatr, 29, 253-272.

Bonnier, C., Nassogne, M.C., Evrard, P.（1995）. Outcome and prognosis of whiplash shaken infant svndrome : Late consequences after a symptom-free interval. Dev Med Child Neurol, 37, 943-956.

Budenz, D.L. et al.（1994）. Ocular and optic nerve hemorrhages in abused infants with intracranial injuries. Ophthamology, 101, 559-565.

Case, M.E., Graham, M.A., Handy, T.C., Jentzen, J.M., and Monteleone, J.A.（2001）. Position paper on fatal abusive head injuries in infants and young children. Am J Forensic Med Pathol, 22, 112-122.

Chadwick, D.L., Bertocci, G., Castillo, E., Frasier, L., Guenther, E., Hansen, K., Herman, B., and Krous, H.（2008）. Annual risk of death resulting from short falls among young children : Less than 1 in 1 million. Pediatrics, 121, 1213-1224.

Cory, C.Z., Jones, M.D.（2003）. Can shaking alone cause fatal brain injury? A biomechanical assessment of the Duhaime shaken baby syndrome model. Med Sci Law, 43, 317-333.

Ewing-Cobbs, L., Kramer, L., Prasad, M. et al. (1998) . Neuroimaging, physical, and developmental findings after inflicted and non-inflicted traumatic brain injury in young children. Pediatrics, 102, 300-307.

Ewing-Cobbs, L., Prasad, M., Kramer, L., et al. (2000) Acute neuroradiologic findings in young children with inflicted and noninflicted traumatic brain injury. Child、s Nerv Syst, 16, 25-34.

Fischer, H., Allasio, D. (1994) . Permanently damaged : Long-term follow-up of shaken babies. Clin Pediatr, 33, 696-698.

Forbes, B.J., Christian, C.W., Judkins, A.R., Kryston, K. (2004) . Inflicted childhood neurotrauma (shaken baby syndrome) : Ophthalmic findings. J Pediatr Ophthalmol Strabis, 41, 80-88.

Gleckman, A.M., Bell, M.D., Evans, R.J., Smith, T.W. (1999) . Diffuse axonal injury in infants with nonaccidental craniocerebral trauma : Enhanced detection by beta-amyloid precursor protein immunohistochemical staining. Arch Pathol Lab Med, 123, 146-151.

Gleckman, A.M., Evans, R.J., Bell, M.D., and Smith, T.W. (2000) . Optic nerve damage in shaken baby syndrome : Detection by beta-amyloid precursor protein immunohistochemistry. Arch Pathol Lab Med, 124, 251-256.

Green, M.A., Lieberman, G., Milroy, C.M., Parsons, M.A. (1996) Ocular and cerebral trauma in non-accidental injury in infancv : Underlying mechanisms and implications for paediatric practice. Br J Ophthalmol, 80, 282-287.

Haviland, J., Russell, R.I.R. (1997) . Outcome after severe non-accidental head injury. Arch Dis Child, 77, 504-507.

Herman, B.E., Makoroff, K.L., Corneli, H.M. (2011) . Abusive head trauma. Pediatr Emerg Care, 27, 65-69.

Hymel, K., Abshire, T., Luckey, D., Jenny, C. (1997) . Coagulopathy in pediatric abusive head trauma. Pediatrics, 99, 371-375.

Hymel, K.P., Rumack, C.M., Hay, T.C., Strain, J.D., Jenny, C. (1997) . Comparison of intracranial computer tomographic (CT) findings in pediatric abusive and accidental head trauma. Pediatr Radiol, 27 (9) , 743-747.

Jaspan, T. (2008) . Current controversies in the interpretation of non-accidental head injury. Pediatr Radiol, 38 (S3) , S378-S387.

Jenny, C., Hymel, K.P., Ritzen, A., Reinert, S.E., Hay, T.C. (1999) . Analysis of missed cases of abusive head trauma. JAMA, 281, 621-626.

Keenan, H.T., Runyan, D.K., Marshall, S.W., Nocera, M.A., Merten, D.F. (2004) . A population-based comparison of clinical and outcome characteristics of young children with serious inflicted and noninflicted traumatic brain injury. Pediatrics, 114, 633-639.

Keenan, H.T., Hooper, S.R., Wetherington, C.E., Nocera, M., Runyan, D.K. (2007) . Neurodevelopmental consequences of early traumatic brain injury in 3-yearold children. Pediatrics, 119, e616-e623.

Keenan, H.T., Runyan, D.K., Marshall, S.W. et al. (2003) . A population-based study of inflicted traumatic brain injury in young children. JAMA, 290, 621-626.

Kemp, A.M. (2002) . Investigating subdural haemorrhage in infants. Arch Dis Child, 86, 98-102.

Kemp, A.M., Stoodley, N., Cobley, C., Coles, L., Kemp, K.W. (2003) . Apnoea and brain swelling in non-accidental head injury. Arch Dis Child, 88, 472-476.

Kemp, A.M.（2011）. Abusive head trauma : Recognition and the essential investigation. Arch Dis Child, 96, 202-208.

Kivlin, J.D., Simons, K.B., Lazoritz, S., Ruttum, M.S.（2000）. Shaken baby syndrome. Ophthalmology, 107, 1246-1254.

Levin, A.V.（2010）Retinal hemorrhage in abusive head trauma. Pediatrics, 126, 961-970.

Maguire, S.A., Pickerd, N., Farewell, D., Mann, M.K., Tempest, V., Kemp, A.M.（2009）. Which clinical features distinguish inflicted from non-inflicted brain injury? A systematic review. Arch Dis Child, 94, 860-867.

Maguire, S.A., Watts, P.O., Shaw, A.D. et al.（2013）. Retinal haemorrhages and related findings in abusive and non-abusive head trauma : A systematic review. Eye, 27, 28-36.

Narang, S.（2012）. A Daubert analysis of abusive head trauma/shaken baby syndrome Part I. Hous J Health Law Policy, 505, 538-539.

Narang, S.K.（2013）. A Daubert analysis of abusive head trauma/shaken baby syndrome Part II : An examination of the differential diagnosis. Hous J Health L and Policy. Available at https://papers.ssrn.com/sol3/papers.cfm?abstract_id=2288126

Narang, S., Clarke, J.（2014）. Abusive head trauma : Past, present, and future. J Child Neurol, 29, 1747-1756.

Morad, Y., Kim, Y.M., Armstrong, D.C. Huyer, D., Mian, M., Levin, A.V.（2002）. Correlation between retinal abnormalities and intracranial abnormalities in the shaken baby syndrome. Amer J Ophthalmol, 134, 354-359.

Odom, A., Christ, E., Kerr, N. et al.（1997）. Prevalence of retinal hemorrhages in pediatric patients after in-hospital cardiopulmonary resuscitation : A prospective study. Pediatrics, 99, e3. Available at http://pediatrics.aappublications.org/content/99/6/e3.long

Punt, J., Bonshek, R.E., Jaspan, T., et al.（2004）. The `unified hypothesis、of Geddes et al. is not supported by the data. Pediatr Rehabil, 7, 173-184.

Reece, R.M. et al.（2004）. The evidence base for shaken baby syndrome : Response to editorial from 106 doctors. BMJ, 328, 1316-1317.

Reece, R.M. and Sege, R.（2000）. Childhood head injuries : Accidental or inflicted? Arch Pediatr Adolesc Med, 154, 11-15.

Rooks, V.J., Eaton, J.P., Ruess, L., et al.（2008）. Prevalence and evolution of intracranial hemorrhage in asymptomatic term infants. Am J Neuroradiol, 29, 1082-1089.

Sandramouli, S., Robinson, R., Tsaloumas, M., Willshaw, H.E. Retinal haemorrhages and convulsions. Arch Dis Child, 76, 449-451.

Starling, S., Holden, J.R., Jenny, C.（1995）. Abusive head trauma : The relationship of perpetrators to their victims. Pediatrics, 95, 259-262.

Starling, S.P., Patel, S., Burke, B.L. et al.（2004）. Analysis of perpetrator admissions to inflicted traumatic brain injury in children. Arch Pediatr Adolesc Med, 158, 454-458.

The Ophthalmology Child Abuse Working Party（Chair : D. Taylor）（1999）. Child abuse and the eye. Eye, 13, 3-10.

Vinchon, M., Noule, N., Tchofo, P.J. et al.（2004）. Imaging of head injuries in infants : Temporal correlates and forensic implications for the diagnosis of child abuse. J Neurosurg（Pediatr）, 101, 44-52.

Vinchon, M., de Foort-Dhellemmes, S., Desurmont, M., Delestret, I.（2010）. Confessed abuse versus witnessed accidents in infants : Comparison of clinical, radiological, and ophthalmological data in corroborated cases. Childs Nerv Syst, 26, 637-645.

Watts, P. and the Child Maltreatment Guideline Working Party of the Royal College of Ophthalmologists and the Royal College of Paediatrics and Child Health（2013）. Abusive head trauma and the eye in infancy. Eye. available on www.rcpch.ac.uk.

なお以下の学会や組織から、乳幼児揺さぶられ症候群／虐待による頭部外傷の診断を支持する声明が発出されている．

The American Academy of Pediatrics（米国小児科学会）
American Academy of Ophthalmology（米国眼科学会）
American Association for Pediatric Ophthalmology and Strabismus（米国小児眼科斜視協会）
American Academy of Family Physicians（米国家庭医学会）
American College of Surgeons（米国外科学会）
American Association of Neurological Surgeons（米国脳外科協会）
Centers for Disease Control and Prevention, Department of Health and Human Services（米国保健社会福祉省疾病対策センター）
Pediatric Orthopaedic Society of North America（北米小児整形外科学会）
American College of Emergency Physicians（米国救急医学会）
Canadian Paediatric Society（カナダ小児科学会）
Royal College of Paediatrics and Child Health（英国王立小児保健学会）
Royal College of Radiologists（英国王立放射線医学会）
American Academy of Neurology（米国神経学会）
World Health Organization（世界保健機関）

訳者あとがき

米国において、ＤＮＡ鑑定によって冤罪証明を行うことを目的とした「イノセンス・プロジェクト」が発足したのは一九九二年のことである。二〇〇三年には非営利活動機関となったが、彼らの活動対象者があらかた落ち着いたためか、二〇〇〇年代後半から彼らは「次なるイノセンス・プロジェクト」と称し、乳幼児揺さぶられ症候群（ＳＢＳ：Shaken Baby Syndrome）をその対象に定めた（https://openscholarship.wustl.edu/cgi/viewcontent.cgi?article=1077&context=law_lawreview）。

訳者が本書を手にしたのは、本書の発行直後の二〇一五年であるが、この頃には米国におけるＳＢＳに対するバックラッシュ（批判の動き）は激しさを増していた。二〇一四年には The Syndrome という、ＳＢＳ否定論者側に立った〝ドキュメンタリー〟映画が公開され、Reece 医師は Carole Jenny 医師と Chadwick 医師とともに、その中で激しい攻撃にさらされていた。それに対し、彼は見事に小説という形でカウンターパンチを放ったのである。

本書の翻訳に当たっては、読者が感情移入しやすいように、可能な限り設定を日本に合わせたが、物語の根幹部分は変更するわけにいかず、司法制度については米国の制度そのままで翻訳せざるを得なかった。そのため理解しがたい部分もあったかもしれない。例えばもし本書のケースが日本で起訴されたならば、殺意は認め難く傷害致死で起訴されていたであろう。また被告人は未成年であるから、事案の重大性等に鑑み逆送されて正式起訴されたであろうものの、まずは少年事件として家裁に送致されていたであろう。

最後のオチも、わかりにくかったかもしれない。米国では陪審員により有罪が決定された場合、量刑の決定は裁判官によって行われる。その際には、保護観察官による「量刑前調査報告書（Presentence report）」を踏まえた量刑審問（Sentencing hearing）が公開の法廷で行われ、一般にも公開されている「量刑基準」（Sentencing guidelines）にしたがって量刑を決めるのが通例である。

もっとも、裁判官はそれに絶対にしたがわなければならないというわけでなく、量刑範囲の逸脱を正当化する特別の理由があれば、その範囲外の量刑をすることもできるとされる。ただその場合、裁判官は事前にその旨を当事者に告知をした上で、その理由を明記する必要がある。

本書はあくまでフィクションであり、その理由がどのように明記されているかなどの議論は不可能である。ややもやするかもしれないが、おそらくこれはReece医師の「加害者に懲罰を加えることが目的ではない。加害者が加害行為をするに至る背景を考慮したうえで、加害者自身も救われてほしい」という思いが込められているのであろう。

あくまでフィクションである本書で、細かな司法論議をするのは野暮であり、やはり刑事弁護人と検察官によるSBSをめぐる法廷論戦に、目を向けるべきであろう。物語の中では紙幅の都合もあってか、弁護側の専門家証人は早々に馬脚を現し、それに対して弁護人もほとんど効果的な対応ができてはいないが、実際の法廷における弁護戦術はより巧妙であり、また主人公の金子明美弁護士のように「『真実により近いのではないか』と感じた医学的言説と、法廷戦略との間で葛藤している様子」を弁護人が表すことは微塵もない。刑事弁護人は、彼ら側の立場でのプロフェッショナリズムに徹している。その点において、彼らにも敬意を表したい。被告人の立場に全面的に立ち、その擁護を行う専門職の存在が社会にとって必要なことは、もちろん理解できる。異なる立場からの意見がないと独善的になりうるというリスクは、あらゆるシステムが内包する根本的な問題であり、それに対するカウンターの存在はあらゆる分野・問題において、絶対的に必要である。しかし逮捕の報を受けて「押しかけ弁護」を持ち掛け最初から徹頭徹尾、黙秘権を貫くように指示を与えることは、〝法廷闘争〟での勝利ではなく本当に冤罪を防ぎたいという崇高な誠意からくるものなのであろうか？　訳者の立場からは疑問を感じざるを得ない。

「もしその被告人が虐待をしていたとしたら、自身の行為に真摯に向き合うことを妨げてしまうかもしれない」「幼いきょうだいの責任にすることで、きょうだいの冤罪を作り出している可能性はないのか」などと考えていたら、およそ刑事弁護人は務まらないのであろう。しかし「ドラえもんが何とかしてくれると思った（光市母子殺害事件）」に代表されるなりふり構わない弁護が社会にとって必要なものとは、訳者は到底思えていない（法学の立場を理解しない不勉強な意見で申し訳ないが、偽らざる本音である）。これまで積み上げられてきた医学と、それを無価値化しようとする刑事弁護人を中心とするＳＢＳ否定論者の言動とは、果たして二つの正義（冤罪を防ぎたいvs虐待を防ぎたい）などという安易な物差しで、等しく天秤にかけられるものなのであろうか？

ＳＢＳの立証においては、確かに医学的見解というものが重きを占める。しかしながらＳＢＳの診断はあくまで「医学的診断」であり、「医師による有罪認定」ではない、というのが医療者側のコンセンサスである。誠意をもってＳＢＳとの診断を行った医学的根拠（当然、単に「三徴候が認められた」というものではない）を事実認定者（裁判官／裁判員）に客観的に伝えようとする医師が、法廷内ならまだしも、法廷外で批判にさらされる現状が続くとするならば、将来的にはその担い手はいなくなってしまうかもしれないということを、訳者は大いに危惧している。「論文のごく一部を切り取って文脈を変え、自己の都合の良いように提示する」「個人の経験のみを根拠に、起こりうる可能性の多寡や、根拠となる医学的文献を示すことなく、医学界では全く認められていない『○○でも起こりうる』との独善的な説明を行う」などの不誠実な対応を行っていない限り、彼らは守られなくてはならない（一方で、このような不誠実な対応を繰り返し行う人物は、しっかりとブラックリストに載せていくべきであろう。実際、英国では医師免許を管理する総合医療評議会（General Medical Council）が医師免許はく奪や法廷での証言停止を求める決議を出すことができる。また学術団体としては、米国脳神経外科学会が先進的な取り組みとして、問題のある証言を行った医師の問責決議を行い、会員資格を停止したり、それら医師のリストをＨＰ上で公開したりしている［http://aansneurosurgeon.org/inside-neurosurgeon/notice-of-disciplinary-action/］。ただこのような対応を本邦で行うことは、現実的には極めて困難である）。

この問題において最も混乱に拍車をかけているのは、刑事事件と家事／民事事件（含、行政処分としての一時保護）との境界が、実務上も、議論を行う上でも、曖昧でごっちゃになっている点に他ならない。既に生じてしまった〝結果〟への有責性の判断と、これから生じうる〝リスク〟への対応とは異なるものではあるが、常に混同され感情的問題に発展するクロスオーバーが残念ながらある。すなわち刑事対応の現場では、加害が疑われている養育者〝個人〟にフォーカスを当てた議論（疑わしきは罰せず。冤罪を作ってはならない）となる一方で、医療／福祉の現場では、もし虐待であった場合に再被害のリスクを最小化するために、子どもの安全にフォーカスを当て、〝家族〟が有するリスクとストレングス（強み）を評価したうえで、虐待であったとした場合にその再発防止策を立案し実行していかなくてはならない。その根底にあるのは懲罰的観点ではなく、過酷な状況にある人（「育児に困難を感じ、子どもが健全に育つ状況を作り得なくなってしまっている養育者」）への支援的観点である。

「児童相談所が虐待を疑った」という事実を「極めてひどい、親への重篤な人権侵害」と捉え、子どもの安全上のリスクを脇に置いて重大な問題とする背景には、「虐待」という現象への捉え方の違いが背景にあるように思えてならない。実際、ＳＢＳの刑事弁護を行う立場の弁護人は、ＳＢＳを否定的に論じる場で常に、「この人がそんなひどいことをするように見えますか！」という言説を多用し、「なぜ愛する子どもにそんなひどいことをするというのですか？彼らには動機は何一つない！」と力説する。しかし実際には、虐待とは〝鬼畜な人間の行う行為〟という単純なものでは決してない。また大人側に余裕が消失した場合には、赤ちゃんの泣き声は不快で耐え難きものになりえてしまうことに疑いの余地はない。

頭部外傷のみならず、さまざまな類型の虐待被害を受けた子ども、そして虐待を行ってしまった養育者、さらには虐待に発展しうるさまざまな問題を抱えた家族と、日々（これは文字通り、ほぼ毎日に近い頻度である）接している小児科医であれば、「虐待」という言葉におよそ偏見は持っていない。さまざまな状況や困難が重なれば、より力の弱い立場の人間にしわ寄せがいくのは必然であり、苦しい状態の中で孤立し余裕がなくなれば、誰しもが虐待に発展してしまうリスクを内包している。特に生育歴に恵まれず、親族とも疎遠になり、社会的なセーフティーネットとの繋がりも構築しがたい養育者の場合にはなおさらである。「自分は虐待など絶対にしない」と確信的に考え、虐待をしてしまった人を心の中で蔑む姿勢は現に慎まねばならないし、育児という孤立しがちな大変な重労働にコミットした経験があれば、「子どもなんか労せず勝手に育つ」という意見は易々と言えないはずである。

虐待をこの世から減らしていくためには、少なくともプロフェッショナルである医療者や福祉職は、そして願わくば親子を取り巻く周囲の人々は、偏見を持たない互助の精神を抱いていなくてはならない。一方で警察・検察や刑事弁護人は、このような甘いことは言っていられないのであろう。また、いくら「互助の精神」と言葉で言ったところで、虐待が疑われた当事者となった家族に畳みかけることとなる現実的な困難に対し、我々支援者側がそれを凌駕する程の支援が行えず、強い陰性感情を抱かせてしまう事態が生じてしまっているのも、否定しがたい事実である。

いずれにしても、立場の違いは見方の違いになるであろうし、訳者自身の考えが唯一絶対解であると押し付けるつもりは毛頭ないし、訳者と同じ小児科医でも当然異なる考え方の人もいるであろう（訳者は「自分の意見は小児科医を代表した意見である！」という傲慢な感覚は持ち合わせていない）。学問的にも、ある研究論文の結論に関しての「解釈の違い」はいくらでも生じうるであろうし、訳者の立場から見ると独善的としか言いようのないSBS否定派の主張に関しても、言論の自由として取り立てて問題視しようとも思わない（例えばSBS検証プロジェクトという刑事弁護人や冤罪問題の法学研究者が立ち上げたHPでは、「日本でSBSの診断を積極的に行っている医師は、海外の知見を鵜呑みにし、最新の知見を一切学んでいない」と虐待医学の専門家をあたかも無責任で不勉強で偏った医師と誤認させようとしている一方で、「SBSによる虐待だと疑われた事案を受任した弁護士の方へ」というセクションでは「海外の知見から学ぶことが緊急の課題である」と記載していることに関し、大きな矛盾を感じるものの、言論の自由の範囲内なのかと理解している）。

しかしこのHPに限らず、学問の文脈を曲げ、自己に都合の良い言説のみをつぎはぎのように提示し、結果として子どもが危険にさらされてしまいうる状況が生じてしまっている現状に関しては、放置してはならないという危機感を抱いている。実際、訳者が「SBS検証プロジェクト」の代表的立場の人物に、「重大な数値の誤りに関しては、さすがに学問の自由とは言えず、修正をしていただきたい」と話し、修正を約束していただいたものの、その約束は半年以上経った今でも、全く履行されていない。

SBSの否定的な言説に対し、面と向かって反論を行うことは、「議論のないところに議論を生む」状況を作り出してしまうリスクもある。またこのような解説文を出すことで、今後SBS否定派たちが色を成して反論し、矢面に立たざるを得なくなる局面はさらに増えてしまうかもしれない。また記載した内容については、検察側にも弁護側にもおもねることなく、学問的に中立に誠実に記載したつもりであり、自身に対しても他者に対しても何一つ恥じ入る所はないものの、今後「色のついた専門家」として「使いづらい」という評価を受けるリスクも当然負うこととなるであろう。しかし、何を言われるか戦々恐々として口をつぐまざるを得なくなってしまった、誠実に自身の職務に忠実であらんとする多くの医師が声をあげるきっかけとして、既に矢面に立つ状況になってしまった立場の訳者にしかできない仕事であるとも考えた。結果として自身の証言する機会が減ったとしても（ただ、そもそも本来の臨床業務を圧迫する鑑定書作成や法廷証言を、訳者は望んでやっているわけでは全くない）、後に続く虐待専門医が、医学の今を正確に事実認定者（裁判官／裁判員）に伝える役割を果たしてくれるであろうし、そのことが「〝専門家〟を名乗るごく一部の医療者が、既に否定されつつある、信頼のおけない医学を喧伝している」わけではない、〝層の厚さ〟を証明することにもつながるはずであると考えている。実際「ＳＢＳ」「冤罪」とキーワード検索することで、すぐに到達されるＳＢＳ検証プロジェクトのＨＰの言説をもとに、一時保護に強硬に反対する養育者に児童相談所が〝屈服〟してしまう事態が発生してしまっている、とのＳＯＳも少なからず聞かれるようになっている。医学的背景知識を持たない非医療者にとっては難解な医学専門書を読み解くこと自体が困難であろうし、「声の大きい側の意見が通ってしまう」という状況は、あまりにアンバランスである。そのため葛藤を感じつつも、あとがきではとても書ききれないより細かい部分について、最後に「訳者による解説」の章を設けて記載することとした。その内容の多くは本文中にも触れられている内容でもあるが、この「訳者による解説」のみでも読み進めることが出来るように、あえて重複した状態のままとした。

ライトに小説として楽しみたい方は、本文のみを読めばよいであろうし、より詳しくＳＢＳの議論について学びたい方は、ぜひ巻末の解説にも目を通していただきたい。ただあくまで本書は一般書である。対立する意見を抱えた場合にこそ発揮しなければならない公明正大さとは何なのか、などについて読者が思索を巡らすうえでのエンターテイメント性を意識して記載したつもりである。

訳者による解説

あとがきで掲載した通り、ＳＢＳを否定する立場の側からの一方的な言説のみが独り歩きをしているアンバランスな現状の改善のため、虐待医学を学んできた立場から、改めてこの解説の章を設けるすることとした。いささか冗長かつ専門的な内容になってしまったが、ぜひお付き合いいただきたい。

なおＳＢＳ［乳幼児揺さぶられ症候群］という用語は、病名に受傷機転を含んでいるが、実際には、揺さぶった後にベビーベッドやソファなどの、柔らかくてぶつかっても打撲傷の残らないような場所などに投げつけられることも少なくない。このような打撃により生じた影響が脳挫傷や頭蓋骨骨折などの存在により明白な場合には、「乳幼児揺さぶられ衝撃症候群（ＳＩＳ：Shaken Impact Syndrome）」と呼称されることもある。ただし直達性外力（投げつけや殴打などの直線的な外力）と回転性外力（揺さぶりや回転を加えながらの投げつけ、などの外力）とが各々病態にどの程度の割合で寄与したのかを、それぞれ完全に弁別して医学的に証明するのは困難である。そのため行為を限定してしまう用語ではなく、より包括的な用語を使用することが適切であるとの観点から、最近では「虐待による頭部外傷（ＡＨＴ：Abusive Head Trauma）」という用語が使用されることが多い。解説を読む際に、この点をまず理解しておいていただきたい。

なおＳＢＳ否定派からは、「ＡＨＴという用語も、『虐待』という用語が先取りされている」と批判されるが、どのように呼称しようが本質的ではないと感じている（仮に『硬膜下血腫／網膜出血／脳浮腫症候群』などと呼称されようが、特に鑑定結果が変わるわけではない）。むしろ親御さんに手渡しする死亡診断書／死体検案書に病名として記載しやすくなるため、死因究明制度にさまざまな問題を抱える本邦においては望ましくもある、と個人的には考えている。

最後に、本解説はあくまでも訳者が理解している内容であり、訳者の所属するいかなる団体の公式見解ではない点に留意していただきたい。思いがけず分量が多くなってしまったこともあり、冒頭に目次を提示し、末尾には myth ＆ truth の形式でその要旨を一覧表として提示しているので参照していただきたい。

目次

一　乳幼児揺さぶられ症候群は、単なる一つの仮説なのか？

乳幼児揺さぶられ症候群は、ＳＢＳ否定派が主張するような「仮説にすぎない」病態ではなく、観察事実から積み上げられた、実際の臨床現場で稀ならず遭遇する「リアル」である。実際、このＳＢＳという病態が整理され、広く知られるようになったのは、確かにＳＢＳ検証プロジェクトのＨＰに記載されている通り、一九七一年に出版された英国のNorman Guthkelch医師の論文[1]と、一九七四年に出版された米国の小児放射線科医John Caffey医師の論文[2]が端緒である。

しかし「ＳＢＳはある特定の医療者によって突如思いつかれた『仮説』や『理論』である」という言説は、全くの誤りであり、医学文献として公表され、医学界で広く認識されるよりもはるか以前から、観察事実は積み上げられていた。自然科学の一分野である医学とは観察事実の積み重ねであり、机上の空論の展示会ではない。一八六〇年に出版されたフランスの法医学者Tardieuの文献[3]には既に、虐待を受けて死亡したと思われる、硬膜下血腫を併発した乳幼児例が記載されている。実際の法廷の記録としても、一九三四年にMs. McKinleyのボーイフレンドであるClyde Proctorが、彼女の生後一五カ月になる子どもを揺さぶり死亡させ、有罪となった事件が記録されている。[4]「その当時の警察の強引な戦術によって、自白を強要された」との主張もＳＢＳ否定派からなされているが、乳児を揺さぶることが危険であるとの知識が全くない時代に、Procterが乳児を揺さぶることにより死に至らしめたことを自白した点は、医学的には極めて重要である。また、この事件から約二〇年後の一九五六年には、Virginia B. Jaspersという小児の看護師をしていた人物が、「少なくとも一二名の乳児を揺さぶり負傷させ、うち三名を殺害した」として有罪判決を受けている。公判でJaspersは、「大声で泣き叫ぶ乳幼児を泣きやますために、揺さぶる必要があると信じ、そのような行為を行った」ことを認めている（彼女に関するストーリーは、「Lilacs in the Rain: The Shocking Story of Connecticut's Shaken-Baby Serial Killer」という書籍にまとめられている。興味を持った方は、ぜひ参照していただきたい）。ＳＢＳが仮説であるのならば、なぜこのような同時多発的な事例発生が生じるのであろうか？なお本邦ではここまでの大量事例発生は報告されていないが、同胞（まれには双胎児）が立て続いてＳＢＳをきたした事例は複数発生している。このような観察事実こそが医学の基盤であり、意図的に観察事実を無視する態度は許されるものではない。

さてＡＨＴ事例の加害者は、原因を全く語らない（六〇％）か、ずっと有責性の軽い行為として告白をする（低所から転落した［一五％］など）か、幼いきょうだいに責任を転嫁することがほとんどで、最終的に自白する事例は約一五％と報告されている。[5] そして自白する場合にも、ほとんどは医療機関や児童相談所ではなく、警察で自白がなされる。ただ、まれではあるが医療現場で行為が自白される事例もあり、訳者自身もこのような自白事例を複数経験している（中には自白はなかったものの、虐待告知の際に養育者がいわゆるヒステリーとしてのけいれんを起こしたり、一過性健忘に陥った事例も経験している）。

「ＳＢＳはあくまで仮説である」という言説は、臨床経験の欠如からくる無責任な言説であり、一般の人々に多くの誤解を生むばかりか、医学の発展に貢献してくれたこのような子どもたちへの冒涜といえるものである、と訳者自身は考えている。なおこの解説を執筆中に、PURPLE Crying（赤ちゃんを揺さぶることの危険性につき、出生後にすべての父親・母親に啓発を行うプログラム）の検証結果が出たが、介入によるＳＢＳの減少効果は三五％であったと結論付けられている。[6] ＳＢＳが仮説にすぎないのであるならば、予防的介入によりこのような病態の発生の減少がもたらされることの説明はおよそできない。

二　医師は三徴候の組み合わせがあれば、即座にＡＨＴと判断しているか？

ＡＨＴの子どもに共通して認める頻度が高い症状として、硬膜下血腫・網膜出血・脳浮腫が挙げられるが、これは理論ではなく観察事実の積み上げにより得られた〝医学的知見〟である。「医師が単純に、三徴候があれば（さらに言えば、しばしば二徴候［硬膜下血腫・網膜出血］があれば、とも語られる）、即座にＳＢＳとして児童相談所に通告している」という言説は、圧倒的多数の医療現場の実情とは大きくかけ離れている。

現実的には、医師はＡＨＴの可能性のある子どもを診察した際に、単純な三徴候診断をしているわけでは全くなく、客観的評価のために頭部ＣＴのみならず頭部ＭＲＩをさまざまなシーケンス（撮影方法）で撮影し、全身の骨を複数枚にわたってレントゲンで撮影し必要時には骨シンチグラフィーを施行して潜在的な骨損傷の評価を行い、鑑別診断に必要な各種の採血検査等を行い、児童相談所や市町村のこれまでの関りなどの情報を集めるなどの対応を行ったうえで、総合的な観点から「現時点では、子どもが安全であると判断できない」という場合に限り、児童相談所や警察に連絡を入れている。さらに実際の医療現場では、そのような判断を一人の医療者のみが行うのではなく、多くの病院では院内虐待対応チームが置かれ（現在、地域の中核病院に限って言うならば、その設置率は九割を超えている）、チームでの判断が行われているのである。なお微細な骨損傷は、受傷直後には単純X線上で確認しえないため、二週間以上たってから再撮影を行い確認を行う必要がある（そのような再撮影によって、初回に損傷が確認しえなかった仮骨形成や骨膜反応を反映した骨損傷所見が八・五％〜三四・七％の事例に確認される。[7〜9]また外部の検査会社に提出した外注検査の結果が判明するまで数週間を要してしまうことも稀ではない。このように、虐待の可能性を確定／除外するためにはある程度の時間を要することを理解していただきたい）。なお、虐待を疑って放射線被ばくを伴う医学的検査を行うことを、ことさらに問題視する医療者もごく一部に存在しているが、良心的な医療者であれば、とりわけ小児においては不要な被ばくを避ける必要性に無頓着なものはいない。しかしながら例えば頭部ＣＴに関していうならば、不要な頭部ＣＴ被ばくを避けるための救急外来における評価基準であるＰＥＣＡＲＮルールなどの意思決定ツールは、ＡＨＴが疑われる事例に適用した場合に生じる見逃しリスクが甚大であることから、こと虐待の可能性がある事例に限っては適応させてはならないと評価する論文は、複数存在している。[10・11]また複数枚の撮影よりなる全身骨撮影も、虐待が疑われる場合には、十分に許容すべき検査であると医学的には評価されている（ちなみに単純X線による被ばくは、ＣＴ検査に比べ、比較にならないほど低い）。良心的な医療者は感情的・直観的のみな対応に終始してはおらず、検査を行うことのリスクとベネフィットを客観的に評価したうえで、臨床的な意思決定を行っている点をぜひ理解していただきたい。

　医療者が一たび通告を行えば、ただでさえ多忙な臨床業務に、さらに多くの時間的・精神的な負担がのしかかることになるが、現時点では虐待対応を行ったことに対しての病院収入となる保険診療上の加算は、入退院支援加算として二〇〇点［二〇〇〇円］のみである（それとて、「家族の同意が必要」という設計であり、実質的には保険請求できない場合が圧倒的に多い）。医療者が虐待が疑われる事例の対応につき、ほぼボランティア精神で尽力しているという事実は、ぜひ読者にも知っておいていただきたい。もちろん多くの良心的な医療者は、患者の心身の健康に及ぼす影響が甚大と判断される状況に対応する場合には、医に算術を持ち込むことはない。

いずれにせよ医療現場では「虐待でないこと」にした方がはるかに楽であり、親との対応に困ることもない。そのような手痛い思いをしてきた経験が蓄積された結果、今の医療の状況があるのである。情報のそろわない初期の段階で、患者にとって最も安全な方向に重みづけを置くことは、予後が不良な病態を見る医師の普遍的な姿勢であり、そこを否定されては医業は成り立たない。AHTを見逃した場合に、二七・八％の事例で再発し重症化し、九％の事例で致死的経過をたどっているとの研究報告[12]もあるように、この病態の予後は極めて不良なのである。養育者にとって「虐待」という言葉が極めてショッキングな用語であることを十分に理解し葛藤しつつも、最悪の事態を防ぐために日々全力を尽くしている現場の医療者の努力が、捻じ曲げられて報道されてしまっている事態を悲しく思う。

もちろんすべての医療機関が院内虐待対応チームを有しているわけではないし、すべての院内虐待対応チームがその対応に習熟しているわけでもないのは事実である。中には乱暴な三徴候診断（もしくは二徴候診断）をして、「医療機関は通告をするまでが仕事である」として、それ以上の対応・親や児童相談所への説明責任を果たしていない医療機関も、残念ながらあるであろう。しかし、こと死亡事例や重篤な後遺症を残し刑事事件となった事例においては、医師による単純な三徴候診断のみを根拠として乱暴な起訴がなされたという事例は、寡聞にして聞かない。そもそもそれだけの根拠しかなければ、公判が成り立つわけはない。

ここで、厚生労働省の「子ども虐待による死亡事例等の検証結果等について（第一四次報告）」の内容に触れておきたい。この「国の公式統計」における、SBSの死亡事例数は第一一次報告から第一四次報告までで、疑い事例を含め累計一九例、つまりは年間五例程度であったと記載されている。[13]一方で日本小児科学会で行った、二〇一一年のすべての小児死亡事例に関する群馬県・東京都・京都府・北九州市の四地域における検証[14]では、医師がSBSを疑った事例数は五例であった。この四地域の人口は日本の人口の約一五％に相当するため、単純計算するとAHTで死亡したことが疑われる二歳未満児は全国で年間三三例程度ということになる。非常に雑駁な計算であり、統計学的に正しいとは言えないものの、ＡＨＴとして死亡事例検証の対象となる事例は、年間三三例のうちのわずか五例＝一五％程度ということになる。

つまり現実は、医師がＡＨＴを疑っても、公的にＡＨＴとして取り扱われている事例は、かくも少ないのである。少なくとも「医師の診断があれば、盲目的に児童相談所・警察・検察は虐待とみなし対応を行っている」という主張は、現状を全く反映していない、ということまでは理解されよう。

さらに言えば、ＡＨＴとして起訴された事例の有罪率は、実際には九九・九％には程遠い状況にあり（ＳＢＳ検証プロジェクトの主催したシンポジウム[15]では、聞き間違いでなければ、本邦で公判に至ったＳＢＳ事例のうち、公訴事実を争った三〇例中七例が無罪判決であったと報告された）、有罪判決となっても執行猶予となる場合も多く、「無実の養育者らが、愛する子どもたちから引き離された上に、長期の服役を余儀なくされている」という言説は、あまりに誇張され過ぎている。また行政処分としての一時保護と、刑事事件としての訴追とを混同させた議論は、混乱しかもたらさないため、整理して論じる必要がある点を改めて強調しておきたい。

なおシンポジウムとは「一つの問題について何人かが異なる面から意見を述べ合い、質疑応答をくりかえす形の討論会」である。一方で、特定の思想・考え方に誘導する意図を持ち、結論ありきで意見表明がなされるものは「プロパガンダ」という。この日の〝シンポジウム〟は、登壇者に小児科医や画像診断医は一切おらず、質疑応答の機会も一切なかったことを強調しておきたい。

一方で、神経学的な後遺症を残すことなく回復した事例においては、司法ではなく、福祉が主たる対応の場となり、係争となった場合には民事（家事）で争われることになることが多い。このような事例においては、虐待であるとの認定を行うことはより困難であり、現実的には事実認定はさておき、現時点での家庭の状況で子どもの安全が担保しうるのか、という観点からのケースワークとせざるを得ないのが実情である。そのためには、家族と児童相談所とが現実的に対話を重ねていく必要があるし、その対話なくして子どもを自宅に戻すという判断はしがたいという現実がある。このような対話に入ることが出来ず、「児童相談所が虐待を疑った」という事実を「極めてひどい、親への重篤な人権侵害」と捉えて対立関係の輪から抜け出すことが出来ない状況が生じてしまった時に、残念ながら本来子どもにとって全く望ましくない長期分離という状況が生じてしまうのである。このような事態を可能な限り回避するために、医療者や児童相談所は、養育者と対立的にならないようなケースワークを可能とする枠組みを構築し、そのスキルを磨いていく必要がある。

「虐待をやったということを認めてくれないとケースワークに入れません」というケースワークを児童相談所がしていたり、一時保護したらしっぱなしとなっていたり、どんなに面会を希望しても月に数回しか認められない、という現状があるとするならば、確かに大いに問題があると訳者も考えている。子どもを保護した以上、早急に子どもが安全に過ごせる環境であるか否かの判断を行うとともに、リスクがある場合には、子どもにとってより安全な状況を家族と協働で構築する責任が、児童相談所や地域社会にはある。特に、虐待ではない可能性も十分に考慮する必要のある事例においては、家族が適切なセーフティープランを立案するサポートを行ったうえで、家族側から明確で強固なセーフティープランが示された場合、可能な限り早期に一時保護を解除し在宅支援に移ることが出来るようにする必要がある。ただ現実的には、そのような対応を行うだけの時間的・人的余裕、そして児童福祉司が専門性を向上させるトレーニングを自由に受けられる体制は、児童相談所には現在、ほとんどといっていいほど与えられていない。このことこそ社会が議論を深めていくべき大きな課題である。

三　海外の知見はこれまで一切紹介されてこなかったか？

ＳＢＳ検証プロジェクトのＨＰでは「医師は三徴候（硬膜下血腫・網膜出血・脳浮腫）に基づき安易にＡＨＴの診断を行い、児童相談所、警察・検察、さらには裁判所までもが、その不確実な理論を信じ切っている」とし、「日本では海外で指摘されているＳＢＳ（ＡＨＴ）に対する疑問や批判はほとんど紹介すらされていない」と主張されている。

しかし訳者がこれまでに翻訳に関わった複数の翻訳書（二〇一三年出版：Robert Reece 編著「子ども虐待医学―診

断と連携対応のために」、二〇一五年出版：Byard 著「小児および若年成人における突然死―病気・事故・虐待の適切な鑑別のために」、二〇一六年出版：Kleinman 編著「子ども虐待の画像診断―エビデンスに基づく医学診断と調査・捜査のために」、二〇一八年出版：Carole Jenny 編著「子どもの虐待とネグレクト―診断・治療とそのエビデンス」）では、SBSの鑑別診断や否定論についてかなりの分量が割かれ、繰り返し言及されている。

確かにこれらの成書は高額であり、多くの医療者が入手しているわけではない。そのような意味で、厚生労働科学研究班（奥山眞紀子班長）が二〇一一年に作成した「子ども虐待対応医師のための『子ども虐待対応・医学診断ガイド』」という、医師向けに無料配布を行っている小冊子の方が広く行き渡っている。

実際、確かにこの小冊子中では、SBSの懐疑論についてはほとんど触れることが出来なかった。しかしこの小冊子は全体でA5版で四八ページの、総論も含めた虐待に関しての網羅的なエッセンスを記載したものであり、図も多用し、ページ当たりの文字数も極めても少なく、詳細な内容について触れられるべくもない。実際、AHTに関しても三ページを割くのが限界であり、詳細について記載できないのは無理からぬことである。しかし、そもそも医師がたった三ページの簡便なガイドのみを論拠に患者の診断治療を行う、という主張にはおよそリアリティーはない。

この小冊子では、「三主徴（硬膜下血腫・網膜出血・脳浮腫）が揃っていて、三m以上の高位落下事故や交通事故の証拠がなければ、自白がなくてもSBS／AHTである可能性が極めて高い」と記載しているが、そのことが〝決めつけをしている証拠〟と、繰り返し主張されている。この点については、「五　三徴候を認めた場合、SBSである可能性はどの程度であるのか？」のセクションで改めて論じているので参照していただきたい。

SBS否定派からは、この小冊子が出たことにより、「医師が盲目的に右へ倣えのような統一した方向に驀進するようになった」というニュアンスの主張がなされる一方で、中村のI型と呼ばれる概念（家庭内の軽微な転倒事故で硬膜下血腫が生じるという概念。この問題についても、「一七　中村I型の急性硬膜下血腫に関して」で言及している）は「残念ながら全く医療者の間に浸透しなかった。そのことで冤罪が多数生じている」と主張されている。

ある医学的概念が浸透したり浸透しなかったりするためには、個々の医療者の臨床経験との合致性や、提示された概念が説得力を持つかどうかというものが重要であり、時間をかけて医学的なコンセンサスとなっていくものである。たった一つの小冊子が出ることで世の中を大きく変えることが出来るのであれば、そんなに楽なことはない。都合の悪い概念が広がった際には、医師は盲目的に信じる人種であるかのように主張し、都合のいい概念が広がらなかった際には、医師は頑固で真実を見抜こうとしない人種であるかのように主張する言説に、はたしていかほどの信頼性が置けるであろうか？

四　今では多くの医師が、ＳＢＳ理論に懐疑的になっている？

ＳＢＳ否定派のプロパガンダでは、「今では多くの医療者が、古いＳＢＳ理論に懐疑的となっている」と主張されているが、このような「多くの」という指摘には具体的な数字の提示が必要である。ＡＨＴへのバックラッシュを受けて、二〇一六年に米国の小児病院の救急医・集中治療医・神経科医・放射線科医・眼科医・脳外科医・虐待専門医・病理医を対象に「医療者のＡＨＴ／ＳＢＳ診断の受け入れに対するアンケート調査」がなされたが、その結果は、全体として医療者の九四・四％がＡＨＴの診断を、八九・五％がＳＢＳの診断を妥当性のあるものとして受け入れていた。（ちなみに彼らは、このアンケート結果について「ＳＢＳを無条件に受け入れている医師にアンケートしたもので、ほとんど価値がない」旨の反論を行うが、アンケート回答者のうち虐待専門医の占める割合は、四・八％にすぎない）[16]。

では残りの五・六％、一〇・五％の医師がＡＨＴやＳＢＳの存在を否定しているかというと、そういうわけではなく「妥当性に関しては自分ではわからない」と回答したにすぎず、実際に「その診断は懐疑的である」と積極回答をした医師の割合は、ＡＨＴで〇・九六％、ＳＢＳで四・八％に過ぎない。この比率は、おそらくがん治療否定派の医師やワクチン否定派の医師の割合とそうは変わらないであろう。

この様なアンケートの結果を提示したところで、ＳＢＳ否定派は「法廷における事実認定は、多数決で決めるわけではない。このような研究結果は個々の事例の判断においては何の意味も持たない」と反論する。「多くの医療者がもはやＳＢＳ理論を信じていない」とマジョリティー性に訴えた主張との矛盾点がここでも浮き彫りになってしまっている。

五　三徴候を認めた場合、ＳＢＳである可能性はどの程度であるのか？

ここで単純に三徴候そろった場合に、疫学的に虐待である割合がどのくらいであるのか、という点について論じておきたい。各種の研究報告をメタアナライズ（注：複数の研究の結果を統合し、より高い見地から分析すること）したMaguireの文献[17]では、事故であることが明白な事例を除外した場合、三徴候がそろった事例における虐待の割合は、平均して約九五％であったと報告されている（より正確に述べるならば、この文献では硬膜下血腫に加え、「挫傷」「けいれん」「無呼吸」「長幹骨骨折」「網膜出血」「肋骨骨折」を認めた場合のそれぞれの組み合わせで割合を提示している。すなわち脳浮腫という形で結果を提示していないが、脳浮腫をきたした場合には「けいれん」や「無呼吸」が通常は生じる。硬膜下血腫・網膜血腫に加えて「けいれん」を認めた場合八七％、「無呼吸」を認めた場合九一％、「けいれん」「無呼吸」の両者を認めた場合九八％の割合であったとそれぞれ報告されている）。さらに三徴候にアザ・四肢骨骨折・肋骨骨折がそれぞれ加わった場合、その割合は九九％以上となり極めて高い確率で虐待が疑われる、と結論づけられている。なおこの研究において、対象とされたＡＨＴ事例は

①裁判で有罪判決or自白ありor第三者目撃ありの事例
②多機関の包括的判断で決定された事例
③各研究で定めた診断基準に合致した事例
④ＡＨＴと診断した理由が不明な事例
⑤ＡＨＴが疑われると診療録に記載されていたのみの事例

のうち①②のみとされている。このような条件を示したところで、ＳＢＳ否定派からは①「自白は強要された可能性があるものである」「目撃証言は、コンタミネーション［思い違い］が混じるものである」、②「そもそも診断が循環論法の代物であるから、意味がない」との主張がなされる。また、示された具体的な割合についても、やはり「疫学的数字はあくまで疫学であり、個々の事例を考慮する上では意味をなさない」と主張される。

しかし臨床医学の現場では、疫学情報というものは臨床上の意思決定を行う上で極めて重要な意味を持つ。九五％虐待

の可能性があるという確率は、「初期の段階でその可能性を矮小化して棄却するわけにはいかない」ほど高い数字である、と通常の臨床医であれば考える。さらにいうならば、虐待というのは医者だけで診断可能なものではなく、社会的リスクや家族の置かれていた状況や、詳細な現場の情報などを含めて、包括的に判断せざるを得ない病態である。医療者は初期段階の医学的スクリーニングで、事故や内因疾患の可能性がおよそ考え難いと判断した段階で、医療者では収集しえない情報を包括的に把握するために、通告を行う（医療者だけで抱えずに、地域に事例を開く）必要があるのである。

多くの良心的な医療者は、診療場面では最悪の病態を想定しつつ、その可能性があれば患者のために最も安全な行動をとる。それが人々の健康と命を守るための医師の責務である。情報のそろわない入口段階で行われる、このような医療・福祉のもつオーバートリアージ的側面と、情報があらかた揃った出口段階での、司法の持つ疑わしきは罰せず（アンダー・ジャッジメント）という側面とを混同してはならない。医療者は犯人探しをしたいわけでも、犯罪者を告発したいわけでも全くない。虐待であった場合に子どもに及ぼす甚大な心身・生命への負の影響を考え、一方で虐待関係に陥ってしまうまでに養育者がさらされていたであろう孤立無援感や困難感に思いを馳せ、放置した場合に生じうるさらなる悲劇を止めるために、この病院経営的には負担でしかない仕事を行っているのである。いうまでもなく児童虐待は、疑われた段階で行政機関に通告する義務が、すべての国民に課せられている（児童虐待防止法六条）。児童虐待防止法に定められたこのルールを逸脱することを堂々と推奨する医師も残念ながら存在しているが、児童虐待防止法の立法趣旨を全く理解していないといわざるを得ない。

ケースによっては警察通報を同時に行う場合もあるが、それに関しても医療者は「加害者を突き出す」ことを目的として行っているわけではなく、支援と調査とを児童相談所単独で同時に行うことにはどうしても無理があり、多機関連携の役割分担をしながら対応を行うことが混乱を最小化することを期待してのものである。残念ながら、包括的な情報収集も終わらない段階で、警察が養育者を既に犯人扱いしてしまうことや、児童相談所が一時保護しっぱなしで家族と「子どもの安全」をキーワードとした話し合いになかなか入ろうとしない事態は少なからず発生しているが、そのことは「医療者が単純な三徴候診断したあとは、事例に関与しようともしない」ことぐらい、あってはならないことである。

いずれにしろ医師の仕事は通告して終わりではなく、診察により判明したことを、児相・警察と養育者、求められた場合に刑事弁護人や検察官に分け隔てなく伝え、彼らが感じた疑問に誠実にすべて答えることも仕事の範疇にあるべきである（このような仕事は、虐待対応に不慣れな医療者には重荷以外の何物でもない。そのために虐待に専門性の高い医師が必要なのである）。奇異に聞こえるかもしれないが、加害を行ったことが強く推認される養育者の有責性を問うこと（刑事裁判）に協力することも、個人的には「もし行為を行ったとするならば、自らの行為に向き合ってもらうこと」を目的とした支援行為であるという思いで、訳者自身は対応を行っている。どんな時点であれ、医療者は人を救うために存在している。SBSに否定的な立場のマスコミによって、「検察に嬉々として協力している非常に偏見を持った不勉強な医者」というニュアンスで偏向報道されようが、心折れずに立っていられるのは、このような信念に基づいている。なお、このような信念は「職業人としての誇り」に基づくものであって、決して「正義感」のようなあやふやな言葉で表現されるものではなく、誰しもが普遍的に持つべき良心とも言うべきものである。

繰り返しになるが、医療者は事実認定者（裁判官／裁判員）ではない。医学的には客観的に虐待であった蓋然性がどの程度であるのかを、自身の知識と経験に基づき、誠実にありのままに述べることまでが仕事である。医学的蓋然性を無視して、針の穴よりも小さい可能性を何らの根拠を提示することなく、かつ疫学的数字を提示することもなく、ことさらに広げ誇張して主張することは、もはや「法廷医学」ともいうべきもので、臨床医学とは性質を異にする。現在、そのような「法廷医学」が本邦でもまさに広く展開されつつあるのである。

六　SBSの本当の専門家は誰か??

残念ながら、近時「誰が本当の専門家であるのか」という恐ろしく不毛な議論がSBS否定派から提起される事態が生じている。典型的には、「AHTは脳のことであり、脳外科医が専門である」と主張され、「専門家でない小児科が関与することには問題がある」と主張される。訳者はそのような意見に反応するつもりはない。他領域の専門家を批判するような事態こそが、真実を見抜く目を曇らせる。あらゆる専門領域にまたがる虐待という現象は、それぞれの立場を理解し尊重し、互いに敬意をもって行うことでしか進歩しない。虐待というのは実に幅広い視点が必要になる「全身疾患」である。ＡＨＴに限ってみても、脳外科学的視点も、小児医学的視点も、画像診断学的視点も、法医学的視点も、病理学的視点も、児童・成人の精神医学的視点も、整形外科的視点も、眼科的視点も必要であり、それにとどまらず発達心理学への理解や犯罪心理学の視点、児童福祉的ケースワーク、生活保護制度などについての把握や、各種の司法プロセスについても知っておく必要がある。子どもと家族に対し、救いの手を差し伸べようと考えるあらゆる人物の手を借り進めていかなければ、虐待に関しての真の支援は成り立たない。

ただ一点だけ臨床現場のリアルを述べておくならば、ＡＨＴ事例は原因が秘匿される故、原因不明の意識障害やけいれんを主訴として受診してくる。そのため初診のほとんどは小児科医（六〇％）や救急医（二〇％）が対応にあたり、脳外科医が初療にあたることはほぼない。[18] またＡＨＴの事例は血腫が少量で手術適応とならない事例も多いが、そのような場合、ほとんどの市中病院では、子どもの医学管理、内科的疾患の鑑別、両親への虐待の可能性の告知などの対応は、主に小児科医によって行われているのが実態である。中立的に真摯に現場を取材すればすぐに判明する事実であるにもかかわらず、このような実態とは全く異なった報道がなされてしまっているのが現状である。

マスコミの批判の中には、「虐待の鑑定を行う小児科医師は、患者を直接診察せず、保護者から受傷時の状況を聞く機会も持とうとしていない。これは医師法第二〇条に違反している」というものすらある。医師法第二〇条が規定しているのは、無診察での治療行為の実施、ならびに、無診察での診断書作成、処方箋交付、出生／死産証明書、死亡診断書／死体検案書などの文書交付の禁止であり、画像記録や診療録をもとに意見を述べる行為は、幅広く行われている。このような行為を医師法違反とするならば、画像診断医や病理医などの医業は全て医師法違反に該当することになる。そもそも、刑事訴訟法に基づく鑑定嘱託は、直接診療をした主治医の立場ではなく、どのような資料に基づいたものであるかを明示した上で、客観的な第三者としての意見や鑑定を求められるものである。この鑑定は医療行為とは解釈されないもので、医師法に抵触するべくもない。また当然のことながら、医療者は弁護士法第二三条の二に基づいた照会や鑑定嘱託を刑事弁護人から受ける場合もあるが、このことに対しては全く批判の声は上がらない。

七　スウェーデンの最高裁における逆転無罪判決、およびSBU報告書について

いずれにしろ自己に都合の悪い論文に関しては選択的無視をし、一方で自己に好都合の論文に関しては全面的に喧伝するという姿勢は、科学的にフェアな姿勢とはおよそ言えない。

SBS否定派が現時点で全面的に持ちだしてくる研究論文として、二〇一六年に報告された、スウェーデン医療技術評価及び医療福祉評価局（SBU：日本の厚労省に相当）の研究報告[19]がある。この研究の成果は（というよりも研究成果が出る前に）、スウェーデンのあるAHT被疑事例において「いかんなく発揮」され、最高裁判決で被告に逆転無罪が言い渡されることとなった。この動きを契機に、AHTに関する世界的なバックラッシュの波が大きくなったため、この一連の流れについてはぜひ理解しておいていただきたい。

以下に時系列を提示する。

二〇〇九年五月一四日　後に最高裁で無罪となるMüller事件（傷害被疑事件）が発生

二〇一〇年一一月八日　Johan事件（スウェーデン医学界の重鎮であるAspelin教授の孫Johanが死亡し、Johanの実父［Aspelin教授の息子］が米国で訴追された事件）が発生

二〇一二年六月二五日　Müller事件のスウェーデン高裁判決（有罪、罰金）

二〇一三年一〇月　Müller事件で、法医学者のEriksson教授がSBSを肯定する意見書提出

二〇一四年春頃　Johan事件の公訴取り下げ

　↓このタイミングに前後し、SBU研究班がSBSに関する系統的文献調査開始

Müller事件の最高裁公判においてAspelin教授が、SBU研究報告書が出される前にもかかわらず、SBU研究報告書に合致する内容の証言を行う。

検察側証人であったEriksson教授が、最高裁の法廷の場で、突如SBU研究報告書に沿う内容の証言を行う。

二〇一四年一一月二日　Müller 事件のスウェーデン最高裁判決（原審破棄、無罪）
二〇一六年八月二六日　ＳＢＵ研究報告書をスウェーデン国立医療倫理審議会が承認
二〇一六年一〇月　　ＳＢＵ研究報告書が公表される
二〇一七年一月　　ＳＢＵ研究報告書の概要が ACTA PEDIATRICA に論文として掲載[20]

上記の流れを見れば、Aspelin 教授、Eriksson 教授がキーマンであることがわかるであろう。放射線科医であるAspelin 教授は、カロリンスカ研究所副所長、ＳＢＵ医療審議会分科会議長、スウェーデン医師会長、スウェーデン放射線学会長を歴任した、スウェーデン医学界における重鎮である。そして法医学者である Eriksson 教授は、Müller 事件における検察側の最重要証人であった。

二〇一五年一一月六日にミシガン大学ロー・スクールで行われた、Aspelin 教授の講演資料[21]から読み解くならば、彼の孫に起こった悲劇的な事件は、父親（Aspelin 教授の息子）が Johan を抱いていて落としてしまったとして、救急搬送されたことに端を発する。病院に到着した際の Johan の意識レベルはＧＣＳ11（15が意識に全く問題ない状態。点数が低いほど意識障害が重い状態。11は軽度の意識障害と判断されるスコアである）、病院到着三〇分後の二〇時に施行したＣＴでは、薄い硬膜下血腫を認めるのみで予後は良好であると説明されたとのことであるが、理由は不明であるが挿管され、人工呼吸管理を受けたようである。ただしそれが片肺換気の状態であり、高二酸化炭素血症の状態が二－六時間続いていたとのことで、残念ながら翌日の三時に施行したＣＴでは低酸素性虚血性脳損傷の状態を呈していた、と記載されている。資料では頻繁に呼吸器が外れていた可能性もあるとも記載されている。その後、Aspelin 教授の息子（Johan の父）は、ＡＨＴの加害者であることが疑われ、訴追されることとなったものの、Ａspelin 教授の強い働きかけにより、三年半を経て訴追取り下げに至ったとのことである。

これだけ読んでも、Johan のケースは単純なＳＢＳとは言えず、医療過誤の可能性も考えなければならないケースであったことは明白である。病院と Aspelin 家との間でどのようなやり取りが行われたのかは不明である。ただ Aspelin

教授の怒りは、網膜出血（その重症度については、記載がなく不明）を確認した後、「わずか三〇分でＳＢＳと診断した」虐待専門医に向いたことは間違いないようである。

この Johan 事件の公訴が棄却されたまさにそのタイミング（二〇一四年春）で、ＳＢＵ研究班が、ＳＢＳに関する系統的文献調査を開始した。そして Müller 事件では報告書の公表前であるにもかかわらず、ＳＢＵ研究報告書になぞらえる形の証言が Aspelin 教授からなされ、さらには二審段階までＳＢＳを支持する証言を行っていた Eriksson 教授までもが、最高裁の公判の場で突如としてＳＢＵ研究報告書に沿う証言を行ったため、検察側は立証の柱となる医学的証拠を失ってしまったのである。このような流れでは、裁判所は無罪判決を出すほかないであろう。なお Eriksson 教授は、ＳＢＵ研究報告書の共同研究者として名前を連ねている。

ＳＢＵ研究報告書の筆頭筆者である Lynøe 教授は、「この報告書には Aspelin 教授は一切関わっていない」と反論している。[22] しかし科学の場は法廷の場ではない。Aspelin 教授が関わった直接的な証拠がないから、それでよいというものではなく、この論文についてはそもそもの出発時点から科学的な中立性が問われるものであったといわざるを得ない。

ちなみにこのＳＢＵ研究に関しては、ＡＨＴの診療経験のある小児科医・脳外科医・眼科医の参加申出は、「ＳＢＳ三徴候を基にした診断基準作成に関与するなどの利益相反があるため」排除され、過去一〇年間に小児の頭部外傷ないしＡＨＴ／ＳＢＳの臨床経験を有する者は一人しかいなかったとのことである。[23] 例えば大腸がんのエビデンスに関する研究報告書で、大腸がんの臨床経験を持つ消化器科の専門医がまるでいない報告書を読者は信じるであろうか？

さて、実際のＳＢＵ研究報告書の内容についてであるが、ＳＢＳ検証プロジェクトのＨＰでは「約三七〇〇件の文献を調査した結果、十分な医学的根拠はないとされました」とのみ記載されている。これだけ見た場合、さぞかし詳細な調査が行われたと誤認してしまう人も多いであろう。しかしながらこの研究では、「揺さぶりの目撃・録画又は詳細自白がある場合で、一〇例以上の事例を取り扱った研究のみを対象とする」というセレクションをかけ、かつ三徴候以外の症状を有していた事例を含む研究をすべからく排除することで、国際的に一定の権威のある医学誌に掲載された三七七三編もの論文は、自動的にたった三〇編に絞られることとなった。そのうえで、二八編の論文について「循環論法に陥っているリスクがある」とそぎ落とし、わずか二編の論文のエビデンスレベルが中等度であった＝SBSの診断には信憑性が置けない、と結論付けられた。なお「循環論法であるリスクを評価するための基準」は何ら示されていない。

またこの研究ではQUADAS－2基準を用いて検討がなされていた。ある徴候がその診断に特異的で決定的な意味を持つかどうかを評価するのがこのQUADAS－2基準というものであるが、実臨床の場ではひとつの検査／所見だけが確定診断基準として用いられることはむしろまれであり、QUADAS－2基準を適用すべき状況自体が限定的といわざるを得ない。さらに言うならば、QUADAS－2基準は「バイアスリスク」と「適応可能性」に関して四段階で評価を行うものであるが、SBU研究はこの四つの段階全てで適切な水準の運用がなされていないと批判されている。

そもそもSBU研究報告書は「三徴候でAHTが確定診断しうるか」という〝診断妥当性〟を検証したものであるが、大前提として、臨床の現場では三徴候のみでSBS診断を行っているわけではない。前提が誤っていれば、結論もおのずと意味をなさないものになるのは必然である。この論文については、実に多くの反証論文が世界中から公表されている[24〜28]一方で、妥当性があると評価している論文はSBUの著者グループからのもの以外には存在していない。

特に英国王立小児科小児保健学会（RCPCH：本邦における日本小児科学会に該当する）は、SBU研究に用いられた方法論を詳細に検証し、「Wakefieldらによる誤誘導的な論文（誤った研究手法により、MMRワクチンにより自閉症の発症率が高まると結論付けた論文。その結果ワクチン接種率低下という公衆衛生上、重大な不利益が生じてしまった）」を引き合いに出し、SBU研究報告書を「医学的にも法的にも信頼が置けず、公の出版物から撤回されることを提案する」と結論付けている[29]。

八　AHTの研究は、エビデンスレベルが低い??

EBM（エビデンスに基づく医療）の世界では適切な対照群をおいたRCT（ランダム化比較研究）が最も高いエビデンスレベルであると評価されている。確かにある薬物の有効性を前方視的に検証するなどの状況においては、このようなデザインの研究を行うことが理にかなっている。しかし「揺さぶる群と揺さぶらない群に分けて、実際に乳児を揺さぶる」という研究や、「リスクの高いグループに対し、介入する群と放置してみる群に分ける」という研究を倫理的に行うことが出来ない虐待医学の場合、ＲＣＴ研究はどうあっても行いえない。残念ながら研究者の中には、「虐待による頭部外傷（ＡＨＴ）の分野では、報告された研究論文にＲＣＴ研究がないことが、研究のエビデンスレベルが低いことを示している」との主張を行っている者もいるが、このような議論が生じること自体、ＥＢＭや臨床研究の概念に関しての基礎的理解が進んでいないことを示している（しばしば彼らが引用してくるDonohoe の論文[30]はその典型である）。

実際には、ＲＣＴであれば意味のある臨床的疑問の全てに回答しうるというわけではないし、ＲＣＴでなければ何も証明することはできないというわけでもない。例えば、パラシュートの安全性を示したＲＣＴは存在しないものの、我々は実際の経験上から、パラシュートが安全であることを理解している。また科学分野全体においては、ＲＣＴは新しい知見を得るために頻用される研究手法ではない。熱力学のニュートンの法則からアインシュタインの相対性理論、そしてクレブズ回路から光合成まで、ＲＣＴという研究手法が用いられたものは皆無であるが、それでも我々はこれらの理論を当たり前のことのように受け止めている。

そもそもＥＢＭというものは「臨床判断をオートメーション化するもので、臨床経験というものが軽視されていくこととなるのではないか」という懸念が常に付きまとってきた。しかしＥＢＭの創始者であるSackett が述べているように、「臨床経験というのは個々の医療者の枷になるものではなく、臨床実践を通じた臨床経験があることによって、我々は習熟度が増し判断能力が洗練されていく」のであり、本質的にＥＢＭは「文脈（研究の背景に対しての深い理解）」を必要とするものなのである[31]。

学問や言論は自由であり、どのような立場の人間がどのような主張を行ったとしても、そこに不正がない限り尊重されるべきである。しかしながら、さすがに医学的背景を全く持たない完全なる部外者（非医療者）が特定の臨床状況に対して解釈を行うことは、誤解釈をきたしうる極めて高いリスクを有しているといわざるを得ない。とりわけ、その目的が「真実の探求」というフェアな目的ではなく「法廷における勝利」というものであった場合には、バイアスがかかるリスクは尋常ならざる高さにまで上昇することは明白である。

自然科学の基盤というのは「観察」にある。前提が誤っている研究を基軸に、観察される事象を否定するのは本末転倒なのである。例えば、昆虫の飛行はニュートンの法則に則っておらず、なぜ昆虫が飛行することが出来るのかを、科学者たちは一九九〇年代になるまで完全には解明することができなかった（既知の定常状態における空気力学の原則を昆虫の飛行に当てはめた場合、実験用の風洞に入れられた昆虫は、飛行を維持するのに必要な揚力の半分も出すことができなかった）。しかしその後の研究の発展により、昆虫が飛ぶことが出来るのは、「飛行中の翼の位置を変えることで生成される動力学的な前方翼の縁の渦が、この前方翼の縁に沿って空気を渦巻状にし、飛行に必要な揚力をさらに生じさせる」というメカニズムであることにたどり着いたのである。[32] その証明がなされるまでの間、「研究で証明されないから、昆虫が飛ぶわけがない！」と主張する研究者はもちろんいなかった。しかし残念ながらAHTに関しては、「昆虫が飛ぶわけがない」という類いの主張が法廷で飛び交っている状況にある。

九　乳幼児を揺さぶって三徴候を引き起こそうとするならば、頸部損傷が引き起こされないわけがない??

上述の「昆虫が飛ぶわけがない」という的外れの主張の典型例として、しばしば刑事弁護人が言及するBandakの研究がある。[33] この研究では「いわゆるSBSの三徴候を起こすために必要な外力が乳児に作用した場合、脊髄損傷を合併する閾値をはるかに超過するはずである」と報告されている。しかしこの研究は頸部応力の推定に計算ミスがあるなど、信用性に乏しいとされており、例えばMarguliesやRangarajanらは、Bandakの行った実験の再検証を行ったところ、そのパラメータはBandakが報告した値の一〇分の一未満にすぎなかった、との報告を行っている。[34・35] 実際、臨床現場で確認されるAHT事例における頸部損傷はSCIWORA（Spinal cord injury without radiographic abnormality：放射線学的異常所見を欠く脊髄損傷）であることが多く、可能性を疑い積極的な診断を行っても診断することが困難なレベルのものである。

死亡事例であれば、延髄脊髄接合部近傍を一塊として取り出し、[36] 丁寧に病理診断を行うことにより、肉眼的に損傷が確認しえなくとも六四%程度の事例に顕微鏡を用いた病理学的検索では神経軸索の損傷が見つかるとされている。[37] しかしながら本邦では解剖の過程で脳を取り出す際に、脳と脊髄を分断してしまうため、この部位の精査が出来難い状態となってしまっている。このことは「子ども虐待対応医師のための『子ども虐待対応・医学診断ガイド』」にも記載しているものの、現時点では、延髄脊髄接合部近傍の一塊切離を実際に実行してくれる法医学者は極々少数であり、ほとんど実践されていない。このように、ある小冊子に記載しさえすれば盲目的に医療者は従う、などということは現実的には起こりえないのである。

一〇　揺さぶりのみでは三徴候は生じない??

さてBandakの文献以外にも、工学研究の不完全性を誤用した主張として、Duhaimeらの文献[38]もしばしば引用される。実際、「SBS検証プロジェクト」のHPでも「一九八七年、Ann Christine Duhaime（神経外科医）は、揺さぶりによってかかる力を測定し、乳幼児について許容される力の閾値と比較した結果、揺さぶりのみでは三徴候は生じない、揺さぶりによってかかる力では乳幼児に致命傷を与えることができないと結論づけました」と記載されている。

しかしDuhaimeの実験で用いられたダミー人形は、脳・眼球・血管構造がなく、頸部も前後方向にしか動かないもので、実際の乳幼児を模したものとしてはあまりに単純化されており、実際の乳幼児を揺さぶった際に生じる運動を再現できるものとは言えないことが指摘されており、実際、その後に行われた種々の研究で、単にモデル人形の頸部のパラメータを変えただけで、ピーク速度と加速度は損傷閾値を超えたと報告されている。[39] また架橋静脈の損傷の指標として、Duhaimeは「角速度」という指標を計測していたが、実際に架橋静脈が破断をきたすうえで重要であるのは、架橋静脈の伸張の程度であり、角速度が適切な指標であったとは到底言えない（これらの指摘は弁護人がしばしば引用するLloydの文献[40]にもそのまま当てはまる）。さらに、この研究はサイズスケーリング（注：損傷の影響を受ける程度は脳重量に比例する、という概念）のみを頭部損傷の閾値の違いの根拠としている。つまり成熟した成人の脳と、髄鞘化（注：神経細胞が電気信号を送るのに使う軸索という線維が、髄鞘という絶縁体で包まれること。これが進むことで神経伝達速度は増すこととなる）の進んでいない発達途上の乳幼児の脳の頭部損傷閾値とを同一とみなしている。また、単一サイクルの加速イベントの際のむち打ち損傷の閾値を、繰り返して回転加速を加えた場合（揺さぶり）の閾値と同一とみなしてもいる。すなわちDuhaimeらの研究は、質量スケーリングのみを根拠に、ソリに乗せて一度だけ加速させた霊長類実験から導き出した損傷閾値を、何度も揺さぶりが加えられたヒト乳児の損傷閾値に置き換えてよいのか、という大きな疑問が背景にあるのである。

何よりも問題であると訳者が考えるのは、「SBS検証プロジェクト」のHPではこれらの批判的論文が一切記載されていない点である。このHPは「揺さぶられっ子症候群（SBS／AHT）について、徹底的に検証するサイトです」と謳っていながら、このような姿勢でいることは、学問上も公衆衛生上も到底許されることでない。

いずれにしろ、おびただしい数の論文が揺さぶりだけでも乳幼児の頭部に、「AHTと我々が診断しているような損傷」を生じうると指摘しているし、実際それを裏付ける自白事例はいくらでも存在している。たとえ自白のない事例でも、肋骨の後部から側部にかけての骨折が多発して認められる事例は少なくない。このような多発肋骨骨折は、事故による頭部外傷事例ではおよそみられないものであり、もちろん乳幼児の心臓マッサージの際にこのような形態の肋骨骨折が生じることも全く証明はされていない。このような多発骨折は、乳児を揺さぶる際に加害者の手によって圧迫外力が反復して加わるために生じると推認されているが、それをも「仮説にすぎない」と否定するのであろうか？　臨床医はこのような事例を複数経験しているからこそ、SBSの存在を当たり前のものとして受け入れているのである（もちろん、個々の事例の発生病態については、それぞれ鑑別を尽くす必要があることは言うまでもない）。

一一　SBSによるとされてきた三徴候は、低酸素によりすべて説明が可能である??

刑事裁判において、検察は合理的疑いを挟み込む余地のない程度に事実を立証する立証責任を負っている一方で、刑事弁護人側は事実認定者に「そういうこともありうるのかもな」と思わせる疑義を挟みこめば良く、それが主たる目的になる。それゆえに、しっかりとトレーニングを受け、この問題に真摯に対応してきた医師側からすれば荒唐無稽ともいえる、医学的根拠のない仮説的言説がいろいろと提示されることになってしまうのだ。

中でもSBU報告書が公表される以前に、刑事弁護人が主力の論文として引用し続けてきたのが、Geddesの論文である。

「SBS検証プロジェクト」のHPでは、「J. F. Geddes（神経病理学医）らの研究において、虐待によって死亡したとされた五三人の乳幼児の神経組織を検査したところ、七八％が呼吸停止あるいは呼吸困難、八四％が低酸素脳症を発症していたことが確認され、SBSとされた子どもの頭部外傷三七件における脳障害・脳浮腫のうち七五％は、低酸素状態によってもたらされたことが明らかにされました。また、同医師らは、低酸素脳症が硬膜下血腫や網膜血腫の原因となりうるとしました。すなわち、三徴候は揺さぶり以外にも生じる原因があり、三徴候が揺さぶりの証拠であるとのSBS理論が、根底から覆されることになったのです」と記載されている。

しかし実際にはGeddesは、二〇〇一年のGeddes I[41]・Geddes II[42]、そして二〇〇四年のGeddes III[43]と呼称される3つの論文を発表していて、「低酸素で三徴候すべてが説明可能である」との統合仮説の元になったのはGeddes IIIである。Geddes I・IIの要旨を簡潔に記載すると、「AHTで死亡した五三名の脳の神経病理学的検討を行い、脳に軸索損傷（注：脳神経の、軸索と呼ばれる神経伝導路が損傷を受けること）が見出された事例では、外傷性のびまん性軸索損傷（注：びまん性とは、局所性の対義語であり、広範性というような意味である）とは異なるパターンを呈しており、真の外傷性軸索損傷と判断しえたのは三名のみで、八名が脳幹（注：脳幹とは、延髄・橋・中脳からなる、呼吸や心拍などの重要機能を司る部分のこと）の局所性の外傷性軸索損傷で、三名が局所性の頸髄根の外傷性軸索損傷を呈していた」というものである。このことから、AHT事例に認められる高度の脳腫脹は、一次性脳実質損傷（注：加えられた外力そのもので、脳細胞に損傷が生じること）としてのびまん性軸索損傷の影響よりもむしろ脳幹部損傷に続発する低酸素の影響がより大きいという可能性が呈された。実際臨床的にも、AHTの重症事例では直後から無呼吸やけいれんをきたす事例が多く、その病態に低酸素が影響を及ぼしていることに疑いの余地はない。なおここであらためて記載しておきたいが、このように、顕微鏡レベルでの頸部損傷というものはしばしば確認されるものである。「九　乳幼児を揺さぶって三徴候を引き起こそうとするならば、頸部損傷が引き起こされないわけがない？」で紹介したBandakの研究（揺さぶりでは頸部損傷は生じないという論文）を重宝する一方で、Geddes I・IIの論文を持ち上げることには、大きな矛盾があるのである。

いずれにしろ、それに続くGeddes IIIでは、残念ながら低酸素のみで各種病態を説明しようとするあまり、論理上の飛躍が大きく生じることとなってしまった。Geddes IIIで対象とされた事例は、Geddes I・IIと同じく五三名であり非常に紛らわしいが、その内訳は子宮内死亡ないしは自然流産の胎児二〇名、新生児死亡二一名、新生児期以降の乳児九名、典型的AHT事例三名である。つまりはほとんどが子宮内死亡の胎児や周産期に死亡した新生児であった。SBS検証プロジェクトのHPの記載はその点を明確にしておらず、極めて不正確で誤誘導的と言わざるを得ない。いずれにしろAHTをきたした元来健常であった乳児例と、これらの事例を同列に扱っている点について、この論文にはまずもって激しい批判がなされている。[44]またこの論文では、眼科的検討は一切なされていないにもかかわらず、「同様の機序によって網膜出血もきたすのであろう」という乱暴な考察がなされている。

AHTは幅広いスペクトラム（臨床症状のバリエーションや重症度の違い）を持っており、臨床の現場では「軽微な症状を認めるのみで、低酸素性虚血性脳損傷や脳浮腫の併発のない事例」は山ほど経験されるが、このような事例がなぜ硬膜下血腫や網膜出血をきたすのかについて、Geddesの論文では一切示されていない。

もちろんGeddes IIIは、「架橋静脈の剪断が生じなくとも、硬膜内のDBCL層（注：病理学的に硬膜を三層に分けたうちの最も内側の層）に生じた出血が、硬膜下に流れ込むことで、AHTとの鑑別を要する極々薄い硬膜下血腫が生じうる」という新たな可能性を病理学的観点から示した点で重要である。しかしこの研究で肉眼的な硬膜下血腫をきたしていたのは、検証されたAHT事例を除く五〇例の乳児・胎児のうちわずか一例のみであり、その他は顕微鏡による観察時に、硬膜内に顕微鏡でようやく確認しうる程度の出血が認められたにすぎない。臨床医が診断しているSBS事例は、肉眼的にも画像的にも容易に出血が確認しうるものであり、Geddes IIIの研究結果はこのような医学的観察事実とは全く異なるものなのである。

また低酸素が硬膜下血腫を引き起こすか否かについては、「内因性の病態（例えば、脳炎や脳症など）により発生した低酸素性虚血性脳損傷事例や頭蓋内圧亢進事例において、硬膜下血腫を認めた事例は皆無である」ことが、その後に行われた複数の研究で明確に示されている。[45] なおGeddes自身も法廷で、自身の説はあくまで仮説であり、不完全なものであることを認めている。[46] このような事実からGeddesの出身国である英国では、統合仮説が裁判で証拠採用されることはなくなった。

しかしながら、Geddesと同じ神経病理医であるSquire医師は、弁護側専門家証人としてその後も統合仮説に基づく証言を繰り返すなどしたため、『科学的偏見を助長させた専門家』として、総合医療評議会（ＧＭＣ）に医師免許剥奪が申し立てられることとなった。結局二〇一六年一一月三日の英国高裁判断において、医師免許は維持されたものの、今後三年間、専門家証人となることを禁じられることとなった。[47]

皮肉なことに、彼女には公的にこのような裁定が下される一方で、二〇一六年にイノセンス・ネットワーク（世界中のイノセンス・プロジェクト「冤罪救済プロジェクト」を繋ぐネットワーク）から「最も正義に貢献した人物」として表彰され、英雄視されている。なおSquire医師は、証言停止期間中の二〇一八年二月に、「ＳＢＳ検証プロジェクト」主催の〝シンポジウム〟に登壇しており、読者の中には記憶している人もいるかもしれない。

一二　ＳＢＳによるとされてきた三徴候は、既存の硬膜下血腫の再出血により、すべて説明が可能である??

「統合仮説」以外にも、法廷でしばしば主張される説として、特にUscinskiが積極的に主張している、「患児に既に存在していた硬膜下血腫が自然に、あるいは軽微な外力が加わった結果〝再出血〟し、重篤な脳損傷を引き起こしうる」という「再出血説」が挙げられる。実際Uscinskiは法廷証言の場で、再出血を起こすきっかけとして「片足ジャンプ、咳、くしゃみ、排便の際にいきむこと、膝をついて乳児を持ち上げたりおろしたりすること」などと、実に堂々と証言している。常識的な医師であればびっくり仰天の言説なのであるが、一方で非医療者である事実認定者（裁判官／裁判員）は、このような証言を聞くことにより、混乱してしまうようである。

確かに、急性硬膜下血腫をきたした後に、血腫が慢性硬膜下血腫化することはあるし、その硬膜下血腫を包むように形成された脆弱な被膜から自然に再出血することもあり、訳者も臨床の現場でしばしばそのような事例を経験する。また分娩時に硬膜下血腫をきたす事例は稀ではなく、そのような硬膜下血腫が慢性硬膜下血腫化する可能性も否定はできない。ただしこれまでの医学報告では、分娩時出血はほぼ全例が生後四週以内に消失し、生後三カ月を超えて残存した事例の報告はない。[48] 理屈で考えても、このような遠隔期の再出血は微細な静脈からのしみ出し出血であり、急性の循環不全をきたし重篤化したり、死亡することは考え難く、実際そのような事例はこれまでに一例も報告されておらず、このような説には何らの文献的裏付けもない。その他にも、法廷では「百日咳」「くる病」「ビタミン欠乏症」「けいれん」「脳静脈洞血栓症」「腰椎穿刺」「嘔吐物の誤嚥などによる窒息」など、さまざまな病態がAHTと同様の臨床経過をたどり、AHTと同様の所見を呈するなどと主張されるが、やはりそれを明示する信頼できる医学的根拠は何もない。にもかかわらず、それらが鑑別すべき重大な病態であるかの如く、法廷の場やSBS否定派のプロパガンダの場では喧伝され続けている。

一三　低位転落でも、SBSに類似した重篤後遺障害事例や死亡事例は生じうる??

一方で低位転落に関しては、非常に低い確率とはいえ、死亡事例を含めた重篤な病態は生じうる。しかしまず結論から述べるならば、実際に「薄い硬膜下血腫に不釣り合いな高度脳浮腫」という典型的なSBSの病像を呈し死亡した、第三者目撃のある低位転落事例の報告は現時点で一例もない。

低位転落に関しては、SBS否定派は必ずといっていいほどPlunkettの論文[49]を引用してくる（Plunkettは、SBS否定派の金字塔である、二〇一四年の〝ドキュメンタリー〟映画「The Syndrome」の主役になった人物である）。この論文は七五〇〇〇名の公園における転落事故が研究対象となったもので、うち一八名が死亡事例であった。しかしこの一八名の中には、SBSの典型例である乳児は一人も含まれておらず、半数は五歳以上の事例で、また設定された転落高は地面から頭までではなく、地面から体の最も低い部位となっており、また単純転落ではなくブランコで回転加速度がついた状態の事例を含むなど、研究上の限界が多すぎ、データに信頼性がないと強く批判されている。[50]

この論文を二歳未満の五例に限り論じるならば、目撃者が存在していた事例は一名のみである。その一名は生後二三カ月齢の幼児で、遊具からの転落がビデオテープに録画されていたが、転落後約五分の間は異常が認められず、その後に意識消失したと論文には記載されている。転落高は七〇㎝とされているが、遊具にまたがっていた状態から落ちたとのことであり、少なくとも座高分は、より高い位置に頭部は位置していたと推認される。その女児には両側性の網膜出血が確認され、詳細な記載はないものの視神経乳頭の浮腫（乳頭浮腫）が認められたと記載されている。また右前頭部には impact に伴う損傷が確認され、CTでは右大脳半球に巨大な硬膜下血腫を認め、右側脳室は圧排され消失し、大脳鎌下ヘルニアが認められたとのことである。これだけ読むと、臨床医であれば硬膜下血腫ではなく硬膜外血腫ではなかったのか？　という疑問がわく（注：硬膜外血腫は、頭蓋骨骨折をきたした際に直下の硬膜動脈がたまたま損傷されることで生じる。つまり〝打ちどころが悪く〟て生じるもので、動脈性の出血のために急速に血腫量が増大し、致死的経過をたどりうる）ものの、画像の類はこの論文には一切登場しないため、判断することが出来ない（「反証可能性の担保」という科学論文の基本に瑕疵がある）。いずれにしろ典型的SBS事例の特徴である「血腫量は極わずかである一方で脳腫脹が高度に生じる。その一方で、乳頭浮腫は確認されない」というパターンとは大きく異なっている。

医学には出版バイアス（publication bias：報告すべき価値が低いと推察される研究は、価値が高いと推察される研究に比べて公表されにくいというバイアス）の発生は不可避であり、論文の世界がすべての真実を反映しているわけではないのは事実であり、そのことを念頭に、「論文は批評的に読み解く」という謙虚な姿勢が求められる。とはいえ、逆にこのような低所転落で死亡したことが明白な事例があるならば、一例報告であってもトップジャーナルに掲載されうる極めて高い価値を有しており、医療者はこぞって報告するであろう。

第三者の目撃がある信頼できる情報源に基づく低所転落研究としては、病院内で発生した転落事故を対象とした研究が挙げられる[51〜53]。現在、病院内で発生したこのような事故は、インシデントレポートとして報告することがほぼすべての先進国の医療機関で義務付けられている。これらをまとめると、頭蓋骨骨折はおよそ一％の事例で生じるようであるが、現時点では医療機関内の単純低所転落事故で、重度の後遺障害を残したり死亡した事例の報告は皆無である。弁護側証人は、このような臨床報告例がない点につき「常識的な事例であればいちいち症例報告をしない」と強弁するが、そのような言説はおよそ〝医学〟とは言い難い。このような言説の無責任性について、常識的な医療者であれば判断できるであろうが、法廷の場で非医療者に理解してもらうのは困難なのが実情である。

いずれにしろ学術論文の世界では、低所転落で重度の後遺障害を残したり死亡した事例のほぼすべては、「家庭内で養育者と二人きりに近い状況」で発生している。小児の転落事例につきまとめたChadwick の研究では、「もし養育者の語る受傷機転を信ずるならば、一二〇cm未満の高さから転落した際の死亡率は、三～一五mの高さから転落した場合の八倍にのぼる」と報告されている。[54] いったいこれは何を意味するのであろうか、考えてみていただきたい。

なおこのChadwick の研究では、低所転落で子どもが死亡する割合は、五歳未満の子ども一〇〇万人当たり年間〇・四八人と報告されている。なお二〇〇八年に報告され、長年医学的に論争のなかったこのChadwick の論文に、二〇一七年に突如として法学系の雑誌が反駁論文（著者は博士課程の学生）を掲載した。[55]「ＳＢＳ検証プロジェクト」のＨＰ内のブログでもこの論文になぞらえ、分子となった六件の死亡に関し、「仮に養育者が低位落下だと弁解しても、その弁解は受け入れられず、低位落下事例とはカウントされなかったはずだ」との主張がなされ、一方で「カリフォルニアにいた〇～五歳の乳幼児という以外に、何の絞り込みもなく、確率を低く見せるための意図的な操作である」と主張されている。そして「このような確率論を法廷で持ちだしたからと言って低位落下による頭部外傷の可能性が否定されるはずもない。このような議論が法廷の場で述べられること自体に、大きな疑問を感じざるを得ない」と結論付けられている。

確かに確率はあくまで確率であり、個々の患者の病態を確定診断する根拠にはならない。しかし医療においては鑑別診断を絞り込むうえで、有病率・発生率という概念は極めて重要なものである。例えば航空機の大規模事故で奇跡的に生存した乗客がいたからといって、「航空事故で死亡することは、もはやほとんどない。航空事故で死亡しうるかどうかは、今日、航空業界で大きな論争となっている」と主張する人物がいたとしたら白い目で見られるであろうが、ＳＢＳのような難解な医学的事象に関しては、そのようなことが起こってしまうのである。そうであるからこそ、法廷の場の事実認定者（裁判官／裁判員）も、現時点で報告されている有病率・発生率に関しての研究のあらましについて知ることが、真実に近づくためには有用となるはずと思うのであるが、いかがであろうか？

何度も強調したいが、医療者は犯人探しをする立場にない。しかし例えば、子どもが重篤／致死的な頭部外傷を負った際に、意識がはっきりとした状態でいられるかに関する医学的見解は、結果として犯人性の同定に重要な要因となっている。

一四　重篤／致死的な頭部外傷後に意識清明期（受傷後意識がはっきりしているように見える期間）は存在する⁇

当然のことながら、弁護側が「被疑者が養育をする前に既に子どもは損傷を負っており、時間を経て症状が出現した可能性は否定できず、被疑者の犯行とは言いきれない」と主張することは稀ではない。しかしながら硬膜外血腫事例や病歴に信頼の置けない事例を除外した場合、「急性損傷を負った後に意識清明で元気にみえていた子どもが、数時間から数日後に臨床的に明らかに重篤な状態に陥るような可能性はおよそない」というのが、現在の医学界のコンセンサスであり、ごく一部の医療者のみが『ありうる』と述べるだけで、それを裏付ける文献研究・症例報告は皆無なのが実情である。例えばWillmanらの乳幼児の事故事例九五例（うち九三例が目撃者のいる交通外傷）における、受傷後の意識清明期の有無の検討論文[56]では、一例を除き全例に意識清明期は確認されなかったが、この一例は硬膜外血腫であった（硬膜外血腫の場合には、脳実質のダメージが軽度の場合、受傷後しばらくの意識清明期があり、血腫が増大し脳が圧迫されることで意識を消失する、という経過は全く稀ではない）。

先述した、弁護側が頻用するPlunkettの論文[49]では、剖検まで施行された一～五歳の五名の患者のうち意識清明期が存在した、との記載が三名に確認される。ただしその期間は、一名で一〇分ほど、別の一名では一五分ほどとごく短時間であった。さらに別の一名では三時間ほどの意識清明期が認められたと報告されているが、この事例は硬膜外血腫であった。なお、一〇分ほどの意識清明期を認めた子どもは、先に「一三　低位転落でも、SBSに類似した重篤後遺障害事例や死亡事例は生じうる？」でも言及した血腫量の多い硬膜下血腫事例（ケースプロファイルには五分と記載されているが、一覧表では一〇分と記載されている。どちらが正確であるかは不明であるが、いずれにしろこのような肝心な部分に瑕疵がある論文と言わざるを得ない）で、一五分間ほどの意識清明期を認めた子どもは、硬膜外血腫と硬膜下血腫を併発し、左側頭骨と両側頭頂骨の複雑骨折も認められていた事例である。その他にも何編か意識清明期が存在したとする報告はなされてはいるものの[57～60]、すべて加害が疑われる養育者からの証言に基づく報告事例であり、信頼性に乏しいと評価されている。

またStarlingらによる、加害を行ったことを自白した事例の研究[61]では、八一例中五七例で信頼性の高いアリバイが確認できていたが、これら五七例のうち五二例で、加害者は加害直後に子どもが意識消失したと説明していた。残る五例のうち三例は、受傷直後に子どもを放置し様子観察がなされなかった事例で、次に観察したときには、重度の症状がでていたと告白されていた（残る二例は、保護者は一貫しない経過を説明していた事例であった）。虐待の自白に基づく研究は、それが真実を示しているのか否か、慎重に評価する必要がある。ただこの研究では、自白が得られなかった事例も合わせると計一七一例の検証が行われたが、受傷後に意識清明期の存在が確認された事例は皆無であった。

なお米国小児科学会子ども虐待・ネグレクト委員会は、「乳幼児揺さぶられ症候群の臨床徴候は即時に生じ、医学的知識が十分にない親でも子どもに問題が生じていることは明らかにわかるものである」と指摘している[62]。

一五　網膜出血とAHTの関連性について

ここで網膜出血とAHTの関連性について言及しておきたい。まず強調しておきたいが網膜出血は低所転落でも生じうる。頭蓋内出血に続発して生じる（Terson症候群と呼ばれる）こともあれば、凝固異常症に続発して生じることもある。それどころか高ナトリウム血症や低ナトリウム血症などの電解質異常ですら呈しうる。ただしいずれも、後極（視神経・黄斑部［網膜の最奥の中心部］周囲）に限定する、ごくわずかな両手で数えられる程度までの出血であるならば、という限定条件が付く。すなわちAHTについて論じる際に、網膜出血が生じている・いないという議論をすることは全く無意味であり、論じるべきはその〝程度〟である。

現在、網膜出血の程度の評価を行うためのスコアリングシステムはいくつか提案されてはいるものの[63]、世界標準となっているものはなく、そのことがＡＨＴと網膜出血に関して論じている研究の客観評価を困難にさせている点は否めない。しかし、少なくとも現時点においても「網膜分離症／網膜ひだは交通外傷に匹敵する高エネルギー外傷を除けば、ＡＨＴ以外では発生しえないこと（X-linked retinoschisis のような極めて例外的な遺伝性疾患を除く）」ならびに「出血が高度で、数えきれない程度（too numerous to count）の、多層にまたがる出血（網膜内の単層性出血だけではなくその他の層にも出血が確認される）で、辺縁部まで広がるほどの出血の場合には、ＡＨＴが極めて強く疑われる」というのが世界的なコンセンサスである。[64] 実際、このような高度多発多層性出血をきたしたとの事例報告は、交通外傷と高所転落以外にはほとんどなく、家庭内の事故事例はブラウン管テレビが頭部に激突した一四カ月児例、[65] 親がおむつ替えをしているときに一二歳の六三kgの兄がよろけて転び、赤ちゃんの頭部にしりもちをついてしまった四カ月児例[66]など、極めて例外的な事例にとどまり、客観的に低所転落であることが明らかな事例の報告は皆無である。

　このようなコンセンサスに対し、異を唱える論文は何編か存在する。しかし、例えば「網膜分離症と高度多発多層性網膜出血は、ＡＨＴに診断特異的ではない」と主張するShumanらの論文[67]で事故として報告されている事例は、ショッピングモール内を走る汽車のシートから、立っている状態で投げ出された一四カ月児であり、どう考えても高エネルギー事故であり低所転落に類するような軽微な事故と判断することはできない。また「外傷がなくても重度の網膜出血をきたしうる」と主張しているSchellerの一〇例報告[68]は、症例の詳細については何ら記載されておらず、図表内に「多層性出血」と記載されているだけで、およそ科学論文の条件である「反証可能性」を全く満たしておらず、提示されている網膜写真は、なぜか軽微（両手で数えられる程度）な網膜内出血をきたした事例の写真のみである。

　このように、低所転落事例で網膜分離症／網膜ひだを認めた事例や高度多発多層性網膜出血を認めた事例の報告事例は皆無であるにもかかわらず、弁護側証人は「心肺停止に対し、心臓マッサージを行ったことでも生じうる」「播種性血管内凝固症候群［ＤＩＣ］をきたしていたために、生じうる」「頭蓋内圧が亢進している場合、静脈閉塞が続発することで発生しうる」などと、常に何の証拠も提示せずに「ありうる」との説明を繰り返すことが多い。

　しかし例えばOdomらが行った、ＩＣＵ内で心肺停止をきたし心臓マッサージを行った事例の前方視的研究[69]では、四三名の小児患者のうち網膜出血を認めたのはわずか一名であり、その程度もごく軽微な小さな点状出血を認めたのみであった、と報告されている。この研究では四三名中、二七名に凝固異常が認められていたことも指摘しておきたい（なお頭部外傷に伴って検査上で凝固異常が確認される頻度は高く、特に小児の受傷頭部外傷後には、凝血異常の出現率は七七％と高頻度であると報告されているが[70]、法廷ではしばしば刑事弁護人から、原因と結果をすり替えた反論［凝固異常があったから硬膜下血腫・網膜出血が生じた］が行われる）。

頭蓋内圧亢進と網膜出血に関しては、Moradらの研究では、ＡＨＴ事例において視神経乳頭浮腫が認められる事例はわずか五％で、また頭蓋内圧と網膜所見との間には何らの相関関係も確認されなかった、と報告されている[71]。またＡＨＴではないことが確認されている、小児の頭蓋内出血事例の検討をしたSchloffの研究では、網膜出血が確認されたのは五七名中二名のみ（一名は一カ所点状出血を認めたのみの事例、もう一名は三カ所の網膜内浅層出血と二カ所の深層出血が認められた交通外傷の事例）で、高度多発多層出血を認めた事例は皆無であったと報告されている[72]。

一九六五年以降に出版された小児の網膜出血に関する六二編の研究報告を分析した、二〇一〇年の米国小児眼科・斜視会議年次総会で発表された研究によるならば[73]、ＡＨＴ事例の七八％に網膜出血が認められ、そのうち八三％が両側性に確認されていた。また網膜出血が認められたＡＨＴ事例の六三％が高度多発多層性出血であった。一方、事故事例においては、たとえ高エネルギー性の事故であっても、網膜出血を認めたのは五・三％にとどまり、そのうち両側性に認められたのは網膜出血を認めた事例の八％のみであった。また高度多発多層性の出血が確認された事例は、網膜出血を認めた事例の九％に過ぎなかった。すなわち事故で両側性に多発多層性の網膜出血をきたす割合は、高エネルギー性の事故であったとしても極めて低い。これが低エネルギー性の事故であった場合の確率はいかばかりであろうか？さらにここに「低所転落で死亡」、「長期の意識清明期が存在」などの条件が、すべて積み重なる可能性は、現時点においては医学的にはおよそ0《ゼロ》といってよい状況と言わざるを得ない。

ちなみにＳＢＳ否定派からは、「脳のことは脳外科医が専門であり、小児科医が証言することは問題である」と主張される一方で、眼科医でない弁護側証人が網膜出血に関して証言することに関しては、何らのコメントもなされない。

一六　多くの国々でSBSの雪冤事例が相次いでいる??

さてSBS検証プロジェクトのHPでは「多くの国々でSBSで有罪判決を受けた事例の雪冤（有罪判決に疑義が呈され、有罪が覆ること）が相次いでいる」と喧伝されている。本当であろうか？

a　米国の状況

SBS検証プロジェクトのHPでは、「ワシントンポスト紙が二〇一五年に行った調査報道によれば、アメリカでは、二〇〇一年以降に子どもが死亡し、あるいは傷害を負った事例で、SBS仮説に基づいて捜査の対象となったり、起訴されたりして刑事事件となった事例は二〇〇〇件以上ありますが、そのうち二一三件で、起訴取下げ、起訴取り消し、無罪の言渡し、有罪判決の破棄のいずれかになったとされています」と記載されている。一見、雪冤事件が続出しているかのような印象を与えるこの文言は、「二〇〇〇件以上」「二一三件」という数字しか提示していない。この二一三件が、有罪判決が下った以降に雪冤されたのであれば、一割もの雪冤事件が生じていることを示すことになるが、この数字は「警察が逮捕に至ったものの、結局起訴できなかった」という事例が多く含まれており、このような事例は普通に日本でも多発している。それどころか、近年のSBS否定派の猛攻勢によって、最近ではかなりそのような不起訴事例が増加した印象を持っている。つまり、この数字は検察が慎重な姿勢になっているということを示しているにすぎない、と訳者は考えている。

さて本来ならば、「SBSを徹底的に検証する」と謳うSBS検証プロジェクトのHPから、実際の雪冤事件の具体的数字が確認できれば良いのであるが、最終的な判決結果についてはどこにも記載されていない。そのため医師である訳者の職分を大きく超えるとは思ったものの、米国に関してはUniversity of Michigan Law School と & Michigan State University College of Law が運営する、The National Registry of Exonerations（雪冤事件登録システム）が存在していたため、ワシントンポスト紙が対象とした二〇〇一年から二〇一五年の間に発生し、このシステムに登録された雪冤事件の検索を試みたところ、八例が登録されていた。高裁無罪事例などの厳密には狭義の雪冤事件（有罪判決が確定し、刑が科された後にそれが誤りであったと破棄された事例）とは言えない事件を除くと、この期間に発生したSBS事件の雪冤ケースは、転落による死亡の可能性が完全には否定できないとして再審が認められ無罪となったZavion Johnson 事件、原審における弁護が不十分であったとして再審が認められ検察が抗告しなかったKrystal Voss 事件、鎌状赤血球症による所見であったとして再審無罪となったMelonie Ware 事件の三件のみであった。

米国のこのサイトを改めて精読し、八何の法則（①何時［犯行日時］、②何処で［犯行場所］、③何人が［被疑者］、④何人を［被害者］、⑤何人と［共犯者］、⑥何故に［犯行動機］、⑦何をして［犯行］、⑧如何になったか［犯行結果］を満たさない限り、有責性を問えないという司法原則）を満たさず、日本ではおよそ起訴されなかったであろう事例も、米国では積極的に起訴されていることを確認した。そもそも米国では逮捕自体も令状なしに行うことが可能であり、司法取引も盛んである。有罪判決となった場合の懲役期間も平均一五年程度とかなり長期に及んでいて、無期懲役の判決も少なくない。そしてKrystal Voss 事件のような「弁護不十分（米国憲法六条の弁護人の弁護を受ける権利の侵害）」が有罪破棄の事由ともなりうるのである（それゆえに高い報酬を吹っ掛けて、弁護人側の専門家証言を行うという〝商売〟が成り立つのであろう）。

いずれにしろ、その状況は日本とだいぶ異なることを理解することも出来た。ヒトの人体構造は外国人でも日本人でも、人種により大きく変わることはない。一方で、法体系は国により大きく異なっている。SBS検証プロジェクトのHPでは、「海外の言説をそのまま直輸入している」との批判の言葉が医療者に向けられているが、そのような点に問題意識を持っているのであれば、ぜひとも彼らには法体系の違いを考慮したうえでの解説をHP上で展開していただきたいと期待している。

b　英国の状況

英国の状況に関しては、「SBS検証プロジェクト」のHPでは「二〇〇四年、法務長官が、乳幼児の殺人事件に関する調査を命じ、二九七件（そのうち八九件が揺さぶり行為によるとされたもの）について調査が行われた結果、二八件について、有罪判決に問題があるとされました」と紹介されている。この数字の提示ではＳＢＳ事例に限れば、再検証が必要と判断された事例が八九分の二八件であったのか、八九分の０《ゼロ》件であったのか見た人には伝わらない。

そもそもこの調査はＳＢＳに科学的疑念が生じたために行われたものではなく、Sally Clark 事件（一九九九年）や Angela Cannings 事件（二〇〇三年）という「ＳＩＤＳ（乳幼児突然死症候群）か殺人（代理によるミュンヒハウゼン症候群）か」が争われ、雪冤された事件が立て続いたことを契機になされたものである。

さて実際の Fact を以下に示す。英国ではまず二〇〇五年に Harris 事件、Cherry 事件、Faulder 事件ならびに、自ら再審請求した Rock 事件の四件につき控訴院で再審が行われ、Harris 事件だけが無罪となった。Harris 事件の再審無罪を受け、二〇〇六年に残りの事例についても再調査がなされ、三件についてのみ上訴が勧められたが、結局再審無罪となった事例はいなかったようである。[74] つまるところ、実際の雪冤事例は八九分の一例＝一・一％であった。

c　カナダの状況

「ＳＢＳ検証プロジェクト」のＨＰでは他にもカナダの Goudge 報告[75]が紹介されている。Goudge 報告自体も、ＳＢＳに科学的疑念が生じたために行われたものではなく、オンタリオ州で長年小児法医学者として従事していた Charles Smith 医師が関与した事例で冤罪が発覚し、彼が法医学の資格のない小児病理医に過ぎなかったことが判明したために、同医師が関与した全事件の再調査を契機とし、法医鑑定システムの問題点を明確化するために行われたものである。実際 Goudge 報告は、法医鑑定システム全体につき一六九個の改善勧告を行っている総計九八五ページもの膨大な報告書であるが、このうちＳＢＳに関する記述は一四三番目の項目として、約八ページ割かれているに過ぎない。

ＳＢＳ検証プロジェクトのＨＰでは「同報告書では、①『三徴候それ自体がＳＢＳの特徴であるとの支配的だった見解はもはや支持されない』、②『現在では一五年前には生じ得ないとされた低位落下によっても、稀とは言え致死的な傷害が生じうるという見解が支配的である』、③『一九九〇年代前半や中盤でのＳＢＳをめぐる議論は今や明らかに論争的となっていることを、ほとんどの専門家が同意している』などとして、「三徴候に基づくＳＢＳ仮説によって有罪とされたすべての事件を見直すようにとの提言がなされました」と紹介されているが、あえて注釈を加えるならば、①そもそも医療者は三徴候のみで断定をしているわけではない、②硬膜外血腫であれば死亡しうるし、基礎疾患があれば死亡しうる。またこれまでに報告されている低所転落で硬膜下血腫をきたし死亡したとされるごく数例の事例は、極めて血腫量が多かった事例や、血管の解離が生じた事例や、二次性の脳卒中が生じた事例に限定されていて、ＳＢＳに典型的な〝少量の硬膜下血腫に不釣り合いな脳浮腫〟という事例は報告されていない、③反論を受ける機会が増えれば、そのような状況にならざるを得ないのは当然である、ということになる。結局、Goudge報告はあくまで「ＳＢＳと診断され有罪判決を受けた事例を含め、小児事例を再度見直しましょう」と提案しているに過ぎないものである。なおＳＢＳ検証プロジェクトのＨＰでは、「従前の見解は、『三徴候のみで確定診断できるわけではなく、死因の特定は困難で〝死因不詳〟とせざるを得ない場合もあるため、あらゆる状況を包含した判断が求められる』としている」という重要な一文は、残念ながら訳出されていない。

さて、Goudge報告をうけて実際に行われた検証委員会の報告が、二〇一一年四月に出されている[76]（このような重要な情報は、残念ながらＳＢＳ検証プロジェクトのＨＰには掲載されていない）。この報告書では一二九例の事例（うち一六例がCharles Smith医師が関与した事例）が検証対象となり、四八例が二次検証に進み、最終的に一〇例に対し国際的な専門家が集い詳細検証が行われ、その結果、四例が有罪判決に疑問を挟む余地があると判断されていた。二例は頭部外傷であったかどうか自体の合意が委員間で得られなかった事例で、一例は低所転落が原因であった可能性が否定できないと判断された事例で、もう一例はＳＢＳ事例と判断されたものの法廷で行われた医療専門家証言が不正確であったと判断された事例であった。カナダのイノセントプロジェクトのＨＰによるならば、すべての事例が雪冤されたとのことであるが、最後の事例はＳＢＳ事例であったことまでの合意は得られており、実際の雪冤事例は一二九分の三例＝二・三％である。

もちろん、後の検証で既に確定した有罪判決に疑義が出ること自体、どんなに少ないパーセンテージであっても問題であり、０％であるべきであることには訳者もむろん同意する。しかし、ここまで見てきて「ＳＢＳの雪冤事件が相次いでいる」という言説はあまりに誇張され過ぎているという印象を訳者は抱かざるを得ない。さらにいうならば、無罪［疑わしきは罰せず］と無実［SBSに類する別の原因が判明し、全く罪がないことが明確化した］は違うが、本当の意味でいわゆる無実と判断された雪冤事例は、結局、訳者の検索範囲では、世界中で本解説の記載時点で一例のみであった。（追記：SBS検証プロジェクトのブログ上で、二〇一八年一〇月三日にメリーランド州で硬膜下血腫、脳梗塞、骨折等が認められた生後八カ月の乳児例において、「エーラスダンロス症候群3型（EDS）による可能性があり、訴追された父親に無罪判決が言い渡された」と記載された。相変わらず、断片的な情報のみで激しい批判をしてくる論調には閉口するが、一般的には、EDSで血管の脆弱性を呈するのは血管型と呼ばれるEDS4型のみであり、関節可動亢進型と呼ばれるEDS3型で血管脆弱性をきたすことはないし、脳梗塞は続発症としてありうるにしても、骨折と同時期に硬膜下血腫をきたす可能性は医学的には極めて低いといわざるを得ない。なおEDS4型であっても血管損傷をきたす平均年齢は一一・五歳であり、二歳未満の乳幼児期に頭蓋内出血をきたした事例はこれまでに三例しか報告事例はなく[102]、全例が脳内出血・脳室内出血であり、SBSに類する硬膜下血腫をきたした事例の報告は確認できなかった。Reeceの虐待医学の教科書に「EDSで硬膜下血腫をきたした事例が報告されている」との記載が確認されるものの、参考文献をたどっても具体的な症例の内容は一切確認できない。ブログに記載された情報のみで断定的に言及することには、医療者として慎重であるべきだと考えてはいるが、おそらくはAHTの共同合意声明でいうところの「医学的根拠の全くない仮説が飛び交う状況」の中、「ありうる」との弁護側証人の医学的根拠のない「抽象的な可能性の指摘」が、無罪認定に繋がった可能性が十分にあり、現時点で本事例が〝無罪かつ無実〟の事例であると判断することはできない）。

医学は自然科学の一部であり、その性質上完全なものにはなりえず、年々知見が積みあがっていくものである。法理としては一事不再理が原則であるが、医学的な証言が判決に重大な影響を及ぼす事件に関しては、一〇年程度を目安に、その後の知見の蓄積も踏まえて医学的には再検証を行う枠組みが必要であると個人的には考えている。ただし、Audrey Edmundsの事件（ベビーシッティング中に生後六カ月児が急変し、保育を行っていたAudrey Edmundsが有罪となったが、その約一〇年後に「ＳＢＳ／ＡＨＴに関する医学界の進歩は著しく、これらの新しい進歩は新たな証拠となりうる」との主張に基づき再審開始決定がなされ、検察が訴えを取り下げたために釈放された事件。裁判所は〝新しい研究〟の新規性は認めたが、信用性まで認めたわけではない点に注意していただきたい）のような混乱を避ける意味で、このような検証は司法プロセスとは完全に切り分けて、医学的に行うことが望まれる（その検討結果を受け、その後にどう対応するのかについては極めて難しい問題が山積しているが……）。もっとも米国などと違い、本邦ではＳＢＳの加害者が何十年もの懲役刑を受けることはほとんどなく、執行猶予となることも少なくないのは先に述べた通りである。さて、Goudge 報告後にも再検討がなされた、カナダの小児科学会のガイドライン[77]では、「いわゆる三徴候の存在は依然として虐待の存在を強くうかがわせることに間違いはないものの、除外診断を慎重に行い、医学的証拠以外の証拠も収集した上、多機関連携による総合的判断をすること」という方針が一貫して示されているが、このような取り組みは、現在本邦でも多くの医療機関で行っている取り組みに他ならないし、ＳＢＳ否定派が盛んに喧伝する「ＳＢＳ〝仮説〟の提唱者であるGuthkelch 医師の警告」にもかなう対応である。

ちなみに、ＡＨＴに関する声明やガイドラインは、本文の参考文献の最後にもあるように、さまざまな学会や組織から発出されている。本邦でも、先に話題にあげた「子ども虐待対応医師のための『子ども虐待対応・医学診断ガイド』」以外にも、厚労科研の「発達期に発生する外因性脳障害の診断・治療予防のための実証的研究とガイドライン作成研究班（研究班長：田村正徳）からも、「虐待が疑われる乳幼児頭部外傷（Abusive head trauma in infants and young children, ＡＨＴ）の診断・治療・予防の手引き」が出されている。これらのガイドライン・声明の作成に関与した膨大な数の医療者が、法学系の学者や実務家よりも、医学的研究の解釈を行う能力に劣るということがあり得るはずはない。

一七　中村Ⅰ型の急性硬膜下血腫に関して

さて最後に、本邦の虐待対応の医療現場における歴史と、中村Ⅰ型の硬膜下血腫（日常生活で負いうる軽微外力で発生する硬膜下血腫）といわれる病態について訳者がどのように理解しているのか、言及したい。初めに言っておくが、臨床経験上からもこのような病態は確実に存在している。しかしながら、まれに可逆性の神経学的症状（一過性の片麻痺など）を認めることはあるものの、予後は一般に極めて良好であり、寝たきりの状態などの重度の後遺障害を負ったり、死亡をきたした事例の報告例はない。この概念に関しては「一三　低位転落でも、SBSに類似した重篤後遺障害事例や死亡事例は生じうる??」と多くは共通するものの、我が国特有の論争の種にもなってしまっている現状については、虐待対応のこれまでの大きな歴史の流れとともに理解する必要がある。

以下に、虐待対応の歴史につき概説する。本邦のAHTを取り巻く現状を理解していただくことが目的である故、次ページの図の主に吹き出し部分に注目していただきたい。

いうまでもなく、虐待というのは人類の誕生以来、連綿と存在していたことは疑いの余地はなく、大人が子どもの権利というものを考慮して初めて、その存在が明らかになるものである。世界で初めて被虐待児に対して社会的に対応がなされたのは、一八七四年ニューヨークにおける、Mary Ellen という女の子の事例であった。この事件をきっかけに、翌年ニューヨークに世界初めての児童虐待防止協会が設立した。英国においては一八八三年に、虐待のみならず、いじめや体罰まで含めた、子どもへの暴力・権利侵害に立ち向かうNSPCCという組織が立ち上がった。

その後は世界大戦などの動乱が続き子ども虐待の問題は再び光が当たりにくい状態となるも、虐待への気付きは徐々に広がり、一九六二年に小児科医であるHenry Kempe 医師らがJAMAという医学雑誌に、The Battered Child Syndrome（被殴打児症候群）という論文を掲載したことを皮切りに、医療の側面から再び虐待に大きな光が当たることになった。それ以降は、福祉と医療がリードして虐待対応が進められていったが、大きな壁にぶち当たることとなった。「子どもの安全」と「親子の分離／刑事事件化（⇕冤罪）」のトレードオフの問題である。一九八三年に起きたマクマーチン幼稚園事件はその最たる例である。この事件は、ある日一人の園児の母親（後に精神疾患であったことが判明している）が、自分の子どもが幼稚園で性虐待被害を受けたと申し立てたことに端を発する。すべての園児に対しさまざまな調査が行われたが、子どもにとって威圧的・誘導的・示唆的な面接が行われた結果、ほぼすべての子どもが性虐待被害を受けたと打ち明けることとなり、大問題となった。結局、面接手法に大きな瑕疵があることが判明し、全ケースで無罪となったものの、多くの時間とお金が使われ、多くの人が傷つくだけの事件であった。

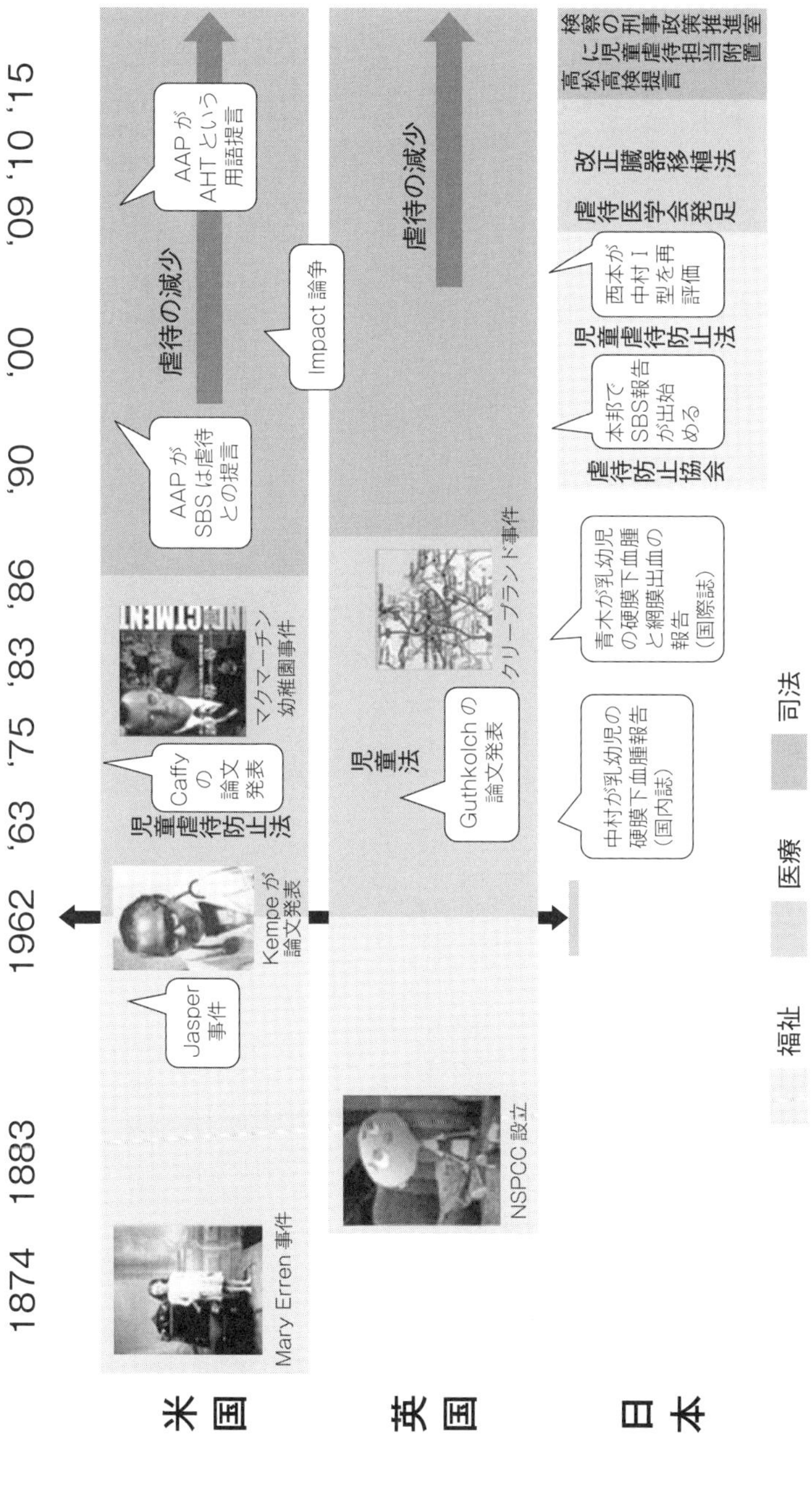

図　子ども虐待対応の歴史（吹き出し部分は AHT に関する補足コメント）

一方で性虐待への社会的な気付きは、子どもの傷つきの深刻さへの理解に繋がり、検事の意識を大きく変えることになった。一九九〇年代に入ると米国は警察／検察と福祉と医療が積極的に連携する風向きとなり、司法面接という面接手法、多機関連携体制の構築、子どもの権利擁護センター（外来型虐待評価対応センター）の設置などが進み、虐待対応は成熟することとなった。英国でも同様に、クリーブランド事件という性虐待のオーバートリアージの事件が起き、米国同様に、多機関連携体制が進むこととなっていった。

翻って日本では虐待への気付きは遅れ、初の民間団体である児童虐待防止協会ができたのは一九九〇年、現在の虐待防止法が施行されたのは二〇〇〇年とごく最近の話であり、虐待の医療系学術団体（日本子ども虐待医学会）の設立は二〇〇九年、本格的に地域の中核病院が虐待の見逃し防止を意識するようになったのは、改正臓器移植法が二〇一〇年に施行される際に、「臓器提供施設になるためには、虐待の見逃し防止体制が整備されていること」という趣旨の条件が課せられてからである。またその頃より、欧米の司法面接制度のトレーニングが日本でも受けられるようになり、それを積極的に取り入れる地域が出始め、地域の連携は少しずつ構築されつつある。同時並行的に高松高検からも、虐待の背景・原因を掘り下げた裁判での立証や、子どもの将来を考えた刑事処分に努めることなど、子どもの安全確保を最優先した検察の在り方についての提言が出され、それらの動きは二〇一五年の「被害事実確認面接（司法面接）を積極的に進める」旨の厚労省・法務省・警察庁の同時通達に結実し、各地方検察庁には「児童虐待担当」が指定されることとなった。また全国の道府県警・警視庁の中から、捜査に専門性を要する虐待事件を専権的に扱う「虐待専従班」を設置する地域が出始め、地域の虐待対応の多機関連携の枠組みが進み、独自に合同で勉強会を開く地域も少しずつ増え、専門性を有した医療者・児童福祉司・警察官・検察官が出始めつつある、というのが本邦の現状である。「SBS検証プロジェクト」のHPにあるように「日本の捜査機関やそれに協力している医師たちは、不勉強なだけである」との記載は、全体的な流れを全く把握しない無責任な発言としか言いようがない。このように出発点としては、欧米に比べて大きく出遅れた日本の虐待対応であるが、今では最新の情勢を把握する医療者は年々増えている。

さて、いよいよSBSの刑事弁護を行う弁護人に協力的立場をとるごく一部の医療者が、「米国の知見を鵜呑みにして、我が国の知見は顧みられていない」と反発を強めている状況がなぜ生じてしまっているのか、以下に記していきたい（その前に一言述べておくならば、そもそも現代の医学で純日本発の知見のみで構成されている専門領域はなく、かなりの比重を欧米から得られた知見が占めている。それ自体を問題視するのであれば、すべての医療者は〝米国の知見を鵜呑みにしている〟ことになってしまうといわざるを得ない）。

ＡＨＴの事例に関しての報告が、本邦で出始めたのは一九九〇年代中ごろからである（一九七〇年代から八〇年代初期には、米国でも〝高い高いでもＳＢＳになりうるかどうか？〟という議論がなされていた。しかしさまざまな知見が積みあがることにより、一九九三年に米国小児科学会（ＡＡＰ）が「ＳＢＳは虐待に他ならない」との提言を出すに至った。しかし、残念ながら本邦にＳＢＳの概念が「輸入」された段階では、〝高い高いでもなりうる〟という議論まで輸入され、この誤解は二〇一〇年近くまで続くこととなった）。

では、Kemp の時代（一九六〇年代）から本邦でもＳＢＳの概念が導入されていく二〇〇〇年代までの期間、日本では「突然に乳幼児が急変し、頭の中に出血が認められる」という現象をどのように理解してきたかというと、「乳児は軽微な外力でも硬膜下血腫をきたしうる」という形で整理がなされていたのである。この流れを理解するためのキーワードが「中村Ｉ型」である。

一九六〇〜七〇年代、日本社会で自動車が普及して交通事故が増加し、子どもの頭部外傷が増加した。このような時代背景のもと、当時東京大学脳神経外科にいた中村紀夫医師は、一五歳未満の頭部外傷患者三六二例を検討し、硬膜下血腫をきたした事例を三つに分類（Ⅲ型：重大な衝撃が加わった事故、Ⅱ型：中等度の衝撃が加わった事故、Ｉ型：日常ごくありふれた衝撃が加わった事故）し、後に中村Ｉ型と呼称される、軽微な外力により硬膜下血腫をきたしうるという概念を提唱した[78]。

当時はＣＴもＭＲＩもなく、Ｘ線検査、超音波検査と問診結果等から開頭手術すべきか否か判断せざるを得なかった時代であり、また日本では虐待が全く社会問題化されておらず、養育者が虚偽説明をする可能性を医師は全く検討しない時代でもあった。このような時代に中村医師は、養育者の説明と不整合な硬膜下血腫に着目し、整理を行っていたのであるから、ある意味で欧米に先んじた虐待の研究者であったと言うことが出来、その先見の明には感服させられる。しかし五〇年以上前の論文をそのまま当てこんで、我々は今の患者の臨床的な判断をするわけにはいかない。中村Ⅰ型と診断されてきたものの中には、外水頭症、血管が脆弱化する病態・先天性異常等の基礎的病態を有するために、軽微な外力によって硬膜下血腫が生じたものと、虐待によるもの（AHT）とが混在していたことに疑いの余地はなかろう。

一方で、欧米諸国は虐待という概念が既に根付いていたため、乳児の硬膜下血腫事例の対応を行う際に、前者の可能性があまり検討されてこなかったのも事実であろう（実際、青木信彦医師が、国際誌に初めて中村Ⅰ型の概念を提示した[79]時に、欧米からは「日本では虐待の見逃しを防ぐための院内システムすらないではないか！」と猛烈な反発が起こった[80]）。

この欧米と日本の感覚のズレは、いかほどのものであろうか？米国のある有名な研究では、交通事故事例も含め、二歳未満の子どもで硬膜下血腫を認めた場合に、それが虐待である可能性を六四％であったと報告されている。[81] 一方で本邦の小児科医を対象としたアンケート調査では、二歳未満の外傷性脳損傷による入院事例における虐待の割合を三〇％程度と捉えていたと報告されている。[82] では脳外科医の感覚はどうだったであろうか？　脳外科医の執筆した臓器移植に関する書籍[83]の中では、二〇一二年にある施設が脳外科学会で報告していた「入院を要した頭部外傷事例のうち、虐待が疑われた事例の割合は一・七％であった」という報告を引用し、「脳神経外科医の経験からは、この一・七％の方が現実的である」と記載されている。それぞれの研究は、その定義も対象も期間もまちまちであり、厳密な比較はできないものの、米国の小児科医・日本の小児科医・日本の一般脳外科医が乳幼児の頭部外傷事例を診察する際にどのような認識にあるのかを示す、興味深い数字だということが出来よう。

ただ考察を加えるとするならば、先に述べたように、AHT事例の場合には、当初正確な受傷機転は秘匿され、原因不明の意識障害やけいれんを主訴として小児科医を受診し、一方で当初から正確な受傷機転が語られる事故事例は、脳外科が初療から対応にあたっているという違いが反映されているのであろう。つまり小児科医は膨大な養育不全の一部としてAHTをみており、一般脳外科医は膨大な頭部外傷の一部としてAHTをみており、視点がかなり異なるのは事実であろう。ただし、一・七％ vs 三〇％ vs 六四％という大きなズレを見るにつけ、米国では司法取引をベースとした冤罪が発生していた可能性、本邦では長年AHT事例が安易に中村Ⅰ型とされてしまっていた可能性があることは、全く想像に難くないであろう。

もちろん冒頭に記載した通り、訳者は中村Ⅰ型に該当する、軽微な外力により硬膜下血腫をきたす事例があることを、否定しているわけでは全くない。実際の臨床に携わっている一臨床医として、このような事例はこれまでに何例も経験している。特に、近年では軽症事例でも児相通告される事例が増えているため、このような事例のコンサルトを受けることが非常に増えている。あくまで個人的な感覚であり、全く学問的に正確な数字とは言えないが、感覚的には相談される事例のうち、五例に二例程度は中村Ⅰ型、もしくは中村Ⅰ型が否定できない事例である。なお先に紹介したMaguireの文献では、硬膜下血腫と軽微な眼底出血の二徴候のみが確認され、神経学的徴候が認められないような場合、虐待である可能性は各種文献を平均しておよそ五八％と提示されている。硬膜下血腫と軽微眼底出血があるだけで、虐待と断定的に判断することには慎重である必要があることは一小児科医としても強調したい。このような事例において、家族が明確で強固で合理的なセーフティープランを提示しているにもかかわらず、いたずらに一時保護が長引く事態が発生することは、二次的な問題が大きいとも考えている。

ただ一方で、非常に重篤で後遺障害も残したような事例で、網膜出血も高度の多発多層性のものであるにもかかわらず、臨床現場で安易に事故（中村Ⅰ型）とされてしまっている事例を目にすることも決して稀ではなく、その割合は「安易に三徴候でSBSとされる事例」を凌駕しているのが、実情である。これらの実態を把握するため、関連学会が協調しあい、全国調査をするべきだとつくづく思う（ちなみに現在、日本脳外科学会に頭部外傷データバンク検討委員会が設置されており、多施設共同の頭部外傷事例のデータ登録が数年ごとに行われている。既にプロジェクト一九九八・二〇〇四の結果が公表されていて、プロジェクト二〇一五の結果が程なく出される予定であり、貴重な学術的データとして注視している。ただし、これらのデータバンクは、どのような状況で頭部外傷が発生したのか、客観的なナラティブデータを正確に把握することは困難である。次回以降のプロジェクトにおいては、小児科医も加わる形で、AHTについてもfocusしたデータ収集が出来るようになることを期待している）。

なお単一施設からの報告ではあるが、二〇〇六年に西本博医師（脳神経外科医）が、このような軽微外力による硬膜下血腫事例の二五例報告を行っている。[84] これは現時点で軽微外力による硬膜下血腫事例をまとめた中で最も事例数が多い報告の一つであり、日本語の論文ではあるが大きな価値を有する。その他にも山崎麻美医師[85]や青木信彦医師[86]や朴永銖医師[87]らも、中村Ⅰ型の特徴をまとめ、総説を記載している。

これらの文献からその特徴をまとめると

①ほとんどの事例が生後六～一七カ月時に発症（生後六～一〇カ月に集中）
②男児に多い
③ほとんどが後方への転倒転落で発症
④意識障害や痙攣で発症
⑤眼底出血はあっても軽度
⑥リスク因子として外水頭症の存在
⑦脳実質損傷なく、予後はほとんどが良好で重症事例はない

ということになる。

このような現象が日本で確認されやすい背景として、畳文化があるとの認識を筆者は抱いており、転落の際に床面が畳の場合には、衝突後の反跳による頭蓋骨の戻りが大きくなり、架橋静脈と脳とのずれが大きくなり、架橋静脈がせん断しやすいということは確かにありうるのだと思う（ただし、「日本民族が解剖学的に硬膜下血腫を起こしやすい」とする言説や、「日本での症例報告は転落事例が多いのだから、日本では乳幼児の硬膜下血腫を見た場合、まず事故を疑うべきである」との言説や、「親が医療者の場合や、親自らがＣＴ撮影を希望した場合、虐待は除外される」との言説は、

科学的妥当性があるとはおよそいいがたい）

しかし重要であるのは、高エネルギー損傷ではない中村のI型では死亡したり、重篤な後遺障害を残すといった経過をたどる事例はおよそなく、第三者目撃のある信頼できる事例でそのような経過を辿ったとの症例報告は現時点で皆無である、という点である（先に言及した「頭部外傷データバンク」では把握しえない、事例の詳細につき記載された「日本国内で発表されている二歳未満の硬膜下血腫を伴った頭部外傷事例」の原著論文・症例報告を、訳者が可能な限り確認した範囲内においても、諸外国と同様に、第三者の目撃のある状況において発生した死亡事例や重篤後遺障害事例の存在は、確認しえなかった。具体的には「乳児」「幼児」「新生児」「小児」「硬膜下血腫」「硬膜下出血」を検索用語として、医学中央雑誌に登録されている二歳未満の硬膜下血腫事例を記載している和文の原著論文・症例報告を総当たりで可能な限り渉猟した。現時点で入手しえた全三〇四例中、二〇四例に転帰の記載が確認され、死亡例三〇例、何らかの神経学的後遺症を残した事例一〇九例を確認した。このうち低所転落事例・転落高不明事例・自己転倒事例は五〇例であったが、うち二例が死亡し、二三例が神経学的後遺症を遺したと報告されていた。死亡事例のうち一例は、前日に浴室で自己転倒［母目撃］し、翌日に父が高い高いをしたところ児を落としそうになって児の頭と首のみをつかんで支えたところ、三〇分後にけいれんしたとする事例で、第三者目撃はいない事例であった。もう一例は二回の硬膜下血腫をきたした血友病Aの事例で、受傷機転となったエピソードは記載されていなかった。神経学的後遺症を残した二三例のうち三例は養育者のみが目撃していたとされた事例で、一例は「物音がしたので母が駆けつけたところ」と記載された目撃者のない事例で、残りの一九例では目撃者に関する記載がなかった。つまり低エネルギー性損傷で死亡したり後遺障害を残したとされる事例において、第三書目撃が明確である事例は皆無であった。その他にも現在、内閣府子ども子育て本部の「教育・保育施設等における事故報告集計」から保育事故のケース、東京消防庁防災部　防災安全課の公表している住宅等の窓・ベランダからの転落事故・日常生活事故、国民生活センターの公表しているショッピングカートからの転落事故・屋外遊具事故・おむつ交換台からの転落事故、東京都生活文化局消費生活部生活安全課が公表している抱っこ紐からの転落事故、製品評価技術基盤機構が公表しているベビーカー・自転車用幼児座席からの転落事故、消費者庁の公表している大人用ベッドからの転落事故など、インターネットの検索範囲内で可能な限りの頭部外傷事例を集めている。これらの行政報告では、最終的な医学的転帰の詳細を把握することは困難であったが、第三者目撃があり明らかに低エネルギー性損傷と判断しうる事例において、死亡したと報告された事例は皆無であった。今後、さらに検索範囲を広げ網羅性を高めたうえで、査読付き論文に投稿する予定である。現時点では、あくまで投稿前の段階での紹介ではあるが、一つの参考にしていただきたい)。

これまで総説中でも中村I型の予後は一般に良好であると述べていた脳神経外科医たちの一部が、それらの総説では全く触れてこなかった「中村I型の一〇%は重症化する」との主張をSBS検証プロジェクトの立ち上がりに合わせ急に始めるようになったことに、訳者は戸惑いを隠せないでいる。医療者の個人的な臨床経験や耳学問というものは、臨床の現場では大きな価値を有するが、こと裁判になると、何らの学術的根拠を示すことなく「私が証明です」と言うのを適用するわけにはいかないはずである（学術的な根拠なしに「私が証明です」という言説が採用されることは、積み上げられた医学研究を無価値なものにするものであり、まかり通ってはならない。冗談のような解説で申し訳ないが、化粧品［肌を健やかに保つこと、美しく魅せることなどを目的とし、その効果・効能が緩和なもの］であれば、「私が証明です」という形で宣伝し販売することに問題はないが、その効能や副作用頻度などが治験などにより厳格に証明されていなければ医薬品として販売することは当然できない。医学的な根拠なく「私が証明です」という証言を通用させることは、治験を行っていない医薬品を医師であれば自由に販売してよいとするのと同じぐらい問題がある）。

それゆえに、ぜひそのような主張を行っている先生方には、査読付きの医学雑誌に自身の経験を投稿していただきたいと考えている。そうすることで、互いに科学的な議論が可能となるであろう。そのような研究を行う上で、協力を惜しむつもりはない。訳者自身は「法廷闘争を有利に進める」という動機のない、医療者の持つ根本的な誠意というものをいまだ信じている。ただそこには科学的な視点が求められることは言うまでもない。

訳者がコンサルトを受けた事例の中で、高度の多発多層性の網膜出血を呈し、重度の脳萎縮をきたした事例に対し、養育者から依頼された医師が「重篤化したのはけいれんが重積したことによるものであり、もしけいれん重積がなかったら中等症にとどまっていたはずである」との理由で、中村のI型であると結論付けた意見書を目にしたことがある。しかし、そのような経過も含めて、予後というのは判定されるものである。そのような恣意的な評価を認めてよいのであれば、世の中に予後不良な疾患は操作して無くすことが出来でしまうわけで、医学は成立しなくなってしまう。依頼のあった側に与するように意見内容が変化してしまう医療者は、経験上少なからず存在しているのを確認しているし、心情としては理解可能である。しかし、それでは「客観的なエビデンスを提示する」という医師の仕事は到底果たせない。依頼者が検察官であろうが、刑事弁護人であろうが、養育者であろうが、同じように知りうることを知りうる限り正確に述べるのが、医師の責務であるということを、改めて明記しておきたい。

さて近年では欧米諸国においても、中村I型の概念は再評価が進んでおり、特に⑥の外水頭症を有する事例は、英語圏ではＢＥＳＳ（Benign Enlargement of Subarachnoid Space: 良性くも膜下腔拡大、単純に言うと成長の過程で脳に比べ頭蓋骨が大きく、脳と頭蓋骨の間に脳脊髄液が通常より生理的に多くたまった状態）の事例と呼ばれ、硬膜下血腫のリスク因子であることが、欧米でも専門医の間では既に認識されている。実際、最近になり「後方転倒により硬膜下血腫をきたした八症例」との症例報告がなされている。[88] この報告は〝ＳＢＳ否定派〟によるものではなく、「一四　重篤／致死的な頭部外傷事例に意識清明期（受傷後意識がはっきりしているように見える期間）は存在する?!」で紹介した、加害者の自白研究の報告を行ったStarlingらのグループからの報告であり、八例すべてが子ども虐待専門小児科医と多機関による調査によって虐待が否定された事例である。残念ながらこの論文では、八例の頭部画像所見や眼底所見の写真提示はなく、また目撃者として家族成員のみの事例が含まれているなど、あいまいな点も残るものの、低所転落・後方転倒により硬膜下血腫が生じることを、海外の子ども虐待専門小児科医たちも普通に認めていることを示している、ということが出来よう（なお、これらの事例のうち一例は死亡事例であり、今後刑事弁護人により、本文献は盛んに引用されることが予測される。しかし、この一六カ月齢の死亡事例は、庭で立っている状態で他の子どもに押され［すなわち初速がついた状態で］転倒し、敷石された道路［舗装路に比して一点に外力が集中しやすい状態］に頭を打ち付けたというヒストリーであり、「家庭内でつかまり立ちから後方転倒した」という事例と比べるべくもない。さらにこの事例の硬膜下血腫は、広範に及ぶ血腫量の多いもので、脳浮腫は片側優位性の正中偏位を伴うもので、やはり「薄い硬膜下血腫に不釣り合いな高度脳浮腫」という典型的なSBSの病像とは異なる事例であった点を指摘しておきたい（ただし、正中偏位を伴う硬膜下血腫事例であれば、事故と判断されるわけではない点につき、誤解のないようにあらためて記載しておく。特に片側性の脳腫脹を伴う事例の場合に、「両側性ではなく片側性であり、揺さぶりの可能性は否定される」などの証言がなされることもあるが、実際にはこのような臨床像は虐待事例においてより認めやすいと報告されている[89・90]）。

なお、これまでに報告されたBESSを有する事例の医学研究[91〜97]では、総計七一二名のBESS事例のうち、硬膜下の液体貯留が認められた事例はわずか三八名（五％）であり、貯留した液体成分が血液と推察された事例は一二名（一・七％）にとどまっている。さらに、この一二名のうち六名（五〇％）までもが、臨床上虐待を疑うべき重要なその他の部位の損傷が確認されたとも報告されていて、純粋に「中村I型の硬膜下血腫をきたした可能性を検討する必要のあるBESS事例」は、報告されているすべてのBESS事例の〇・八四％（七一二分の六名）にすぎない。いずれにしろ客観的に結論付けるならば、中村I型の特徴とされる先述した①－⑦を満たせば虐待が除外できるわけではなく、事故の可能性も十分に考えつつ、慎重なフォローアップが必要な事例であることを示すにすぎない。

なお訳者が「中村I型の存在を認めている」ことを頑なに認めない集団が一部にいて、ひどく困惑している。例えば、『赤ちゃんが頭を打った、どうしよう!?　虐待を疑われないために知っておきたいこと』という書籍では、日本子ども虐待医学会のAHT研究部　第三回シンポジウム第一部で訳者が講演した「AHT／SBSの基礎知識」のなかで、訳者が「中村I型血腫は国際的に認められていないから」と明言したと記され、「なぜ彼らは自分の頭で考えないのでしょうか?」とまで書かれている。

真実の発言はこれまで述べてきた通り、「これまで国際社会では中村I型は認められてこなかった。しかし最近ではBESSに伴う出血という形でようやく認められるようになってきた。一方で、本邦では死亡事例や重篤な後遺障害を残す事例までもが安易に中村I型とされることが多く、問題である」というものである。これをどう変えれば、「中村

Ｉ型血腫は国際的に認められていないからと明言した」との解釈になるのか、訳者には理解ができないでいる。

　もちろんわずか二〇分で、ＡＨＴの基礎的事項すべてを説明しなくてはならない講演であったため、言葉足らずでうまく伝えることが出来ていなかったのかもしれない。そうであるならば、訳者の不徳の致すところである。ただしＳＢＳ否定論を強硬に主張するごく一部のマスコミには、それこそ誤解のないようにこの点については何十分もかけて説明した。にもかかわらず、まさに「訳者が中村Ｉ型を認めている」ことを頑なに認めず、誤った形で発言を切りとりＴＶ放送やネット記事配信が繰り返しなされている。

一八　問われる学問・報道の在り方

　ＳＢＳに対する批判の動きはイノセントプロジェクトによって戦略化・パッケージングされたことも後押しし、冒頭述べたようにわが国だけではなく世界中で起こっている現象である。そしてそれぞれの国に必ずと言っていいほど、医療者が臨床的に実感しているこのＳＢＳという現象に関し、ＳＢＳ否定論者側の言い分のみを妄信し、何時間の説明を繰り返しても全くこちら側の説明を全く正確に伝えようとしない〝ジャーナリスト〟がわずかではあるが存在している。彼らは一様に「臨床医の持つ誤った正義感は、客観性を失わせてしまう」との論調を繰り返すが、臨床医は正義感というあやふやな〝イズム〟で動いているわけではない。医師はアクティビスト（活動家）ではなくサイエンティスト（科学者）であり、主観ではなく客観で動くのが医師の仕事の本質なのである。

　彼らは「ＳＢＳ検証プロジェクト」の立ち上がりの際には雲霞のごとく私の元に取材に訪れ、各社平均三時間、場合によっては一〇時間以上の時間を割き、丁寧に説明を繰り返したにもかかわらず、全くこちらの意図は伝えないか、発言の一部を切り取って放送、執筆するなどで、世論誘導を図っていった（双方の意見を聞いたというアリバイ作りに利用されたとしか解釈しようがない）。その一方で、ＡＨＴに関する国際共同合意声明[98]が出た際に、訳者の元に訪れたマスコミは皆無であった。

　本書の出版以降にＳＢＳ否定論者がこの解説の一部を切り取り、色を成し反論してくることは容易に想像ができる。

しかし、もはや訳者はここにエネルギーを注ぐことは、全く生産的ではないと認識するに至った。彼らの目的は、我々医師とは全く違うのだ。ここまで読んできた読者であれば、これは対立する意見を無視するという性質のものではないことを、ご理解いただけると思う。

もちろん、野口英世の各種の研究がその後否定されたように、未知であったHIVウイルスによる輸血感染が発生してしまったように、現時点で最善を尽くしても将来的には概念が覆されるリスクを医学は内包している。そのことを自覚しつつも、個人である患者さんや社会に対し、現時点での最新の知見を常に還元しようと努力し続けること、新たな知見が集積され概念に明確な変更が生じた際にはそれを正確な形で社会に伝えていくことは医師の社会的責任である。そのような社会的責任を果たすうえで、医師というのは発信力をおよそ持たない（査読者のいないブログでの情報発信というものは、独善的となりうるリスクが高すぎ、「誰も傷つくことはない」「誤解を生むことはない」「確立した概念である」という条件が満たされた下での市民啓発的な内容を除き、本来医師が活用すべきツールではない）。それゆえに中立で公正なマスコミの存在というものは、本来は社会にとって不可欠な存在である。その責任の重大性ゆえ、マスコミというのはこの世の中で最も高いリテラシーが求められる存在である、と訳者は考えている。

学問は自由である。そして言論も自由である。どのような意見であっても、誠意がある限りは尊重されなくてはならないが、そこには一定の守るべきルールが存在していなければならないはずである。この問題は、学問の在るべき姿、報道の在るべき姿を我々に問うているのである。

＊追記

本解説を書き終えた後、八月二二日にSBS検証プロジェクトのブログが更新され、ニュージャージー州の地裁におけるSBSの無罪判決に関するコメントが掲載された。判決は八月一七日に下されたものであり、わずか五日後の早業である。いかにSBS検証プロジェクトが世界的なネットワークを形成しているのかの証左である気がしてならないが、その迅速性には敬意を表したいし、見習わなくてはならないと思う。

このような情報が提示されることは、その主張の内容はさておいて、我々にも有益であり感謝したい。しかし繰り返しになるが、ＳＢＳ否定論者はこれまで一貫して「自身にとって有利になる情報」しか提示していない。本当に中立的な立場で検証を行っているのであれば、二〇一一年の米国の最高裁判決〈Cavazos v. Smith, 565 U.S. 1（2011）〉についても触れるべきである。このSmith事件において米国最高裁は「ＳＢＳ否定派」のUscinski, Squire, Donohoe, Bandakらの「新しい研究」を完全に否定している。

ちなみに当該ブログには「エドモンズ再審判決、スウェーデンＳＢＵの系統的レビューやバーンズ医師の論文なども引用し、詳細な判断を示して、無罪を宣告したのです」と書かれている。前二者については既にこれまでに触れたが、Barnes医師については言及がなかったのでここで触れておきたい。Barnes医師は本文で登場する石川徹医師のモデルと思われる人物で、「先天性くる病に罹患した結果生じた多発骨折が、しばしば虐待と誤診されている」との主張を行い[99]、物議をかもした人物である。なおこの論文には極めて激しい批判が寄せられ、「彼らの主張した、くる病による骨折と子ども虐待事例における骨折の類似性については、何らの科学的データに基づいたものではない」との声明が出されることとなった[100]。その他にも彼は、ある雑誌に発表した総説論文[101]で「子ども虐待に関する従来の文献のほとんどは、散発例のケースシリーズ研究、症例報告、レビュー報告、オピニオン、施策提言である」と批判している一方で、同じ総説内で「百日咳、くる病、けいれん、低酸素、誤嚥性窒息、およびその他のある種の治療行為によって、ＡＨＴ類似の症状をきたすことがある」との説明を、何らのエビデンスを示すこともなく行っている。彼もまた「The Syndrome」の中で主要な登場人物となっている。

今回、無罪判決として紹介された事例の医学的妥当性について、ブログに書かれた極めて断片的な情報のみからとやかく言うつもりは訳者にはない。いずれにしろＳＢＳ事例で有罪判決が下った場合には「不当判決。裁判所は検察の言いなり。つまりはその背景にいる不勉強なＳＢＳ肯定派医師の言いなり」という論調で語り、無罪判決が下った場合には「裁判所は正しい判断をした。ＳＢＳ肯定派医師の言説の誤りが証明された」という論調でブログで一方的な見解を述べる集団とは、とても真理に迫るための科学的な議論を互いに行いうるとは、訳者にはおよそ判断ができないでいる。

AHT／SBSに関する虐待専門医の立場からの myth & truth

Myth	Truth
SBSは単なる仮説に過ぎない	SBSは積み上げられた観察事実から成る、医学的に確立された疾病単位である
医師は三徴候（硬膜下血腫・網膜出血・脳浮腫）があれば、安易に虐待と決めつけている	医師は診察・血液検査・画像検査を適切に行ったうえで、院内虐待対応チームの場での議論をへて、総合的にその可能性の判断をしている
これまでSBSの懐疑論は、一切紹介されてこなかった	米国の教科書中には懐疑論について比較的詳しく紹介されている。日本語の翻訳出版書はこれまでにも複数出版され、適宜紹介されてきた
今では多くの医師が、SBS理論に懐疑的になっている	SBS否定派の医療者は四・八％に過ぎず、多くの医療者はSBSという診断を当たり前のものとして受け入れている
三徴候を認めた場合に、児童相談所に安易に通告されてしまうのは、親への深刻な人権侵害である	各種研究を平均すると三徴候がそろった場合に虐待である割合は九五％程度である。個々の事例で鑑別を尽くす必要はあるが、この割合は臨床医が児童相談所に通告を行う蓋然性を十分に支持する確率といえる。支援のための児童相談所への通告と、犯罪の告発とを混同してはならない
SBSの本当の専門家は脳外科医であり、小児科医が関与することには問題がある	虐待対応には包括的な視点が必要であり、「〇〇科が専門である」と排他的な議論をすることは避けるべきである。実際には、受傷機転が秘匿されるSBS事例では、初療時の対応や社会的対応は小児科医が行っているのが現状である
スウェーデンでは最高裁で逆転無罪判決が出ている。SBU研究報告書からも、もはや三徴候はSBSを支持しない	スウェーデンにおけるここ数年の動きは、極めて個別的で特殊な事情が絡んでいる。SBU報告書には、多くの方法論的問題点が指摘されており、撤回することが勧告されている
AHTの研究は、エビデンスレベルが低い	虐待研究はRCTを組むことが困難である。そのことは必ずしもエビデンスレベルが低いことを意味しない

工学研究の結果からは、揺さぶりのみで三徴候は生じないし、生じさせようとすれば頸部損傷が起こらないはずがない	観察事実と工学研究の結果が異なる場合に、工学研究の結果こそが正しいと判断するのは、明らかに間違いである。実際にＳＢＳ否定派がしばしば引用する工学研究の文献は、すべてその不適切性に強い批判がなされている。なお日本の工学者による生体忠実性の高いダミー人形による実験では、揺さぶりのみで架橋静脈が破断することが確認されている[103・104]
ＳＢＳの三徴候は、すべて低酸素により説明が可能である	この説を提唱したGeddesの研究で認められたのは、あくまで顕微鏡的なレベルの硬膜下血腫である。また低酸素をきたす窒息事例や脳炎・脳症などの内因性の事例で、硬膜下血腫や多発多層性網膜出血をきたした事例は皆無である
ＳＢＳの三徴候は、既存の硬膜下血腫からの再出血ですべて説明可能である	そのような機序での出血で、致死的経過をたどることは、理論的にも考えられないし、実証された事例は一例もない。分娩時に硬膜下出血をきたすことは稀ではないが、ほとんどの事例で新生児期に消失する
低位転落でも、硬膜下血腫は生じうるし、重篤な後遺障害を残したり死亡することもありうる	低位転落でも硬膜下血腫は確かに生じうる（中村Ｉ型の硬膜下血腫）。特に生後六～一七カ月齢の男児で、頭蓋骨と脳との間に隙間（ＢＥＳＳ）がある事例ではそのような出血を起こすハイリスクである。ただＢＥＳＳがあったとしても硬膜下血腫を起こす頻度は、一％以下である。一方、低位転落で死亡することはおよそ考え難く、実際に「薄い硬膜下血腫に不釣り合いな高度脳浮腫」という典型的なＳＢＳの病像を呈した、第三者目撃のある低所転落事例の報告は現時点で一例もない
重篤／死亡事例において意識清明期はあるのか？	硬膜外血腫事例や、病歴に信頼の置けない事例を除外した場合、明確な意識清明期が証明された事例は存在しない
網膜出血はＡＨＴ以外でも生じうる	非特異的網膜出血はさまざまな原因で生じうる。しかし網膜分離症／網膜ひだや高度多発多層性網膜出血は、ＡＨＴに診断特異性が極めて高い
多くの国々でＳＢＳの雪冤事例が相次いでいる	冤罪は0《ゼロ》であるべきである。しかし近年の雪冤事例は米国で三例（二〇〇一～二〇一五年）、英国で一例、カナダで三例であり、雪冤事例が「相次いでいる」という表現は、明らかに誇張表現である

解説参考文献

1. Guthkelch AN. Infantile subdural haematoma and its relationship to whiplash injuries. Br Med J. 1971;22;2(5759):430-1
2. Caffey J. The whiplash shaken infant syndrome: manual shaking by the extremities with whiplash-induced intracranial and intraocular bleedings, linked with residual permanent brain damage and mental retardation. Pediatrics. 1974;54(4):396-403.
3. Etude médico-légale sur les sévices et mauvais traitements exercés sur des enfants, Par le Dr Ambroise Tardieu – Annales d'hygiène publique et de médecine légale. – 1860: Pages 361–398 (in French)　available at: http://www.biusante.parisdescartes.fr/histoire/medica/resultats/index.php?cote=90141x1860x13&p=361&do=page (accessed on 15 Aug,2018)
4. Texas Injury Prevention Conference HP – Pediatric Abusive Head Trauma. Available at: https://txinjuryprevention.com/Documents/5_4-Greeley-Abusive_Head_Trauma-An_Overview.pdf (accessed on 15 Aug,2018)
5. Adamsbaum C, Grabar S, Mejean N, Rey-Salmon C. Abusive head trauma: judicial admissions highlight violent and repetitive shaking. Pediatrics. 2010;126(3):546-55.
6. Barr RG, Barr M, Rajabali F,et.al. Eight-year outcome of implementation of abusive head trauma prevention. Child Abuse Negl. 2018; 84:106-114.
7. Bennett BL, Chua MS, Care M,et.al. Retrospective review to determine the utility of follow-up skeletal surveys in child abuse evaluations when the initial skeletal survey is normal. BMC Res Notes. 2011:12;4:354.
8. Harper N, Eddleman S, Lindberg DM et.al. The utility of follow-up skeletal surveys in child abuse. Pediatrics. 2013;131(3):e672-8.
9. Barber I, Perez-Rossello JM, Wilson CR,et,al. The yield of high-detail radiographic skeletal surveys in suspected infant abuse. Pediatr Radiol. 2015;45(1):69-80.
10. Ide K, Uematsu S, Tetsuhara K, et.al. External Validation of the PECARN Head Trauma Prediction Rules in Japan. Acad Emerg Med. 2017;24(3):308-314.
11. Magana JN, Kuppermann N (2017) The PECARN TBI Rules Do Not Apply to Abusive Head Trauma. Acad Emerg Med. 2017;24:382-384.
12. Jenny C, Hymel KP, Ritzen A, et.al. Analysis of missed cases of abusive head trauma. JAMA. 1999;281(7):621-6.
13. 厚生労働省 HP：子ども虐待による死亡事例等の検証結果等について（第 14 次報告）　available at: https://www.mhlw.go.jp/content/11900000/000362705.pdf (accessed on 15 Sep,2018)
14. 日本小児科学会 HP：ガイドライン・提言－報告書「パイロット 4 地域における、2011 年の小児死亡登録検証報告」　available at: http://www.jpeds.or.jp/uploads/files/sho120_3_P662-672.pdf (accessed on 15 Aug,2018)
15. 龍谷大学 HP －イベント【国際シンポジウムのご案内】『揺さぶられる司法科学ー揺さぶられっ子症候群（SBS）仮説の信頼性を問う』

available at:
http://www.ryukoku.ac.jp/nc/archives/001/201712/SBS シンポチラシ原稿 pdf % EF % BC % 88 % EF % BC % 91 % EF % BC % 92 月 27 日 % EF% BC% 89.pdf (accessed on 15 Aug,2018)

16. Narang SK, Estrada C, Greenberg S, et.al. Acceptance of Shaken Baby Syndrome and Abusive Head Trauma as Medical Diagnoses. J Pediatr. 2016 ;177:273-278.
17. Maguire SA, Kemp AM, Lumb RC,et.al. Estimating the probability of abusive head trauma: a pooled analysis. Pediatrics. 2011;128(3):e550-64.
18. 永瀬裕朗 , 奥山眞紀子 , 青木一憲 , 丸山あずさ . 乳幼児の虐待が疑われる外傷性脳傷害患者は外傷ではなく、神経症状を主訴に来院する . 脳と発達 2008;40 Suppl.: S261.
19. SWEDISH AGENCY FOR HEALTH TECHNOLOGY ASSESSMENT AND ASSESSMENT OF SOCIAL SERVICES " TRAUMATIC SHAKING-THE ROLE OF THE TRIAD IN MEDICAL INVESTIGATIONS OF SUSPECTED TRAUMATIC SHAKING- A SYSTEMATIC REVIEW" (2016) available at:
http://www.sbu.se/contentassets/09cc34e7666340a59137ba55d6c55bc9/traumatic_shaking _2016.pdf (accessed on 15 Aug,2018)
20. Lynøe N, Elinder G, Hallberg B, et.al. Insufficient evidence for 'shaken baby syndrome' - a systematic review. Acta Paediatr. 2017 ;106(7):1021-1027.
21. University of Michigan' s College of Literature, Science, and the Art' s (U-M LSA) HP-Child Abuse Evidence- Peter Aspelin. Available at:
https://sites.lsa.umich.edu/npcae/wp-content/uploads/sites/298/2015/11/Aspelin-NPCAE.pdf (accessed on 15 Aug,2018)
22. Lynøe N, Elinder G, Hallberg B,et.al. The shaken baby syndrome report was not the result of a conspiracy. Response to Dr. Narang et al. Acta Paediatr. 2017 ;106(7):1050-1051.
23. Narang SK, Greeley CS. Lynøe et al. - #theRestoftheStory. Acta Paediatr. 2017 ;106(7):1047-1049.
24. Saunders D, Raissaki M, Servaes S,et.al. Throwing the baby out with the bath water - response to the Swedish Agency for Health Technology Assessment and Assessment of Social Services (SBU) report on traumatic shaking. Pediatr Radiol. 2017;47(11):1386-1389.
25. Hellgren K, Hellström, Hård AL,et al. The new Swedish report on shaken baby syndrome is misleading. Acta Paediatr. 2017;106(7):1040.
26. Levin AV. The SBU report: a different view. Acta Paediatr. 2017;106(7):1037-1039.
27. Bilo RAC, Banaschak, Herrmann B,et al. Using the table in the Swedish review on shaken baby syndrome will not help courts deliver justice. Acta Paediatr. 2017;106(7):1043-1045.
28. Ludvigsson JF. Extensive shaken baby syndrome review provides a clear signal that more research is needed. Acta Paediatr. 2017 Jul;106(7):1028-1030.
29. Debelle GD, Maguire S, Watts P,et.al. Abusive head trauma and the triad: a critique on behalf of RCPCH of 'Traumatic shaking: the role of the triad in medical investigations of suspected traumatic shaking'. Arch Dis Child. 2018;103(6):606-610.

30. Donohoe M. Evidence-based medicine and shaken baby syndrome: part I: literature review, 1966–1998. Am J Forensic Med Pathol. 2003;24(3):239–42.
31. Sackett DL, Rosenberg WM, Gray J, Haynes RB, Richardson WS. Evidence based medicine: what it is and what it isn't. BMJ. 1996;312(7023):71.
32. Dudley R: The Biomechanics of Insect Flight: Form, Function, Evolution. Princeton University Press, Princeton, NJ, 2002.
33. Bandak FA. Shaken baby syndrome: a biomechanics analysis of injury mechanisms. Forensic Sci Int. 2005; 151(1):71–9.
34. Margulies S, Prange M, Meyers BS, et al: Shaken baby syndrome: a flawed biomechanical analysis. Forens Sci Int 2006;164:278-279.
35. Rangarajan N, Shams T: Re: shaken baby syndrome: a biomechanics analysis of injury mechanisms. Forens Sci Int 2005;151:71-79.
36. Judkins AR, Hood IG, Mirchandani HG,et.al.Technical communication: rationale and technique for examination of nervous system in suspected infant victims of abuse. Am J Forensic Med Pathol. 2004;25(1):29-32.
37. Shannon P, Smith CR, Deck J, et al: Axonal injury and the neuropathology of shaken baby syndrome. Acta Neuropathol 1998;95:625-631.
38. Duhaime AC, Gennarelli TA, Thibault LE,et.al. The shaken baby syndrome. A clinical, pathological, and biomechanical study. J Neurosurg. 1987;66(3):409-15.
39. Massi M, Jenny C: Biomechanics of the shaken baby: A comparison of the APRICA 2.5 and APRICA 3.4 anthropomorphic test devices. Presented at: Pediatric Abusive Head Trauma: Medical, Forensic, and Scientific Advances and Prevention. Hershey, PA, ,2007
40. John Lloyd, Edward N. Willey, John G. Galaznik,et.al. Biomechanical Evaluation of Head Kinematics During Infant Shaking versus Pediatric Activities of Daily Living. J Forensic Biomechanics Vol. 2 (2011), Article ID F110601, 9 pages.
41. Geddes JF, Hackshaw AK, Vowles GH, et al. Neuropathology of inflicted head injury in children I. Patterns of brain damage. Brain. 2001;124:1290-1298.
42. Geddes JF, Vowies GH, Hackshaw AK, et.al. Neuropathology of inflicted head injury in children Ⅱ . Microscopic brain injury in infants. Brain. 2001;124,1299-1306.
43. Geddes JF, Tasker RC, Hackshaw AK, et.al. Dural haemorrhage in non-traumatic infant deaths:does it explain the bleeding in 'shaken baby syndrome' ? Neuropathology and Applied Neurobiology. 2003;29,14–22.
44. Punt J, Bonshek RE, Jaspan T, et.al.. The "unified hypothesis" of Geddes et al. is not supported by the data. Pediatr Rehabil. 2004;7(3):173–84.
45. Byard RW, Blumbergs P, Rutty G,et.al. Lack of evidence for a causal relationship between hypoxic ischemic encephalopathy and subdural hemorrhage in fetal life, infancy, and early childhood. Pediatr Dev Pathol. 2007;10(5):348–50.
46. Richards PG, Bertocci GE, Bonshek RE,et.al. Shaken baby syndrome. Arch Dis Child. 2006;91(3):205-6.
47. BBC News. 3 November 2016. "Shaken baby evidence doctor reinstated". Available at: https://www.bbc.com/news/health-37861618 (accessed on 15 Aug,2018)
48. Whitby EH, Griffiths PD, Rutter S, et al: Frequency and natural history of subdural haemorrhages in babies and relation to obstetric factors. Lancet. 2004;363:846-851.

49. Plunkett J. Fatal pediatric head injuries caused by short-distance falls. Am J Forensic Med Pathol. 2001;22(1):1–12.
50. Spivack B. Fatal pediatric head injuries caused by short-distance falls. Am J Forensic Med Pathol. 2001;22(3):332–6.
51. Helfer RE, Slovis TL, Black M: Injuries resulting when small children fall out of bed. Pediatrics 1977; 60:533-535.
52. Nimityongskul P, Anderson LD: The likelihood of injuries when children fall out of bed. J Pediatr Orthop 1987;7:184-186.
53. Levene S, Bonfield G: Accidents on hospital wards. Arch Dis Child 1991;66:1047-1049.
54. Chadwick DL, Bertocci G, Castillo E, et al. Annual risk of death resulting from short falls among young children: less than one in one million. Pediatrics. 2008;121(6):1213–24.
55. Maria Cuellar. Short Fall Arguments in Court: A Probabilistic Analysis. University of Michigan Journal of Law Reform.2017;50(3):763-72.
56. Willman KY, Bank DE, Senac M, et.al. Restricting the time of injury in fatal inflicted head injuries. Child Abuse Negl. 1997;21(10): 929-40.
57. Humphreys, R. P.,Hendrick, E. B., Hoffman,H. J. The headinjured child who "talks and dies" : a report of 4 cases. Child' s Nervous System. 1990;6,139–42.
58. Nashelsky, M. B.,Dix,J. D. The time interval between lethal infant shaking and onset of symptoms: a review of the shaken baby syndrome literature. The American Journal of Forensic Medicine and Pathology, 1995;16, 154–7.
59. Gilliland, M.G. Interval duration between injury and severe symptoms in nonaccidental head trauma in infants and young children. Journal of Forensic Sciences,1998; 43, 723–5.
60. Denton, S. & Mileusnic, D. Delayed sudden death in an infant following an accidental fall: a case report with review of the literature. The American Journal of Forensic Medicine and Pathology.2003; 24, 371–6.
61. Starling SP, Patel S, Burke BL et.al. Analysis of perpetrator admissions to inflicted traumatic brain injury in children. Arch Pediatr Adolesc Med.2004;158:454-8.
62. American Academy of Pediatrics: Committee on Child Abuse and Neglect. Shaken Baby Syndrome: Rotational Cranial Injuries—Technical Report. Pediatrics. 2001,108,206-10.
63. Bhardwaj G, Jacobs MB, Martin FJ, et.al. Grading system for retinal hemorrhages in abusive head trauma: clinical description and reliability study. J AAPOS. 2014 Dec;18(6):523-8.
64. Christian CW, Levin AV. COUNCIL ON CHILD ABUSE AND NEGLECT, SECTION ON OPHTHALMOLOGY, AMERICAN ASSOCIATION OF CERTIFIED ORTHOPTISTS, AMERICAN ASSOCIATION FOR PEDIATRIC OPHTHALMOLOGY AND STRABISMUS, AMERICAN ACADEMY OF OPHTHALMOLOGY. The Eye Examination in the Evaluation of Child Abuse. Pediatrics. 2018;142(2).
65. Lantz PE, Sinal SH, Stanton CA, et.al. Perimacular retinal folds from childhood head trauma. BMJ. 2004;328(7442):754-6.
66. Lueder GT, Turner JW, Paschall R.et.al. Perimacular retinal folds simulating nonaccidental injury in an infant. Arch Ophthalmol. 2006;124(12):1782-3.

67. Shuman MJ, Hutchins KD. Severe Retinal Hemorrhages with Retinoschisis in Infants are Not Pathognomonic for Abusive Head Trauma. J Forensic Sci. 2017;62(3):807-811.
68. Scheller J. Infantile retinal haemorrhages in the absence of brain and bodily injury. Acta Paediatr. 2017;106(12):1902-1904.
69. Odom A, Christ E, Kerr N, et.al. Prevalence of retinal hemorrhages in pediatric patients after in-hospital cardiopulmonary resuscitation: a prospective study. Pediatrics. 1997;99(6):E3.
70. Affonseca CA, Carvalho LFA, Guerra SD, et al: Coagulation disorder in children and adolescents with moderate to severe traumatic brain injury. J Pediatr (Rio J) 2007; 83:274-282.
71. Morad Y, Avni I, Capra L, et.al. Shaken baby syndrome without intracranial hemorrhage on initial computed tomography. J AAPOS. 2004;8(6):521-7.
72. Schloff S, Mullaney PB, Armstrong DC, et.al. Retinal findings in children with intracranial hemorrhage. Ophthalmology. 2002;109(8):1472-6.
73. Retinal Findings Differ Between Abusive and Accidental Head Trauma in Children. (Available at http://www.medscape.com/viewarticle/721141.)
74. Neutral Citation Number: [2005] EWCA Crim 1980.Case Nos: 200403277, 200406902,200405573,200302848. Available at:
https://www.nacdl.org/uploadedfiles/files/resource_center/topics/post_conviction/Harris.pdf (accessed on 15 Aug,2018)
75. The Honourable Stephen T. Goudge. The Inquiry into Pediatric Forensic Pathology in Ontario (OCTOBER 1, 2008). Available at:
https://www.attorneygeneral.jus.gov.on.ca/inquiries/goudge/report/index.html(accessed on 15 Aug,2018)
76. Ministry of the Attorney General. COMMITTEE REPORT TO THE ATTORNEY GENERAL: SHAKEN BABY DEATH REVIEW. March 4, 2011. Available at:
https://www.attorneygeneral.jus.gov.on.ca/english/about/pubs/sbdrt/sbdrt.html (accessed on 15 Aug,2018))
77. https://www.cps.ca/uploads/documents/AHT.pdf (accessed on 15 Aug,2018)
78. 中村紀夫, 小林茂・他: 小児の頭部外傷と頭蓋内血腫の特徴第 1 報頭部外傷全般, 脳と神経. 17: 667-678, 1965.
79. Aoki N, Masuzawa H. Infantile acute subdural hematoma. Clinical analysis of 26 cases. J Neurosurg. 1984 Aug; 61(2):273-80.
80. Rekate HL. Subdural hematomas in infants. J Neurosurg. 1985 Feb; 62(2):316-7.
81. Vinchon M, Defoort-Dhellemmes S, Desurmont M,et.al. Accidental and nonaccidental head injuries in infants：a prospective study. J Neurosurg 102 (4 Suppl)：380-384, 2005
82. 田中英高, 新田 雅彦, 竹中 義人ら. 小児脳死臓器移植における被虐待児の処遇に関する諸問題. 日本小児科学会雑誌 2003, 107 巻 12 号 P1664-6.
83. 吉開 俊一. 移植医療 臓器提供の真実 ―臓器提供では、強いられ急かされバラバラにされるのか―. 文芸社. 2013.
84. 西本博, 栗原 淳. 家庭内での軽微な外傷による乳児急性硬膜下血腫の再評価. 小児の脳神経. 2006,31 巻 3 号 P215-23.
85. 山崎麻美, 押田奈都, 埜中正博.【児童虐待 -II-】脳神経外科からみた児童虐待. 医療 2012;66(7):P295-299.

86. 青木信彦．乳幼児急性硬膜下血腫は虐待によるのか軽微な頭部外傷によるのか？小児の脳神経 .2011; 36(3): 326-330.
87. 朴永銖．【外傷】虐待　診断と治療．小児の脳神経．2014；39(2). P178-185.
88. Atkinson N, van Rijn RR, Starling SP. Childhood Falls With Occipital Impacts. Pediatr Emerg Care. 2018; 34(12):837-841.
89. McKinney AM, Thompson LR, Truwit CL, et al（2008）Unilateral hypoxic-ischemic injury in young children from abusive head trauma, lacking craniocervical vascular dissection or cord injury. Pediatr Radiol.38(2):194-174.
90. 藤本憲太，藤本憲太，下村隆英ら．CT 上患側半球低吸収域を呈した乳幼児急性硬膜下血腫の検討．小児の脳神経 .1999:24(6):504-508.
91. Wilms G, Vanderschueren G, Demaerel PH, et al (1993) CT and MR in infants with pericerebral collections and macrocephaly: benign enlargement of the subarachnoid spaces versus subdural collections. AJNR Am J Neuroradiol 14:855-860.
92. McKeag H, Christian CW, Rubin D, et al (2013) Subdural hemorrhage in pediatric patients with enlargement of the subarachnoid spaces. J Neurosurg Pediatr 11:438-444.
93. Tucker J, Choudhary AK, Piatt J (2016) Macrocephaly in infancy: benign enlargement of the subarachnoid spaces and subdural collections. J Neurosurg Pediatr 18:16-20.
94. Greiner MV, Richards TJ, Care MM, et al (2013) Prevalence of subdural collections in children with macrocrania. AJNR Am J Neuroradiol 34:2373-2378.
95. McNeely PD, Atkinson JD, Saigal G, et al (2006) Subdural hematomas in infants with benign enlargement of the subarachnoid spaces are not pathognomonic for child abuse. AJNR Am J Neuroradiol 27:1725-1728.
96. Haws ME, Linscott L, Thomas C, et al (2017) A Retrospective Analysis of the Utility of Head Computed Tomography and/or Magnetic Resonance Imaging in the Management of Benign Macrocrania. J Pediatr 182:283-289 e281.
97. Alper G, Ekinci G, Yilmaz Y, et al (1999) Magnetic resonance imaging characteristics of benign macrocephaly in children. J Child Neurol 14:678-682.
98. Choudhary AK, Servaes S, Slovis TL, et al (2018) Consensus statement on abusive head trauma in infants and young children. Pediatr Radiol. 48(8):1048-1065.
99. Keller KA, Barnes PD. (2008) Rickets vs. abuse: a national and international epidemic. Pediatr Radiol. 38(11):1210–16.
100. Slovis TL, Chapman S. (2008) Evaluating the data concerning vitamin D insufficiency/deficiency and child abuse. Pediatr Radiol. 38(11): 1221–4.
101. Barnes PD. (2011) Imaging of nonaccidental injury and the mimics: issues and controversies in the era of evidence-based medicine. Radiol Clin North Am. 49(1):205–29.
102. Zhao X, Tan L, Yang L,et.al. Is vascular fragility a significant concern in Ehlers-Danlos syndrome type VIA? Pediatr Neurol. 2015;52(4):e3-4.
103. 山中嘉仁，宮崎祐介，西田佳史，山中龍宏．乳児の頭部外傷における虐待･偶発事故判別に向けたダミーを用いた実験的研究 . 日本機械学会スポーツ工学シンポジウム・シンポジウムヒューマン・ダイナミクス講演論文集．2009:No.09-45,301-305.
104. 辻(しんにょう点点２個)内信好，小泉孝之，原圭佑．振動入力に対する幼児頭蓋内の動的応答と損傷評価．日本機械学会論文集 .2014;80,No.814:1-14.

＊さらに追記

本書は二〇一八年一一月末の日本子ども虐待防止学会の学術大会にあわせ刊行する予定で準備してきたが、諸般の事情で間に合わせることが出来なかった。最終校了直前の二〇一八年一一月二〇日、大阪地裁で生後一カ月半の乳児の傷害致死罪に問われた養育者に対する裁判員裁判で、無罪判決が言い渡された。

この事例は検察により控訴され、現時点では判決は確定していない。確定前の事例の判決内容について言及することは、訳者にとってはルール違反に他ならない。そもそも提示された証拠をもとに必死に判決を行った裁判員／裁判官の判断に対し、訳者はコメントする立場にない。ただし、この判決が出たわずか数時間後にSBS検証プロジェクトのブログが更新され、本件に関するコメントが出されたことには言及しておきたい。この判決が出る以前にも、複数のSBS事例に対し有罪判決は下されてきたし、その中には自白事例も含まれている（自白事例の中で、懲役三年執行猶予五年の有罪判決が下された母親が「次男のことは今までもこれからもずっと大好き。こういうことをしてしまって本当にごめんという気持ちでいっぱい」と涙ながらに後悔と反省の言葉を述べ、裁判長が判決後に「何でも完璧にやる必要はない。あまり気を張らずもう少し子育てを楽しんで」と説諭し、「次男はあなたを決して恨んでいないと思う。長男を温かく育てて」と語り掛け目元を拭った、との事例が訳者の印象に強く残っている。訳者はこの裁判を傍聴していたわけではないため、詳細については全く語ることはできない。ただ一般論として、受任した弁護人によっては根本から大きく異なる弁護戦略となり、判決やその後の裁判長の説諭内容、そして加害を行った母親の今後の人生も大きく異なった可能性もあったかもしれない、という思いを禁じ得ない）。いずれにしろ、刑事弁護上、不利な判決が出た際には、ブログで一切の反応を示さない一方で、有利な判決が出た際のこの反応速度には驚くばかりである。SBS検証プロジェクトのHPやブログが、どのような目的で提示されているのかを、観閲する方はしっかりと意識した方が良い。

さて、この判決を報じた関西テレビの放送で、補充裁判員が「犯罪を見逃してはいけないという観点と、えん罪が起きてはならないという、〝二つの正義〟というか。非常に難しい判断をしていた」とコメントしていた点に注目したい。これはまさに関テレのU氏の制作した「ザ・ドキュメント　二つの正義　検証・揺さぶられっ子症候群」をそのままなぞらええた発言ではないか!と思わざるを得なかった。であるならば、今のところ彼らのプロパガンダは見事に成功している。

この「ドキュメンタリー」動画を証拠として持ち出し、検察側証人である訳者の信用性を貶めるという全くスマートとは言い難い弁護戦略をとる弁護人も現実に出現しているため、この「ドキュメンタリー」の制作経緯について、記載しておかなければなるまい。そもそも訳者はこのドキュメンタリーに出演することを一切許諾しないまま、放送された。このようなコンテンツの放送に際し、訳者は「非常にデリケートな問題であり、及ぼす影響も甚大であるため、十分な打ち合わせの元、放送することの是非も含め、検討させてほしい」旨を再三申し入れていたにも関わらず、前日に放送を行う旨の通達を一方的にしてきたという経緯であった。

この種の番組制作において完全に中立的な立場から、制作がなされることを期待することは困難かもしれない。ただしU氏の「視聴者へのメッセージ：正義は、その〝目的〟が正しいがゆえに、結果として暴走する場合もあります。虐待をなくすという正義の実現のために選択してきた〝手段〟が、今では行き過ぎたものになっていないのか。視聴者の皆さんに見極めていただきたいと思っています。」というコメントから、この〝ドキュメンタリー〟がどのような立場から制作されたかは明白であろう。

そもそも訳者がU氏から取材依頼を受け、撮影を正式に許諾をしたのは一度のみである。その際、いきなりカメラをもって病棟内を撮影しだした彼らの対応に苦情が寄せられ、病院で緊急で討議する事態に発展した。結局、病棟内での撮影は許諾せず、撮影内容の放送もしない点、病院として決定し通知した。しかし訳者は、「せっかく大阪から来たのだから」と最大限配慮したうえで、医師室での撮影のみを許可した。その際に三時間ほどさまざまな話をしたのだが、子どもの安全担保に関しての文脈で「極論を言うと・・」との前提で発言した部分のみを切り取り、放送で再三にわたり使用されることとなった。その発言内容は当然、「福祉・医療の現場では、子どもの安全担保が第一である」という意図で発言したものであったが、〝えん罪〟という用語を定義もあいまいなまま用いた為、あたかも訳者が「子どもを守るためなら、刑事事件において冤罪はあってもいい」というニュアンスで話をしたと受け止められても仕方のない文脈となり、訳者の勤める病院に複数の抗議電話がかかってくる事態となった。この点についてはカメラの前で訳者自身が発言したものであり、その責任は当然訳者が負わねばならない。ただしこの事態を受け、発言の真意を改めてU氏には十分に説明し、「誤解を生みかねない発言である故、今後何らかの形で放送する際には最大限の配慮を行ってほしい」旨の申し入れをしたが、その約束は全く守られることはなかった。

上記以外にも、「正義」などというあやふやな言葉を使わないで欲しい旨、二項対立的な描写にならないように十分な配慮を行ってほしい旨、ならびに、ことさらに個人に焦点を当てた番組作り、とりわけ係争中の事例を扱うことは控えてほしい旨も、繰り返しU氏に申し入れを行ってきた。SBS検証プロジェクトの共同代表者との面会の様子の撮影も、「将来的にこの条件が折り合い、放送を行う可能性が生じた際に何も映像が残っていないのは困るであろうから」と、U氏に対して最大限の配慮を図って行ったものである。これらすべての訳者の申し入れは一顧だにされることはなく、信頼関係は崩壊した。なお、U氏は香川県で行われた日本子ども虐待医学会の学術集会の場でも、「〝訳者〟から撮影許可を得ている」との全くの虚偽説明を行い、撮影を強行しようとした。この点についても、今後の同様の事態の発生を予防するために記載しておく。

いずれの体験も、裁判というのは「戦争」であり、甘っちょろいことを言っていられない、お人よしは利用されるだけである、ということをまざまざと感じる体験であった。今後、取材を受ける方には他山の石としていただきたい。なお、このU氏のドキュメンタリーは二〇一八年日本民間放送連盟賞‐番組部門テレビ報道番組で優秀賞を受賞している。

本書をここまで丁寧に読み進めてきた読者はこの事態をどのように感じるであろうか?

もうお気づきであろう。そもそもが中立的で学問的足らんとしている我々医療者と彼らとは、立場が異なるのである。彼らは論争が生じることで利得を得る立場であり、加害が疑われた人物の法廷における立場を有利にすることこそが仕事という立場なのである。そのため、否認事件となったあらゆる事例において「そうであるならば、虐待の可能性が高いと判断せざるを得ないよね」と折り合いがつくことは永遠にない。

自然科学である医学には絶対はない。しかし「一〇〇%と断言できないから何も言うことが出来ない」「分からないことは分からない、ということ以上に何かを説明することは、傲慢である」という言説が成り立つはずはない。そうであるならば、自然科学という学問は全く社会に不要ということになる。南海トラフ地震が明日起こるかどうかは誰も断言ができない。しかし種々の研究の成果から、「現時点では、今後三〇年以内に南海トラフ地震が発生する確率は七〇〜八〇％である」との説明を行うことが、地震学者の役割である。また、天気図を見て「明日の降水確率は九九・九％以上、雨である」との説明を行うのが気象学者の役割である。それぞれ確度の高さは異なれ、自身に課せられた職責を最大限に努めようと努力していることに変わりはない。「現状の医学は、分からないことだらけであり、誠実に分からないことを認めなくてはならない」という意見は一見誠実なように見えるが、医学とは本来全く相いれない「デメリットばかりでメリットなど何もない〝法廷に立つ〟という責任」を、職業的倫理観から果たそうとしている訳者の立場からは、専門的医療者の行うべき職責を放棄しているともとれる発言であると言わざるを得ない。君子危うきに近寄らずというスタンスでいたほうが、はるかに楽であることは言うまでもない。

法廷の現場で、自然科学の一部としての医学上の見解を、医療者が宣誓に則り、「良心に従って、真実を述べ何事も隠さず、又何事も附け加えず」に誠実に行った発言に対し、法学の見地から一言一句反駁することは、法廷の場では被告人の権利として許容されるべきものである。しかし全く同じスタンスで法廷外に持ち出したうえで、一般市民を対象に一方的な見解を加えてブログで主張されることは、混乱しか生み出さない。自然科学の不確実性（100％ or 0％、と断言することはできない）を逆手に取ったこのような言説が、「長年抑圧されてきた真実」のように喧伝されているのが現状であるが、「あくまで法学［さらに言うならば刑事弁護］の立場のみからの言説である」ということを、少なくとも本書をここまで読んできた読者には、どうか理解していただきたい。

法学と医学とは本来的に、全く相容れない学問であるとつくづく実感する。完全に原因がわかっていなくとも、観察事実に基づいて、患者を救うために医学系の我々は最大限の努力をしている。例えば川崎病は小児医療の中でしばしば遭遇する疾患であるが、いまだにその原因は判明していない。しかし、「①五日以上続く高熱（治療で五日未満で解熱した場合も含む）」「② 不定形の発疹」「③ 結膜充血」「④ 口唇の荒れ、イチゴ状舌」「⑤手掌／足底の腫れ／発赤（回復期の指先の皮膚落屑)」「⑥頸部（首）のリンパ節腫脹」のうち五つ以上認めた場合に、川崎病の合併症である心臓の栄養血管である冠動脈の瘤形成（生じた場合に致死的となりうるし、生活上の制限が大きく生じうる）を防ぐために、免疫グロブリンの大量療法などの治療に踏み切る（さらに言うならば、医師は単純な徴候診断をしているわけではなく、徴候が伴わなくても冠動脈瘤を形成しうる「不全型川崎病」といわれる病態もあるため、臨床経過や様々な検査結果を総合し、判断に迷う場合には複数の医師と相談したうえで、最終的な意思決定を行っている。

「川崎病の原因はいまだ明確になってはいない。免疫グロブリンのような血液製剤をあやふやな根拠で投与するのは問題である」などという議論は、ごく少数の医師から提起されることはあれ、小児医療の現場では実質的にはほぼ存在していない。もし仮に今AHTで生じているような法学の立場から異論を呈された場合、途端に川崎病の治療は問題だらけであるという誇りを受けることになるであろうし、このことは抗がん剤治療、アレルギー治療、精神科治療など、あらゆる医学的問題にも該当するであろう。

虐待医学の困難な点は、原因が加害行為であるゆえに司法的な問題とのクロスオーバーが生じる点に外ならず、医学的妥当性の程度については川崎病やその他の病態における状況と変わりがあるわけではない。医学的な見地から現時点のエビデンスを医師が法廷で提示した後に、そのエビデンスの信頼性をどう評価するかは、医師の手を離れた法学上の問題である。そのような整理をしたうえで、どうしたら事実認定を正確に行いうるのかという観点で、法学側が現行の事実認定システムの改善を図ろうとするのではなく、法学の門外漢である医師に、医学の門外漢である法学系の人物が医学的論戦を延々と仕掛けてくるという現状は、混乱しかもたらさない。混乱がもたらされることで誰が得をし、誰が損をするのか、本質的なところに我々は着目しなければならない。

法廷をいったん離れたらノーサイドというスタンスをとることなく、延々と場外情報戦を仕掛けてくる彼らに対し、多くの医療者は今後警戒心を解くことはないであろう。そしてそのような警戒心を持ち続けなければならない状況が続く限り、彼らの言うところの「『分かっていること』『分からないこと』を明らかにした上でどのような体制や研究が必要なのかを、議論する」という状況を、彼らをカウンターパートとする形で作り出せるべくもない。学術的議論の場にまでカメラが持ち込まれようとし、そのような場で話された自由闊達な意見さえ切り取られかねない、と多くの医療者が戦々恐々とした状況に陥っている現状を、訳者は誠に残念に感じている。

一方的にupされていくブログの内容につき、いちいち反論していてはきりがない。ただ今回、最初で最後のつもりで解説文の記載をしているため、いくつかの点に関しては、この機会を利用し指摘をしておきたい。例えば当該ブログでは「当該小児科医は別の事件でも揺さぶりによって同時多発的に複数の架橋静脈が切れたという証言をしています。しかし、筆者の知る複数の脳神経外科医は、この説明を脳神経外科医の臨床経験からみてあり得ないと強く批判しています」と記載されている。しかしながら、剖検で架橋静脈が同時多発的に切れていたことが確認される事例はいくらでも存在しており、全く稀な病態とは言えずむしろ普遍的とすらいえる（論より証拠として、インターネット上で容易に確認しうる写真として、Abusive head trauma: extra-axial hemorrhage and nonhemic collections [https://radiologykey.com/abusive-head-trauma-extra-axial-hemorrhage-and-nonhemic-collections/] の fig18.21 や、Abusive head trauma: don't overlook bridging vein thrombosis [https://link.springer.com/article/10.1007/s00247-012-2434-y] の fig1 をぜひ参照していただきたい）。個人の限られた臨床経験のみを論拠に、学術的な根拠に何ら触れることなく「ありえない」「ありうる」と語ることが、いかに不確実なものであるのか、改めて強調しておきたい。虐待に関する学術研究の場ではおよそ見かけることのない法廷の場のみに登場する医師と、誠実に学術研究の場で研鑽を積んでいる医師の意見とが、同列に比較されてしまう現状を悲しく思う。頭部外傷に関し、事故だけではなく虐待についても真摯に学んでいるあまたの脳神経外科医が、このような見解を持っているとは、訳者は到底思っていない。

また件のブログでは、びまん性軸索損傷についても記載がなされている（「びまん性軸索損傷論によって揺さぶりだと決めつけようとする議論は、どう考えても論理に飛躍があり、不合理と言わざるを得ないのです」）。びまん性軸索損傷については解説中の「一一　SBSによるとされてきた三徴候は、低酸素によりすべて説明が可能である??」で紹介した Geddes の論文の箇所でも触れたが、あらためてここでもコメントしておきたい。脳が急速にむくみ、その後に死亡したり高度の脳萎縮が起こる背景として、確かに最近では一次性脳実質損傷（脳にエネルギーが加わったことそのものによる影響で脳が損傷を受けること）の影響よりもむしろその後の低酸素の影響がより強いとの見解が近年受け入れられつつあることは既に述べた。ただしこのことはＡＨＴ事例において外傷性のびまん性軸索損傷が生じることが否定されたわけでは全くない。Geddes I・IIでも少なくとも脳幹部に一次性脳実質損傷としてのびまん性軸索損傷が存在していると指摘されているし、大脳に外傷性のびまん性軸索損傷が確認されたと報告している論文も当然ながら数多く存在している。[1・2]

いずれにせよ、血腫の量が非常に多く、mass effect（注：大きい血腫により脳が圧排されること）により脳ヘルニアなどを続発し、脳実質に重度の損傷がなくとも急速に重篤になりうるタイプのＡＨＴとは異なり、「血腫の量はごく少量である一方で、不釣り合いに脳が高度にむくんでいる」という典型的なＳＢＳの事例の場合、びまん性軸索損傷であれ一時的な脳幹機能不全であれ、一次性脳実質損傷が全くないのに、突然に低酸素状態となる偶発的な状況が重なり、高度の脳浮腫を続発するということは、医学的におよそ考え難い。それこそ〝どう考えても論理に飛躍があり、不合理と言わざるを得ない〟のである。

このような事例においては程度の差こそあれ両者がさまざまな割合で併発していると考えるほかなく、「一次性脳損傷か、低酸素性虚血性脳損傷か」という二者択一の議論を行うことは、そもそも医学的な本質を理解しない無意味な議論である。

刑事弁護人は低酸素のみで重篤な脳浮腫が起こった可能性を主張するために、一次性脳実質損傷に続発した「二次性の低酸素性虚血性脳損傷」との主張をするわけにはいかず、一般的に「偶発的に窒息を生じた」、「神経原性肺水腫が生じた」などの単独で低酸素たりえた可能性を法廷で指摘してくる。しかしそのような低酸素のエピソード〝のみ〟で、「医療機関に受診して初回に撮影した頭部ＣＴで既に脳浮腫所見が確認される」ような急速進行性の脳浮腫所見を呈するには、「完全な窒息状況」が平均二三分程度続く必要があることが、溺水事例の研究からは指摘されている。[3] 流動性のあるミルクでこのような完全な窒息状況に陥り、乳児が呼吸努力をしたり成人が乳児を動かしたりしても、その完全窒息状況が長時間維持されると考えることは、たとえ胃内でミルクは若干粥状化するとはいえ、およそ荒唐無稽である。また脳損傷後の極めて早期に神経原性肺水腫を発症することはありうるとは言え、新生児期であっても広げることで卓球台ほどの面積を有する肺胞が、ごく短時間で完全に水浸しになることなど医学的には到底ありえない。当然のことながら、事故事例であれ虐待事例であれ、信頼できる状況下でそのような状況が発生したとの症例報告は皆無である。

確かにＳＢＳ否定派がしばしば主張する通り、びまん性軸索損傷は厳密には病理学的に証明するものであるが、金太郎飴のように脳のどこを切っても確認されるわけではない。その存在の確認には、解説中にも紹介したJudkinsの提唱する脳脊髄を一塊にして摘出する剖検手法を用いて、少なくとも一〇カ所以上の異なる脳部位からサンプリングを行う必要がある。ただ先述した通り、残念ながら本邦ではそのような詳細なサンプリングが行われることは極めて稀である。また軸索が損傷されたことを特殊な免疫染色で確認するためには、一定程度の神経伝達物質が蓄積される必要があり、受傷直後に死亡した事例では神経伝達物質の蓄積がないため証明困難で、一方で受傷後しばらくの間生存した事例でも脳の自己融解が進むため、証明は困難となる。そもそも被害児が死亡していない場合には、病理学的検査は不可能である。

　びまん性軸索損傷は病態的に損傷が可視化しにくく、臨床徴候の重篤性に比べ不釣り合いなほど画像所見上で呈する所見は軽微であり、画像診断を行っても証明することが困難である。特に乳幼児では、血管が弾力性に富み、たとえ隣接する神経軸索が裂けても周囲の血管の剪断が生じ難いため、軸索損傷に併発する少量の出血を目印として画像上の所見を確認することも困難である。

　そのようなことを逆手に取り、「びまん性軸索損傷はなんら証明されていないじゃないか！」と、裁判の場で刑事弁護人は主張するのである。可能性の極めて低い限りなく０《ゼロ》に近い事象に対して「ありうる」と主張することを弁護戦略の主軸においている刑事弁護人は、検察側の証人として出廷する医師に対しては「強く医学的に推認されること」に言及することすら、徹底的に批判してくるのである。なお最近では、ＭＲＩの拡散テンソル画像（ＤＴＩ）という脳の微細な構造の乱れを確認しうる特殊な撮影法によって、水分子の軸索繊維に沿った拡散がＡＨＴの重症事例であればあるほど低下している（すなわち軸索損傷が生じている）と報告されており、[4]これまでの画像診断では同定できなかった軸索損傷を、画像上で証明しうることが期待されている。

　いずれにせよ「びまん性軸索損傷があるからＳＢＳと診断している」との主張は、証言内容の原因と結果を巧妙にすり替えた、混乱をもたらすための議論と言わざるを得ない。いやむしろ、このような主張を行う刑事弁護人自身も、これらの病態が理解しがたく混乱している、といった方が正しいのかもしれない。

このような医学的に難解なＡＨＴという病態を、現在のような形式で法廷の場で評決しようとすることに、おのずと限界が生じてしまうことはやむを得ない。いうまでもなく、検察は一人の鑑定医の意見のみで起訴を決めているわけではなく、「合理的な疑いをはさむ余地はない程度に立証可能である」との確信を得るために、複数（事例によっては一〇名を超えることもざらではない）の専門的医療者の意見を聞いたうえで起訴している。ただ実際に裁判で法廷証言を行うこととなる一～数人の医師に、あまりにリスクが寄り過ぎている。出廷した医学証人に裁判中、大きな重責がかかるだけではなく、法廷外でも延々とＳＢＳ否定論者からの攻撃のターゲットにされ続けるリスクを負う現状の枠組みを変えていかなければ、法廷証言を担う虐待専門医は増えていかないであろうことを、訳者自身強く実感している。

公判前に会議や討論を行う場を正式に用意し、専門家同士で論争となりうる点につき整理し、広く同意がなされる事項とそうではない事項について明確化を図る「ホット・タブ」のような枠組みが強く望まれる。正式にはコンカレント・エビデンス方式と言われるこのような方法は、オーストラリアでは二〇〇五年より実際に採用されている（複数の証人が一つのボックスに座って一緒に熱く議論している様子を、熱い風呂に一緒につかっている様に例えて、ホット・タブと俗に呼称されている）。現在のような対審性の、検察や刑事弁護人から質問された範囲内のみで端的に答えなければならない方法よりも、信頼のおけない議論を持ちかける医療者をあぶりだす点においても、あらゆる証拠や関連文献を検証しうる可能性が高まる点においても、ＡＨＴ／ＳＢＳのような複雑な事例ではぜひ導入してほしいと切に願っている。

さて、いい加減にペンを置かねばならない。最後に、国際的に最も権威ある医学系雑誌の一つであるＢＭＪ誌において、既存の医学的エビデンスを棄損する方法として取られるＳＬＥＡＺＥ戦略に対して注意喚起がなされているので、それを紹介しておきたい[5]。このＳＬＥＡＺＥ戦略はＳＢＳだけではなく、ワクチンの有用性に関する医学研究・ステロイドを用いたアトピー治療の有用性に関する医学研究・喫煙の有害性に関する医学研究・がん治療の妥当性に関する医学研究などに対し、広く用いられてきた。ＳＬＥＡＺＥは以下の頭文字をとったものであるが、英単語としても存在する。訳者はこの英単語をこれまで知らなかったが、意味を知り溜飲が下がる思いである。あえてここでその意味を記載はしないが、気になる読者はぜひ英和辞書に当たってみていただきたい。

S：Scientific conspiracies are alleged (but which are a solid scientific consensus)
科学的陰謀論が提起される（しかし実際の医学界では広く同意が得られた概念である）

L：Logical flaws feature in arguments (but which may initially sound plausible)
「論理的な妥当性について疑義が呈されており、議論が生じている」と主張される
（当初は、それが最もらしく思われることもある）

E：Evidence is severely selected to suit their case (with all conflicting facts ignored)
否定論者の理屈に合うように、極めて限定的なエビデンスしか提示されない。
（たとえそこに矛盾があったとしても、その点に関しては完全に無視される）

A：Absolute perfection is demanded of public health advocates (〝Why is there no randomised controlled trial for passive smoking and cancer?〟)
公衆衛生学的に正しいことを啓発する立場の人物には、絶対的な完璧さを要求する
（「RCT 研究はなぜないのでしょうか？」など）

Z：Zany arguments are used to take attention away from the main issue (and dissipate limited public health resources in refuting them)
主要な問題から注意をそらすために、枝葉末節的な議論が持ち込まれる
（議論を散逸させ、木を見て森を見ないように仕向ける）

E：Experts are bought to undermine good science or publish conveniently contradictory findings (Google can supply a rogues' gallery).
「専門家」を活用して、これまでの医学を貶めたり、これまでの医学と相反する都合の良い言説を発表する（そのためのツールとして、インターネットがしばしば活用される）

追加参考文献

1. Roach JP, Acker SN, Bensard DD, et.al. Head injury pattern in children can help differentiate accidental from non-accidental trauma. Pediatr Surg Int. 2014 ;30(11):1103-6.
2. Johnson MW, Stoll L, Rubio A, et.al. Axonal injury in young pediatric head trauma: a comparison study of β-amyloid precursor protein (β-APP) immunohistochemical staining in traumatic and nontraumatic deaths. J Forensic Sci. 2011;56(5):1198-205.
3. Rafaat KT, Spear RM, Kuelbs C, et.al. Cranial computed tomographic findings in a large group of children with drowning: diagnostic, prognostic, and forensic implications. Pediatr Crit Care Med. 2008;9(6):567-72.
4. Imagawa KK, Hamilton A, Ceschin R, et.al. Characterization of microstructural injury: a novel approach in infant abusive head trauma-initial experience. J Neurotrauma. 2014;31(19):1632-8.
5. Capewell S, Capewell A. Denialism in public health. Beware SLEAZE tactics. BMJ. 2011 Jan 19;342:d287.

結びに

乳幼児揺さぶられ症候群は、臨床医が経験しているリアルである。最後に米国タフツ大学の虐待専門医であるLawrence R. Ricci医師のエッセイを紹介したい。

虐待の影響のさなかにいる、天使の寝顔

Lawrence R. Ricci（小児科医、子ども虐待専門小児科医）

天使ちゃんはその名前の通り、出会った当初も、そして今でも、私が子ども虐待専門小児科医として働く三〇年のキャリアで関わってきた子どもの中で、最も美しい赤ちゃんの一人です。里親さんの肩で静かに眠る、本来何の障害もなく元気に生まれてきたこの子は、重い障害を抱えています。なぜそのようなことになってしまったのか、誰もが沈痛な気持ちで考えざるを得ないでしょう。

小児集中治療室（ＰＩＣＵ）で、私が彼女に初めて出会ったのは、クリスマス直前のことでした。彼女はその前日に意識障害をきたし、入院となりました。彼女の父親は病院のスタッフに「ベビーベッドに寝ているこの子のおむつを替えようと抱き上げた際に、落っことしてしまった」との説明を行いました。そして「その直後に手足がだらんとして、息をしなくなった。慌てて自家用車をかっ飛ばして、近くの病院に連れていった」との説明を加えました。その後、彼女は私の勤める病院に転院搬送されてくることになったのです。

頭部ＣＴで硬膜下血腫が確認されたことで、私はＰＩＣＵのスタッフに診察に呼ばれることになりました。その後に実施した頭部ＭＲＩでは脳実質損傷の所見が確認され、眼科診察では重度の網膜出血が確認されました。

母親は、天使ちゃんが重度の状態に陥った時には、仕事に行っていたとのことでした。父親から同じ説明を受けた母親は、病院で私と話をした際、父親の説明を信じ込んでいました。私は母親との面談を終えると、次に父親と話をしま

した。彼は非常に不安げで、心ここにあらずといった様子でした。彼は「この子は、服にもベッドにもどこでもおしっこを漏らしてしまいます。抱き上げた際におしっこのせいで手を滑らせてしまい、マットレスの上に落っことしてしまいました。落ちた瞬間に彼女は動かなくなりました」との説明を行いました。

転落時の状況に関するいくつかの追加質問を行った後に面談を終了し、私はPICUに戻り、パソコンを開いて電子カルテの記載を開始しました。それからしばらくして母親が私のところに訪れ、「何があったのか、本当のことが分かりました」と告げました。父親が彼女に、天使ちゃんを揺さぶってしまったことを打ち明けたとのことでした。父親が私と話したがっているとのことで、私は父親がいる天使ちゃんのベッドサイドに向かいました。彼は、ベッドの上にうなだれながら座っていました。彼は、悪い人物には全く見えませんでした。実際、虐待の加害者が見るからに悪人である、なんてことはめったにありません。

私が話しかける前に、彼の方から「先生、本当に申し訳ありません。私はうそをついていました。実はこの子を揺さぶってしまったんです」と説明してきました。どうして揺さぶってしまったのか彼に聞いたところ、彼は「この子を抱き上げた時、泣き叫んで私を蹴り引っ掻いたことで、我を失ってしまいました。気付いたら彼女を揺さぶっていました」と説明しました。転落の事実はなかったのか尋ねると、「申し訳ありません。落っことしてなどいません。揺さぶったんです」と答えました。揺さぶった後に天使ちゃんがどうなったのか尋ねたところ、「手足がだらんとして、呼吸をしなくなりました。死んでしまったのではないかと怖くなりました。私のやったことは許されることではありません。本当に申し訳ありません、先生」と震える声で言いました。私は彼に、真実を話してくれたことを感謝し、そうすることが正しいことであると声をかけました。それから私は、警察に通報を行うために、病室を後にしました。

数カ月後、父親には傷害罪で有罪判決が下りました。法廷で彼は天使ちゃんを揺さぶったとの証言を行い、心からの謝罪を行いました。現在、彼は収監されています。

判決が出てすべてが終わったわけではありません。天使ちゃんは判決の際にもICUにいました。暴力によって脳に壊滅的なダメージを受けた彼女は、その後もずっと寝たきりの状態が続きました。暴力がなければ彼女は、初めてのクリスマスを家族で過ごしたことでしょう。しかし、彼女の時計はクリスマスの前で止まってしまったままでした。

これまで私は多くの乳幼児揺さぶられ症候群の赤ちゃんを見てきましたが、ほとんどの子はあざもなく骨折もなく、見た目からは全く暴力を受けたと想像することはできません。彼女も同じように、アラーム音が響き渡る病室で、人工呼吸器や点滴チューブに繋がれてはいたものの、顔も体も傷ついておらず、その名前の通り天使のような見た目をしていました。

一歳を過ぎようやく彼女は退院することが出来るようになり、里親の元で暮らすこととなりました。しかし彼女は寝たきりの状態のままで、時にうめき声をあげ、体をそらす以上の反応をしてくれることはありません。手足は麻痺し、目も見えず、耳も聞こえません。信心深い里親さんは、彼女を献身的に看病し、奇跡を信じ祈り続けています。私自身は信心深くなく、誰に対しても「神の御加護を」などといったことはありませんでしたが、聖人君子としての存在そのものである彼女たちに対しては、心の底から神の御加護があることを祈っています、と声をかけずにはいられませんでした。

法律家やごく一部の医療者の中には、乳幼児揺さぶられ症候群の存在に疑義を呈している方々もいらっしゃいます。彼らは自白事例に対しても、「自白は常に強要されたものである」と訴えます。「揺さぶりなんかでは、言われているような損傷は生じえない」とも主張されます。そのようなことを言う方々は、天使ちゃんの父親と話をするべきでしょう。「揺さぶり予防教育」「一時保護」「親権喪失」「大陪審」「刑事訴追」「司法取引」「収監」などの用語が、軌道を外れた惑星のように天使ちゃんの頭の上を回り続けました。しかしそのような大人社会の都合や駆け引きとは関係なく、無垢なる存在の彼女は、彼女自身が太陽として、命の輝きを燃やし続けています。

どうか天使ちゃんに神の御加護があらんことを。群がる〝天使〟が歌い永遠の安息に導いてくれますように。（Shak. Hamlet 5.2.360）

（Lawrence Ricci 医師の許可を得て翻訳転載）

虐待により重度の心身障害を負ってしまった天使ちゃんのようなケースでは、事故の事例と異なり、親が面会してくることはおよそなく、ほとんどの場合、交流は途絶えている。そして専門里親の数が極めて少ない本邦では、このような子どもたちは病院から退院することなく、ほとんど話しかけられる機会もなく、病室のベッドでただ寝かされたままの人生を過ごしている。声なき声を聞き、リアルを知ったうえで、この悲劇的な虐待を止めることもまた、我々地域社会に生きる大人の使命である。

著者紹介

Robert M. Reece医学博士は現在は定年退職しているが、タフツ大学医学部の元小児科教授であり、タフツ大学医学部付属病院の子ども保護チームのリーダーを長年務め、マサチューセッツ小児総合病院・マサチューセッツ大学附属病院・ダートマス小児病院の子ども保護チームのコンサルタントも兼任していた。9冊の小児科の教科書の編集に関わっており、代表的なものとして、第3版まで発行されている「子ども虐待医学：診断と管理」、ならびに第2版まで発行されている「虐待された子どもへの治療：精神保健者・医療者・法的実務者の共通理解のために」がある（いずれも邦訳版が明石書店より出版されている）。また米国小児科学会から発行された「小児期の虐待による脳外傷」の共同編集者でもある。これまでに査読者付きの医学雑誌に48編の論文を発表しており、27冊の医学書の分担執筆者をしている。また1993年より、年4回発行されるレビュー雑誌「The Quarterly Update誌」の編集者をしている。これまでに、子ども虐待の診断と治療に関する分野への多大な貢献に対し、数多くの専門家団体から表彰されている。法廷の場で専門家証人として証言する機会も多く、虐待による頭部外傷事件に対しては、数えきれないほどのコンサルテーションを行っている。またこの分野に関して、国内外問わず数多くの講演を行っている。

訳者略歴

溝口史剛（みぞぐち　ふみたけ）

群馬県前橋赤十字病院　小児科副部長，群馬大学大学院小児科学教室非常勤講師
埼玉県立医科大学非常勤講師

1999年　群馬大学医学部卒
2008年　群馬大学大学院卒　医学博士

群馬大学附属病院ならびに群馬大学小児科関連病院をローテート勤務し，2015年より現職。

2012年より群馬県虐待防止医療アドバイザー

日本小児科学会認定小児科専門医，日本内分泌学会認定内分泌代謝科（小児科）専門医，日本小児科医会認定　子どもの心相談医

日本子ども虐待防止学会代議員，日本子ども虐待医学会評議員，日本SIDS・乳幼児突然死予防学会評議員，一般社団法人ヤングアシスト　理事長，日本小児科学会子どもの死亡登録・研修委員会前委員長

〈著書〉
『一般医療機関における子ども虐待初期対応ガイド』(2011)
『子ども虐待対応医師のための子ども虐待対応・医学診断ガイド』(2011)
『医療機関における医療機関ならびに行政機関のための病院内子ども虐待対応組織（CPT：Child Protection Team）構築・機能評価・連携ガイド』(2012)

〈翻訳書〉
マーティン・A・フィンケル，アンジェロ・P・ジャルディーノ（著）柳川敏彦，溝口史剛，山田不二子，白川美也子（監訳）『子どもの性虐待に関する医学的評価（第3版）』(2012) 診断と治療社.
クリストファー・ホッブス、ジェーン・ウィニー（著）溝口史剛（訳）『子ども虐待の身体所見　カラーアトラス（第2版）』(2013) 明石書店.
ロバート・リース，シンディー・クリスチャン（編）溝口史剛（訳）日本子ども虐待医学研究会（監訳）『子ども虐待医学：診断と連携対応のために』(2013) 明石書店.
ロバート・バイアード（著）溝口史剛（監訳）『小児および若年成人における突然死：病気・事故・虐待の適切な鑑別のために』(2015) 明石書店.
ポール・クラインマン（著）小熊栄二・溝口史剛（監訳）『子ども虐待の画像診断』(2016) 明石書店.
キャロル・ジェニー（編）溝口史剛・白石裕子・小穴慎二（監訳）『子どもの虐待とネグレクト―診断・治療とそのエビデンス』(2017) 金剛出版.

SBS：乳幼児揺《にゅうようじゆ》さぶられ症候群《しょうこうぐん》

――法廷と医療現場で今何が起こっているのか？――

2019年3月 1日　印刷
2019年3月10日　発行

著　者　ロバート・リース
訳　者　溝口　史剛
発行者　立石　正信

印刷：新津印刷
製本：誠製本
装丁：臼井　新太郎

株式会社　金剛出版
〒112-0005　東京都文京区水道1-5-16
電話03（3815）6661（代）
FAX03（3818）6848

ISBN978-4-7724-1676-4　C3011
Printed in Japan ©2019

子どもの虐待とネグレクト

診断・治療とその エビデンス

［編］=キャロル・ジェニー　［監訳］=一般社団法人 日本子ども虐待医学会：
溝口史剛・白石裕子・小穴慎二

●B5判 ●上製 ●1,128頁 ●定価 **42,000**円+税
● ISBN978-4-1598-9 C3011

本書は子どもの虐待・ネグレクトにつき，
疫学・面接法・診断・治療など８つのセクションに分け
包括的にエビデンスを示している。

子ども虐待と治療的養育

児童養護施設におけるライフストーリーワークの展開

［著］=楢原真也

●A5判 ●上製 ●240頁 ●定価 **3,600**円+税
● ISBN978-4-7724--1428-9 C3011

自らのナラティヴを紡ぎ
人生の歩みを跡づける
「ライフストーリーワーク」にもとづく
治療的養育の理論と実践の臨床試論。

トラウマへのセルフ・コンパッション

［著］=デボラ・リー　ソフィー・ジェームス
［訳］=石村郁夫　野村俊明

●A5判 ●並製 ●280頁 ●定価 **3,600**円+税
● ISBN978-4-7724--1670-2 C3011

多くの事例とエクササイズを通して
過去のトラウマ体験やトラウマを克服し，
望ましい人生と相応しい人生を
手に入れるための実践的な方法を紹介する。